Gulliver Taschenbuch 754

In Verehrung aller Circusleute möchte ich die von ihnen seit Jahrhunderten bevorzugte Schreibweise CIRCUS in meinen Roman übernehmen. C ist rund wie die Manege und die Arbeit, die die Artisten in ihr leisten.

Für Root Leeb,
die mit mir, alle Gefahren
mißachtend, das Reich der Fabeltiere
erforschte.

Rafik Schami

Der ehrliche Lügner

Roman
von tausendundeiner Lüge

BELTZ
& Gelberg

Rafik Schami, geb. 1946 in Damaskus. Von 1966 bis 1969 Herausgeber und Mitautor einer Wandzeitung im alten Viertel von Damaskus. Schreibt seit 1965 neue Märchen. 1971 siedelte er in die Bundesrepublik über. Studium der Chemie, Promotion, Arbeit in der Industrie. Seit 1982 ist er freier Schriftsteller und lebt in Kirchheimbolanden. 1986 wurde er mit dem Thaddäus-Troll-Preis und 1993 mit dem Adelbert-von-Chamisso-Preis ausgezeichnet. Für *Eine Hand voller Sterne* erhielt Rafik Schami u.a. den Zürcher Kinderbuchpreis »La vache qui lit«, den »Preis der Leseratten« des ZDF und »Die Blaue Brillenschlange« des schweizerischen Kinderbuchfonds Dritte Welt. Für *Erzähler der Nacht* wurde der Autor mit dem Rattenfänger-Literaturpreis der Stadt Hameln und dem Phantastik-Preis der Stadt Wetzlar geehrt; das Buch kam außerdem auf die Auswahlliste zum Deutschen Jugendliteraturpreis und wurde von der Stiftung Buchkunst als eines der »Schönsten Bücher der Bundesrepublik Deutschland 1989« ausgezeichnet.

Für *Der ehrliche Lügner* erhielt Rafik Schami den Hermann-Hesse-Preis 1994.

Gulliver Taschenbuch 754

Programm Beltz & Gelberg, Weinheim

Einband von Doro Göbel
Gesamtherstellung Druckhaus Beltz, 69494 Hemsbach
Printed in Germany
ISBN 3 407 78754 5
1 2 3 4 5 00 99 98 97 96

1

Die Ankunft oder Der Anfang aller Dinge

Ich heiße Sadik, aber nicht einmal das ist sicher. Denn bereits das erste Wort, das ich sprach, war gelogen. Ich war damals nicht einmal sechs Monate alt. An jenem Tag kam mein Vater von der Arbeit und beachtete mich nicht. Das ärgerte mich. Stunden später bückte er sich zu mir herunter. Ich dachte mit geschlossenen Augen über meine Zukunft nach. Mein Vater merkte nichts davon und fragte mich laut, ob ich noch lebe. Ich kochte vor Wut, und da ich wußte, daß mein Vater nichts mehr haßte, als mit meiner Mutter verwechselt zu werden, streckte ich ihm meine Ärmchen entgegen und nannte ihn »Mama«. Das war meine erste Lüge, und sie wirkte.

»Aus deinem Sohn wird nichts!« sagte er zornig zu meiner Mutter. Er irrte sich gewaltig. In meinem langen Leben habe ich viel gesehen und erlebt, Ruhm und Wissen erworben, Elend und Qualen durchlitten. Und wenn wieder einmal der Todesengel kommt und mich fragt, ob ich bereit sei, dann werde ich diesmal, anders als in der Vergangenheit, ja sagen, weil ich in einem einzigen Aufenthalt auf der Erde ein so erfülltes Leben genossen habe, daß es für zehn Menschen reicht. Aber ich werde bestimmt nicht sterben, bevor ich meine Geschichte erzählt habe. Und meine Geschichte geht erst zu Ende, wenn ich in ein paar Tagen Mala noch einmal getroffen habe.

Nun bin ich sehr alt geworden, aber wie alt, weiß ich nicht. Ich will es auch nicht wissen. Ich werde alt und jung je nach Tages- und Jahreszeit.

Und doch, sooft ich sage, daß ich in meinem langen Leben nun genug wundersame Dinge erlebt habe, belehrt mich dieses Leben selbst immer aufs neue, daß die wundersamsten Dinge noch nicht geschehen sind.

Vor einer Woche hörte ich, daß ein Circus aus Indien in unserer Stadt angekommen sei. In mir wurden alte Erinnerungen wach, und ich beschloß, diesen Circus zu besuchen, doch drei Tage lang war ich verhindert, wegen der Voruntersuchungen für eine Operation an meinem rechten Auge. Erst vorgestern machte ich mich auf den Weg zum Circus und ärgerte mich, als ich erfuhr, daß die Vorstellung schon ausverkauft war. Erst nach langem Verhandeln bekam ich noch einen Platz, ungünstig in der hintersten Reihe.

Der Circus war nicht schlecht. Die Raubtiernummer war etwas zu hastig, doch die Pferdedressur ließ sich wie ein Traum von edlen Pferden genießen, und die Zuschauer waren, wie in Arabien üblich, allesamt Pferdeliebhaber. Sie spendeten der Nummer begeisterten Beifall.

Plötzlich erstarrte mir das Blut in den Adern. Ich sah die Seiltänzerin und hätte im ersten Augenblick schwören können, daß sie niemand anderes war als Mala. Doch dann befielen mich Zweifel und nagten an meiner Sicherheit.

Aber gewiß, sie war es, und mit jedem Schritt, den sie oben auf dem Seil tat, wurde ich wieder sicherer. Doch, doch, sie war es. Mala hätte ich nie verwechseln können. Wie auch? Ich habe sie damals wahnsinnig geliebt. Aber sie war über zehn Jahre älter als ich, und diese Frau auf dem Seil war zu jung, höchstens fünfundfünfzig. Aber wer weiß, es gibt Menschen, die der Zeit trotzen und ab einem bestimmten Jahr nicht mehr altern. Oder hatte Mala damals geschwindelt mit ihrem Alter?

Diese Artistin führte ihre Nummer leichtfüßig und anmutig wie eine Gazelle vor. Lächelnd überspielte sie die Angst auf dem Hochseil – genau wie vor vierzig Jahren. Sie war es. Niemand ging so wie Mala. Auch ihre alte Nummer mit dem Rückwärtssalto riß das Publikum zu einem Beifallssturm hin, der genau wie damals nicht enden wollte.

Als sie herunterkletterte, verbeugte sie sich, strahlte die Zuschauer an, und einen Augenblick lang dachte ich, sie hätte mich gesehen und angelächelt, doch sicher war ich mir nicht. Und wo war das große Muttermal an ihrem Hals geblieben? Es hatte die Form eines Schmetterlings gehabt, und Mala hatte mir erzählt, daß dieser Schmetterling sie dreimal vor einem Sturz bewahrt hatte. Wir lachten damals, und ich küßte den Schmetterling und bat ihn, noch besser auf Mala aufzupassen.

Vielleicht hatte sie es wegoperiert, oder ich hatte nicht richtig gesehen. Ja wirklich, meine Augen sind nicht mehr die besten. Vor allem auf dem rechten konnte ich vor der Operation kaum noch sehen.

Ich hätte sie fragen sollen. Aber sie wurde von Journalisten umlagert, und ich bin mein Leben lang schüchtern gewesen. Die ganze Nacht plagten mich Zweifel, ob die Frau meine Mala war oder nicht. Vielleicht war sie auch meinetwegen nach all den Jahren nach Morgana zurückgekommen. Bei diesem Gedanken machte ich mir große Vorwürfe. Ich beschloß, gleich am nächsten Tag den Circus aufzusuchen und die Artistin zu fragen, wie sie hieß.

Mittlerweile war ich ganz sicher, daß es Mala war, doch als ich gestern vormittag den Messeplatz erreichte, war der Circus verschwunden. Ein Platzwächter beruhigte mich und sagte, daß der Circus noch in Tania und Palope im Norden gastieren würde, bevor er wieder nach Indien zurückkehrte.

Natürlich wollte ich am liebsten sofort hinterherfahren, doch ich hatte ja am Nachmittag den Operationstermin.

Nun gut, ich habe heute bei der Visite mit dem Arzt gesprochen. Er war sehr zufrieden mit der Operation und sagte, wenn es in den nächsten drei Tagen keine Komplikationen gäbe, würde ich schon am Dienstag entlassen. Und dann hält mich nichts mehr zurück. Ich muß Mala sehen. Und ich werde sie entweder in Tania oder in Palope einholen, und wenn nicht dort, dann irgendwo auf dem Weg nach Indien; denn der Platzwächter hat gesagt, in Tania allein würde der Circus eine Woche bleiben, und in einer Millionenstadt wie Palope kommt erst recht kein Circus unter einer Woche weg.

Sie war es bestimmt. Wie sollte ich Mala und den indischen Circus jemals vergessen?

Heute noch weiß ich jede Einzelheit, obwohl das alles vierzig Jahre zurückliegt. Viele Zeitungen des In- und Auslands schrieben wochenlang über Mala, den Circus und auch über mich. Mein Bild erschien in der Presse sogar öfter als das des damaligen Staatspräsidenten Hadahek.

Wie ich Mala begegnet bin und wieso ich für die Presse so interessant wurde, das ist eine lange Geschichte, die, wie bescheiden ich sie auch erzähle, übertrieben erscheinen wird.

Ich weiß heute noch, es war Anfang Mai, als der Circus India in unserer Hauptstadt Morgana auftauchte. Halb verhungert kamen die Circusleute mit ihren Tieren an. Die Bewohner von Morgana beobachteten den Einzug der bunten Circuswagen eher mit Mitleid als mit Neugier. Sie wußten, daß der indische Circus zur falschen Zeit gekommen war.

Kurz zuvor im April war der Schweizer Circus Bein nach einer erfolgreichen dreimonatigen Tournee durch das ganze Land abgereist. Die Schweizer hatten viele exotische und sehr gepflegte Tiere vorgeführt. Ihre tollkühnen Akrobaten und die strahlend schönen Frauen in ihren glitzernden Kleidern hatten die Herzen der Menschen im Sturm erobert. Ein Zauber der Farbe, des Lichtes und der Bewegung! Aber schnell wie eine Verliebtheit war alles vorbei. Viel zu schnell hieß es: Die Abschiedsvorstellung ist ausverkauft.

Dieser letzte Auftritt der Artisten und ihrer Tiere in Morgana wird für immer unauslöschlich in der Erinnerung der Zuschauer bleiben. Der Zauberer Libano Connectio ließ die Zuschauer vor Staunen das Atmen vergessen. Er schluckte eimerweise alte, schmutzige Geldscheine und verrostete Münzen, trank aus einer Flasche einen kräftigen Schluck bläulichen Zaubermittels und spuckte danach gebügelte Geldscheine und funkelnde Münzen. Sogar der damalige Staatspräsident Hadahek, der – außer auf Plakaten – selten lächelte, lachte Tränen bei dieser Nummer, klatschte begeistert und verlangte eine Zugabe.

Nun aber zurück zum indischen Circus. Die Polizei geleitete ihn bei seiner Ankunft in Morgana nicht zum Messegelände im reichen Stadtviertel, wo der Schweizer Circus noch im April seine bunten Zelte mitten im Grünen und nahe dem Fluß aufgeschlagen hatte, sondern auf das düstere, staubige Gelände vor dem Armenviertel am Osttor unserer Stadt.

Die bunten Wagen, die Elefanten, Kamele, exotischen Rinder, Pferde und Esel zogen wie eine Karawane durch die engen Straßen der Altstadt. Als die Kolonne das große Gelände vor dem Osttor erreichte, hatte sie unzählige Kinder im Schlepptau.

Der Circusdirektor verabschiedete sich von den Polizisten und gab jedem zwei Eintrittskarten. Manch einer wollte noch mehr und stotterte in gebrochenem Englisch: »Ich, zwölf Kinder, alle Circus gucken!« Der Circusdirektor lächelte dann höflich und sagte: »Ich auch, und meine lieben auch den Circus, deshalb kann ich nur zwei geben.«

Als erstes ging der Circusdirektor im Kreis herum und begutachtete den Platz. Die Schaulustigen rannten in Scharen hinter ihm her, drängten sich aber nur bis zu einem bestimmten Punkt, als würde eine unsichtbare Mauer den kleinen Circusdirektor umgeben.

Er war Ende vierzig und hatte einen merkwürdig leichten Gang, als berührte er mit seinen Füßen nur ab und zu die Erde. Seine Bewegungen ließen eher an eine religiöse Zeremonie als an eine technisch genau berechnete Messung denken. An einem bestimmten Punkt schlug er einen Eisenpflock in den Boden. Dieser Punkt wurde so zum Zentrum nicht nur des Hauptzelts, sondern der ganzen Circusstadt.

Als die Artisten anfingen, die Zeltmasten aufzustellen, dauerte es keine halbe Stunde, bis eine einzigartige Welle der Sympathie durch die anwesenden Männer unter den Zuschauern ging und sie mit anpackten. Einige Inder konnten ein paar Höflichkeitsfloskeln der arabischen Sprache, und fast alle sprachen Englisch, doch die Araber leider nicht. Aber nach kurzer Zeit sah ich, wie sie sich verstanden. Schweigend kamen sie sich näher.

Wohnwagen, Lastwagen und Tierkäfigtransporter bildeten bald eine schützende Außenmauer. Kinder schleppten mit ihren Eimern Wasser in den Trog, aus dem die Tiere getränkt wurden. Die Zuschauer staunten über die riesigen Mengen, die ein durstiges Kamel in sich hineinschlürfen konnte. Und die Kinder meines Viertels, die zu Hause großes Theater machten, wenn man sie um ein Glas Wasser bat, hier rannten sie freiwillig ächzend und schwitzend mit überschwappenden Eimern, um die Tiere zu tränken.

Wie von Zauberhand ging der Aufbau vor sich, und im ständigen Hin und Her von Leuten, die nur herumzulaufen schienen, erblickte ich eine planvolle Handlung und genaue Ordnung. Kein Schritt und keine Handbewegung waren überflüssig. Kinder und Erwachsene, die den Circusleuten im Weg standen, wurden mit barschen Rufen vertrieben.

Die Morganier wunderten sich, daß für den ganzen Bau einschließlich der Ränge und Sitze kein einziger Nagel notwendig war. Und das gewaltige Zelt wurde von Masten gehalten, die nicht einmal in die Erde eingegraben werden mußten. Mit welchem Geschick wurden die Masten aufgestellt und die schwere blaue Zeltplane hochgehißt! Der Circusdirektor beaufsichtigte die Arbeiten und gab seine Anweisungen schnell und leise. In weniger als sechs Stunden stand das Zelt, einschließlich der Sitze und vornehmen Logen. Und als schließlich die Fahnen Indiens und Morganas über dem Zeltdach flatterten, atmete der Circusdirektor erleichtert auf.

Am selben Tag noch hatten die Wasser- und Elektrizitätswerke die notwendigen Anschlüsse geschaffen, und mancher Bewohner beneidete die Inder, wie schnell sie versorgt wurden. »Seid froh, daß ihr Ausländer seid. Als Morganier hättet ihr einen Monat auf das Wasser und mindestens zwei auf den Strom gewartet«, sagte ein Lehrer in gutem Englisch zum Circusdirektor. Dieser lächelte und erwiderte: »In Indien ist es nicht anders.« Seine Antwort machte die Runde, die Menschen lachten, und als sie erfuhren, daß der Circusdirektor Amal hieß, riefen einige begeistert: »Du hast uns wirklich gefehlt! Willkommen!« Aus Höflichkeit übersetzte der Englischlehrer dem Circusdirektor den Satz nicht genau, denn die Leute wollten damit sagen, daß ihnen die Hoffnung gefehlt hatte. Amal bedeutet auf arabisch nämlich nichts anderes als Hoffnung.

»Wir brauchen Sägemehl«, sagte der Direktor zu einem alten Morganier. Der Englischlehrer war plötzlich irgendwo in der Menge verschwunden, und der alte Mann schien nicht zu verstehen. Da erklärte Circusdirektor Amal in geübter, international bewährter Pantomime mit Hilfe einer Feile und eines Holzstücks, was er brauchte, und sofort ging ein Gemurmel durch die Versammlung. »Er braucht Sägemehl. Nichts leichter als das! Warum Sägemehl? Die Elefanten fressen es, nein, die Büffel«, rätselten einige alte Frauen in meiner Nähe, doch bald war auch ihnen klar, daß der Direktor das Sägemehl für die Manege brauchte.

In unserem Viertel gab es an die zwanzig Tischler, Zimmerleute und Intarsienwerkstätten, wo Sägemehl anfiel. In Windeseile waren Jugendliche mit mehreren gefüllten Säcken zurück, doch der Circusdirektor wollte mehr und dann noch mehr, bis ein haushoher Hügel mit Sägemehlsäcken aufgetürmt war.

In der Zwischenzeit hatten die Artisten Lehm für den Untergrund der Manege gemischt. Dieser gibt den Hufen der Tiere Halt bei ihren artistischen Nummern. Für die Kinder unseres Viertels war es eine Riesenfreude, als sie erfuhren, daß sie den Lehm mit ihren nackten Füßen stampfen durften. Sogar zwei alte Frauen mischten sich unter die Kinder und lachten vergnügt über ihren Tanz im feuchten Lehm.

Als letztes wurden die Teile der kreisrunden Absperrung, die die Circusleute Piste nennen, um die Manege herum aufgebaut.

An diesem Tag begegnete ich Mala zum ersten Mal. Beim Lehmkneten war plötzlich der Wasserstrahl unterbrochen, und ein Maurer schickte mich nachschauen, woran das lag. Ich folgte dem Verlauf des Schlauches bis zum Kassenwagen, und da sah ich Mala. Sie war sehr zierlich und versuchte verzweifelt, den schweren Wagen etwas zur Seite zu schieben, da bei einem Manöver die Räder auf den Schlauch gerollt waren. Ich half ihr, und mit großer Mühe schafften wir es, den Schlauch wieder freizulegen. Dann blieben wir stehen, schauten einander an, lächelten verlegen und wiederholten fast zehnmal: »Danke schön!« – »Oh, bitte, gern geschehen!«, bis wir uns trennten.

Es war noch hell, als die Aufbauarbeiten beendet waren, und wir durften als Dank für die Hilfe einen letzten Rundgang machen, während die Circusleute sich wuschen und draußen vor den Wagen ihr verdientes Abendbrot aßen.

Die Wohnwagen waren Wunderwerke der Technik. Es waren komplette Häuser auf Rädern. Nicht einmal Mäuse fehlten, doch die Circusleute ließen sich von ihnen nicht stören.

Fast alle Wagen waren weiß-rot-grün gestrichen und trugen in schwarzer Farbe große Nummern von eins bis sechsunddreißig. Nur die Zahl dreizehn fehlte. Viele Circusse meiden die Dreizehn nicht nur bei der Numerierung ihrer Wagen, sondern auch in ihren Programmen. Sie machen nach der zwölften Darbietung eine Pause, und dann folgt die vierzehnte Nummer.

Circus India kam in Morgana ohne einen Wagen Nummer dreizehn an, und es war weder Freitag, noch hatte eine schwarze Katze seinen Weg überquert, noch war eine Eule auf einem Wagendach gelandet. Im Gegenteil, mit frohen Gesichtern waren die Artisten unter der Führung eines Direktors namens Hoffnung in Morgana eingezogen. Und doch lauerte das Unheil auf diesen Circus.

2

Die Falle oder Die Gefahren einer Dauerliebe

Ein unsichtbarer Magnet zog mich gleich am nächsten Morgen wieder zum Circus. Ich war weder der einzige noch der erste vor dem noch verschlossenen Eingang. Auch die Circusleute waren schon zu dieser frühen Stunde sehr geschäftig. Ich hielt Ausschau nach Mala, und tatsächlich hatte ich Glück. Ich sah sie in der Ferne mit einem Baby im Arm. Sie spürte wohl meine Blicke, drehte sich um und lächelte mir zu. Ich wußte, sie meinte mich mit ihrem Lächeln, obwohl ich unter mindestens zwanzig Neugierigen stand.

Wenn nur die Hälfte dessen stimmte, was die Leute in meinem Viertel nach ein paar Stunden in Erfahrung gebracht hatten, dann hatte der Circusdirektor unglaubliches Pech. Kein Wunder, daß ich mich von ihm angezogen fühlte. Pechvögel zogen mich immer an.

Sein Circus war schon in Indien ziemlich arm gewesen. Aber er konnte immer gerade so viel Geld einspielen, daß er seine Artisten und Tiere so recht und schlecht ernähren konnte. Mit Geduld hatte er seinen Traum von einem erfolgreichen Circus wahrmachen wollen. Als eines Tages sein Bruder Biren tödlich verunglückte, wurde ihm das große Indien zu eng. Er hoffte, im Ausland vergessen zu können und auch mehr Erfolg zu haben.

Überraschend für alle eröffnete er eines Tages den Artisten und Arbeitern seine Reisepläne und forderte in seiner kurzen Rede alle auf, sich besondere Mühe zu geben, um der Welt zu beweisen, was in ihnen stecke. Seine Augen, so erzählte Mala mir später, waren voller Tränen gewesen.

Keiner außer seiner Frau Shanti hatte gewußt, daß der Circusdirektor Amal die Reise Schritt für Schritt geplant hatte. Jahrelang hatte er die Route dieser Reise studiert.

Für viele seiner Mitarbeiter bedeutete die Abreise Trennung von Freunden und Verwandten, denn im Circus gilt das eherne Gesetz: Nur wer für die Manege arbeitet, wird mitgenommen.

Von Indien nach Pakistan und von dort nach Afghanistan, in den Iran und dann über die Türkei nach Arabien zog der Circus, bis er Anfang Mai in Morgana ankam. Ein Jahr und drei Monate hatten alle Durst und Hunger ertragen.

Und gerade als der Circus seine Zelte am Rande Islamabads, der Hauptstadt Pakistans, aufgeschlagen hatte, brach ein Krieg zwischen Pakistan und Indien aus. Der Circus erlebte ein Debakel. Die Menschen, die noch am Abend zuvor im Zelt gelacht hatten, demonstrierten nun vor dem Circus und wollten ihn in Brand stecken. Über Nacht mußten die Artisten und ihr Direktor die Stadt verlassen, als wären sie Diebe.

»Afghanistan, meine Freunde, ist das Paradies«, versuchte Amal seine Mitarbeiter zu trösten. »Die Afghanen sind edel und mutig!« Mancher Artist hatte zum ersten

Mal in seinem Leben das Wort Afghanistan gehört, aber der Mut des Direktors steckte alle an.

Tatsächlich waren die Afghanen gastfreundlich und überaus mutig, aber in den Circus kamen nur wenige Zuschauer. Und es war fast unmöglich, diesen etwas Außergewöhnliches zu bieten. Jedes zweite Kind fand die Nummer mit den Löwen harmlos. Einige flehten sogar den Direktor an, sie auch in den Löwenkäfig zu lassen. Selbst ältere Leute wollten einen Gang auf dem Hochseil wagen. Und so brachten die Zuschauer von Nummer zu Nummer die Artisten immer mehr in Verlegenheit. Ein Circus ist eben nichts für übermutige Zuschauer, die keine Angst vor Löwen und Hochseil haben.

Als der Zauberer abwechselnd eine Taube und einen Raben in einen leeren Käfig zauberte, soll ein alter Schäfer gerufen haben: »Eine Taube? Schau her!« Und er ließ einen Hammel und eine Ziege aus seinem breiten Mantel hervortreten. Die Zuschauer tobten vor Lachen, und der Zauberer trat blaß von der Bühne ab. Natürlich hatte der Afghane den Hammel und die Ziege nicht hervorgezaubert, sondern einfach mit in den Circus hineingeschmuggelt, weil er sie sehr liebte und ihnen eine Circusvorstellung gönnen wollte.

Eines Abends wurde Amal nach der Vorführung in einem afghanischen Bergdorf von einem Bauern gefragt, ob der Wolf, der in dieser rührenden Paradiesnummer aufgetreten war, ein Weib hätte. Der Circusdirektor verneinte, und der begeisterte Bauer schenkte dem Circus eine Wölfin, die er kurz zuvor gefangen hatte.

Auch im Iran wurden die Circusleute freundlich begrüßt und bekamen schon am zweiten Tag von einer reichen Schäferfamilie ein wunderschönes Karakulschaf geschenkt. Doch nach wenigen Tagen wollten sich offensichtlich nur noch die Ärmsten der Armen im Circus amüsieren. Wer Geld hatte, ging lieber ins Kino. Damals erlag das ganze Land gerade einem Kinofieber. Als ein junger Mann den Direktor fragte, warum er in seinem Zelt nicht statt dieser zittrigen Seiltänzerin den berühmten Film von Burt Lancaster und Tony Curtis zeigen wollte, war das Maß voll, und der Circusdirektor blies zum Abmarsch.

»In der Türkei wird das Paradies sein«, schwärmte er. »Dort fließt Honig von den Bergen, und der Tee wächst wie Unkraut sogar am Straßenrand. Die Türken sind großzügig, sie schenken jedem Gast eine Schafherde!«

Die Mitarbeiter gähnten müde und gleichgültig, denn sie merkten, daß der Direktor immer länger redete, je größer das Unglück wurde.

Die Türken waren zwar freundlich und aufgeschlossen gegenüber den Circusleuten, doch waren sie oft noch ärmer als sie. Die bettelarmen Bauern der östlichen Dörfer wollten gerne in die Vorstellungen kommen, doch hatten sie außer ein paar kärglichen Nahrungsmitteln nichts, womit sie den Eintritt hätten bezahlen können.

»Auf nach Arabien! Ihr werdet euch wundern, was für ein Glück dort auf uns wartet. Das glückliche Arabien wartet auf euch! Morgana, meine Lieben, Morgana ist die Perle Arabiens. Mein Großvater hat mir erzählt, daß jedem Besucher dieser Herrlichkeit für jeden Tag, den er in dieser Stadt verbringen darf, ein Tag von seiner Zeit im Paradies abgezogen wird, da er diesen Tag schon zu Lebzeiten in Morgana, im irdischen Paradies, verbracht hat.«

»Wenn dein Großvater recht hat, dann kommen ja alle Bewohner der Stadt in die Hölle«, rief der alte Elefantenführer Ganesh, und alle Mitarbeiter lachten.

So war der Circus nach Morgana gekommen. Gleich am ersten Tag hörte ich diese Geschichte. Und hätte ich nicht Morgana und seine Einwohner gekannt, so hätte ich nicht geglaubt, daß ein Volk auf der Erde existiert, das so schnell und so genau alles über Fremde in Erfahrung bringen kann.

Nun hatte der Circus India auch in Morgana großes Pech. In jenem Jahr nämlich war der Mai so heiß, als hätte er mit dem Juli getauscht. Es war so heiß, daß am Tag nur noch Hühner und Touristen in der Sonne lagen; die Bewohner der Stadt blieben lieber im Schatten versteckt.

Bei der Eröffnungsvorstellung waren es vielleicht hundert Kinder und etwa genauso viele Erwachsene. Schon bei der zweiten Vorstellung waren es nur noch wenige Zuschauer. Tiere, Seiltänzer und Clowns bemühten sich, ein paar vereinzelt sitzende Kinder zum Lachen zu bringen. Und je mehr Tage vergingen, um so spärlicher kamen die Zuschauer. Amal hoffte immer noch auf den großen Ansturm, aber die Hitzewelle ließ Morgana nahezu versengen. Auch am Abend war die Luft unter dem Zeltdach unerträglich stickig, obwohl der Circusdirektor jeden Nachmittag reichlich Wasser spritzen ließ. Wer sich in dieser Zeit vergnügen wollte, kaufte sich lieber ein Eis oder ging ins Schwimmbad.

Ein Unglück kommt selten allein. Als hätte die Hitze nicht gereicht, die die Zuschauer vom Circus fernhielt, gab es nach einer Woche einen Aufstand. Ein Schwager und auch ein Neffe des Staatspräsidenten rebellierten, um Hadahek zu stürzen. Der Schwager riegelte Morgana vom Norden her ab, und der Neffe besetzte mit seinen Panzern den Süden des Landes. Die Hauptstadt selbst war zwar nicht in Gefahr, aber Reisen in den Norden und in den Süden des Landes waren außer in Notfällen untersagt. Der Circus saß also plötzlich mit den Bewohnern der Stadt Morgana in der Falle.

War der Besuch des Schweizer Circus wie ein kurzes Feuerwerk der Verliebtheit gewesen, so zeigte der Besuch des indischen Circus Anzeichen einer dauerhaften Alltagsliebe mit all ihren Problemen.

Schnell war das wenige Geld verbraucht, das der Circusdirektor auf der Reise von Indien bis Morgana gespart hatte. Ende Mai hatte er trotz Rationierung der Nahrung keine Vorräte mehr.

Amal war wie viele Circusleute abergläubisch. Er ließ sich dazu hinreißen, einen berühmten Schicksalsbeschwörer einzuladen. Der Mann kam, machte ein Feuer mitten in der Manege und sprach eine halbe Stunde lang mit seinen Dschinn, die nur ihm in den Weihrauchwolken sichtbar waren. Doch bei allem Aberglauben war Amal der Preis von zweihundert Lira zu hoch: »Wenn

Zuschauer drei Tage lang das Zelt füllen, gebe ich dir dreihundert Lira, sonst haben die Dschinn dich nicht erhört, und dafür muß man dich peitschen und nicht auch noch bezahlen.«

Als aber einer von Amals Mitarbeitern im Schlachthof dabei ertappt wurde, wie er Knochen und Fleischreste zu stehlen versuchte, sah man den verzweifelten Circusdirektor bis spät in der Nacht in seinem Wohnwagen auf und ab gehen.

Am nächsten Tag kam der Mann frei, und der Circusdirektor warnte eindringlich alle Mitarbeiter, auch nur einen einzigen Strohhalm zu stehlen. Schweren Herzens beschloß er, Morgana zwei seiner prächtigen Elefantenkühe zu schenken, wofür sich die Stadt verpflichten sollte, seine Tiere bis zum Ende der Belagerung zu ernähren. Er machte sich auf den Weg zum Bürgermeister.

Der Bürgermeister der Stadt Morgana empfing Amal mit höflicher Zurückhaltung. Nach einer langen Dankesrede bot der Circusdirektor der Stadt schließlich seine zwei Elefanten an. Statt sich jedoch für das Geschenk zu bedanken, rief der Bürgermeister abwehrend: »Um Gottes willen! Ich will doch nicht von den Morganiern erschossen werden. Heute noch verfluchen die Bewohner dieser Stadt die Seele eines früheren Bürgermeisters, obwohl dieser seit über hundert Jahren tot ist.«

Und warum? Die Geschichte hatte auch ganz harmlos angefangen. Ein Maharadscha war damals Gast der Stadt gewesen und hatte dem Bürgermeister einen prächtigen

Elefanten geschenkt. Dieser Elefant trampelte dann in der Stadt herum, zerstörte Gärten, Obstbäume und Gemüseläden. Die Bevölkerung geriet in Aufruhr, und eines Tages war die Wut so groß, daß sich eine aufgebrachte Menschenmenge auf das Haus des Bürgermeisters zu bewegte. Je näher sie aber ihrem Ziel kam, um so kleiner und leiser wurde sie, da viele plötzlich Angst hatten.

Dieser frühere Bürgermeister war jedoch informiert worden und hatte bewaffnete Soldaten vor seinem Haus Stellung beziehen lassen. Bei diesem Anblick verließen immer mehr Menschen den Protestzug und machten sich unauffällig davon. Nur ein besonders eifriger Mann blieb unbeirrt bei der Sache. Der Armselige blickte nicht nach rechts und links und lief so direkt in die Arme der Soldaten. Erst jetzt erkannte er, daß er verloren war. Er wurde vor den Bürgermeister gezerrt, und dieser fragte ihn streng, wogegen er protestiere. Enttäuscht von der ganzen Welt, antwortete der Mann: »Exzellenz! Wir haben deinen Elefanten so sehr ins Herz geschlossen, daß wir seine Einsamkeit nicht mehr mit ansehen können. Wir protestieren gegen die Einsamkeit des Elefanten und fordern dich auf, ihm ein Weib zu schenken.« Der Bürgermeister war gerührt. Er ließ dem Elefanten ein Weib bringen. Von da an tobten die zwei Kolosse in Morgana und zerstörten, was ihnen in die Quere kam, bis eines Tages ein ruinierter Blumenhändler Elefanten und Bürgermeister erschossen hat.

Amal konnte also den Bürgermeister nach dieser Geschichte nicht von der Kostbarkeit seines Geschenks überzeugen. Auch wollte dieser nicht versprechen, für Futter aufzukommen, da er ja selbst nicht wußte, wie lange die Belagerung noch andauern würde.

Einen letzten Ausweg suchte der Circusdirektor bei der indischen Botschaft. Man konnte ihm dort auch nicht helfen und warnte ihn, nicht in den von Rebellen besetzten Gebieten herumzureisen. Der Botschafter erklärte sich allerdings bereit, Flugkarten für die Circusleute zur Verfügung zu stellen. Der Circus hätte das Geld dann in Indien zurückzuzahlen. Für den Transport der Tiere wollte die Botschaft jedoch nicht aufkommen. Amal kämpfte verbissen um die Rettung aller seiner Circustiere und schwor, niemals ohne seine Tiere nach Indien zurückzukehren. Doch auch nach stundenlangen Auseinandersetzungen mit dem Botschafter lehnte dieser jede weitere Hilfe ab und wiederholte lediglich sein Angebot mit den Flugkarten. Er hielt den Circusdirektor wohl für verrückt, als dieser aufstand und entschlossen sagte: »Niemals werde ich Morgana ohne das Nilkrokodil verlassen.«

3

Mala
oder Wie soll man das Glück sonst nennen?

Nein, ich irre mich nicht, die Frau ist Mala, es sind ihre klugen Augen. Alles verändert sich an einem Menschen, nicht jedoch seine Augen, mag er auch Falten bekommen und graue Augenbrauen, der Blick bleibt von Geburt an derselbe.

In ein paar Tagen werde ich sie sehen, hoffentlich reist ihr Circus nicht zu schnell. Gestern fiel mir ein, daß ja ein Freund von mir in Tania wohnt, wo der Circus auftreten soll. Ich telefonierte gleich, habe ihn aber bis jetzt nicht erreicht. So ein Pech!

Meine Mutter meinte, ich hätte immer Glück. Sie nannte mich einen »Glückspilz«, aber darin irrte sie sich. Viele halten es für Glück, wenn einer sein Pech gerade mit Mühe noch abwenden kann. Wirkliches Glück habe ich nie gekannt. Ich bin der geborene Pechvogel und ziehe nur solche an.

Der erste Pechvogel, den ich anzog, war ein blinder Buchhändler. Ich lernte ihn durch einen Schulkameraden kennen. Er handelte mit alten Büchern aller Art. Das waren aber keine teuren Bücher wie die der Antiquare, sondern alles mögliche vom Schulbuch über Werke der Weltliteratur bis zum Groschenroman. Auf seinem kleinen Ladenschild stand: Bücher – auch zum Verleihen. Damals gab es in Morgana noch keine Leihbücherei.

Als Kind war ich auf die Bücher meines Vaters angewiesen gewesen. Anschließend verschlang ich die bescheidenen Bibliotheken der Nachbarn, und bald kannte ich alle Bücherregale der Gasse. Danach saß ich drei Monate lang auf dem trockenen, bis ich von dem besagten Buchladen erfuhr.

Man mußte eine Lira als Pfand hinterlegen und konnte jeden Roman für einen Piaster pro Woche ausleihen. Das war die Entdeckung meines Lebens. Ich weiß heute noch, wie ich das erste Mal zwischen den übervollen Bücherregalen mit ihrem sonderbaren Geruch stand und angesichts so vieler Bücher zitterte. Ich wußte einfach nicht, wo ich anfangen sollte. So nahm ich zwei Bücher voller Geschichten der alten Araber, legte zwei Lira als Pfand und zwei Piaster als Gebühren für eine Woche auf den Tisch. Der Blinde nahm die Bücher in die Hand, betastete sie und sagte: »Junge, bei Band eins fehlt die Seite dreihundertelf, und beim zweiten hat ein Idiot eine Miniatur herausgeschnitten. Du bringst die Bücher so zurück, wie du sie genommen hast, sonst bekommst du kein einziges Buch mehr bei mir.«

Dieser Mann war ein Wunder an Witz und Scharfsinn – bis zu seiner Heilung. Ich war zwei Monate lang sein bester Kunde und jahrelang sein Helfer, obwohl ich durch ganz Morgana fahren mußte, um zu ihm zu kommen, aber ich hatte meine eigene Methode entwickelt, um Geld zu sparen und meine Füße zu schonen. Ich lauerte vor unserer Gasse auf eine Kutsche, und wenn die Pferde an mir vorbeitrabten, sprang ich auf den Absatz hinter dem Verdeck. Das spürten die Kutscher vorne und schlugen mit ihrer Peitsche rückwärts über den Kasten. Wenn man geübt war, konnte man jedoch so flach liegen, daß die Peitsche einen nie erreichte. Zu meinem Glück fuhren die Kutschen so langsam, daß ich jederzeit wieder abspringen konnte, ohne mich oder die Bücher unter meinem Arm zu gefährden.

Nach zwei Wochen hatte ich beschlossen, um etwas Geld zu sparen, Romane wie bisher zu leihen und zusätzlich einen Roman heimlich im Laden in Fortsetzung zu lesen. Ich wählte »Die Elenden« von Victor Hugo, hockte mich hinten im Laden unter ein Fenster und las die ersten zwei Kapitel. An diesem Tag war viel los, unauffällig ging ich nach einer ganzen Weile zur Kasse und zahlte für meine zwei Leihbücher.

Beim nächsten Besuch freute ich mich schon auf die Fortsetzung, doch unterwegs befielen mich fürchterliche Zweifel, ob ich das Buch noch vorfinden würde. Wie groß war meine Freude, als ich es an seinem Platz entdeckte. Der Laden war an jenem Tag nicht so gut besucht, aber ich las wieder zwei Kapitel, und diesmal versteckte ich das Buch, da ich mich, wie gesagt, nicht auf mein Glück verlassen konnte, sondern es überlisten wollte.

Nach zwei Monaten hatte ich bereits mehr als zehn Bücher durchgelesen und den großen Roman von Hugo heimlich und gebührenfrei beendet. Ich werde nie vergessen, wie der blinde Ladenbesitzer lachte, als ich an jenem Tag zur Kasse kam.

»Ach, Sadik, du bist es«, sagte er freundlich. »Was hast du in den letzten Wochen dahinten gelesen?« Ich war so überrascht, daß ich plötzlich an seiner Blindheit zweifelte. »Dem Geräusch nach war es ein französisches Buch aus dem dritten Regal hinten, ein Klassiker. Balzac, oder war es Zola?« fragte er freundlich, fast verschmitzt.

»Nein, Hugo, Victor Hugo, aber ich zahle, wenn du das wünschst«, sagte ich leise und etwas beschämt, wie jeder, der auf frischer Tat ertappt wird.

»Ach was, du kannst, wenn du willst, mir zwei bis drei Stunden in der Woche helfen und dafür dann so viele Bücher lesen, wie du nur willst. Ich brauche jemanden für meine Leihhefte. Mein Gedächtnis spielt in letzter Zeit nicht mehr so mit. Am besten kommst du zweimal in der Woche, je zwei Stunden. Das würde reichen. Ich zahle dir auch die Busfahrten. Was hältst du davon?«

Das war keine Frage, sondern ein Geschenk. Von nun an ging ich regelmäßig zum Buchhändler, half ihm und las mich unersättlich durch die Weltliteratur.

Dieser blinde Buchhändler war ein strenggläubiger Muslim. Ich hatte ihm von Anfang an gesagt, daß ich Christ war. Ihm war das gleichgültig, nicht aber seiner Frau. Wenn sie ihm sein Mittagessen brachte, nörgelte sie an mir herum und sagte ihm halblaut, er solle mich die Teller nicht anfassen lassen, da ich bestimmt unreine Hände hätte. Ich war oft sehr wütend auf sie, doch ihr Mann beruhigte mich: »Sie ist so mißtrauisch gegen die ganze Welt, daß sie sich nicht einmal selbst vertraut.«

Dieser Mann war nicht von Geburt an blind. Im Alter von zehn Jahren hatte er nach einem Fieberanfall sein Augenlicht verloren, dafür aber ein sagenhaftes Gehör, Gedächtnis und Tastgefühl entwickelt. Manchmal begleitete ich ihn zum Basar, und im Geschrei der Käufer und Verkäufer konnte er selbst aus großer Ferne einzelne Stimmen heraushören und unvermittelt sagen: »Wir gehen zu Ismail, der streitet gerade mit einem Kunden.« Dabei war Ismails Laden noch über hundert Meter entfernt!

Eigentlich hatte ich immer geglaubt, ein ausgezeichnetes Gedächtnis zu haben, doch bei diesem Mann kam ich mir alt und vergeßlich vor. Er wußte nämlich noch nach Wochen, wer diesen oder jenen Roman geliehen hatte und ob ein Mathebuch der vierten Klasse vorrätig war oder nicht.

Er konnte sehr witzig und knapp erzählen. »Zu Hause habe ich so eine Katze, die hat ein richtiges Tigerfell«, erzählte er mir eines Tages. »Stell dir vor, sie verwandelt sich jedesmal bei Vollmond von Mitternacht bis zum Sonnenaufgang in eine Tigerin. Meine Frau hat große Angst vor ihr, obwohl sie immer friedlich bleibt, auch wenn sie für ein paar Stunden tigert. Aus Liebe zu meiner Frau brachte ich die Katze zum Tierarzt. Er untersuchte sie genau, schlug in seinen Büchern nach und sagte mir schließlich, so etwas gäbe es, wenn auch sehr selten. Wenn sich eine trächtige Tigerin erkältet und bei Vollmond dreimal hintereinander niest, springt eine solche kleine Katze aus ihrer Nase.«

Jahre später wurde der Mann wie durch ein Wunder geheilt. Er konnte wieder sehen. Aber das ist eine andere Geschichte. Ich wollte eigentlich von einem anderen Pechvogel und seinem Circus weiter erzählen.

Die uralte Stadt Morgana hat in ihrer langen Geschichte viel erlebt. Unzählige Wunder und Merkwürdigkeiten sind in ihrem Gedächtnis eingeprägt. Und in den bescheidenen Lehmhäusern ihrer Gassen fühlt man die große Seele einer uralten Kultur. Im Herzen Arabiens liegend, war die Stadt ein Treffpunkt, an dem sich die Wege der reisenden Propheten, Eroberer, Händler und Bettler kreuzten.

Als der Himmel vor zwei Jahren roten Sand regnete, wußten die Morganier Bescheid. Alle fünfunddreißig Jahre trägt ein Sturm den Sand aus einem bestimmten Gebiet der Sahara Tausende von Kilometern weit, bis er ihn genau über Morgana wie einen roten Teppich auf Häuser und Bäume, Autos und Straßen niederfallen läßt. Kein Sandkorn gerät in Städte nördlich oder südlich von Morgana.

Die Morganier lassen den Sand drei Stunden liegen, damit kein Fluch die Stadt trifft; denn dieser rote Teppich ist mit einer Liebesgeschichte verbunden. Eine in Morgana lebende Fee muß sich und ihre Stadt alle fünfunddreißig Jahre einmal für drei Stunden vor ihrem wütenden Vater, einem rachesüchtigen Dämon, verstecken, aber das ist eine andere Geschichte.

Nach drei Stunden kehren die Morganier den Sand weg und verrichten ihre Arbeit, als ob nichts geschehen wäre.

Genauso gelassen reagierten die Bewohner der Stadt, wenn in den letzten hundert Jahren einer der vielen Propheten aufgetaucht war. Nur ein paar fromme Beamte der Regierung regten sich darüber auf. Die Mehrheit der Bewohner dachte wie mein Onkel Azar, der ruhig sagte: »Was macht das schon, wenn einer sich wie ein Prophet fühlt? Man muß ihn freundlich aufnehmen. Wer weiß, vielleicht ist er ein wahrer Prophet? Dann hat man für seine Gastfreundschaft einen sicheren Platz im Himmel. Und ist er ein Lügner, so hat man dafür ein paar schöne Geschichten oder ein Lachen.«

Morgana hat, wie gesagt, viel erlebt, und durch die Jahrtausende weise geworden, blieb es doch im Herzen ein Kind. Es ist bis heute noch kindlich genug, Neuem gegenüber Verwunderung zu empfinden. Und wer im Herzen ein Kind bleibt, wird vom Leben mit Wundern belohnt.

Noch nie in der Geschichte dieser Stadt war es passiert, daß ein Circus aus einem fernen Land nicht mehr zurückkehren konnte. Wie immer überdeckte die Presse ihre Ratlosigkeit mit dummen Kommentaren. So schrieb der Chefredakteur der »Neuen Freiheit«, einer der drei staatlich gelenkten Zeitungen des Landes, unter dem Titel »Ehrlich gesagt«, man solle sich beim nächsten Besuch eines Circus schon bei der Einreise die Rückfahrkarte der

Elefanten vorzeigen lassen oder eben alle Tiere an der Grenze erschießen.

Solche Weisheiten waren keine Hilfe für die Bewohner des alten Stadtviertels, die mit den Problemen des Circus unmittelbar zu tun hatten. Aber von meinen Nachbarn lasen sowieso nicht viele die staatliche Zeitung. Sie hatten Mitleid mit den Circusleuten und ihren Tieren. Dieses Gefühl, das alle bewegte, brachte meine Mutter eines Nachmittags bei einer Kaffeerunde im Hof zum Ausdruck: »Dieser arme Circus, der nicht mehr weiß, wo vorne und wo hinten ist, das sind wir.« Keine der Nachbarinnen witzelte oder lachte, sondern alle nickten nachdenklich. Aber niemand im Viertel konnte so viel spenden, daß die Elefanten, Löwen, Tiger, Schlangen und Wölfe hätten nach Indien fahren können.

Für das Krokodil wollte sowieso keiner was zahlen. Die Leute fanden das Tier gräßlich und seine Nummer sterbenslangweilig. Das Nilkrokodil trat an der Seite des Circusdirektors auf, rannte einmal in der Manege herum, sperrte seinen Rachen auf und fauchte die Zuschauer in der ersten Reihe an. Das war nicht einmal gruselig, sondern es war einfach ekelhaft; denn das Nilkrokodil war an mehreren Stellen seines Kopfes verletzt, und auch sein Rücken war voller Narben. Nach zwei Runden packte der Circusdirektor das Krokodil am Schwanz, drehte es auf den Rücken, streichelte ihm den Bauch, und das Krokodil erstarrte wie ein Plastiktier, und dann konnte Amal mit ihm machen, was er wollte. Kurz danach erwachte das Krokodil aus seiner Erstarrung, fauchte ein letztes

Mal das Publikum an und ging breitbeinig aus der Manege, als hätte es in die Hose gemacht.

Ich fand das Krokodil bei der ersten Begegnung irgendwie sympathisch. Es wirkte auf mich traurig und unbeholfen.

Aber bei aller Zuneigung zum Circus und seinen Tieren muß ich doch zugeben, daß es in erster Linie Mala war, die mein Herz an den Circus fesselte.

Mala war eine zauberhafte Seiltänzerin. Sie war mit dem Messerwerfer Ashok verheiratet. Abend für Abend stand sie da und lächelte, während ihr die Messer ihres Mannes um die Ohren flogen. Ich bewunderte ihren Mut und wußte, daß sie mich bei jedem Auftritt besonders ins Auge faßte. Sie war so zierlich und mädchenhaft, daß ich sie beim ersten Anblick damals am Wohnwagen für eine Tochter des Messerwerfers gehalten hatte und nicht für das, was sie war: seine Ehefrau und die Mutter von drei Kindern.

Mir war vom ersten Augenblick an klar, daß die Liebe zu Mala ein Spiel mit dem Feuer war; denn ihr Mann war verrückt vor Eifersucht. Aber ich konnte nicht anders. Keinen Tag konnte ich mehr verbringen, ohne sie zu sehen. Die Vorstellungen gingen weiter, und ich verbrauchte alle meine Ersparnisse, um Abend für Abend den Circus zu besuchen.

Unmerklich wuchs meine Liebe zu Mala, und meine romantische Vorstellung vom Circus wich langsam einer Achtung und Bewunderung, die sich auf meine täglichen Beobachtungen stützte.

Die Circusluft wirkte auf mich anziehender als Parfüm, obwohl sie eine Mischung aus den Ausdünstungen der Pferde, dem beißenden Geruch der Raubtiere, dem Schweiß der Menschen und dem Harzgeruch der Holzspäne war. Circusdirektor Amal benutzte immer noch ein Zelt aus Baumwolle. Er wollte, wie ich erfahren hatte, von Kunststoffzelten nichts wissen, da sie den Duft der Circusluft erstickten.

In diesem Zelt lernte ich langsam, daß Circus die ehrlichste Kunst ist. Nirgends kann ein Artist weniger betrügen als im Circus. Er muß schnell, präzise und wie schwerelos sein. Und er muß immer damit rechnen, daß einer im Publikum scharfe Augen hat, denn die Manege ist von allen Seiten offen. Ohne Trennwand und unter den Augen der skeptischsten Zuschauer leisten die Artisten eine, wie sie es nennen, »runde Arbeit«.

Theaterarbeit ist hart, weil die Schauspieler ihre Fehler direkt vor dem Publikum machen. Aber das schwierigste Theater ist ein Kinderspiel im Vergleich zu einer Circusaufführung. Die Zuschauer wissen das ganz genau und schenken den Circusartisten eine Aufmerksamkeit, die kein Schauspieler oder Dichter auf einer Bühne je bekommen wird.

Erstaunlicherweise hatte ich keine große Angst um Mala, wenn sie ihre Hochseilnummer aufführte. Sie war leichter als der Wind. Die Gesetze der Schwerkraft schienen ihren Einfluß auf sie verloren zu haben. Ihre Hände waren klein und zierlich wie die eines Kindes, doch habe ich gesehen, wie Mala einmal einen wildgewordenen

Panther mit einem einzigen, blitzschnellen Faustschlag durch das Gitter lahmlegte. Und mich konnte sie mit einer Hand hochheben. Das allerschönste aber war, daß man bei ihr niemals spürte, daß ihre Darbietungen sie anstrengten. Es sah so aus, als würde sie sich vor dem Publikum von einer anderen Arbeit erholen.

Ich konnte Mala nicht genug anschauen, ihre stolze und mutige Haltung. Sie bewegte sich kühn, sicher und genau.

Was mir überhaupt nicht gefiel, war die Messerwerfernummer. Ich war immer besorgt, bis ihr Mann das letzte Messer sicher ins Holz plaziert hatte, und ich fragte mich oft nach dem Sinn dieser gefährlichen Vorstellung. Wenige Zentimeter entschieden über Leben und Tod einer wunderbaren Frau, die ich liebte.

Sie hieß in Wirklichkeit anders, aber sie nannte sich Mala, weil das im Circus schön klingt. Fast alle Artisten verändern ihren Namen. Niemand wird begeistert sein, wenn der Sprecher ankündigt: »Meine Damen und Herren, Sie werden nun einen dreifachen Salto von Herrn Birendranath Bandyopadhyay miterleben!« Nein, knapp und musikalisch muß der Name sein, so daß ihn jedes Kind behält und in sein Herz schließt.

Doch nicht nur die Namen, sondern auch die Artisten selbst sind in Wirklichkeit anders: In leuchtenden Farben und unter den bunten Circuslichtern sehen sie viel schöner aus als im Tageslicht. Im Zelt strahlte Mala vor Schönheit, draußen wirkte sie blaß und mager.

Als die Tiere anfingen, Hunger zu leiden, ließ der Circusdirektor jeden Abend in arabischer Sprache verkünden, daß jeder Erwachsene für den halben Preis und jedes Kind gratis die Vorstellung besuchen dürfe, wenn man einen Eimer Futter für die Tiere mitbringe. Das war klug, denn nun strengten sich viele an und standen mit ihren gefüllten Eimern Schlange, und die Tiere waren erst einmal außer Gefahr. Für mich war das die allererfreulichste Nachricht: Mehrmals täglich kam ich mit Futter, bis mich die Circusleute bald gut kannten und freundlich begrüßten.

Der Circus blieb also weiterhin auf dem staubigen Gelände vor dem Osttor der Stadt Morgana. Es war nicht weit von meiner Gasse, und so geschah es, daß ich eines Tages dem Huhn, das meine Mutter im Küchenschrank aufbewahrte, ein Bein ausriß und schnell zum Circus lief. Es war Mittag. Die Circusleute dösten im Schatten, da es außer den Fliegen niemandem in der brütenden Hitze einfiel, in den Circus zu gehen. Mala saß mit ihrem Mann vor ihrem Wohnwagen. Ich sah sie, doch sie bemerkte mich zu meiner Verzweiflung nicht.

An jenem Mittag warf ich dem Krokodil das Hühnerbein zu, und das Krokodil verschlang es blitzschnell. Danach nickte es mehrmals und zog sich in die hintere Ecke seines Käfigs zurück, dabei schaute es mich lange und merkwürdig an.

Auf dem Weg nach Hause bereitete ich eine dicke Lüge vor, falls meine Mutter mich fragen würde, wo das Hühnerbein geblieben war. Meine Lüge hörte sich wie ein Dschungelabenteuer an: Ich mußte das Huhn gegen zehn wilde Katzen verteidigen und kämpfte verzweifelt, bis ich im letzten Augenblick das Huhn retten konnte, dabei blieb jedoch ein Bein im Maul einer Katze hängen, die es ausriß und davonrannte.

Merkwürdigerweise fragte meine Mutter nicht nach dem fehlenden Bein. Vater war es, der sich am Abend wunderte, daß das Huhn nur ein Bein hatte.

»Es ist ein Invalide. Es hat ein Bein im Hühnerkrieg verloren!« rief meine Mutter, schaute mich an und lachte, doch Vater fand es nicht witzig. Er stieß die Platte mit dem Hühnerfleisch zur Seite. »Du verdirbst einem aber auch jeden Appetit!« schimpfte er. Meine Mutter lachte, gab mir das zweite Bein und nahm sich die Hühnerbrust, die normalerweise meinem Vater zugeteilt wurde. An jenem Abend begnügte sich mein Vater mit Salat, Käse und Oliven, und statt zuzugeben, daß meine Mutter ihn mit ihrem lustigen Einfall übertroffen hatte, pries er den ganzen Abend das gesunde Leben der Vegetarier. So war mein Vater. Obwohl er der geborene Verlierer war, gab er keine einzige seiner Niederlagen zu.

Von diesem Tag an ging ich jeden Mittag zum Nilkrokodil und brachte ihm Futter. Es waren Fleischreste und Knochen, die ich beim Metzger Mahmud bekam. Dafür mußte ich jeden Nachmittag seinen Laden putzen. Der Metzger freute sich über meine Hilfe und hatte im Grunde auch Mitleid mit den Circusleuten, deshalb gab er auch manchmal ein Stück Fleisch dazu.

Aus den Nachrichten war kein Wort über die Belagerung zu erfahren. Zwar wurden die Errungenschaften des Staatspräsidenten Hadahek in höchsten Tönen gelobt und seine Aussagen zu vielen Themen des täglichen Lebens zitiert, doch kein Wort verlor er über die politische Krise im eigenen Land. Aber die Nachrichten aus dem Ausland über die Lage in Morgana waren besorgniserregend. Vor allem BBC London berichtete, die rebellierenden Generäle zögen immer mehr Truppen auf dem Weg nach Morgana zusammen, und Staatspräsident Hadahek hätte bereits eine große Farm in Kalifornien als Zufluchtsort gekauft.

Es war uns allen klar, daß der Circus vor dem Winter gerettet und sicher über die Grenze gebracht werden mußte. Der Winter in Morgana hätte den sicheren Tod für die meisten Tiere bedeutet. Es mußte bald etwas geschehen, aber was?

4

Die Straße oder Wie jemand unwiderruflich zu seinem Ruf kommt

Mein Name bedeutet der Ehrliche, doch in meiner Gasse hatte ich einen anderen Ruf. Man nannte mich den größten Lügner von Morgana. Wie ich zu diesem Ruf kam, ist eine kleine Geschichte.

Meine erste Freundin hieß Aida. Ich habe sie als Kind sehr geliebt und wollte nur noch mit ihr spielen. Sie mochte mich auch sehr gern, und alles, was sie begehrte, nannte sie »Sadik«, so daß ihre Eltern langsam Sorge um sie hatten. Sie wollte nur noch Sadik essen und trinken, Sadik anziehen und atmen.

Durch Aida erfuhr ich schon mit fünf, daß ich ein großer Lügner war. Das lag an meiner Langsamkeit, denn wenn ich als Kind durch irgend etwas auffiel, dann durch meine Langsamkeit. In allem war ich langsam. Meine Mutter erzählte, daß ich mich beim Essen von jedem Reiskorn einzeln verabschiedete, und bevor ich zwei Bissen kauen konnte, war die Familie schon mit dem Essen fertig. Meine Mutter legte sich hin, um ihr Mittagsschläfchen zu halten, und wenn sie nach einer halben Stunde aufwachte, war ich immer noch nicht fertig.

Auch beim Sprechen war ich unendlich langsam. Ich dachte viel nach und fand eine Pause mitten im Satz gar nicht so übel. Und da passierte es. Ich wollte Aida imponieren und erzählte ihr, daß ich von einem Berg zum anderen fliegen könnte. Ihre Augen weiteten sich vor Entsetzen. »Du lügst, ja!« rief sie und rannte davon, bevor ich die Zeit fand, ihr zu sagen, daß ich das könnte, wenn ich ein Vogel wäre.

Bald machten halbe Sätze von mir die Runde in der Gasse, die vollständig die harmlosesten Aussagen der Welt bedeutet hätten. Aber halb ausgesprochen hörten sie sich wie die dicksten Lügen aller Zeiten an. Was sollten die Leute auch von dem Satz halten, ich könnte drei Tage lang unter Wasser leben – wenn sie nicht den Schluß hörten, den ich nach einer Pause sagte –, wenn ich ein Fisch wäre.

Ob alt oder jung, alle Nachbarn, Freunde, Verwandten und Schulkameraden wußten immer schon im voraus, daß ich lügen würde, sogar wenn ich auf eine Frage nur den Kopf schüttelte. Wenn ich den Mund aufmachte, war es sowieso sicher. Seit dieser Zeit heiße ich: Sadik, der Lügner.

Hatte ein Mensch in meiner Gasse einmal seinen Ruf bekommen, so konnte er daran nichts mehr ändern. Manche bemühten sich zu Lebzeiten verzweifelt, den ihnen einmal aufgedrückten Stempel wieder loszuwerden, sie ackerten und schwitzten im Kampf gegen ihren schlechten Ruf. So auch der Nachbar Fuad, der einmal wegen eines Mißverständnisses »Geizhals« genannt wurde und sich jahrelang mit einer beispiellosen Großzügigkeit gegen diesen Ruf wehrte. Seine Gastfreundschaft hatte ihn fast ruiniert. Nun lag der Mann im Sterben und hoffte, daß sich die Leute nach seinem Tod seiner Großzügigkeit erinnern und ihn vom häßlichen Ruf eines Piastermelkers befreien würden. Er spürte bereits den Tod und atmete tief ein, um einen letzten bedeutsamen Satz auszusprechen. »Sparen ist überflüssig!« wollte er sagen, doch nach dem Wort »Sparen« starb er. Die Leute schauten sich entsetzt an. »Dieser Geizhals!« riefen viele. »Sogar auf dem Sterbebett will er noch sparen!«

So ist das mit dem Ruf. Deshalb beschloß ich, nichts gegen meinen Ruf als Lügner zu unternehmen. Meine Mutter sagte sogar, es ließe sich mit einem brauchbaren schlechten Ruf besser leben als mit einem nutzlosen guten.

Traurig ist nur, daß ausgerechnet Aida, die diesen Ruf in die Welt gesetzt hatte und anfangs sogar lustig fand, ihn schließlich nicht mehr ertrug. Sie wollte einen ehrlichen Mann lieben, ihn heiraten und von ihm Kinder bekommen. Ihr Traum ist Wirklichkeit geworden, und sie ist – unglücklich. Warum das so ist, ist eine lange und eher langweilige Geschichte. Aida habe ich hier aus Dankbarkeit erwähnt, denn ohne sie hätte ich meinen späteren Ruhm nie erlangt.

Überhaupt lebten damals in meiner Gasse die kuriosesten Menschen und erstaunlicherweise alle mit falschem Ruf. Vom Nachbarn Abdullah, der mit seinen Hühnern sprechen konnte, will ich gar nicht anfangen. Dieser Nachbar quasselte ununterbrochen. Nur Menschen mit Erziehung zur Geduld konnten ihn ertragen. Die Esel fingen sofort an auszuschlagen, und sobald er eines seiner Hühner anfaßte und auf es einredete, legte es schnell ein Ei, um seinen Besitzer loszuwerden. Meine Mutter sagte, er hätte einen so betäubenden Mundgeruch, daß die Hühner die Eier in sich nicht mehr halten könnten. Wie dem auch sei, dieser Mann hieß nun nicht etwa Abdullah, der mit den Hühnern sprach, oder Abdullah der Quassler, nein, er hieß Abdullah der Große. Dabei maß er nicht einmal einen Meter fünfzig, aber er soll der größere von zwei Nachbarn gewesen sein, die beide Abdullah hießen.

Mahmud, der Metzger, war ein schweigsamer Mensch und trotzdem einer der größten Lügner. Er log mit seinen Händen. Verlangte man ein gutes Stück Fleisch, so schnitt er das Stück vor den Augen des Kunden ab, warf es demonstrativ auf das Tranchierbrett, und dann drehte er sich so, daß er mit dem Rücken zum Kunden stand und ihm die Sicht verdeckte. Blitzschnell tauschte er nun ein Stück vom guten Fleisch gegen ein anderes von schlechterer Qualität. Seine Hände waren so geschickt, daß die Leute wetteten, ob sie zu zweit merken würden, wann er das schlechtere Stück unterschob. Sie konnten es nicht. Aber kein Mensch nannte ihn Mahmud, den Lügner, sondern er hieß der Trinker, weil er sehr einsam lebte und abends oft Arrak trank und weinte.

Tamer, der Schuster, trug sein Leben lang schlechte, geflickte Schuhe. Auf dem Sterbebett eröffnete er seiner Frau, daß er ein Paar neue Schuhe in einem Karton auf dem Dachboden versteckt habe. Es seien die schönsten Schuhe, die je von Menschenhand geschaffen wurden, und er wolle seinem Schöpfer in diesen Schuhen, die noch nie die Erde berührt hätten, entgegentreten. Seine Frau eilte hinauf. Tatsächlich waren es einmalige Schuhe, sorgfältig verpackt.

Als die Menschen diese Schuhe an den Füßen des toten Schusters sahen, bestätigte das den Ruf des frommen Schusters. Dabei war Tamer ein großer Lügner. Einmal brachte ich ihm meine Schuhe vorbei und fragte, wann sie fertig würden. »Morgen«, sagte er und tauchte sie in einen Eimer Wasser, damit die Sohlen besser bearbeitet werden konnten. Nach zwei Tagen kam ich wieder. Er schaute mich an. »Morgen«, wiederholte er und tauchte meine Schuhe noch einmal ein. Ein drittes, ein viertes Mal kam ich, und immer wieder tauchte er die Schuhe ins Wasser und sagte knapp: »Morgen«, bis mir der Kragen platzte. »Ich habe dir meine Schuhe gebracht, damit du sie reparierst, und nicht, um ihnen das Schwimmen beizubringen!« schrie ich ihn an. Er lachte und reparierte die Schuhe. Vor lauter Wässern waren sie innen knochenhart und damit unbrauchbar geworden. Aber so unzuverlässig er auch war, er behielt für immer den Ruf eines Frommen.

Noch seltsamer als Schuster und Metzger war mein Nachbar Ismail. Bei ihm staunten die Ärzte, was man einem Magen alles zumuten konnte. Seine Frau erzählte, sie müsse bei jeder Mahlzeit aufpassen und ihm immer im letzten Augenblick das Geschirr und die Knochen aus dem Mund ziehen. So gierig aß er. Seine Frau verwahrte die blanken Knochen, darauf waren Zeichnungen von Ismails Zähnen eingemeißelt. Unnachahmliche Werke, Wellen und Schiffe, Schwalben und Landschaften waren da zu sehen. Doch die Sensation war ein Porträt des Staatspräsidenten Hadahek. Hätte Ismails Frau nicht Angst gehabt, der Staatspräsident könnte es falsch verstehen, so wäre sie mit dem Hammelknochen zu ihm gegangen und hätte sich reich beschenken lassen.

An Ismail klebte hartnäckig der Ruf des Geizes. Er war aber nicht geizig, sondern arm, sehr arm sogar. Aber ein Ruf, und war er noch so ungerecht, haftete für immer an einem, noch fester als Ohren und Nase. Sogar Betrunkene, die den eigenen Namen schon vergessen hatten, wußten noch genau über den Ruf der Nachbarn Bescheid.

Als der Postbeamte Elias wieder einmal weit über den Durst getrunken hatte, begann er mit Ismail zu streiten.

»Geh mir aus dem Weg, sonst gebe ich dir eine Ohrfeige, daß du in Jerusalem landest!« brüllte Ismail.

»In Jerusalem«, rief Elias begeistert, »dann gib mir zwei Ohrfeigen, du Geizhals, damit ich die Pilgerfahrt gleich hin und zurück erledige.«

Die Nachbarn lachten über beide Maulhelden und spotteten über die ungewohnte Großzügigkeit des Ohrfeigenspenders.

Der Postbeamte nahm noch einen kräftigen Schluck und lallte wütend: »Ich schwöre dir, die Mäuse in deinem

Haus bleiben nur noch aus Liebe zu ihrem Geburtsort da, aber um zu überleben, müssen sie sich unter den Mäusen der Nachbarn als Fremdarbeiter verdingen.«

Das waren die Witze, die Ismail sich oft anhören mußte. Dabei hatte er eigentlich ganz andere Schwächen, die merkwürdigerweise nie zu einem Ruf wurden, obwohl sie offensichtlich waren. Ismail war vergeßlicher als ein Radiergummi.

Einmal gingen ihm seine Frau und die Kinder auf die Nerven, er wollte seine Ruhe haben. »Habt ihr nicht gehört, Scheich Mohammed Albustani feiert heute die Hochzeit seines ältesten Sohnes, und er läßt sieben Hammel grillen«, schwärmte er.

Seine Frau reagierte sofort und eilte geschminkt und herausgeputzt mit den Kindern dorthin. Ismail rauchte seine Wasserpfeife und genoß die eingetretene Ruhe. Doch es vergingen keine fünf Minuten, bis er zu sich sprach: »Ismail, du mußt dich beeilen, sonst bleibt nichts von den Hammeln übrig.« Er stand auf und eilte gedankenlos zu der von ihm selbst erfundenen Hochzeit. Auf halbem Weg traf er seine zurückkehrende Familie. Und ob man es glaubt oder nicht, sie waren ihm nicht einmal böse, sondern trösteten ihn, daß sich Scheich Mohammed bei ihnen bedankt hätte, weil er erst durch sie darauf aufmerksam wurde, daß sein vierzigjähriger Sohn endlich heiraten sollte.

Noch nicht einmal einen Monat war der Circus in unserer Nachbarschaft, und schon hatte jeder Artist und jedes Tier seinen Ruf. Der Strenge, der Ehrliche, die Mutige, der Abergläubische, die Bärenstarke, das Löwenherz, der Verliebte, der Gefräßige, der Jähzornige, die Launische und der Melancholische waren einige der vielen Beinamen, die von da an für immer untrennbar mit den einzelnen Circusleuten verbunden blieben.

Von Mahmud, dem Metzger, bekam ich eines Tages eine große Portion Fleischreste und Knochen. »Hier, für dein Krokodil, bevor es mit dir zürnt und das Zelt auffrißt!« sagte er und lachte schallend. Ich war verwundert, daß er über das Krokodil so genau Bescheid wußte, aber wie gesagt, die Leute erzählten viel und reimten sich noch mehr zusammen. Aber dann fügte der Metzger etwas leiser hinzu: »Man sagt ja, das Krokodil sei der Bruder des Circusdirektors. Hast du nicht gesagt, es sei ein Nilkrokodil? Ich habe von einem Ägypter gehört, Krokodile verlieben sich manchmal in Frauen, die am Nil ihre Wäsche waschen, und manchmal zeugen sie mit ihnen Kinder, die man in Ägypten Krokodilsöhne nennt.« Als der Metzger das erzählte, war sogar ich überrascht, wie weit die Phantasie meiner Nachbarn mit ihnen durchging.

Nie im Leben hätte ich gedacht, daß ich Mitgefühl mit einem Krokodil haben würde. Ich fand Krokodile immer grausam, kaltblütig und hinterhältig. Doch an jenem Tag in der Manege, als ich nicht irgendein, sondern dieses Krokodil sah, fand ich es auf ergreifende Art unbeholfen, traurig und scheu.

Tag für Tag ging ich in den Circus und fütterte das Krokodil. Nach ein paar Tagen bemerkte ich, daß der

Circusdirektor nicht nur oft beim Krokodil stand und mit ihm zu sprechen schien, sondern daß er auch besonders nett zu mir wurde. Zu keinem der helfenden Kinder und Jugendlichen, die sich genauso, wenn nicht noch mehr als ich, um die Tiere kümmerten, sprach er so freundlich wie zu mir. Und plötzlich fiel mir eine Ähnlichkeit zwischen dem Circusdirektor und dem Krokodil auf. Genauer gesagt, zwischen den Augen der beiden. Bis dahin hatte ich nur gewußt, daß Hunde ihren Besitzern immer ähnlicher werden oder umgekehrt, aber als ich an jenem Tag das Krokodil anschaute, fielen mir seine Augen auf, die genauso traurig blickten wie die des Circusdirektors.

Und als hätte das Krokodil meine Gedanken gelesen, bejahte es die Frage, die ich mir gerade gestellt hatte. Ganz deutlich nickte es. Eine unbestimmte Angst erfaßte mich, ich drehte mich um und wollte hinausrennen, doch da lief ich genau in die Arme des Circusdirektors. Er lächelte.

5

Das Krokodil oder Wie manchmal nur eine dicke Haut retten kann

»Und wenn es eine Ewigkeit dauert«, fing der Circusdirektor an, »ich werde die Geduld aufbringen, um den Augenblick zu erleben, in dem der Staub der Manege zu Sternen wird. Dann werde ich vielleicht weinen und mir sagen: Amal, du hast es geschafft. Seit vierzig Jahren habe ich diesen Traum. Was macht es, wenn ich friere, im Wohnwagen lebe und hungrig zu Bett gehe. Sobald ich in der Manege stehe und den Applaus höre, bin ich so berauscht, daß aller Kummer, alle Mühsal von mir abfallen.

Amal, so sagte mir einst ein alter Araber in Kalkutta, heißt auf arabisch Hoffnung, und wenn mein Name die in sich trägt, wie sollte ich da verzagen?

Als mich mein Vater zum ersten Mal mit in den Circus nahm, war ich vielleicht zehn Jahre alt. Damals sah ich Artisten, die in ihren glitzernden Trikots zwischen hohen Trapezen zu fliegen schienen. Das hat mich erst erschreckt und dann bezaubert. Als die Zuschauer stürmisch applaudierten, beschloß ich, einen Circus zu gründen. Und ehrlich gesagt, das Allerwahnsinnigste, was ein Mensch je machen kann, ist, einen Circus zu gründen. Aber um nach den Sternen zu greifen, braucht man eine Portion Wahnsinn.

Wir waren drei Brüder, Biren war der aufrichtigste,

Nirmal der empfindsamste, und ich bin der geduldigste. Wir arbeiteten zu dritt im Circus, doch es ging nicht gut.

Ich bin nur deshalb noch nicht zusammengebrochen, weil ich nicht gut rechnen kann. Andere indische Circusse, die hundertmal besser als meiner waren, hatten gute Buchhalter. Die kamen eines Morgens zu ihrem Chef und sagten: ›Chef, es geht nicht mehr. In neun Tagen müssen Sie Konkurs anmelden.‹ Das stimmte dann tatsächlich. Bei mir ist das anders. Ich hätte nach ein paar Wochen schon zusammenbrechen müssen, aber ich führe den Circus jetzt seit fünfzehn Jahren, und irgendwie geht es immer weiter. Ich verstehe das nicht, aber es finden sich immer Menschen, die mir helfen, auch ohne daß ich es ihnen vergelten kann. Einfach weil sie wissen, daß ich ein guter Artist, aber ein schlechter Geschäftsmann bin und ihre Hilfe brauche. Geld hatte ich nie. Am ersten Tag nicht und heute auch nicht.

Mein Bruder Biren war ein exzellenter Seiltänzer, der atemberaubende, vollendete Sprünge auf dem Hochseil ausführte, die unsereiner nicht einmal auf dem Boden wagt. Er war ein wahrer Artist, der zeigte, was er konnte, nicht was er dabei riskierte. Ich habe bis heute noch keinen Nachfolger für ihn gefunden. Mala erinnert mich in manchen Augenblicken an Biren.

Weißt du, schon mit achtzehn ließ er sich von ganz Bombay umjubeln. Eine unglaubliche Geschichte war das. Damals kam ein berühmter Seiltänzer aus Delhi. Er spannte sein Seil zwischen zwei Fenstern im sechsten Stock zweier Hochhäuser, die in verschiedenen Stadtvierteln lagen. Presse, Radio und Fernsehen waren da und über hunderttausend Neugierige und Schaulustige. Die Stadt verwandelte sich in die riesige Bühne des Seiltänzers, der mit seiner Balancierstange konzentriert hoch über den Straßen einherschritt. Die Menschen kletterten auf Bäume und Telegrafenmasten, Dächer und Fassaden, sie bevölkerten Balkons und Fenster, um dieses Wunder an Mut aus der Nähe zu erleben.

Plötzlich tauchte Biren auf. Barfuß und ohne Stange ging er einfach auf dem Seil spazieren. Als schlendere er über einen Boulevard, kam er dem blaß gewordenen Meister entgegen, machte da und dort seine Faxen, verbeugte sich und lachte irgendeinem schönen Mädchen auf einem Balkon zu.

Genies sind nur in einem Zehntel ihrer Seele genial, in den anderen neun Zehnteln sind sie Kinder, nichts anderes als Kinder. Den Tod außer acht lassend, erreichte Biren den Meister, der vor Überraschung Schwierigkeiten hatte, die Balance zu halten. Er konnte seine Unsicherheit nicht verbergen, als Biren ihn übertrieben gestikulierend darum bat, ihn vorbeizulassen. Die Zuschauer tobten vor Lachen, obwohl die Lage todernst war. Der Meister lehnte verunsichert ab und schrie Biren an. Dieser ging ein paar Schritte rückwärts. Allein, wie er das tat, war ein Grund, ihn für göttlich zu halten. Und nun kam etwas, was zuvor noch nie jemand gesehen hatte. Ich schwöre es dir beim Licht meiner Augen. Biren nahm Anlauf, sprang in einem großen Bogen über den Kopf des Meisters hinweg, landete auf dem Seil, wippte und setzte schlendernd seinen Gang zum Fenster am anderen Ende des Seils fort.

Während der Meister mit der Balancierstange seinen Weg fortsetzte, trugen die Zuschauer Biren auf den Schultern. Er war der Held des Tages, und sein Auftritt war die beste Werbung für unseren Circus.

Zu dieser Zeit traten wir zu dritt, noch ohne Zelt, überall dort auf, wo man es uns erlaubte, auf Straßen, Plätzen und in anderen Circussen. Wir waren sehr arm, aber wir waren so anspruchsvoll, daß wir bald die besten waren. Mit unserem verdienten Geld, das wir streng einteilten, kauften wir unsere ersten Tiere und Requisiten. Doch erst als ich meine Frau Shanti kennenlernte, schlug die Geburtsstunde meines eigenen Circus. Shanti war so überzeugt von unserer Arbeit, daß sie ihren Vater dazu brachte, uns Geld für unser erstes Zelt zu schenken. Ihr Vater wollte allerdings erst eine Vorstellung in seinem eigenen Garten sehen, um sich von unseren Fähigkeiten zu überzeugen. Daß diese Vorstellung ohne die Hilfe meines Zauberers Shambhu beinahe schiefgelaufen wäre, ist eine andere Geschichte, die du sicher noch hören wirst.

Die ersten Jahre waren hart. Doch nach und nach wurde unser Circus durch die Kunst meines Bruders Biren, die Kraft meines Bruders Nirmal und meine Geduld immer bekannter. Die Zuschauer konnten sich beim Circus India darauf verlassen, daß sie immer eine oder mehrere neue Sensationen erleben würden. Unsere Zelte wurden besser, unsere Wohnwagen auch, und die

Artisten und die Tiere konnten gut leben. Am Ende des Jahres hatten wir keine Schulden mehr. Das Jahr fing vielversprechend an, doch plötzlich brach alles zusammen, bevor wir noch die Zeit fanden, unser Glück ein bißchen zu genießen.

Biren entwickelte eine Mondnummer. Dafür wurde ein Seil schräg vom Boden der Manege zu einer Mondsichel unter der Circuskuppel gespannt. Ein Lichtkegel sollte seinen Oberkörper umfluten, während alles andere im Dunkeln blieb. Es war ein erhabener Anblick, als stiege mein Bruder in den Himmel. Sobald er dort oben angekommen war, wurde die Mondsichel beleuchtet, Biren machte auf ihr einen Kopfstand und kehrte rückwärts in die Manege zurück. Wir wollten die Nummer im März auf einer Tournee durch Indien zeigen. Doch Biren war sich schon im Januar seiner Sache so sicher, daß er das Sicherheitsnetz entfernen ließ.

An einem spielfreien Tag übte er seine Nummer stundenlang. Irgend etwas gefiel ihm noch nicht. Es war ziemlich spät, als es plötzlich in der Mondsichel einen Kurzschluß gab. Man hörte einen furchtbaren Schrei, der die Dunkelheit zerriß. Ich rannte aus meinem Wohnwagen und spürte sofort, daß eine Katastrophe geschehen war. ›Biren! Biren!‹ rief ich und rannte ins Zelt. Es war zu spät. Mein Bruder lag mit gebrochenem Genick in der Manege.

Nicht nur die Menschen haben Biren geliebt. Offensichtlich wollten die Götter ihn zu sich holen, damit er nur noch für sie auftrat.« Der Circusdirektor wurde von

Tränen übermannt. Ich drückte ihm die Hand und wartete, bis er sich beruhigte.

»Was sollten wir machen? Schon brach der nächste Tag an, und bald standen die Zuschauer vor dem Eingang des Circus und wollten die Vorstellung sehen. Wir hatten keine Zeit zu trauern. Mein Bruder Nirmal war den ganzen Tag wie erstarrt, und als die Vorstellung anfing und die Leute im Zelt laut lachten, rannte Nirmal ohne ein Wort des Abschieds in die dunkle Nacht hinaus.

Es vergingen zwei lange Jahre, bis ich erfuhr, daß er sein Heil bei einem Guru gefunden hatte. Er schrieb mir feurige Briefe voller Glaubenseifer, in denen er den Guru als Schatten Gottes auf Erden bezeichnete. Inmitten von Hunderten von Anhängern wurde mein Bruder bald ein Lieblingsschüler des Meisters. Er durfte als Auserwählter im palastähnlichen Haus des Gurus auf dem nackten Boden der Küche schlafen und täglich für seinen Meister Hausdienste verrichten. Nirmal war in seiner Seele versklavt und nannte das in seinen Briefen ›erleuchtete Freiheit‹.

Die Anhänger des Gurus bettelten in den nahen Dörfern und Städten. Sie leisteten harte Arbeit in den Gärten und Feldern des Meisters, verkauften Gemüse und Obst auf den Märkten und brachten jede Rupie ihrem Guru. Mit dem Geld wurde angeblich Hungernden in aller Welt geholfen.

Eines Nachts wachte mein Bruder plötzlich von lautem Streit auf. Deutlich hörte er, wie eine Stimme dem Meister vorwarf, bei einer großen Waffenschieberei die anderen Partner um ihre Anteile betrogen zu haben. Nahezu gelähmt erfuhr Nirmal vom Ausmaß der Betrügereien, deren Hauptdrahtzieher sein Meister war. Mein Bruder erstarrte vollends, als er hörte, wie der Guru verächtlich von seinen Anhängern als Idioten und stinkenden, dummen Ratten sprach.

Da entrang sich der Kehle meines Bruders ein nahezu unmenschlicher Schrei. Die Galle der Erde und der dunkelste Teer waren helle Süßigkeiten im Vergleich zur Seele meines Bruders in jenem Moment. Außer sich vor Enttäuschung und Schmerz fiel er zu Boden. Ein einziger Gedanke durchschoß seinen Kopf. Er wünschte sich, ein Krokodil zu sein. In diesem Augenblick geschah es. Man sagt bei uns, hüte dich vor Wünschen und Verwünschungen, das Himmelstor könnte genau in diesem Augenblick einen Spalt geöffnet sein, und die Götter könnten deinen Wunsch hören. Das geschah offensichtlich meinem Bruder. Augenblicklich wurde er in ein Nilkrokodil verwandelt. Lautlos begab er sich in das Zimmer des Meisters und fraß ihn und seine betrogenen Komplizen, bevor er spurlos verschwand.

Einen Monat später tauchte er schwerverletzt und fast verhungert bei mir auf. Natürlich habe ich ihn nicht gleich erkannt, doch er war es, mein Bruder Nirmal.«

Ich drehte mich um. Das Krokodil nickte, und Tränen liefen aus seinen Augen.

»Er versteht alles, und er machte mich auf dich aufmerksam, weil du im Herzen auch das Häßliche lieben kannst. Er ist immer noch mein Bruder, doch manchmal überwiegt seine bestialische Natur, und er schnappt sogar bei mir zu. Schau, hier fehlt mir ein Stück von meinem Finger. Du mußt also aufpassen.

Nun bist du einer von uns. Ich möchte, daß du heute nacht das Hauptzelt nach der Vorstellung schließt und morgen früh wieder öffnest. Einverstanden?«

Ich hätte vor Freude fliegen können. Ich eilte sofort hinaus, kehrte aber schnell zurück und fragte, wo der Schlüssel sei.

»Bei meiner Frau Shanti«, antwortete er und lachte. Auch das Krokodil schien zu lachen.

Shanti, die Frau des Circusdirektors, lächelte mich freundlich an. »Ja, der Schlüssel, wem habe ich ihn gegeben? Ich glaube, Sharmila oder Bimal, die wohnen da hinten im Wagen sechzehn«, sagte sie.

Ich kannte Sharmila, die schöne große Frau, und ihren athletischen Mann schon. Sie waren Trapezartisten. Auch sie hatten den Schlüssel nicht und schickten mich freundlich zu Ganesh, dem Elefantenführer. Er war ein liebenswürdiger alter Herr, der mich bescheiden grüßte, eine kurze Weile nach dem Schlüssel suchte und mich dann zu Hussein weiterschickte, der die Pferdedressur vorführte. Dieser aber hatte den Schlüssel Ajay, dem indischen Fakir, Feuerschlucker und Schlangenmenschen, gegeben. Dessen Frau aber sagte, Santosh, der Raubtierbändiger, hätte ihn mit Sicherheit. Santosh wiederum schwor, daß er den Schlüssel gerade Ashok und Mala ausgehändigt hätte. Diese lachten beide sehr, und Mala fragte mich, wo ich schon überall gewesen sei. Ich zählte ihr alle meine Stationen auf, während ihr Mann zu den Kindern in den Wohnwagen zurückkehrte, und Mala verriet mir schließlich, daß ein Zelt keinen Schlüssel hat. Man schickt im Circus jeden Neuling, den Schlüssel zu holen, damit er einmal alle Mitglieder sieht und sie ihn auch kennenlernen können.

Die Tage im Circus werden mir unvergeßlich bleiben. Es war ein Traum, in dem ich damals lebte und von dem ich heute noch träume. Bis zu den Schulferien im Juni ging ich jeden Nachmittag zum Circus und blieb bis spät in die Nacht.

Meine Mutter merkte natürlich, was zwischen mir und Mala los war. Sie wollte aber nur mein Wort, daß ich nicht nach Indien auswandern würde. Im Gegenzug hielt sie mir den Rücken frei. Vater schlief immer schon früh am Abend und wußte nie, wann ich nach Hause kam.

Soweit ich mich erinnere, gab es keinen einzigen Tag, an dem überhaupt keine Zuschauer zum Circus kamen. Aber oft waren es nur sehr wenige, die dann in dem großen Zelt vereinzelt in den Reihen saßen. Nur sonntags waren die Vorstellungen besser besucht.

Circusdirektor Amal erkannte schnell, daß sein Aufenthalt sehr lange dauern würde. Er rief die Mitarbeiter zusammen und hielt eine kurze Rede. Er sprach von der Gefahr der Wiederholung, wenn man längere Zeit am selben Ort spielen mußte. So sollte das Programm jeden Tag erweitert werden, um immer neue Elemente aufzunehmen, die auch für Circusliebhaber, die jede Woche kamen, eine neue Attraktion bedeuteten.

Von diesem Tag an merkte ich, daß strenger und härter geübt wurde. Doch niemals erlaubte der Circusdirektor die einfachste Trapez- oder Seilübung ohne Sicherheitsnetz. Es gab Augenblicke, in denen die Artisten nicht verstanden, weshalb er so stur blieb, doch er behielt recht.

Circusdirektor Amal schrie selten, und doch spürte man, daß er in seiner Circusstadt der absolute König war. Er war bereit, für jeden einzuspringen und selbst dem jüngsten Artisten zur Hand zu gehen, damit er seine Nummer verbessern konnte. Deshalb waren alle Artisten und Mitarbeiter dem Circusdirektor so verbunden, daß sie lieber mit ihm hungern wollten, als zu größeren Circussen zu wechseln.

Geld war oft knapp, aber sie ließen sich von Amal trösten, obwohl sie wußten, daß er sich und sie belog, denn genügend Geld hatte er seit der Gründung des Circus noch nie gehabt. Und sobald er einmal eine größere Summe hatte, kaufte er einen Elefanten, denn diese Tiere liebte er über alles.

Ja, das wußten seine Leute, und trotzdem verzichteten sie oft auf ihren Lohn und spendeten manchmal sogar die letzten Heller, um Benzin oder Futter zu zahlen.

Trotz seiner Jahre war Amal im Herzen immer noch ein Kind, das sich über Beifall freute. Sofort nach der Vorstellung rannte er in die Arme seiner Frau, die seine größte Stütze war und die ihn immer als erste, darauf bestand sie, nach der Vorstellung umarmte, ihm gratulierte oder ihn tröstete.

Seine Glanznummer war sein Auftritt als weißer Clown. Sein Gesicht war mit weißem Talkum bedeckt und mit kleinen rosafarbenen Halbkreisen, Dreiecken und Quadraten bemalt. Er trug ein weißes, weites Kostüm mit apfelsinengroßen, roten Knöpfen.

Die Morganier hatten Amal ins Herz geschlossen, und sie hätten ihn umjubelt, auch wenn er nur herumgestolpert wäre, doch ich sah ihn täglich trainieren. Stundenlang übte er und wollte dabei von niemandem beobachtet werden.

In seinem Wohnwagen brannte noch lange Licht, wenn alle anderen schon schliefen, und täglich stand er früh auf, machte in der Frische der Dämmerung seine Runde zwischen den Käfigen der Tiere und ging dann in der Innenstadt von Morgana spazieren. Viele Morganier, die früh aufstehen mußten, grüßten den eleganten Inder, der durch die Gassen ging.

Mein erster Tag im Circus hatte alles entschieden. Seitdem war ich jedem Circus verfallen. In jener Nacht ging ich wie benommen nach Hause, die Geschichte vom Krokodil hatte mich sehr beeindruckt und verwirrt. Ich glaubte jedes Wort und hatte endlich auch eine Erklärung für meine Zuneigung zu diesem Nilkrokodil.

Weshalb mich aber das Krokodil so besonders liebte, war mir damals noch nicht klar. Erst Jahre später erkannte ich, daß es in seinem Innern sofort gespürt hatte, daß wir uns sehr ähnlich waren. Wir waren beide leichtgläubig.

6

Kindheit oder Wie die Hebamme dem Tod ins Handwerk pfuschte

Niemand konnte so witzig über den Tod reden wie Mala, und keinen Menschen habe ich in meinem Leben getroffen, der mehr Angst vor dem Tod hatte als sie.

Dreiundsiebzigmal hat mich der Tod schon gekitzelt, und genauso oft bin ich ihm entkommen, doch das allererste Mal war das folgenreichste für mein ganzes späteres Leben. Ich war neun Jahre alt, als ich todkrank wurde. Meine Mutter erzählte mir später, daß die Ärzte im Krankenhaus mich aufgegeben hatten und sie zwangen, mich mit nach Hause zu nehmen, damit ich dort sterben sollte. Das Bett brauchten sie für andere Patienten, die schon in den Gängen lagen. Eine Rebellion der Armeeeinheiten im Osten und eine Choleraepidemie in der Umgebung von Morgana veranlaßten die Behörden, sogar aus Schulen Krankenhäuser zu machen.

Ich fieberte und fiel immer wieder in Ohnmacht, und wenn ich zu mir kam, sah ich meine Mutter erschöpft von Nachtwachen und Weinen an meinem Bett sitzen. Mich schmerzten ihre Tränen, und ich schämte mich meiner Krankheit, die ihr so viel Kummer verursachte. Damals begegnete ich jede Nacht dem Tod, wenn ich langsam durch das hohe Fieber mein Bewußtsein verlor.

Es begann immer damit, daß ich plötzlich nicht mehr sehen konnte und nur noch die Hilferufe meiner Mutter hörte, die die heilige Maria anflehte, mein Leben zu retten. Nach einer Weile hörte ich auch nichts mehr. Genau in diesem Augenblick sah ich jedesmal einen Adler, der mich an der Brust packen und von der Erde hochreißen wollte, und Nacht für Nacht schlug ich auf ihn ein. Kurz darauf wachte ich immer schweißgebadet und völlig erschöpft auf.

Mein Vater war damals wegen einer Verleumdung im Gefängnis, und so war meine Mutter in allem, was sie entscheiden mußte, allein.

Als ich immer öfter in Ohnmacht fiel, war meine Mutter so verzweifelt, daß sie die Schublade eines kleinen Tisches aufbrach, in der mein Vater seinen Trommelrevolver versteckt hatte. Sie steckte die geladene Waffe in ihre große Manteltasche, packte mich über ihre Schulter und eilte wankend unter meinem Gewicht aus dem Haus. In ihrer Aufregung hatte sie vergessen, ihre Schuhe anzuziehen, und war barfuß losgelaufen.

Ich glaube, die Gnade hat den Zufall erfunden. Hätte uns an diesem Tag die Hebamme Hanne nicht getroffen, hätte meine Mutter mit Sicherheit einen oder mehrere Ärzte erschossen, und ich wäre auf irgendeinem düsteren, feuchten Gang eines schäbigen Krankenhauses gestorben. Doch der Zufall wollte es, daß alles ganz anders kam.

Plötzlich stand Hanne vor uns, hielt meine Mutter am Arm zurück und fragte: »Was ist los? Wohin rennst du mit meinem Sadik? Du siehst ja aus wie eine Verrückte!« Hanne war die Hebamme, deren Hände mich als erste auf dieser Welt begrüßt hatten. Sie war von kräftiger Statur und einer Entschiedenheit, die keinen Widerspruch duldete.

Meine Mutter weinte und erzählte ihr, daß sie mit mir ins Krankenhaus zurückwollte.

»Laß mich sehen!« forderte Hanne resolut. Sie setzte sich mitten auf den Bürgersteig, nahm mich auf ihren Schoß und küßte mich auf die Stirn. »Schau mich an, Junge«, sagte sie plötzlich mit ruhiger Stimme. Ich gab mir Mühe, wenigstens zu blinzeln, und sie schaute mich genau an. »Welche Pfuscher haben deinen Sohn behandelt? Du wirst sehen, in sieben Tagen wird er wieder wie ein junges Fohlen herumhüpfen. Überlaß das nur Hanne.«

Sie gab meiner Mutter eine Liste von Samen, Ölen und Kräutern, mit denen sie mir Umschläge machen sollte. Dankbar und voller Hoffnung brachte meine Mutter mich wieder nach Hause zurück. Am selben Nachmittag begann sie mit der Behandlung. Nach genau sieben Tagen war ich gesund.

Meine Mutter blieb der Hebamme bis zu deren Tod dankbar und erinnerte auch mich immer wieder daran, wer mich gerettet hatte: »Ich habe dich auf die Welt gebracht, und Hanne hat dich vom Tod zurückgeholt.«

Durch diese erste Begegnung mit dem Tod begriff ich das größte Wunder auf Erden: täglich gesund aufzustehen. Dieses Wunder ist schwieriger zu verstehen als die Auferstehung am Jüngsten Tag. Damals habe ich mir geschworen, jeden Tag meines Lebens bis zur Erschöpfung auszukosten. Und dieser Vorsatz hat mir Jahre später geholfen, Mala ein Treffen vorzuschlagen.

Die ganze Nacht konnte ich nicht schlafen. Eigentlich sprach ich ja perfekt Englisch. In der Schule lasen wir Romane und Dichtung der Weltliteratur, doch noch nie hatte ich einem Menschen eine Liebeserklärung auf englisch gemacht. Wie sollte ich Mala sagen, daß sie mir gefiel? Ich kannte sie schon seit Wochen, traf sie täglich und sprach mit ihr auf englisch über Gott und die Welt. Aber wie sollte ich ihr sagen, was ich fühlte?

Das absurdeste aber war, daß ich mich nicht zufriedengeben wollte mit bescheidenen Sätzen wie »Ich finde dich sehr nett« oder »Du bist mir sehr sympathisch«. Nein, die Berge sollten vor der lyrischen Gewalt meiner englischen Worte erbeben. Ich wollte nichts Geringeres als Tau, Morgenröte, Sonnenuntergang, leichte Brise, Herzklopfen und eine Ahnung der Größe dieser Liebe in einem einzigen Satz ausdrücken, aber wenn ich diese Worte für mich aufschrieb, fand ich sie lächerlich. Dabei war ich so schüchtern, daß ich mir nicht sicher war, ob ich es über mich bringen würde, weiterhin in den Circus zu gehen, wenn Mala mich meiner Verliebtheit wegen auslachen sollte.

Die ganze Nacht schlug ich mich mit Versen herum, die zwar in unseren Liebesliedern vorkommen, die aber kein Mensch von Verstand aussprechen kann, ohne vor Scham über soviel Dummheit rot zu werden.

Als endlich der nächste Tag anbrach und ich Mala allein treffen konnte, sagte ich ihr, was ich auf englisch vorbereitet hatte. Das hörte sich fast so steif an wie eine eidesstattliche Erklärung.

Mala schwieg kurz und lachte dann los. »Kannst du nicht Arabisch?« fragte sie auf arabisch.

Als hätte sie mich nach der Zahl meiner Haare gefragt, stotterte ich herum, doch dann verfluchte ich meine Dummheit. Und wir lachten beide herzlich.

»Ich liebe du auch, sagt man das so auf arabisch?« fragte sie immer noch lachend. »Das finde ich nett, daß du soviel für mich vorbereitet hast. Das ist ja eine Liebeserklärung. Wie alt bist du?«

»Zweiundzwanzig«, log ich.

»Das ist die zweite Liebeserklärung«, sagte sie so dankbar, als hätte ich ihr einen Rosenstrauß geschenkt.

Seit ihrer Ankunft hatte sie mit allen anderen Kindern und Jugendlichen arabisch und nur mit mir englisch gesprochen, weil sie dachte, ich wollte es üben. Mala konnte bereits in Indien etwas Arabisch und lernte in Morgana schnell dazu. Sie war ein Sprachgenie. Sie war nicht einmal dreißig und sprach zehn Sprachen. Nach sechs Wochen konnte sie nicht nur Arabisch, sondern auch den Dialekt von Morgana so sprechen, als wäre sie in unserer Gasse geboren.

Am lustigsten war es, wenn sie fluchte. Schimpfen auf

arabisch ist eine Kunst, die nur wenige Gassenjungen beherrschen. Da Mala eine Fremde war, schoß sie, wenn sie schimpfte, mit Kanonen auf Spatzen und mit Veilchen auf Elefanten. Das war aber etwas später. Damals, als ich ihr meine Liebeserklärung in englischer Sprache machte, konnte sie sich gerade gut verständigen.

Von nun an trafen wir uns heimlich in einer Hütte auf einem Feld nicht weit vom Circus. Den rettenden Tip bekam ich damals von einem Freund. Die Hütte stand leer, der Besitzer war im Winter gestorben. Seine Erben stritten noch, deshalb durfte keiner das Feld bestellen.

Mala freute sich über diese Nachricht. Die günstigste Zeit für uns war immer vormittags, denn Mala trainierte nachts, nach Abschluß der Vorstellung. Sie wollte bei ihren Übungen absolute Ruhe. Am Nachmittag assistierte sie Ashok beim Jonglieren. Wir mußten höllisch aufpassen, damit er keinen Verdacht schöpfte.

»Und wie können wir wissen, ob er etwas gemerkt hat?« fragte ich eines Tages besorgt.

»Das werde ich sofort durch ein Messer erfahren!« antwortete Mala übermütig und lachte mich und meine übertriebenen Sorgen aus. Sie wechselte schnell das Thema und fragte mich, wie sie die Circusnummern am schönsten auf arabisch ankündigen könnte.

7

Der dreizehnte Josef oder Wie Aberglaube durch Feuer zu Glauben wird

Mein Finger ist schon ganz wund vom Wählen, aber dieser Freund in Tania ist wie vom Erdboden verschluckt. Ob sich Mala in Tania wohl fühlt? Ich mag diese Stadt nicht sonderlich.

Mala war nicht nur meine erste Liebe, sondern auch der erste Mensch, der aus meinen Erlebnissen durch die zauberhafte Gabe des Zuhörens Geschichten herauskitzeln konnte. Wir lagen in der Hütte beieinander, und sie fragte mich, ob ich ihr eine Geschichte erzählen könnte. Da ich gerade mit meiner Mutter das Grab meines Onkels Azar besucht hatte, fiel mir eine merkwürdige Geschichte ein.

Weihnachten feierte man im christlichen Viertel von Morgana nicht besonders. Im Gegensatz zu Ostern, das mit dem Frühlingsanfang zusammenfiel, die Bewohner freudig stimmte und auf die Straße trieb, war die Weihnachtszeit in meiner Kindheit naß, trüb und kalt. Nur da und dort schmückte sich ein Geschäftsfenster mit mehr Lichtern, und ein Stück Fleisch mehr kam in die Töpfe, aber sonst passierte nicht viel.

Aber ein Weihnachten bleibt für mich immer in meinem Gedächtnis. Wie es dazu kam, ist eine kleine Geschichte.

Wir waren ziemlich arm und hatten bis zu jenem Jahr nie eine Krippe aufgestellt. Der Postbeamte Elias vom Erdgeschoß hatte dagegen schon seit Jahren eine sehr merkwürdige Weihnachtskrippe, die allerdings eher Lachkrämpfe als Bewunderung oder gar erhabene Gefühle hervorrief.

Nachbar Elias war ein ziemlich kleiner, ein wenig ausgemergelter Mann, der viel trank und nur eine einzige Liebhaberei hatte: Er züchtete Kanarienvögel. Sofern er nicht getrunken hatte, war er ein netter und bisweilen witziger Nachbar, doch nach ein paar Gläsern Arrak wurde er unerträglich. Dann wollte er beweisen, wie stark er war und schlug seine zwei Meter große Frau. Es war abstoßend, dieser riesenhaften Frau zuzuschauen, wie sie sich zu ihm herunterbeugte, damit er sie ohrfeigen konnte. Aber das ist eine andere, traurige Geschichte, die ich noch erzählen werde. Jetzt will ich von der Krippe dieses Postbeamten erzählen, die bis dahin die einzige in unserer Gasse gewesen war.

Elias hatte mit den Jahren ein paar Puppen und anderes Spielzeug angesammelt. In der Weihnachtszeit stellte er seine Krippe auf der breiten Fensterbank auf. Passanten, Bettler und Verkäufer standen oft davor und lachten, denn der Postbeamte hatte von Jahr zu Jahr eine immer absurdere Krippe. Jesus war ein kopfnickendes Negerbaby aus Kunststoff, das Elias von einem Schokoladenimporteur bekommen hatte. Vor der Krippe lehnte eine blonde Barbiepuppe an einem orangefarbenen Bagger, und links von ihr saß ein Superman mit großem S auf der

Brust und fliegendem Umhang auf einem Motorrad. Hinter die Krippe stellte Elias einen Käfig mit einem seiner vielen Kanarienvögel, in der Hoffnung, dadurch bessere Geschäfte zu machen. In späteren Jahren kamen ein hellgrünes Krokodil, ein roter Bär aus Kunststoff und eine Moschee aus Perlmutt dazu. Das allerkomischste jedoch war Elias selbst. Oft stellte er sich betrunken zu seinen Krippenfiguren, streichelte sie oder stand einfach reglos da. Von der Gasse aus sah man nur seinen Kopf hinter den Figuren. Mit seiner sonnengegerbten Haut und den vielen Falten im Gesicht sah er aus wie ein ausgestopfter Schamane. Und doch war seine Krippe jahrzehntelang die einzige unseres Viertels. Das änderte sich aber, als Onkel Azar uns eine der schönsten Krippen zukommen ließ.

Onkel Azar war ein Halbbruder meiner Mutter. Die erste Frau meines Großvaters brachte außer meiner Mutter sechs weitere Kinder zur Welt. Kurz nach der Geburt meines Onkels Gibran starb sie an Wochenbettfieber. Seine zweite Frau gebar nach einigen Jahren Azar.

Azar war ein begnadeter Bildhauer. Das lag wahrscheinlich an der Familie meiner Mutter, die im Gegensatz zu der meines Vaters mehr Künstler als Handwerker hervorgebracht hat. Die Künstler in Arabien betrachteten die Handwerker mit einem gewissen Mitleid, als wären sie stümperhafte, grobschlächtige Kollegen. Die Handwerker aber waren in ihrer Meinung knapper und eindeutiger: Künstler sind Faulenzer.

Mit diesen beiden Meinungen könnte man alle seit

mehr als hundert Jahren andauernden Mißverständnisse zwischen der Familie meines Vaters und der meiner Mutter erklären. Die zwei Sippen heirateten und verschwägerten sich, änderten jedoch ihre Meinung voneinander nicht.

Onkel Azar konnte schon als Kind mit Hammer und Meißel aus jedem beliebigen Stein die schönsten Figuren zaubern. Auch wenn alle Betrachter seine geschickten Hände lobten, so hatten sie genausowenig wie ihre Vorfahren eine Verehrung der Bildhauerei, wie etwa die alten Griechen, im Sinn. Die Wüste Arabiens begnadet durch ihre Monotonie die Zunge der Araber mit außergewöhnlichem Erzählzauber, gleichzeitig erlaubt sie keinen Reichtum an Farben und Formen in den Augen und Händen ihrer Bewohner. Auch vor dem Islam waren Malerei und Bildhauerei bei meinen Vorfahren im Vergleich zu anderen Völkern unbedeutend.

Wäre Onkel Azar gewillt gewesen, Maurer oder Steinmetz zu werden, so hätte er einen guten Ruf erworben und ein Vermögen verdient, aber er wollte nur seine sonderbaren Skulpturen aus Marmor hauen. Er war bettelarm, doch so stolz, daß er stets alles selbst bezahlen wollte, auch das Brot bei meinem Vater. Zum Essen wollte er von keinem eingeladen werden, nicht einmal von meiner Mutter, die ihn besonders liebte.

Emsig arbeitete er in seiner winzigen Wohnung, die er im Armenviertel von Morgana illegal gebaut hatte. Sah seine Umgebung mit der offenen Kanalisation und den verschmutzten Gassen, Häusern, Menschen und Hunden erschreckend elend aus, so glaubte man in eine andere Welt zu kommen, sobald man seine Tür öffnete und die spärlich eingerichtete Wohnung betrat. Onkel Azar trug immer einen schneeweißen Kittel über seinen ärmlichen Kleidern, wenn er an seinen winzigen Skulpturen arbeitete. Seine Hände bewegten sich geschickt und sicher. Er arbeitete sehr langsam, entwarf, meißelte und schliff seine Figuren mit der Ruhe eines ewig lebenden, für die Ewigkeit arbeitenden Wesens. Ich habe einige dieser skurrilen Figuren gesehen, denen er liebevoll lange, unverständliche Titel gab. Doch so sorgfältig und kunstvoll die Figuren auch gefertigt waren, so wenig Geld brachten sie Onkel Azar ein.

Damals setzte meine Mutter alle ihre Überredungskünste ein, bis mein Vater einwilligte, Onkel Azar zu helfen. Er lud den Onkel zu einem Gespräch ein, und beide fanden einen vernünftigen Weg, wie Onkel Azar Geld verdienen konnte.

Mein Vater belieferte schon seit Jahrzehnten die katholische Kirche mit Brot. Er war inzwischen sehr eng mit Pfarrer Gabriel, dem Finanzverwalter der Kirche, befreundet.

Die Kirche hatte kniehohe, wunderschöne italienische Krippenfiguren, die Jahr für Jahr ausgestellt wurden. Die Idee meines Vaters war einfach. Diese Figuren waren aus Holz geschnitzt und sehr kostbar. Pfarrer Gabriel erlaubte meinem Onkel, Abdrücke davon zu fertigen. Mit diesen konnte Onkel Azar preiswerte Krippenfiguren aus Gips herstellen, im Backofen meines Vaters trocknen, bunt anmalen und für gutes Geld an Schulen, Gesellschaften und reiche christliche Familien verkaufen. Und damit konnte er in kurzer Zeit viel Geld verdienen. Die Geschäfte im christlichen Viertel bestellten die Figuren in großen Mengen; denn solche Kunstwerke hatte es in Morgana noch nie gegeben.

Mein Vater hatte zunächst Angst, daß aus dem Gips irgendwelche Chemikalien freigesetzt werden könnten, die giftig für sein Brot wären. Aber als ihm der Apotheker die Harmlosigkeit des Gipstrocknens versicherte, war mein Vater beruhigt und wollte von Onkel Azar keine Gegenleistung. Doch dieser bestand darauf, für je ein Dutzend getrockneter Figuren eine bemalte sozusagen als Miete für den Ofen zu zahlen. So harmlos kann eine Katastrophe ihren Anfang nehmen.

Irgendwann kam Vater nach Hause und brachte die ersten wunderbaren Figuren mit. Ich weiß heute noch genau, es waren Jesus in der Krippe, die kniende Maria mit dem blauen Schal über Kopf und Schultern, Josef mit dem schönen, schlanken Hals, zwei Engel, vier Hirten und die drei Könige. Es war erst Oktober, und Weihnachten lag noch in weiter Ferne. Wir konnten uns tagelang nicht von den Figuren trennen. Wir streichelten sie und nahmen sie überallhin mit. Im November war die Krippe vollständig, mit Ochsen, Schafen und Eseln. Der Wandschrank mit seinen Holztüren und steinernen Wänden erwies sich als der beste Platz, um die Krippe aufzustellen.

Es war tatsächlich die schönste Weihnachtskrippe, die unsere Gasse je gesehen hatte. Alle Nachbarn kamen vorbei und bewunderten sie. Einige alte Frauen beteten vor ihr und gingen dann mit seligen Gesichtern nach Hause. Mein Bruder Fadi erwog sogar, Eintrittsgeld von den Nachbarn zu verlangen. Doch meine Mutter winkte ab.

Als Nachbar Elias unsere Krippe sah, baute er sofort seine Flohmarktkrippe ab. Von Tag zu Tag kamen mehr Besucher zu uns, da für die Familien unserer Gasse die Gipsfiguren immer noch zu teuer waren.

Im darauffolgenden Jahr brachte mein Vater schon im August zwei weitere Josefs-, vier Engels- und drei Eselsfiguren mit. Onkel Azar hatte schon im Sommer mit seiner Produktion angefangen, damit er in aller Ruhe mit den zahlreichen Bestellungen vor Weihnachten fertig wurde.

Nun waren aber die Figuren nicht alle gleich stabil. Jesus war am stabilsten, denn er lag flach in der Krippe, deren Kanten höchstens etwas abbröckelten, aber das war nicht weiter schlimm. Die Hälse der drei Könige waren durch ihre hohen Mantelkragen, die heilige Maria durch den Schal und die Hirten durch die Lämmer, die sie um den Hals trugen, geschützt. Auch Ochsen und Kühe waren von gedrungener, stabiler Gestalt. Dagegen waren die Flügel der Engel sehr brüchig, die Hälse der Esel sonderbar lang, und Josef hatte keinen Schutz für seinen feinen, langen Hals, also zerbrach seine Figur am häufigsten und genau an dieser Stelle. Die Figuren aus billigem Gips waren kaum zu reparieren und mußten bei Onkel Azar nachbestellt werden.

So kam es, daß mein Vater Monat für Monat ein Paar Josefs-, Engels- und Eselsfiguren mit nach Hause brachte, nie aber eine zweite Maria, einen zweiten Jesus, Hirten oder König.

Anfang November stellten wir voller Ungeduld unsere Krippe mit elf Josefsfiguren im Halbkreis um die heilige Maria auf. Eine Herde von zwanzig Eseln in zwei Reihen pustete Jesus Wärme zu, und eine Engelsschar füllte den Himmel über der Krippe. Die Engel hingen an dünnen, fast unsichtbaren Stahlfäden.

Wenn mein Vater von der Arbeit kam, wusch er sich und trank einen Tee mit uns, bevor er sich in sein Zimmer zurückzog und ein kurzes Schläfchen hielt. An jenem Tag waren wir aufgeregt, wie er unsere Krippe finden würde. Die Türen des Wandschranks hielten wir zunächst geschlossen. Als er ins Zimmer kam, standen wir voller Erwartung da, mein Bruder und ich, und öffneten die Schranktüren.

Vater staunte nicht wenig über die Krippe, näherte sich und schaute sie genau an. Sein Gesicht trübte sich zusehends. Er schüttelte den Kopf. »Das geht nicht, Kinder!«

»Und warum nicht?« wollte Fadi wissen.

»Das ist nicht in Ordnung. Ihr dürft nur einen Josef aufstellen. Die anderen zehn müßt ihr verschenken.«

»Verschenken!« riefen wir beide entsetzt. Sahar, meine kleine Schwester, die damals noch kaum sprechen konnte, schloß sich unserem Widerstand an. »Nix schenken, Papa!« sagte sie und schüttelte entschlossen den Kopf.

Als Kinder waren wir, mein Bruder und ich, nicht besonders großzügig, und diese herrlichen Figuren verschenken zu müssen kam einer Katastrophe gleich. Diese Figuren, die uns die Bewunderung der Nachbarn eingebracht hatten, konnten wir unmöglich hergeben.

»Aber Kinder, das geht nicht, daß die heilige Maria von elf Josefs umgeben ist. Sie war nur mit einem verheiratet, und der ...«, Vater stockte etwas, »der war, Gott sei mir gnädig, wie soll ich sagen, ja, Josef, sogar der eine Josef war überflüssig!« murmelte mein Vater fast unhörbar und wurde rot dabei. Erst jetzt begriff ich, was er meinte. Fadi war noch zu klein dafür.

»Ja, gut«, half ich meinem Vater, »dann benennen wir die Josefsfiguren um. Der da, der etwas schielt, heißt von heute an Jakob. Es ist ein Nachbar von Josef und Maria. Der da mit dem dicken Fuß, der heißt Johann.«

»Und der dritte von links, der eine krumme Nase hat«, setzte Fadi das Spiel fort, ohne zu verstehen, aber mit dem ahnenden Instinkt eines Kindes, »heißt Moses, neben ihm steht Said, er hat eine Narbe am rechten Arm. Der Mann neben Said heißt mit Sicherheit Ismail, er sieht unserem Nachbarn Ismail sehr ähnlich, denn der hat auch einen schiefen Schnurrbart.«

Mein Vater lachte, winkte mit der Hand ab und ging schlafen. Wir gratulierten uns zur Errettung der Figuren. »Verschenken wollte er sie!« wiederholten wir hochmütig noch Tage danach, wenn wir, Fadi und ich, allein waren.

Von diesem Tag an hatten die Figuren ihre Namen. Wir verwechselten keine mit der anderen. Das war in der Tat nicht schwer, da die Figuren schnell gearbeitet waren und keine der anderen glich. Bei der einen saßen die Pupillen nicht richtig, bei der anderen war der Arm etwas mehr abgeschliffen, und bei der dritten hatte sich die Nase bei der Verarbeitung verbogen. Innerhalb von Tagen lernten wir aus großer Entfernung unsere Figuren zu erraten. Mir machte es Spaß, heimlich die Ordnung in der Krippe zu ändern und Fadi eine Falle zu stellen. Aber auch er irrte sich selten in einer Figur.

Ende November kam der zwölfte Josef, und da er kräftig geraten war, bezeichneten wir ihn als Wachtmeister. Vater lächelte verlegen. Meine Mutter, die unsere Liebe zu den Figuren teilte, wollte meinem Vater die Sache erleichtern. »Vielleicht hatte der Josef ja viele Brüder und Vettern, die ihm ähnlich sahen. Wer weiß?«

Weitere Esel und Engel folgten im November. Die Nachbarn nahmen unsere Benennung der Figuren belustigt auf. Nur Tante Rosa, die Frau meines Onkels Gibran, fand sie geschmacklos. Damit verdarb sie es sich gründlich mit mir und meinem Bruder.

Anfang Dezember kaufte ein Nachbar in der Gasse einen kleinen Tannenbaum, der einen ziemlich verwachsenen Seitenast hatte. Der Nachbar sägte den Ast ab und schenkte ihn uns. Das war die Krönung, denn dieser Ast sah wie ein kleiner Tannenbaum aus, der in der Höhe genau in den Wandschrank paßte. Wir zupften einen Wattebausch auseinander und verteilten die so entstandenen Schneeflocken auf dem Baum. Und so schritt die Katastrophe unaufhaltsam voran.

Eines Tages, es war Mitte Dezember, sahen wir Vater mit einer Tüte in der Hand von der Arbeit kommen. Fadi rief laut: »Da kommt der dreizehnte Josef! Der dreizehnte Josef ist da!«

Als Vater dies hörte, kam er nicht wie gewöhnlich zu uns, sondern verschwand sofort in seinem Zimmer und kam mit leeren Händen zu uns ins Wohnzimmer, wo er seinen Tee trank. Er sah sehr nachdenklich aus. Fadi sprach kein Wort und schlich irgendwann unauffällig hinaus. Plötzlich hörten wir einen Freudenschrei. Fadi kam den Korridor entlang mit seiner Beute, die er mit einer Hand hochhob. »Sadik! Was habe ich dir gesagt? Der dreizehnte Josef ist da!«

Vater wiederholte wie ein Echo »der dreizehnte«. Seine Stimme klang fern und verloren.

Schnell rief ich: »Ich nenne ihn Murad, das ist ein Gauner, und der sieht mit seinen abstehenden Ohren wie Murad, der Schneider, aus.« Mit Absicht wählte ich Murad, den Schneider, denn mit ihm konnte ich meinen Vater immer zum Lachen bringen. »Murad«, sagte ich und stellte den dreizehnten Josef zu seinen zwölf Kameraden, allerdings mit dem Rücken zur Krippe, »muß so stehen, damit es Jesus nicht schlecht wird.«

Vater lachte, aber Fadi verstand überhaupt nichts. »Warum mit dem Rücken zu Jesus?« fragte er ernst.

»Weil Murad einen solchen Mundgeruch hat, daß er mit einem Hauch eine Fliege auf einen halben Meter umbringen kann.«

Vater lachte, aber bald kämpfte er wieder gegen sein Unbehagen. Beim Mittagessen erkundigte sich meine Mutter nach seinem Kummer, aber er stöhnte nur.

»Hoffentlich geht das gut!« sagte er beim Aufstehen. »Aber wie dem auch sei, das ist die letzte Figur.«

»Warum? Was ist passiert?« fragte meine Mutter besorgt.

»Nichts, Azar hat so viele Aufträge, daß er heute einen Spezialofen gekauft hat, mit dem er selbst jederzeit trocknen kann. Die Aufträge werden immer mehr. Nun bestellen sogar Leute aus Beirut und Jerusalem bei ihm.«

»Gott segne dich, du hast ihm diese Tür geöffnet!« rief meine Mutter gerührt.

Vater lächelte verlegen und ging schlafen. Wir saßen vor der Krippe und spielten ein neues Spiel, das ich vor ein paar Tagen erfunden hatte. Wir imitierten die Stimmen der Figuren und führten Gespräche über Gott, Politik, Familie, Handel, Schule, Nachbarn und Eltern.

Wir saßen beide auf dem Boden vor dem Schrank, und jeder wählte eine Figur und sprach mit ihrer Stimme. Nach ein paar Tagen war es überflüssig, die Figuren zu benennen, da eindeutig zu jeder eine bestimmte Stimme gehörte. Die eine lispelte, die andere näselte, die dritte sprach vornehm, die vierte verlogen, und die drei Könige sprachen ein solches Kauderwelsch, daß sie es nicht einmal selbst hätten verstehen können.

Eines Tages dann, kurz nach Weihnachten, saßen mein Bruder und ich wieder einmal vor der Krippe. Meine Mutter war bei den Nachbarn, und mein Vater war ins Kaffeehaus gegangen.

Plötzlich fragte mich mein Bruder mit der näselnden Stimme des Gauners Murad, wobei er seine Nase mit den Fingern zuhielt, als könnte er seinen eigenen Mundgeruch nicht ertragen: »Herr Wachtmeister, Herr Wachtmeister, glaubst du, daß die Nadeln dieses Tannenbaums brennen?«

»Ach was!« antwortete ich überheblich.

»Wollen wir wetten, daß der Baum in Sekunden in einer einzigen Flamme steht?« näselte der Gauner.

»Ach was, der hat nicht einmal richtige Blätter, sondern kümmerliche Nädelchen, und der soll brennen?« sprach ich mit verächtlicher Wachtmeisterstimme. Fadi lachte. »Wetten wir, daß der Baum brennt?« wiederholte er, wahrscheinlich weil er durchs Lachen seine Antwort im Dialog vergessen hatte. An dieser Stelle hätte er nämlich vom Baum wegkommen und mich fragen müssen, ob ich als Wachtmeister nicht ein Auge zudrücken könnte, während er einen dieser vielen Esel klaute. Ich hätte ihm das natürlich mit barscher Stimme verboten.

»Ach was!« antwortete ich, nahm mit der Behäbigkeit eines Wachtmeisters ein Streichholz aus der Schachtel, zündete es an und hielt es unter eine der Nadeln. Was dann geschah, kann ich beim besten Willen nicht beschreiben. Es ging blitzschnell. Die Flamme schoß durch den Zweig und fraß sich in Windeseile nach oben.

»Feuer! Hilfe! Mama!« rief Fadi, der auf einmal wieder ein kleines, ängstliches Kind von sechs Jahren war. Wir rannten aus dem Zimmer und riefen in den Hof: »Unsere Krippe brennt!« Die Nachbarn erstarrten kurz, eilten dann aber sofort mit Eimern herbei. Das Feuer hatte sich der Türen des Wandschranks bemächtigt, und das ganze Zimmer war bereits eine einzige Rauchwolke. Die Nachbarn husteten und spuckten, schütteten Wasser aufs Feuer und eilten wieder hinaus. Nach einer halben Stunde war das Feuer gelöscht.

Meine Mutter war in der Zwischenzeit herbeigerufen worden. Als sie ankam, war das Feuer zwar bereits gelöscht, doch das Zimmer glich einer Müllhalde. Meine Mutter schlug uns nicht, aber sie sprach tagelang kein Wort mit uns. Fadi und ich gingen ihr an jenem Nachmittag besonders willig zur Hand und räumten auf. Während meine Mutter Scherben und Ruß vom Boden wischte, tröstete Sahar sie, indem sie ihr mit der Hand die Stirn streichelte.

Große Angst hatten Fadi und ich vor der Begegnung mit Vater. An jenem Tag kam er erst spät nach Hause. Das Zimmer war aufgeräumt, die Schranktüren hatte meine Mutter ausgehängt, da sie zur Hälfte verkohlt waren, doch der Schrank selbst war ein riesengroßes, schwarzes Loch. Keine der Figuren hatte den Brand überlebt. Ich dachte, mein Vater würde uns umbringen, doch er sah nur erschrocken die Brandstelle an und blieb an der Türschwelle stehen. »Ich wußte, daß es nicht gutgeht«, sagte er leise, setzte sich zu uns und trank stumm seinen Tee.

Onkel Azar aber war durch das Geschäft mit den Krippenfiguren zu einem erfolgreichen Geschäftsmann geworden. Er spezialisierte sich dann auf Abdrucke aller möglichen Figuren und beschäftigte viele seiner Nachbarn in seiner großen Werkstatt. Obwohl er nun viel Geld hatte, wollte er das Armenviertel nicht verlassen. Als er plötzlich starb, war er noch nicht einmal fünfzig. Die Verwandtschaft war entsetzt, als sie ein paar Stunden nach seinem Tod seine Wohnung aufsuchte und ihn auf nacktem Boden in einer völlig ausgeplünderten Wohnung fand. Nicht einmal die Vorhänge hatten seine Nachbarn zurückgelassen. Auch von seinen vielen kleinen Figuren war keine Spur mehr vorhanden.

Leider erkannte ich viel zu spät, was für ein genialer Künstler Onkel Azar gewesen war. Nur zwei Exemplare seiner skurrilen Figuren, die sich heute im Nationalmuseum von Morgana befinden, wurden damals auf abenteuerliche Weise gefunden. Das ist aber eine andere Geschichte.

Als ich Mala diese Geschichte erzählt hatte, richtete sie sich auf. »Das hat im Circus gefehlt«, sagte sie aufgeregt, »du mußt im Circus auftreten! Das ist es!« Ich verstand gar nichts, doch Mala erklärte mir, daß allein ich den Circus retten könnte, wenn ich Abend für Abend in der Manege eine solche Geschichte erzählen würde.

Ich war sprachlos vor Glück, doch gleich meldete sich

meine Schüchternheit. Mala wiederholte ihre Überzeugung, daß ich das am besten könnte. »Ich wußte vom ersten Augenblick an«, sprach sie bestimmt, »daß du das kannst. Deine Hände erzählen immer mit. Das können nur wenige.«

Damit hatte sie mir das schönste Geschenk meines Lebens gemacht. Wir beschlossen, mit Amal, dem Circusdirektor, zu sprechen. Erst aber wollte Mala allein mit ihm sprechen. Mir war das recht.

8

Wieder Mala oder Wie man mit Lügen ehrliche Arbeit leistet

Wenn ich als Kind wirklich gelogen habe, dann war das oft, um einer Strafe zu entgehen. Eltern verlangen die ganze Wahrheit, aber sie vertragen nicht einmal die Hälfte. So etwa, als ich meinen ersten neuen Anzug innerhalb eines Tages völlig ruiniert hatte. Damals war ich zwölf Jahre alt, und mein Vater hatte schon kurz vor Weihnachten angekündigt, daß wir, mein Bruder und ich, zu Ostern Anzüge bekommen sollten. Ich konnte es kaum erwarten, bis mein Vater im Februar eine Rolle Stoff mit nach Hause brachte und feierlich sagte, dieser Stoff aus schwerem, schottischem Tuch hätte ihn ein Vermögen gekostet. Wir marschierten zu dritt zu Murad, dem Schneider mit dem widerlichen Mundgeruch. Mein Bruder Fadi war, obwohl vier Jahre jünger, schon genauso groß wie ich, und Vater handelte einen günstigen Preis für die Anfertigung von drei Anzügen aus. Damals mußte man mehrmals zum Schneider gehen und Maß nehmen lassen. Das war jedesmal ein Gang in die Hölle, Fadi, dieser Gauner, der genau meine Maße hatte, fummelte beim ersten Besuch im Schneiderladen absichtlich dauernd an Scheren und Stoffen herum, so daß Murad ihn nicht mehr sehen wollte. »Es reicht, wenn du kommst«, sagte er zu mir, als würde er mein gutes Benehmen damit belohnen. Er hauchte mir dauernd mit seinem Atem, der nach Verwesung roch, direkt ins Gesicht. Mir schien es, als täte er das absichtlich, denn dauernd sagte er »Uffff!« und »Ahhhh!«, und jedesmal wurde mir fast schwindlig.

Zum Anzug bekamen wir schwarze Lackschuhe und schneeweiße Hemden. Das war fast zu vornehm für unsere Gasse, so daß wir, mein Bruder und ich, uns genierten, am Ostersonntag auf die Straße zu gehen. Doch bald überwog die Freude, und wir eilten in die Kirche und waren eine Augenweide für die Nachbarn.

Nach dem Kirchgang standen die Leute im Kirchhof. Wie in jedem Jahr zog irgendeiner seine Flöte hervor, und bald tanzten die Leute ausgelassen im Kreis.

Bald tanzten so viele Menschen, daß sich zwei Kreise bildeten, und für uns Kinder blieb immer weniger Platz zum Zuschauen. Aus der Froschperspektive sahen wir eine immer wilder hüpfende und tanzende Menge von Erwachsenen. Mein Bruder und ich stellten uns auf den etwa einen Meter hohen Springbrunnenrand, von wo aus wir die Tanzenden von oben sehen konnten.

Wir lachten viel und halfen auch anderen Kindern, zu uns hochzukommen, und bald standen alle Kinder auf dem Brunnenrand. Das Wasser im Becken war nicht einmal einen halben Meter tief. Es war durch die Sonne zu einer grünen Algenbrühe geworden.

Plötzlich zündete ein Betrunkener mehrere Knallfrösche und warf sie mitten unter die Tanzenden. Diese kreischten erschrocken, schrien, wichen rückwärts aus und stießen uns dabei ins Wasser. Wie grüne Ratten wurden wir wieder herausgezogen. Die Leute lachten und amüsierten sich über uns. Ich weinte bitterlich. Ein paar Frauen und Männer halfen uns, unsere Anzüge vom gröbsten Schmutz zu befreien, aber sie waren immer noch grün und vor allem naß, und in dieser Aufmachung wollten wir nicht nach Hause zurück.

Wir gingen also auf die umliegenden Felder und wollten so lange spazierengehen, bis unsere Anzüge trocken waren. Die Sonne schien sehr stark, und bald begannen wir merkwürdig zu dampfen und zu riechen.

Als wir die ersten Obstgärten erreichten, freuten wir uns darüber, daß die Aprikosen schon so groß wie Murmeln waren. Ich weiß nicht, wer zuerst auf die Idee kam, unreife Aprikosen zu stehlen. Ich konnte nie gut klettern, doch Fadi half mir, und innerhalb von Sekunden saß ich in einem Aprikosenbaum. Fadi sollte auf die Wächter aufpassen, die an solchen Feiertagen besonders wachsam waren, da viele Ausflügler über die Obst- und Gemüsefelder herfielen.

Ich hatte noch keine drei Aprikosen gepflückt, als Fadi, selbst überrascht, erschrocken rief: »Weg hier, der Wächter kommt!«

Ich sprang sofort, doch die Jacke blieb an einem dicken Aststumpf hängen. Dann hörte ich das gräßliche Reißgeräusch, fiel kopfüber auf die Erde, fing mich aber am Boden mit den Händen ab und raste schneller als der Wind vor dem Wächter her, der nur noch ein paar Schritte hinter mir war und laut fluchte. Immer schneller wurde ich, und leicht wie eine Gazelle überwand ich Zäune und Gemäuer.

Erschöpft und völlig außer Atem standen wir schließlich weit vom Feld entfernt auf einer asphaltierten Straße und waren damit erst einmal in Sicherheit. Da entdeckte ich erst das Elend. Wie mit einer scharfen Schere war meine Jacke von oben bis unten im Zickzack aufgeschlitzt. Fadi wurde blaß. Ich fand es komischerweise nicht so schlimm, da ich wußte, daß es in unserer Nähe einen Flickschneider gab, der von meiner Mutter sehr gelobt wurde. Also nahm ich unbekümmert meine Jacke auf den Arm und schlenderte nach Hause.

Dort angekommen, fand ich die Wohnung leer. Meine Eltern waren wie immer zu Ostern bei meinen Großeltern eingeladen. Ich zog schnell meinen Anzug aus, legte ihn sorgfältig zusammen und steckte ihn in eine Tüte. Mein verschmutztes Hemd warf ich in die Wäsche, wusch mir Gesicht, Hände und Füße, kämmte mich, zog meinen Pyjama an und legte mich aufs Sofa. Ich las, hörte Radio und amüsierte mich, bis meine Mutter am Nachmittag nach Hause kam. Sie schaute mich verwundert an. »Wie brav!« sagte sie verschmitzt. Damals gab es bei uns täglich zwei Theatervorstellungen: die eine nach der Aufforderung, unsere Kleider auszuziehen und uns zu waschen, und die zweite nach dem Hinweis, es sei reichlich spät, wir sollten endlich ins Bett gehen. Nun saß ich an einem sonnigen Feiertag, wo selbst die Schnecken aus dem Häuschen geraten, schon um drei Uhr nachmittags brav im Pyjama auf dem Sofa.

»Ja, weißt du, ich wollte meinen Anzug nicht schmutzig machen, da dachte ich …«, wollte ich lügen.

»Hol den Anzug her!« unterbrach mich meine Mutter mißtrauisch.

»Oh, ich habe ihn schon aufgehängt!«

»Hol den Anzug her!« wiederholte sie ernst. Ich erkannte, daß jede Widerrede zwecklos war, also stand ich auf, holte den Anzug, erzählte und weinte über soviel Pech.

Meine Mutter geriet außer sich vor Zorn, so daß bald ich sie beruhigen mußte. So ist es mit Eltern, sie haben oft nicht so starke Nerven wie ihre Kinder.

Und oft haben beide Eltern nicht einmal gleich schwache Nerven. Meine Mutter wollte, kaum hatte sie sich selbst beruhigt, sofort meinen Vater schonen. »Ich will aber nicht, daß dein Vater das erfährt. Er wird in Ohnmacht fallen.« Doch damit beruhigte sie auch mich, denn das war meine größere Sorge gewesen. Mein Vater hat es nie erfahren, denn der Flickschneider nähte die Jacke so kunstvoll wieder zusammen, daß kein Mensch mehr den Riß sehen konnte.

Diese Geschichte fällt mir immer ein, wenn ich eine neue Jacke in die Hand bekomme. Auch an jenem Abend, als ich gespannt auf die Reaktion des Circusdirektors war und mich besonders schön anziehen wollte, um etwas älter und seriöser zu erscheinen. Es war ohnehin ein etwas kühler Abend, und der Circus war besser besucht als in den vergangenen Tagen.

Gleich bei meiner Ankunft traf ich auf Mala. Sie war

noch aufgeregter als ich. »Er war nicht besonders begeistert, aber er wird dich anhören«, sagte sie. Mir wurden die Knie weich. Ich wußte, daß dieser freundliche Herr, der mich gerade vor ein paar Tagen Bruder genannt hatte, sehr stur und unerbittlich wurde, wenn es um sein Circusprogramm ging. Auf einmal wußte ich nicht einmal mehr, wie ich vorgehen sollte. War es besser, ihn in seinem Wohnwagen aufzusuchen, oder besser, draußen zu warten und so zu tun, als wäre ich gerade erst gekommen?

Gedankenverloren schlich ich lustlos auf dem Circusgelände herum, als ich plötzlich jemanden nach mir rufen hörte. Ich drehte mich um und sah Amal ganz in der Nähe an der Tür seines Wohnwagens stehen. Er kaute noch. »Komm her!« rief er. Ich war erschrocken und verfluchte meine Zerstreutheit, da es ja so aussehen mußte, als wäre ich um seinen Wohnwagen herumgelungert.

Amal grüßte mich freundlich und lud mich in seinen Wohnwagen ein. Ich genierte mich, doch er bestand darauf, daß ich mit ihm und seiner Familie Tee trinken sollte. Seine Frau Shanti kannte mich schon, und ich hatte auch ihre zwei Kinder, den elfjährigen Badal und seine hübsche Schwester Lata, schon öfter gesehen. Die Kinder traten bei der Elefantendressur auf.

»Mala hat heute mittag mit mir gesprochen«, sagte Amal. »Die Idee ist nicht schlecht, aber ich weiß nicht, ob so etwas ankommt. Kannst du uns mal so eine kurze Geschichte auf englisch erzählen? Ich muß aber in fünf

Minuten aufbrechen. Irgend etwas stimmt mit den Tigern nicht, Santosh hat mich gebeten, noch vorbeizuschauen, bevor die Vorstellung anfängt.«

Es war das erste Mal in meinem Leben, daß ich in einer Fremdsprache eine Geschichte erzählen sollte. Und so aus dem Stegreif und noch dazu in dieser ungewohnten Umgebung, in einem Wohnwagen, wo die Kinder und die Mutter mich so anstrahlten, erschien es mir fast unmöglich. Ich weiß bis heute nicht, welcher Teufel mich ritt, daß ich so gelassen antwortete: »Sicher kann ich das.«

»Aus Tausendundeiner Nacht?« fragte Shanti neugierig.

»Nein, Madam«, antwortete ich, »aber von tausendundeinem Nachbarn, wahrhafte Geschichten von ehrlichen Leuten, zu hundert Prozent gelogen.«

»Warum nicht von Scheherazade?« fragte der Direktor.

»Weil es viele Hakawatis, Geschichtenerzähler, in den Kaffeehäusern gibt, die die Geschichten der zauberhaften Meisterin würdevoll jahraus, jahrein wiederholen. Ich dachte aber, daß du mehr an Neuem interessiert bist.« Sein Gesicht leuchtete auf. Er bemühte sich aber, kühl zu erscheinen. In diesem Augenblick wußte ich, daß ich bei ihm eine Saite zum Schwingen gebracht hatte.

»Da bin ich gespannt!« rief er.

»Nun, mein Nachbar Ismail war der ehrlichste Mann dieser Erde, nur mußte er oft lügen, da er arm war und viele Schulden hatte. Eines Tages fragte er verzweifelt seinen Cousin Hassan, dem er auch zweihundert Lira schuldete, was er denn machen könne, um seine anderen Gläubiger loszuwerden.

›Du mußt bellen, wenn sie mit dir reden, dann denken sie, du bist verrückt geworden. Aber du mußt das wirklich gut durchhalten.‹

So fing Ismail von heute auf morgen an, nur noch zu bellen!«

Bei diesen Worten lachten die Kinder, und ich zog das etwas in die Breite. Aber ich hielt Ausschau nach der Uhr, damit ich die gegebene Zeit nicht überschritt.

»Der erste Gläubiger wurde angebellt und suchte erschrocken das Weite. Der zweite kam, und Ismail knurrte ihn an. ›Wau! Wau!‹ Da rannte auch dieser eilig davon und alarmierte die Nachbarschaft. Als der dritte kam, um seine Schulden einzutreiben, da bellte Ismail besonders laut und biß den Gläubiger in den Hintern. Dieser alarmierte sofort die Polizei. Und Ismail bellte und bellte. Die Polizisten lieferten ihn in die Heilanstalt ein. Auch dort fuhr er fort zu bellen, bis er einschlief, und er war glücklich, alle lästigen Gläubiger mit einem Schlag abgeschüttelt zu haben.

Die Tage vergingen, und wenn Ismail aufwachte, bellte er, bis man ihm Frühstück brachte, und er bellte wieder, bis man ihn Gassi führte. Bis auf seinen enormen Appetit war man mit dem friedlichen Verrückten zufrieden, da er sauber und harmlos war. Als ihm eines Tages der Krankenpfleger den Besuch eines Verwandten ankündigte, bellte Ismail besonders freudig und sprang den Besucher an, der niemand anderer war als sein Cousin Hassan, der ihm diesen Trick empfohlen hatte. Ismail wollte nicht aufhören und bellte freudig, bis der Besucher den Pfleger bat, sie allein zu lassen, und versicherte, er habe keine Angst vor dem Verrückten.

Als der Pfleger hinausging, atmete Hassan erleichtert auf. ›Jetzt kannst du aufhören. Er ist weg. Na, wie findest du meinen Trick? Gut, was? In ein paar Monaten bist du draußen und hast deine Gläubiger alle los. Aber unter uns, mir kannst du ja langsam die zweihundert Lira zurückzahlen, die du mir noch schuldest.‹ Da fing Ismail an, fürchterlich zu bellen, verfolgte seinen Cousin und biß ihn so kräftig, daß dieser entsetzt um Hilfe schrie. Die Pfleger rannten herbei, zogen den zu Tode erschrokkenen Besucher aus dem Zimmer und beruhigten den Verrückten.

Nach drei Monaten wurde Ismail aus der Irrenanstalt entlassen, weil er harmlos war und vor allem, weil er nie satt wurde. Doch seit dieser Zeit wurde er unglaublich vergeßlich, aber das ist eine andere Geschichte, die länger dauert.

Und diese winzige Geschichte habe ich euch in viereinhalb Minuten erzählt!«

»Noch eine«, bat Badal, der Sohn. »Ja, noch eine, bitte!« rief auch Shanti. »Aber nicht bloß fünf Minuten, sondern eine ganz lange, und wenn Amal keine Zeit hat, dann soll er gehen«, sagte die Frau bestimmt. Ich war ihr dankbar, dieser Löwin aus Indien, denn vorher hatte mich die Prüfungsatmosphäre sehr gestört.

»Sehr gern, Madam. Ich erzähle euch die Geschichte von meiner Tante Cäcilia und ihrem Papagei.«

»Ich höre die Geschichte noch mit«, murmelte Amal.

Mit Genuß und nun auch entspannt erzählte ich die nächste Geschichte, und es war mir gleichgültig, ob ich die Prüfung bestand oder nicht. Amal und seine Familie genossen meine Erzählung, und als sie zu Ende war, wollten sie sofort eine dritte. Von dieser erzählte ich aber nur etwa fünf Minuten lang, und als ich einen spannenden Punkt erreicht hatte, hörte ich auf. »Und wie geht die Geschichte weiter?« fragte Amal gespannt.

»Das ist eine lange Geschichte, die ich euch morgen weitererzählen werde«, erwiderte ich und lachte, gerade als Santosh, der Tierbändiger, klopfte. »Amal, wo bleibst du?« rief er etwas verärgert durch die geschlossene Tür.

»Oh!« rief der Circusdirektor und eilte hinaus. Wir hörten ihn leise um Entschuldigung bitten. Ich erzählte den Kindern noch eine Geschichte vom Elefanten, der sich in eine Maus verliebt hatte, und sie lachten viel. Dann verabschiedete ich mich. Es war schon dunkel, als ich ins Freie trat, doch bis zur Vorstellung war noch Zeit.

Plötzlich hörte ich Mala leise nach mir rufen. »Du bist schon engagiert!« flüsterte sie begeistert. »Er hat Santosh von dir vorgeschwärmt«, fügte sie noch schnell hinzu und verschwand in der Dunkelheit.

Am Hauptzelteingang half ich die Karten abreißen

und den Leuten Hinweise geben, wo ihre Plätze waren. Amal lächelte mich an. »Wir müssen das aber ganz groß herausstellen. Kennst du so viele Nachbarn, daß du genug Geschichten über sie erzählen kannst?« fragte er ernst.

»Ich habe dreiundneunzig Tanten und Onkel und zweihundert Cousinen und Cousins, von denen ich erzählen kann. So lange könnt ihr gar nicht in Morgana bleiben«, übertrieb ich.

»Um Gottes willen!« sagte Amal und lachte. »Komm morgen zu mir in den Wagen! Wir müssen alles genau besprechen«, sagte er und kümmerte sich um die Beleuchtung der Manege.

9

Großmutter
oder Wie eine Tigerin lange für eine graue Maus gehalten wurde

Tiger sind mutiger als Löwen. Das wissen Kenner des Dschungels. Nicht nur, daß ein Tiger einem Löwen nie ausweicht, sondern, und das ist entscheidend, wenn der gefährlichste Feind von beiden, der Mensch, mit seinen Siedlungen auftaucht, so flüchtet zwar der Löwe, aber nicht der Tiger. Perfekt getarnt, meidet er vorsichtig die direkte Konfrontation, um dann mutig anzugreifen.

Daß meine Großmutter eine Tigerin war, wußte ich schon immer. Alle anderen Verwandten hielten sie für eine graue Maus, die im Schatten meines erhabenen, stolzen und mutigen Großvaters lebte. Aber sie war eine Tigerin, die nicht nur meinem Großvater die Stirn bot, sondern oft sogar weit mutiger war als er. Und das muß schon immer so gewesen sein, denn der Verstand kann sich durch gewonnene Kenntnisse verändern, nicht aber das Herz, die Heimat des Mutes.

Zwischen mir und meiner Großmutter Hanan bestand eine innige Freundschaft. Von Anfang an glaubte sie mir alles und ich ihr auch. Den Grundstein für diese unerschütterliche Freundschaft legte die Großmutter an dem Tag, an dem ich die Geschichte von einem Lehrer erzählte, der uns schon bei der Begrüßung unsympathisch geworden war.

Er kam in die Klasse, schaute uns an und sagte: »Ihr könnt froh sein, wenn die Hälfte der Klasse bei mir durchkommt.« Und uns war sofort klar, er meinte das ernst. Er fragte den ersten Schüler nach seinem Namen und dem Beruf seines Vaters, und als der Junge sagte: »Mein Vater ist Busfahrer«, brüllte ihn der Lehrer an, er solle sich hinsetzen. Da wußten wir übrigen, ohne ein Wort der Verständigung, wie wir dieses Ekel in die Knie zwingen konnten. Der nächste Schüler sagte leise seinen Namen und fügte noch leiser den Beruf seines Vaters hinzu: Geheimdienstchef. Der Lehrer strich dem Lügner beeindruckt über den Kopf und bat ihn höflich, sich wieder zu setzen. Er wußte nicht, daß er bereits ins Messer gelaufen war. Der dritte Schüler war der Metzgersohn, dessen friedlicher Vater auf einmal zum Boxchampion von Morgana wurde. Der nächste Schüler stand nicht einmal auf. Zurückgelehnt nuschelte er seinen Namen und verbot sich ganz frech die Frage nach dem Beruf seines Vaters. Sein Nachbar stand beflissen auf, heuchelte Hilfsbereitschaft und flüsterte dem blassen Lehrer zu, der Vater dieser arroganten Rotznase sei einer der drei Leibwächter des Staatspräsidenten Hadahek. Als die Stunde zu Ende war, nahm der Lehrer eilig seine Tasche und verschwand auf Nimmerwiedersehen.

Mein Vater hielt meine Geschichte für übertrieben, meine Mutter auch, und mein Großvater schimpfte aufgebracht auf uns Schüler. Er hätte uns die Ohren langgezogen, wäre er der Lehrer gewesen. Doch meine

Großmutter, die Tigerin, ließ sich weder von den zusammengezogenen Augenbrauen ihres Mannes noch von den Reden der anderen beeindrucken. Leidenschaftlich verteidigte sie uns, die wir einen solchen Esel als Lehrer wahrlich nicht verdient hätten, und dann überzeugte sie meine Eltern, daß meine Geschichte nicht gelogen war, und entgegnete meinem Vater mit fester Stimme: »Nun Schluß! Sadik ist ehrlich, und ich finde die Geschichte lustig, und wenn Sadik lügen wollte, so würde er es wenigstens mir sagen! Nicht wahr, mein Junge?« Ich nickte und schwor in diesem Augenblick, diese edle Frau nie im Leben zu belügen. An jenem Tag nahm die wunderbare Freundschaft zwischen mir und der Tigerin Hanan ihren Anfang.

Die Großeltern wohnten in einem kleinen, fast verfallenen Haus in unserer Nähe. Großvater hatte zwar viel Geld, aber keine Freude am Leben. Er verharrte in strenger Askese und büßte täglich für die Sünden der Menschheit mit tränenreichen Gebeten und karger Nahrung. Vergeblich versuchte die lebenslustige Großmutter, ihn zum Genießen zu ermuntern.

All das wollten die Verwandten nicht wahrhaben. Sie sagten, die graue Maus sei erst nach dem Tod des Großvaters durch den Schmerz verrückt geworden und habe von da an wild wie eine Tigerin gelebt.

Ich kannte ihren Mut viel besser. Niemals werde ich vergessen, wie sie allein trotz großer Gefahr zu mir stand, als ich mit der Naivität eines Kindes Nelson A. Rockefeller, dem Gouverneur des Staates New York und späteren Vizepräsidenten der USA, einen Brief schrieb. Das war wirklich eine aufregende Geschichte.

Weil die Persönlichkeiten, denen ich gern meine Meinung sagen wollte, weit von unserem Viertel lebten, schrieb ich viele Briefe.

Als ein Mädchen unseres Viertels vom Chauffeur des Bischofs überfahren wurde, schrieb ich dem Papst einen Brief mit der Frage, warum unser Bischof so ein breites Auto durch unsere engen Gassen fahren mußte, obwohl selbst Jesus Christus immer zu Fuß gegangen und nur am Palmsonntag auf einem kleinen Esel geritten war.

Auch an Präsident Hadahek schrieb ich einen Brief mit der Frage, ob er den Putschisten, die ihn absetzen wollten, beim nächsten Mal nicht empfehlen könnte, ihren Staatsstreich während der Schulzeit und nicht ausgerechnet in den Ferien durchzuführen, dann würden wir nämlich schulfrei bekommen.

Mein Nachbar Elias, der Postbeamte, erklärte mir eines Tages, weshalb meine Briefe den Papst oder Hadahek nie erreicht hatten. Ich hatte einfach in arabischer Schrift nur die Namen der Empfänger auf den Umschlag geschrieben. Naiv ging ich davon aus, daß die Italiener Arabisch lesen könnten und genau wüßten, wo der Papst lebte. Bei der Adresse des Präsidenten Hadahek machte ich mir berechtigterweise keine Sorgen. In Morgana wußten nicht nur Kinder, sondern auch Blinde, wer im abgesperrten Viertel lebte. Trotzdem, wenn meine Briefe jemals ankommen sollten, so erklärte mir Elias, müßte die Adresse genau stimmen.

Als der Winter immer härter wurde, zeigte unser Schulgebäude seine Schwächen. Überall tropfte es von der Decke, und durch die undichten Fenster blies ein eiskalter Wind. Die Erbauer hatten wohl nicht an einen langen Winter im Orient gedacht, aber in jenem Jahr regnete es in Strömen, und in den Bergen fiel sogar Schnee. Wir saßen in einem feuchten Klassenzimmer, froren, husteten und niesten.

Da hörte ich nachmittags im Radio, daß Nelson Rokkefeller einer der reichsten Menschen dieser Erde sei und daß er immer wieder Geld für Kunst, Gesundheit und Schulen spende. Also beschloß ich, ihm zu schreiben, doch diesmal durfte mir kein dummer Fehler unterlaufen. Ich zog also meine beste Hose und eine dicke Jacke an, kämmte mich und machte mich auf den Weg zur amerikanischen Botschaft.

Der strammstehende Wachsoldat war kurz vor dem Erfrieren. Ich grüßte ihn und äußerte meinen Wunsch, den Botschafter zu sprechen. Ob es die Kälte oder die Überraschung war, weiß ich nicht, aber der Soldat eilte mir voraus, öffnete mir die Tür und führte mich, seine Hände reibend, zum Sekretariat. Ich hatte Glück. Der Soldat meldete etwas belustigt meinen Wunsch, eine junge Frau, die gerade die Post abholte, musterte mich und sagte knapp: »Komm mit.«

Der Botschafter saß in einem riesengroßen Raum. Als sich die Sekretärin zu ihm beugte und leise von mir berichtete, schaute er mich an und lächelte. In akzentreichem Arabisch bat er mich näherzutreten.

»Stimmt es, daß Rockefeller der reichste Mann Amerikas ist?« kam ich gleich zur Sache.

»Oh, ob er der Reichste ist, weiß ich nicht, aber er ist sehr reich. Warum ist das wichtig?« fragte der Botschafter etwas überrascht.

»Ich möchte wissen, wieviel Geld er hat«, fuhr ich fort, wie ich mich vorbereitet hatte.

»Ich denke, ein paar Milliarden Dollar, vielleicht fünfzig oder hundert Milliarden, aber warum?«

Ich rechnete schnell, und als mir die Anzahl der Nullen klar wurde, pfiff ich anerkennend durch die Zähne. Der Botschafter lächelte.

»Ich möchte Herrn Rockefeller bitten, für die Reparatur unserer Schule etwas zu spenden.«

»Oh!« sagte der Botschafter. Mehr nicht. Ich bat ihn, mir die Adresse des amerikanischen Millionärs zu geben. Der Botschafter war überaus freundlich. Er rief seine Sekretärin zu sich, bat sie, mir die Adresse von Herrn Rockefeller herauszusuchen, stand auf und wünschte mir viel Glück.

Mit der Adresse in der Tasche kehrte ich nach Hause zurück. Ich verriet niemandem etwas.

Vom Maurer Chalil erfuhr ich, daß er für dreißigtausend Lira das Dach der Schule in Ordnung bringen könnte. Der Zimmermann Moses bezifferte die Kosten für die Erneuerung aller Fenster mit weiteren dreißigtausend. Ich fragte den Geldwechsler nach dem Wert des

Dollar und war erleichtert, daß Herr Rockefeller nur fünfzehntausend Dollar spenden mußte. Ich schrieb einen knappen Brief:

Sehr geehrter Herr Rockefeller,

nachdem ich Ihnen Gesundheit und Glück gewünscht habe, möchte ich Sie fragen, ob es Ihnen viel ausmacht, fünfzehntausend Dollar zu spenden. Die Hälfte für den Maurer Chalil und die andere Hälfte für den Zimmermann Moses. Für dieses Geld hört es auf, in unserer Klasse zu tröpfeln und zu ziehen. Ich werde dafür von nun an bis zu meinem Abitur an jedem regnerischen Tag für Sie beten, damit Gott Sie und Ihre Familie gesund erhält.

Wie finden Sie das?

Ihr treuer Sadik

Ich bat unseren sympathischen Englischlehrer, der unter Rheuma litt, mir zu helfen und mein Geheimnis für sich zu behalten. Er übersetzte den Brief in der Pause und steckte mir unauffällig die Blätter wieder zu. Am Nachmittag eilte ich nach Hause, schrieb den Brief sauber ab, adressierte ihn sorgfältig und ärgerte mich über die teuren Briefmarken, die mein Taschengeld für eine Woche verschlangen.

Tage und Wochen krochen dahin wie eine Ewigkeit, doch der Postbote rief nie nach mir, wenn er in den Hof kam. Irgendwann bemerkte mein Vater meine Unruhe und fragte beiläufig, worauf ich warte. Wir aßen gerade zu Mittag. Ich antwortete: »Auf einen Brief von Nelson Rockefeller!« Mein Vater verschluckte sich vor Lachen. Er stand auf und lachte und lachte, warf sich auf das Sofa und lachte, bis er meine Mutter ansteckte. Auch meine Schwester Sahar und mein Bruder Fadi bogen sich vor Lachen. »Dein Sohn schreibt seinem Freund Rockefeller!« rief mein Vater prustend, wischte sich die Tränen aus den Augen und lachte. »Warum nicht gleich dem Präsidenten der USA?« Nur langsam erholte er sich und kam wieder zum Tisch. Ich war wütend auf ihn, auf den Regen und auf Rockefeller.

Am Nachmittag kamen meine Großeltern zu Besuch. Da mein Vater an jenem Tag nichts Lustigeres fand, erzählte er von meinem Brief an Rockefeller. »Und morgen wird Sadik König Hussein oder der UNO schreiben!« feixte er.

»Als ob Rockefeller nichts anderes zu tun hätte, als Sadik zu schreiben!« witzelte der sonst schlechtgelaunte Großvater. Alle lachten mich aus, außer meiner Großmutter.

»Und warum nicht?« fragte sie, ohne eine Miene zu verziehen. »Warum soll ein guterzogener Herr einem Kind nicht antworten? Er muß ja kein Geld schicken, aber ich bin sicher, Sadik bekommt eine Antwort!« sagte sie und erntete hämisches Gelächter, sogar von meinem Vater, der nie zuvor gewagt hatte, seine Mutter auszulachen.

Mein Vater war so überdreht, daß er gleich vom Fenster aus unseren Nachbarn Elias, der im Erdgeschoß wohnte, einweihte, als dieser wissen wollte, warum es bei uns so heiter zuging. Als der kleine Beamte von meinem Brief erfuhr, lachten auch er und seine Frau und seine Kinder bald lauthals über mich.

In den nächsten Tagen mußte ich ständig spöttische Fragen der Nachbarn über mich ergehen lassen, sobald ich mich im Hof zeigte. Wir wohnten im zweiten Stock, und zur Gasse mußte ich durch den offenen Hof gehen. Oft blieb ich jetzt freiwillig zu Hause, um den Nachbarn nicht begegnen zu müssen, die unter den Orangenbäumen im Hof saßen, ihr Mittagessen vorbereiteten oder Kaffee tranken.

»Hat dir dein Freund Roquefort oder Rakikeller endlich geschrieben?« – »Was bekommen wir von den Dollars?« – »Wirst du uns dann überhaupt noch grüßen?« – »Warum fliegst du nicht gleich selbst nach Amerika?« Und noch mehr Gemeinheiten prasselten auf mich nieder.

Nur meine Großmutter Hanan bestärkte mich, daß Rockefeller antworten würde. Sie fragte mich nie, doch bei jedem Besuch drückte sie mir die Hand und sagte: »Gedulde dich, mein Sadik! Geduld ist die Mutter des Mutes!«

Eines Tages, der Zufall wollte es, daß die Großeltern bei uns zu Mittag aßen, kam der Postbote in den Hof und rief ganz laut: »Mr. Sadik, ein Brief für dich! Aus Amerika!« Mein Vater erstarrte. Ich ließ meinen Löffel fallen. Meine Großmutter atmete tief ein. »So, mein Junge«, sagte sie, »hole den Brief von Herrn Rockefeller und komm schnell zurück, bevor dein Essen kalt wird.«

Der Hof mit seinen zwölf Frauen, acht Männern, drei Greisen, zweiundzwanzig Kindern, dreizehn Tauben und zwölf Kanarienvögeln verstummte schlagartig. Explosive Stille herrschte. Der Postbote erschrak etwas vor der Wirkung seines Rufes. Er räusperte sich und rief bedeutend leiser: »Sadik, ein Brief für dich!«

Ich sprang die Treppe dreistufenweise hinunter, schnappte den Brief und eilte mit derselben Geschwindigkeit wieder hinauf. Jetzt setzte eine Geflüsterwelle ein, die Kanarienvögel des Postbeamten trillerten, und die Tauben gurrten wieder.

Stumm aß mein Vater weiter und schaute nur kurz und verstohlen auf den Briefumschlag mit dem großen geprägten Siegel des Staates New York. Meine Großmutter zwinkerte mir zu. »Iß langsam, ich lese dir den Brief von Herrn Rockefeller später vor!«

Zum ersten Mal hörte ich an jenem Tag, daß meine Großmutter, die ihr ganzes Leben hinter dem Webstuhl verbracht hatte, auch Englisch konnte. Mein Vater schien das zu wissen, denn er war überhaupt nicht erstaunt. Als Mädchen war meine Großmutter vier Jahre lang im Internat der englischen Schwestern in Jerusalem gewesen.

»Mein lieber Sadik«, begann meine Großmutter laut vorzulesen. »Ich danke Dir herzlich für die guten Wünsche«, fuhr sie noch lauter fort, damit die Nachbarn, die wieder still und aufmerksam unter unseren Fenstern standen, auch jedes Wort verstehen konnten. »Dein Brief hat mich sehr beeindruckt. Es ist in der Tat traurig, in einer kalten und feuchten Schule lernen zu müssen. Ich fühle mit Dir und Deinen Kameraden.

Von meinem Sekretariat habe ich auf meine Anfrage hin erfahren, daß die Rockefeller-Foundation im letzten Januar eine Summe von drei Millionen Dollar für das Schul- und Gesundheitswesen in Morgana an die Präsidentin des Kinderhilfswerks, Frau Alia Hadahek, überwiesen hat. Mehr kann ich leider nicht tun, da wir im Jahr nur eine Höchstsumme von fünfundvierzig Millionen Dollar spenden können. Ich wünsche Dir persönlich viel Glück und Erfolg. Dein Nelson A. Rockefeller.«

Meine Großmutter übergab mir den Brief mit dem geprägten Briefkopf, küßte mich auf beide Wangen und blickte verächtlich in die sprachlose Runde. »Was habe ich euch gesagt, Herr Rockefeller ist ein guterzogener Mann, und Sadik lügt nicht«, sprach sie unüberhörbar laut.

»Aber es ist nicht ganz ungefährlich, einem so hohen Politiker der USA zu schreiben. Immerhin ist die USA unser Erzfeind«, gellte die Stimme des Postbeamten Elias zu uns herauf. Mein Vater erstarrte vor Angst, da der älteste Sohn des Postbeamten beim Geheimdienst war. Er hatte zwar bisher noch keinen von unserem Hof angezeigt, aber er mochte mich nicht besonders. Er war schon über zwanzig, hatte jedoch nicht mehr Hirn als einer seiner Kanarienvögel.

»Und ich habe gehört«, brüllte der Verkehrspolizist Muhssin aus seiner Küche zum Hof hinaus, »daß Rokkefeller Jude ist!«

»Ja, das auch noch«, ereiferte sich Elias. Mein Vater war völlig eingeschüchtert. »Jetzt sind wir erledigt, der Sohn schreibt alles mit!« Ich schaute hinunter und sah den Sohn des Postbeamten am Orangenbaum lehnen. Er kritzelte irgend etwas in ein kleines Heft. Seltsamerweise fühlte ich keine besondere Angst.

»Das fehlt uns noch, daß sie uns Spionage vorwerfen, weil dein Herr Söhnchen an Rockefeller schreiben muß«, fauchte mein Großvater meine Mutter an, und diese fing an zu weinen.

Plötzlich stand die Großmutter auf, Gott segne ihre Seele, und schlug ihren Mann auf die Schulter. »Beruhige dich, mein Herz, du wirst doch nicht etwa Angst vor diesen Hosenkackern haben, du, der du damals eine ganze Kompanie der osmanischen Armee verprügelt hast«, sagte sie beschwichtigend und beugte sich zum Fenster hinaus. »Ich würde gerne den Hurensohn noch einmal hören, der über Rockefeller schlecht sprechen will. Er schickt der Frau des Staatspräsidenten Geld, und da gibt es irgendwelche Trottel, die Sadik beschuldigen wollen. Was höre ich? Jude! Ja und? Ist unser Herr Verkehrspolizist klüger als die Frau des Präsidenten? Hat Frau Hadahek das Geld oder nicht? Dann mußt du, mein Junge«, rief sie dem Sohn des Postbeamten zu, »Frau Hadahek wegen Spionage anzeigen, vielleicht wirst du dann endlich befördert.«

»Um Gottes willen«, entsetzte sich sein Vater. »Das geht uns doch nichts an. Was schreibst du denn da? Zeig mal!« hörten wir Elias schreien, dann setzte es Ohrfeigen. »Das schreibst du nicht, solange du deine Füße unter meinen Tisch steckst!« brüllte er, und es setzte noch mehr Ohrfeigen.

Der Polizist rannte herbei und versuchte zu schlichten. »Wenn Herr Rockefeller Geld für Kinder und Kranke in unserem Land spendet, dann ist er uns doch auch als Jude lieber als die Saudiaraber, die einen Dreck spenden«, versuchte er scheinheilig den Sohn des Postbeamten aufzuklären.

Daraufhin besann sich der Postbeamte, daß sein Vater ja einmal von einem Juden gerettet worden war und daß die Israelis im Grunde ja gute Menschen wären, wenn nicht die Saudis sie finanzieren und gegen die anderen Araber aufhetzen würden. Bald tranken Elias und Muhssin einträchtig Kaffee im Hof und bewunderten gegenseitig ihre Kanarienvögel und Tauben.

Mit ihrer Rede hatte meine Großmutter ihrem Mann, meiner Mutter und meinem Vater Farbe in ihre blassen Gesichter gezaubert. Sie saß so ruhig, als hätte sie nicht gerade den ganzen Hof, ja den ganzen Staat fertiggemacht.

Als mein Großvater starb, trauerte Großmutter genau vierzig Tage in Schwarz, dann holte sie die Handwerker, ließ ihr Haus für gutes Geld von den Grundmauern bis zum Dach erneuern, grub die Gemüsebeete um und pflanzte überall Rosen in allen Farben. Ihr Haus erstrahlte bald in Weiß, die Tür in Blau, und jeder der vielen kleinen Fensterläden bekam eine andere Farbe, Rot, Gelb, Grün und Violett. Mein Vater sprach erst bekümmert, dann aber nur noch entsetzt über die Farben des kleinen Hauses. Das war jedoch noch nichts im Vergleich zu dem, was nun folgen sollte.

Von heute auf morgen tauchte Großmutter bei uns in bunten Kleidern auf. Sie sah herrlich aus. Hätte ich nicht gewußt, daß sie zweiundsiebzig Jahre alt war, so hätte ich sie glatt für eine junge Frau von fünfundfünfzig gehalten.

Mein Vater war sprachlos, meine Mutter aber nicht. »Was für herrliche Farben! Wo kann man solche Seide bekommen?« Großmutter erklärte sprudelnd und stolz, wie raffiniert sie mit den Händlern gefeilscht hatte.

Nach über zwei Stunden meldete sich mein Vater zu Wort: »Meinst du nicht, daß du für dein Alter zu bunt aussiehst?« Großmutter lachte laut. »Zu bunt, sagt mein Sohn! Das ist zu blaß, Junge, die wirklich bunten Dinge habe ich erst bestellt!« Sie lachte übermütig und steckte uns alle damit an. Nur meinen Vater nicht.

Wie gesagt, viele Nachbarn wunderten sich unverhohlen über die Verwandlung meiner Großmutter von einer grauen Maus zu einer bunten, mutigen Tigerin. Ich aber wußte, daß meine Großmutter nie eine graue Maus gewesen war. Sie hatte all diese Farben schon immer in ihrem Herzen getragen und nur aus Mitleid mit meinem frommen Großvater nicht auf ihrer Haut.

Bald erzählte ein Nachbar, daß er Großmutter auf einem bunten Fahrrad gesehen hätte. Und in der Tat, zwei Tage später kam sie mit dem Fahrrad zu uns. Ich glaube, sie war die erste arabische Frau, die Fahrrad fuhr, und wenn sie nicht die erste war, dann war sie mit Sicherheit die älteste. Sie fuhr etwas unsicher und holprig. Die Nachbarn machten große Augen und lachten hinter vorgehaltener Hand, aber das beeindruckte meine Großmutter überhaupt nicht.

Eines Tages erzählte meine Schwester Sahar beim Mittagessen aufgeregt, daß sie Großmutter im Kaffeehaus gesehen hätte, wie sie eine Wasserpfeife rauchte. Mein Vater ohrfeigte sie für diese Lüge, denn noch nie zuvor hatte eine arabische Frau gewagt, sich in ein Kaffeehaus zu setzen. Sahar weinte wegen der ungerechten Strafe, und meine Mutter tröstete sie. Ich sah meinen Vater an, und zum ersten Mal in meinem Leben tat er mir leid. Er sah sehr alt aus, sogar älter als sein eigener Vater. »Vater«, sagte ich, »Sahar lügt nicht, Oma hat mir gestern selbst gesagt, daß sie jeden Nachmittag ins Kaffeehaus beim Brunnen geht und Wasserpfeife raucht.«

Statt vernünftig zu werden, wollte mein Vater auch mich schlagen, doch ich wich seiner Ohrfeige aus, und er traf mit Wucht den großen Radioapparat hinter mir. Ich floh in den Hof und hörte ihn laut jammern. Plötzlich erklang eine helle Fahrradglocke, und ich traute meinen Augen nicht. Schwungvoll und elegant fuhr meine Großmutter in den Hof ein. Sie trug eine wunderschöne weiße Hose und ein weißes Hemd, einen großen roten Hut und Sportschuhe. Sie war ohnehin ziemlich schlank, doch in diesen sommerlichen Kleidern wurde sie zur Athletin. Die Nachbarn grüßten sie staunend, und kein einziger lachte oder stichelte. Sie fuhr in einem Bogen bis zur Wand und stieg gekonnt ab.

»Na, Junge, wie geht es dir?« grüßte sie mich. Auf dem Weg zum zweiten Stock erzählte ich ihr schnell, was vorgefallen war, und sie lachte. »Nicht doch! Es fehlt noch, daß mein eigener Sohn mir verbietet, ins Café zu gehen. Die Leute dort sind harmloser als Jesuitenbrüder.«

Sie stritten fürchterlich. Mein Vater wurde ausfallend. Nichts Vernünftiges fiel ihm ein, nur schimpfen konnte er. Ich schämte mich für ihn vor den Nachbarn, als er seine Mutter herrisch nach Hause schickte. Es kam einem Rausschmiß gleich.

»Du wirst es noch erleben, mein Junge, eines Tages werden so viele Frauen wie Männer in den Cafés sitzen, ihren Tee trinken und ihre Wasserpfeife rauchen. Warte nur ab«, sagte sie und fuhr davon. Jahrelang kam sie uns nicht mehr besuchen, weil mein Vater das nicht wünschte, aber wir besuchten seine Mutter heimlich und lachten gemeinsam mit ihr über die Engstirnigkeit meines Vaters.

Großmutter lebte lange, und sie unternahm noch zwei Weltreisen. Nach zwei Jahren versöhnte sich mein Vater mit ihr und machte sich große Sorgen um ihre Sicherheit. Er hatte Alpträume, daß sie auf ihren Reisen von einem Löwen, Bären oder Räuber umgebracht werden könnte, doch sie kam immer gesund zurück, bepackt mit allerlei kleinen Geschenken. Und wenn sie dann im Hof saß und erzählte, dann lauschten alle voller Spannung wie kleine Kinder ihren Geschichten.

Großmutter starb friedlich in ihrem Bett, und die

Nachbarn des Viertels weinten hinter ihrem Sarg. Das Kaffeehaus schloß ihr zu Ehren an jenem Tag seine Türen.

Als ich Mala in unserer Hütte von meiner Großmutter erzählte, wollte sie nicht mehr wie vereinbart Eis essen gehen, sondern noch mehr Geschichten von der alten Frau hören, und ich fuhr fort zu erzählen. Die Geschichte, wie meine Großmutter vor den Soldaten, die nach meinem Großvater fahndeten, eiskalt ihre Nerven behielt, gefiel ihr am besten. Ich beschloß, den ersten Abend mit dieser Geschichte zu beginnen, und sagte Mala, daß ich von nun an ihr meine Geschichten zuerst erzählen wollte, bevor ich damit vor dem Publikum auftreten würde. Sie lachte. »Ich bin also dein, wie sagt man? Versuchshase?«

Ich lachte. »Ja, du bist mein Versuchskaninchen. Einmal Gähnen bedeutet: Beeile dich. Zweimal bedeutet: Es ist fast zu spät, und dreimal Gähnen bedeutet: Du mußt dir eine andere Geschichte einfallen lassen.«

Für den ersten Abend war ich so gut vorbereitet, daß mich nichts aus dem Sattel werfen konnte. Nicht einmal, wenn ein Tiger vor meinen Augen eine Gazelle geküßt hätte. Das hatte ich von den Artisten gelernt.

Mit Amal und seiner Frau war ich vor ein paar Tagen übereingekommen, daß in der ganzen Stadt neu plakatiert werden sollte. Auch die Presse sollte eingeladen werden. Mit Hilfe der Kinder sollten überall Handzettel verteilt werden. Ich sollte als »Sadik, der Erzähler« angekündigt werden.

Shanti, die für ihre Masken berühmt war, würde mich jeden Abend schminken und mich wie einen Prinzen kleiden. Ich durfte nicht mit meinen zerrissenen Jeans auftreten, sondern bekam von Shanti einen weißen, seidenen Anzug. Kopftuch oder Turban lehnte ich ab, das war in meinen Augen nur Kitsch.

Als der Circusdirektor mich fragte, was ich für meine Auftritte haben wollte, erklärte ich ihm, daß ich froh wäre, seinem Circus helfen zu können. Amal schaute mich erstaunt an und wiederholte seine Frage. Ich gab ihm dieselbe Antwort, da umarmte er mich gerührt. »Mein Bruder Nirmal hat sich in dir wirklich nicht geirrt«, sagte er.

Genausowenig wie Amal wußte ich damals selbst, was meine Geschichten mich kosten würden. Das sollte mir erst allmählich in den nächsten Tagen und Wochen deutlich werden, aber davon erzähle ich später.

Die Morganier liebten nichts mehr auf der Welt als Geschichten. Zwei Tage vor meiner Premiere war die Vorstellung bereits ausverkauft. Die Artisten strahlten mich an. Ich war sehr stolz auf die Plakate, die überall in der Stadt hingen: Die neue Sensation im Circus India! Der orientalische Erzähler Sadik, der von wundersamen Menschen und Tieren ganz neue Geschichten erzählt!

Worüber ich mich wunderte, war die Geschwindigkeit, mit der das große Gelände um den Circus mit bunten Buden bis zur letzten Ecke belegt wurde. Wie ein Lauffeuer hatte sich die Nachricht verbreitet, daß hier ein großer Menschenandrang zu erwarten war. Und da waren die kleinen bunten Buden und ihre geschäftstüchtigen Besitzer schnell dabei.

Vor Aufregung zitternd, stand ich hinter dem Vorhang der Manege, weniger der vielen Zuschauer wegen, die den Eingang fast versperrten, als wegen der Vorstellung, daß die Hälfte meiner Gasse mir zuhören und über mich richten würde. Auf Anweisung des Circusdirektors hatten alle Freikarten bekommen. Meine Eltern wurden von ihm und seiner Frau persönlich empfangen.

Das Geschenk meines Vaters an jenem Abend war, daß er wach blieb und der Vorstellung bis zum letzten Augenblick interessiert folgte, obwohl er am nächsten Morgen um vier Uhr aufstehen mußte. Nicht einmal bei den Hochzeiten seiner besten Freunde war er jemals länger als bis sieben Uhr abends geblieben.

Und Mala setzte sich so, daß ich sie jeden Augenblick sehen konnte.

10

Die Tigerin oder Wie eine Lüge nach Wahrheit schmeckte

Komisch, ich fühle mich wohl, aber der Arzt sagt, er könne mich nicht entlassen. Ich muß noch ein paar Tage hierbleiben. Ich sitze wie auf Kohlen, und der Herr sagt »ein paar Tage«. Ich fragte, wie lange diese »paar Tage« dauern sollen. Er wisse es nicht, antwortete er. Was studieren diese Mediziner eigentlich? Er muß auf die Analyse warten! Pah, früher hat man dir in die Augen geschaut und gesagt: »Dein Magen ist entzündet«, und es hat gestimmt. Heute kann der Arzt nicht einmal sehen, was deinem Auge fehlt.

Na ja, vielleicht muß ich einfach lernen, geduldiger zu sein, so geduldig, wie mein Bruder Fadi immer war.

Mein Bruder Fadi war vier Jahre jünger als ich, aber schon bei der Geburt war er sehr kräftig. Als meine Mutter im Nebenzimmer mit der Hebamme und einigen Frauen zusammen auf die Ankunft des neuen Kindes wartete, kam Großmutter Hanan zu mir heraus und sagte: »Sadik, ich muß dir was sagen.« Sie nahm mich bedeutungsvoll zur Seite, drückte mir ein Honigbonbon in die Hand und sagte süßlich: »Deine Mama bekommt heute noch ein kleines, schönes Baby von einem Engel geschenkt. Du freust dich doch, oder?«

»Eine Katastrophe!« soll ich damals ausgerufen haben.

»Warum eine Katastrophe?« fragte meine Großmutter entsetzt.

»Ja, was sollen wir denn mit dem anderen Baby anfangen, das Mutter gleich zur Welt bringt?«

Fadi wuchs unglaublich schnell, und schon mit vier konnte er mich mit leichter Hand zu Boden werfen, trotz meiner acht Jahre. Ich mochte den Kerl vom ersten Augenblick an. Er war schweigsam und aufrichtig, bis zu seinem letzten Tag.

Bereits kurz nach seiner Geburt hatte ich die Gnade des Himmels entdeckt. Mein Leben lang habe ich immer gefroren, und bis heute ist es mir zehn Monate im Jahr zu kalt. Meine Mutter witzelte oft darüber. »An deiner Stelle würde ich Tag und Nacht sündigen, vielleicht hast du Glück und kommst in die Hölle, wo es einigermaßen warm ist.«

Vielleicht wollte Gott mir die Hölle aber ersparen und schickte mir meinen Bruder Fadi. Der war schon als Baby ein Ofen. Meine Eltern wunderten sich, daß ich ihn immer in mein Bett mitnehmen wollte, doch meine Mutter erlaubte das erst, als Fadi ein Jahr alt wurde.

Eine wohlige Wärme breitete sich von ihm aus, und nach fünf Minuten konnte ich gut einschlafen. Solange Fadi klein war, freute er sich, bei seinem älteren Bruder schlafen zu dürfen, und sagte nie etwas über meine eiskalten Füße. Eines Tages kam es dann plötzlich und ohne Vorwarnung. Fadi war nicht einmal fünf. »Du darfst deine Füße nur noch bei mir wärmen, wenn du mir jede Nacht eine Geschichte erzählst«, sagte er sehr bestimmt. Ich versuchte ihn umzustimmen. »Ich kann doch keine schönen Geschichten erzählen, wenn ich müde bin.« Damit wollte ich ihn erschrecken und setzte noch hinzu: »Dann fallen mir nur Gruselgeschichten ein.«

»Um so besser«, sagte er. »Ich bekomme sowieso schon Gänsehaut durch deine kalten Füße. Das paßt dann!«

Von nun an durfte ich meine Füße und Hände bei Fadi wärmen und erzählte ihm dafür Nacht für Nacht Geschichten, bis er einschlief. Das war meine härteste Schule der Erzählkunst, denn bei Fadi konnte ich nicht mogeln und ihm eine alte Geschichte, leicht verändert, noch einmal erzählen. Ohne Kommentar schob er dann meine Füße von sich, und ich mußte mich entschuldigen und sofort mit einer neuen Geschichte anfangen. Aber nun zurück zum Circus.

Es verging keine Woche, und der Circus India war von einer eigenen Stadt mit Farben, Lichtern und Gerüchen umgeben. Mehrere Buden eiferten um die besten Falafelbrote, diese leckeren Scheiben aus Kichererbsen, Knoblauch, Zwiebeln und Kumin. Mehrere Stände überboten sich gegenseitig mit Bergen von Süßigkeiten, Früchten und Nüssen. An anderen Ständen wurden gekühlter Joghurt und frischgepreßte Fruchtsäfte verkauft.

Die Circusleute waren begeistert, langsam entstand genau die Atmosphäre, die sie liebten.

Als die Artisten ihre Vorstellung beendet hatten – sie waren wieder großartig gewesen –, kündigte mich Mala mit ihrer warmen Stimme an, und nun kam mein allererster Auftritt als orientalischer Erzähler.

»Meine Damen und Herren, liebes Publikum, heute abend werde ich von meiner Großmutter erzählen«, begann ich, »und für jeden Menschen, von dem ich hier erzähle, werde ich ein entsprechendes Tier mitbringen.

Das Tier, das meiner Großmutter entspricht, ist der Tiger. Nicht daß ich etwa Angst vor Tigern hätte, aber sie sind heute schon etwas müde, deshalb habe ich beschlossen, sie in Ruhe zu lassen und nur ein Bild mitzubringen.« Ich zog aus meiner Tasche das kleine, bunte Bild eines Tigers. Das Publikum lachte.

»Ich habe seit einem Jahr meine Schwiegermutter nicht besucht. Nicht daß ich Angst vor ihr hätte, aber ...«, rief ein Mann in der ersten Reihe, doch das Publikum lachte so laut, daß seine weiteren Worte untergingen.

»Nun gut, nun gut. Ihr habt gewonnen. Ich gebe ja zu, ich habe Angst vor Tigern, obwohl Herr Santosh mir versichert hat, daß einer seiner Tiger so harmlos wie eine Schmusekatze ist, aber ich wollte ihn lieber doch nicht mitbringen. Warum? Das ist eine andere Geschichte.«

Das war das erste Mal, daß ich diesen Satz aussprach. Jahre später war er eng mit meinem Namen verbunden. Und wo immer einer sagte: »Das ist eine andere Geschichte«, wußte man, er hatte den Satz von mir. Wie es dazu kam, ist aber wirklich eine andere Geschichte.

»Meine Großmutter«, begann ich meine Geschichte, »war als Mädchen so schön, daß ihr Vater sie aus Sorge zu den englischen Nonnen nach Jerusalem schickte. Dorthin schickten auch die Eltern meines Großvaters ihren Sohn, da dieser sehr hochmütig und stolz war und bei jeder geringsten Beleidigung eine Schlägerei anfing. Nun, Morgana war damals unter osmanischer Herrschaft, und der Vater meines Großvaters hatte tatsächlich Angst um seinen jungen Hitzkopf. Durch gute Beziehungen zum Bischof konnte er seinen Sohn, der damals schon ein hochbegabter Weber war, in der Klosterweberei der englischen Nonnen in Jerusalem unterbringen!«

»Ich weiß, was jetzt kommt!« rief eine Frau aus dem Publikum vorlaut.

»Pssst! Pssst!« mahnten viele, und die Frau hielt sich schnell ihre Hand vor den Mund.

»Genau, meine Dame, ja, so geschah es. Die Nonnen schickten eines Tages meine Großmutter in die Klosterweberei, um eine Altardecke in Auftrag zu geben. Und bis diese Decke fertig wurde, war der Fluchtplan meiner Großeltern perfekt. Sie flüchteten zu Fuß von Palästina nach Morgana. Das muß man sich vorstellen! Als sie in der Hauptstadt ankamen, waren sie verheiratet.

Der Vater meines Großvaters war ein lebenslustiger Mann. Er segnete die Ehe und wünschte beiden viel Glück. Die Eltern meiner Großmutter waren hingegen sehr fromm und von der plötzlichen Heirat mit einem armen Weber in keiner Weise begeistert. Doch als meine Großmutter meinen Vater zur Welt brachte, besuchten sie ihre Tochter wieder und versöhnten sich mit ihr.

Mein Großvater war berühmt für seinen Mut und seine Frömmigkeit. Er war so fromm, daß bald sein eigener Vater nur noch heimlich Wein trank und rauchte. ›Lieber heimlich genießen als offen auf dem trockenen sitzen!‹ war Urgroßvaters Spruch, bis er in hohem Alter, in seinem alten Schaukelstuhl sitzend, starb.

Mein Großvater eröffnete eine kleine Weberei und verdiente mit seiner tüchtigen Frau und zwei Gehilfen nicht schlecht. Doch dann brach der Erste Weltkrieg aus. Großvater sollte in die osmanische Armee eintreten und gegen Engländer und Franzosen kämpfen. Er wollte aber nicht in den Krieg. Er beschloß, sich zu verstecken. Da er aber drei Kinder hatte, konnte er nicht wie viele andere in die Berge fliehen. Das hätte den sicheren Ruin und Hunger für seine Familie bedeutet. Es blieb ihm also nur die Möglichkeit, versteckt zu Hause zu leben. Das hört sich leicht an, aber auch im christlichen Viertel wimmelte es damals von Schnüfflern, die ihre eigene Mutter für ein paar Silberlinge an die osmanischen Militärs verraten hätten.

Mein Großvater besprach sich mit seiner Frau, und sie sagte, daß sie einen guten Plan hätte. Eine Schwierigkeit dabei wären allerdings die Kinder, die vielleicht arglos alles verraten würden. Deshalb schickte sie ihre Kinder zu ihrer Schwester aufs Land.

Die kinderlose Schwester freute sich sehr darüber, und mein Vater schwärmt bis heute von seiner Tante und von den herrlichen Jahren bei ihr. Vier Jahre lang blieben die

Kinder bei der Tante versteckt. Meine Großmutter besuchte sie einmal im Monat.

Für Nachbarn und Behörden war Großvater verschwunden. Großmutter ließ überall die Nachricht verbreiten, daß er mit den Kindern nach Amerika ausgewandert sei und daß sie selbst bald nachreisen würde. Die zwei Gehilfen in der Weberei waren meinen Großeltern so freundschaftlich verbunden, daß sie selbst unter Folter nichts preisgegeben hätten.

Vier Jahre lang hielt sich Großvater in einem Kellerraum unter der Weberei versteckt. Er arbeitete täglich mit, durfte sich allerdings nie im Freien sehen lassen, denn überall lauerten argwöhnische Augen. Sobald jemand in die Nähe der Weberei kam, verschwand er schnell durch eine Kellerluke unter der Webbank meiner Großmutter.

Vier Jahre in einem feuchten, fensterlosen Versteck lassen selbst härtestes Eisen rosten. Meine Großmutter erzählte oft von der Verzweiflung ihres Mannes, der sich dreimal dem Suchtrupp stellen wollte, nur um sein Rattenleben zu beenden. Nur der Mut und die Zuversicht meiner Großmutter konnten ihn jedesmal wieder aufrichten.

Eines Tages erhielten die Behörden von einem ihrer Spitzel den Hinweis, daß man mehrmals die Stimme meines Großvaters vernommen hätte. Sechs bewaffnete Soldaten, geführt von einem Offizier, eilten daraufhin zum Hof meiner Großeltern, klopften laut an das Tor, und als keiner öffnete, traten sie es aus den Angeln und rannten in den Hof. Großmutter hatte die Soldatenstiefel schon in der Gasse gehört, ihren Mann sofort in sein Kellerversteck hinuntergelassen, ihren weiten Rock über der Kellerluke ausgebreitet und den Gehilfen befohlen, mehr Lärm bei der Arbeit zu machen.

Die Soldaten durchwühlten zunächst die Zimmer des Wohnhauses. Sie ließen weder Schrank noch Truhe geschlossen. Doch von einem Menschen war keine Spur. Als sie enttäuscht in den Hof zurückkamen, hörten sie das laute Geklapper der Webstühle. Sie näherten sich langsam mit aufgepflanzten Bajonetten der Weberei, als sie meine Großmutter ein altes arabisches Wiegenlied singen hörten. Mit den Gewehrkolben stießen sie die Tür zur Weberei auf.

Meine Großmutter schrie entsetzt auf: ›Hilfe! Heilige Maria!‹

›Wo ist dein Mann?‹ fragte der Offizier ungerührt.

›Er ist nach Amerika ausgewandert‹, stammelte sie.

›Du lügst!‹ schrie ein Soldat und trat drohend mit seinem Gewehr einige Schritte auf meine Großmutter zu, als wollte er sie aufspießen. ›Gib zu, du Christenhure, du hast ihn versteckt!‹

Meine Großmutter hatte weniger Angst vor diesem Großmaul als vor dem Jähzorn ihres Mannes unter ihr, der früher einmal beinahe einen Nachbarn umgebracht hätte, weil dieser im Streit meine Großmutter ›Schlampe‹ genannt hatte. Da tat meine Großmutter aus Verzweiflung den rettenden Schritt, der alle, auch meinen Großvater im Keller, überraschte und lähmte.

›Jawohl, du Hurensohn!‹ schrie sie den Soldaten an, ›er ist hier unter meinem Sitz. Komm doch her und hol ihn dir!‹

Der Offizier fand Gefallen an meiner Großmutter und lachte. ›Das hast du davon, frecher Kerl!‹ tadelte er seinen Soldaten und befahl ihm und den anderen, den Raum zu verlassen. Er beruhigte meine Großmutter, musterte mit einem Blick die zwei Gehilfen, verlangte ihre Papiere und studierte diese genau. Nichts zu machen, obwohl die beiden bereits Bärte trugen, waren sie ihren Papieren nach erst fünfzehn Jahre alt. Damals ließen Eltern ihre Kinder häufig erst drei oder vier Jahre nach der Geburt eintragen, um den Militärdienst für sie hinauszuzögern.

Auch mein Onkel Gibran hatte seine vielen Kinder, immer je drei zusammen, als Drillinge eintragen lassen. Bald war er im Einwohnermeldeamt bekannt, und immer wenn er ins Zimmer trat, rief der zuständige Beamte, nicht ohne Neid: ›Na, Gibran, schon wieder Drillinge?‹ Und zum Erstaunen aller antwortete Onkel Gibran leise: ›Ja, ja‹ und nannte ihm die Namen seiner drei Kinder. Neun Kinder zu je dreien eintragen zu lassen ersparte ihm auch eine Menge Geld, aber das ist eine andere Geschichte.

Zurück zur Großmutter, die mit ihrem Mut und ihrem klaren Verstand gesiegt hatte. Der Offizier verließ mit seinen Soldaten die Weberei und behelligte den Hof meiner Großeltern nie wieder.

Großvater kam an jenem Tag blaß aus dem Keller und

konnte sich kaum auf den Beinen halten. Meine Großmutter aber setzte ihr Wiegenlied fort, als ob nichts geschehen wäre. So hatte sie das Leben ihres Mannes mit einer Lüge, die nach Wahrheit schmeckte, gerettet.

Aber die Geschichte meines Onkels Gibran ist, meine Damen und Herren, noch unglaublicher als die meiner Großmutter. Und diese Geschichte erzähle ich morgen.«

11

Das Scheu
oder Wie eine Vogelscheuche zum Räuber wurde

Schon am ersten Tag war mir in der Budenstadt vor dem Circus ein Bauer aufgefallen, der lautstark versuchte, seine gekochten Maiskolben zu verkaufen, die keiner haben wollte. Am nächsten Abend kam er mit einer Hyäne in einem eisernen Käfig zurück und rief immer wieder laut: »Kommt näher und schaut euch diese Bestie an! Löwen haben schon den Ruf, die gefräßigsten Raubtiere zu sein. Diese furchtbare Bestie frißt soviel wie zweiunddreißig Löwen. Sie hat die Bewohner eines ganzen Dorfes gefressen, als wären sie Erbsen!« Mit diesen Worten steckte der Bauer einen Stock durch die Gitterstangen und reizte die Hyäne, die fürchterlich laut knurrte und den halb zerbissenen Stock angriff. »Ihr glaubt mir wohl nicht?« schrie der Mann. »Na, bitte, kann einer von euch noch einen einzigen Bewohner von Massakin finden? Das Dorf ist völlig ausgestorben. Und wer hat die Bewohner gefressen? Meine Hyäne! Aber sie bereut ihre Missetat und frißt nur noch gekochte Maiskolben. Ein Maiskolben kostet eine halbe Lira. Ihr könnt die leckeren Maiskörner genießen und den abgenagten Kolben meiner Hyäne zuwerfen.«

In einem großen Topf lagen die Maiskolben, die über einer rußenden Flamme warm gehalten wurden. Mit Salz ein Leckerbissen! Und die Hyäne? Tatsächlich fraß sie vierzig Kolben und jaulte so merkwürdig und widerlich, daß es sich wie hämisches Lachen anhörte. Für eine halbe Lira bekamen die Schaulustigen nicht nur den warmen Mais, sondern noch eine Gänsehaut dazu. Innerhalb kurzer Zeit hatte der Bauer seine Maiskolben ausverkauft.

Jeder der Anwesenden wußte, daß die Regierung die Bewohner des Dorfes Massakin in einer Nacht- und Nebelaktion umgesiedelt hatte. Die offizielle Erklärung war nicht glaubwürdiger als die Geschichte des Bauern. Es hieß, das Gebiet würde vom Militär als Übungsgelände benötigt. Mein Vater erzählte damals von einem Unfall in der nahegelegenen Chemiefabrik und von Bodenverseuchung, während Onkel Daniel dahinter einen klaren Fall von Bodenspekulation vermutete.

Auch ich konnte der Hyäne gegenüber nicht gleichgültig bleiben. Obwohl sie mich abstieß, kaufte ich einen Maiskolben, um einen Vorwand zu haben, näher an ihren Käfig zu kommen. Merkwürdig klein und schmutzig erschien mir diese Bestie. Kein anderes Tier in Arabien macht der Hyäne ihren Platz in den Gruselgeschichten streitig. Allein die unheimlichen Berichte über die teuflische Wirkung ihres Urins auf den Menschen füllen Abende. Ganz zu schweigen von den Geschichten über die Wirkung ihres Schattens, der Hunde so lange taub und blind machen soll, bis die Hyäne mit einem gerissenen Schaf das Weite sucht.

Solche Schauergeschichten sind beliebt in Arabien und werden vornehmlich in kalten Winternächten erzählt.

In den folgenden Tagen wurde der Platz immer belebter. Mehrere Kraftmenschen, Zauberer und kuriose Zeitgenossen, die ihre eigenen Vorstellungen gaben, wetteiferten um die Gunst des Publikums. Meist waren es Einmanndarbietungen, die jedoch oft einem erstrangigen Circus Ehre gemacht hätten. Da schluckte so ein merkwürdig dürrer Mann einen lebendigen Distelfink und fing danach an zu trillern. Er trank einen halben Liter Wasser, trillerte weitere fünf Minuten und zog dann den durchnäßten Vogel wieder aus dem Mund.

Als ich am zweiten Abend in die Manege ging, empfing mich das erwartungsvolle Publikum mit Beifall. Die Zuschauer waren aufs äußerste gespannt, welches Tier ich an diesem Abend mitbringen würde, und da sie weder an meiner Seite noch in meinen Armen ein Tier entdeckten, standen einige auf Zehenspitzen und streckten neugierig ihren Hals, um besser sehen zu können.

Ich verneigte mich, wünschte den Awesenden einen vergnüglichen Abend und sagte: »Heute bringe ich ein Tier in meiner Erinnerung mit, denn dieses Tier weilt leider nicht mehr auf unserer Erde. Es hieß das Scheu. Mein Urgroßvater hat meinem Großvater noch stolz versichert, daß es ihm einmal gelungen sei, ein Scheu zu sehen. Und er zählte das zu seinen besonderen Verdiensten. Ja, die Nachbarn gaben dem Urgroßvater liebevoll den Beinamen ›der das Scheu sah‹.

Ob das Scheu ein Tier der Lüfte, der Erde oder des Wassers war, weiß ich nicht. Warum soll ich lügen? Mein Großvater hat es mir nicht verraten.

Nun, das Tier war so scheu, daß es jahrhundertelang auf der Erde lebte, ohne daß die anderen Tiere es kennenlernen konnten, eben weil es sich immer versteckte.

Am Anfang waren die Weibchen und die Männchen gleich scheu gewesen, doch die Weibchen neigten immer mehr zum scheueren und dann nur noch zum scheuesten Männchen, und so geschah eine Auswahl – so wie die Männchen bei den Vögeln immer bunter, bei den Löwen immer mutiger und bei den Büffeln immer kräftiger wurden, weil die Weibchen ihnen dazu verholfen haben. Von Generation zu Generation wurden die Nachkommen des Scheus immer scheuer, so daß sie nur noch, wenn es sich gar nicht mehr vermeiden ließ, in der Nacht kurz auftauchten und dann wieder verschwanden. So geschah es, daß die Tiere immer weniger wurden, weil Weibchen und Männchen kaum zueinanderfanden, und man erzählt, daß der allerletzte Nachwuchs im Bauch der Mutter blieb, da er zu scheu war, um auf die Welt zu kommen.

Wäre mein Onkel Gibran als Tier geboren, so wäre er mit Sicherheit ein Scheu geworden.

Jeden Sonntag kam er uns besuchen. Das heißt, er kam nicht allein. Seine Frau Rosa begleitete ihn. Meine Mutter sagte, ihr Bruder Gibran könne überhaupt nicht ohne Rosa gehen. Er lief immer hinter ihr her, und wenn Tante Rosa unser Wohnzimmer betrat, sagte sie leise: ›Gibran, setz dich dahin!‹ Onkel Gibran saß manchmal drei und einmal sogar sechs Stunden auf seinem Sessel, bis Tante

Rosa meiner Mutter ihren ganzen Kummer erzählt und beim Tratsch keinen der Verwandten vergessen hatte. Ja, Rosa stand manchmal bereits auf, um sich zu verabschieden, und wenn meine Mutter noch Zeit hatte und sich amüsieren wollte, brauchte sie ihrer Schwägerin nur zu sagen: ›Heute hast du aber kein Wörtchen von deinem Nachbar Gassem erzählt, hat er sich schon wieder verliebt?‹, sofort setzte sich Rosa wieder hin. Meine Mutter machte ihr dann noch einen Kaffee, und Onkel Gibran protestierte stumm, indem er seine dichten Augenbrauen verwundert hochzog, den Kopf zweimal schüttelte und dann wieder in sich versank.

Onkel Gibran trank seinen Kaffee, die Limonade oder den Tee schweigsam, nahm bei jedem Besuch nur einen einzigen Keks vom Teller und aß diesen bedächtig.

Tante Rosa redete und redete, bis ihr die Worte ausgingen, dann drehte sie sich zu Onkel Gibran um und sagte: ›Gibran, es ist spät. Wir halten deine Schwester nur auf! Wir gehen!‹

Onkel Gibran sagte dann leise: ›Ja‹, stand auf und ging hinter Rosa her.

Er war ziemlich groß, und als hätte er Angst, daß alle Türen zu niedrig wären, ging er immer leicht gebeugt. Überhaupt war alles an ihm groß: seine Hände, seine Füße und seine gewaltige, wie der Schnabel eines Adlers gebogene Nase. Anders als die anderen Männer, die sich gerne bunt anzogen, trug Onkel Gibran immer Schwarz. Ein schwarzes Kopftuch, eine schwarze Jacke, ein schwarzes Hemd, eine schwarze Hose und schwarze

Schuhe. Und hätte er nicht seinen grauen Schnurrbart gehabt, so hätte man ihn in der Nacht nicht gesehen. Seine schwarzen Augen unter den dichten pechschwarzen Augenbrauen und eben diese edle große Adlernase ließen ihn so furchterregend aussehen, daß manche Kinder der Nachbarschaft anfingen zu weinen und zu ihren Müttern rannten, sobald Onkel Gibran in unserer Gasse erschien. Ja, vor allem die Narben in seinem Gesicht sahen rätselhaft und gefährlich aus. Doch er tat nichts, außer auf dem Sessel zu sitzen, Tee, Kaffee oder Limonade zu trinken und einen einzigen Keks zu essen.

Jeden zweiten oder dritten Sonntag gab es eine kleine Abwechslung. Tante Rosa drehte sich zu ihrem schweigsamen Mann um und rief bedeutungsvoll: ›Ja, ja, tu du nur so harmlos!‹, und Onkel Gibran antwortete: ›Ja, ja.‹

Überhaupt schien Onkel Gibran nur das Wort ›ja‹ gelernt zu haben, denn ich habe ihn jahrelang nichts anderes sagen hören. Doch immer öfter fragte ich mich, wo er sich bloß diese rätselhaften Narben geholt haben könnte, wenn er immer nur Tante Rosa folgte und nur einen einzigen Keks aß.

Eines Tages kam er, setzte sich wie immer ruhig hin und trank seinen Kaffee. ›Woher hast du die Narben, Onkel?‹ fragte ich ihn. Er lächelte mich an und wollte vielleicht antworten, aber Tante Rosa war schneller. ›Tja, er ist nicht so harmlos, wie er tut. Ein wilder Räuber ist er, und ein Räuber wird oft verletzt. Doch selbst wenn die Wunde so tief und breit ist, daß der Mond darin Platz hätte, so nennt er das nur eine Schramme, nicht wahr, mein Gibran?‹

›Ja, ja‹, antwortete Onkel Gibran und lächelte verlegen.

In meinem Herzen verfluchte ich die Tante und wünschte ihr drei Knoten in der Zunge. Als sie mit Onkel Gibran gegangen war, fragte ich meine Mutter, was ihr Bruder nun wirklich gewesen sei. Sie war etwas überrascht von meiner Frage. ›Ja, mein Bruder Gibran war ein Räuber.‹ So erfuhr ich alles.

Bei seinen ersten Überfällen stotterte Onkel Gibran und war so scheu, daß er mit hochrotem Kopf und leeren Händen das Weite suchte. Stark war er, aber er genierte sich, den einfachsten Satz auszusprechen, nämlich: Das ist ein Überfall! Her mit dem Geld! Er war schon fast verhungert, als er auf die rettende Idee kam, mit der er zum klügsten Räuber aller Zeiten wurde; denn er war der einzige Räuber auf der Welt, der nicht hinter den Leuten, Kutschen und Karawanen herrannte, sondern geduldig wartete, bis sie zu ihm kamen. Kein Mensch auf dieser Welt hatte seine Geduld.

Nicht weit von der Straße stellte er sich als bunte Vogelscheuche hin und wartete. Er stand regungslos, manchmal einen Tag und nicht selten eine Woche. In der Kälte genauso wie im Regen oder unter sengender Sonne. Sobald er Menschen sah, machte er eine kleine Bewegung, die die Aufmerksamkeit der Betrachter auf ihn lenken sollte. Die Vorbeigehenden hielten an und rätselten, ob sie es sich eingebildet hatten oder ob sich die

Vogelscheuche tatsächlich bewegt, sich am Kopf gekratzt oder genickt hatte. Wenn einen dann die Neugier plagte und er näher kam, packte ihn Gibran mit seiner kräftigen Hand plötzlich am Hals, nahm ihm seinen Geldbeutel ab und machte sich blitzschnell davon, bevor sich der Beraubte von seinem Schreck erholen konnte.

War der Neugierige ein armer Teufel, der keinen Heller besaß, so bekam er bloß eine kräftige Ohrfeige. Diese armen Teufel, kaum aus den Klauen Gibrans entlassen, suchten wie der Wind das Weite, und überall erzählten sie von der merkwürdigen Vogelscheuche.

Die Berichte der Reisenden brachten die Polizei zum Verzweifeln. Wenn sie nichts tat, tadelten die Beraubten die Hüter der Ordnung, und wenn sie etwas unternahm, so machte sie sich lächerlich. Oft umzingelten Polizisten Vogelscheuchen und forderten sie laut auf, sich zu ergeben. Manchmal stürmten junge, unerfahrene Beamte mit Schlagstöcken auf eine Vogelscheuche los und erschraken, wenn diese nach zwei Schlägen krachend in sich zusammenbrach.

Und dann geschah das: Tante Rosa reiste als junge Frau eines Tages mit einer Kutsche von ihrem Dorf nach Morgana, und sie sah die Vogelscheuche. Meine Mutter sagte, Tante Rosa sei als junge Frau sehr neugierig gewesen, so neugierig, daß sogar die Frauen des Viertels Wissenswertes über ihre eigenen Ehemänner bei Tante Rosa erfragten. Nichts entging ihr, und sie wußte, ob aus Eiern Hühner oder Hähne schlüpfen würden, noch bevor sie gelegt waren.

Wie gesagt, Tante Rosa sah die Vogelscheuche und war fest überzeugt, daß sie ihr zugewunken hatte. Rosa winkte zurück und erntete das Gelächter der Mitreisenden. Das machte sie wütend. ›Haltet an!‹ befahl sie. Die Kutsche hielt an, und Tante Rosa wettete, daß sie mit der Vogelscheuche zurückkommen und diese vor den Fahrgästen fragen würde, ob sie ihr zugewunken habe oder nicht. Die Reisenden bogen sich vor Lachen, und der Kutscher rief ihr nach: ›Dann darf deine Vogelscheuche bis Morgana umsonst mitfahren.‹

Rosa näherte sich dem regungslosen Gibran. Als sie schließlich vor ihm stand, passierte es: Er sah ihre Augen und fühlte sich zum ersten Mal in seinem Leben einsam.

Gibran kehrte mit Rosa zur Kutsche zurück. Den Fahrgästen wurde schlecht, aber sie rückten auf ihren Sitzen zusammen, um dem neuen Fahrgast, der stark nach Vogelmist und Schweiß roch, Platz zu machen.

Von diesem Tag an arbeitete Onkel Gibran in einer Gießerei und verdiente dreißig Jahre lang sein Geld für sich, seine Frau und seine neun Kinder. In den ersten Jahren überfiel ihn oft die Sehnsucht nach seinem Vogelscheuchendasein. Dann stellte er sich steif und mit ausgebreiteten Armen ins Wohnzimmer, bis Tante Rosa ihn entdeckte und rief: ›Gibran! Steh nicht herum wie eine Vogelscheuche!‹ Und Onkel Gibran sagte beschämt: ›Ja, ja‹ und setzte sich in eine Ecke.

An einem ganz gewöhnlichen Tag im August starb Onkel Gibran, und ich weinte über seinen Tod. Ich ließ mich von meinen Eltern nicht abweisen und bestand darauf, zur Beerdigung mitzukommen.

Wanes, der Nachbar meines verstorbenen Onkels, sorgte dabei unfreiwillig für Heiterkeit. Er war einer der ehrlichsten Menschen, ein Armenier, der in Morgana Asyl gefunden hatte. Wie viele Armenier sprach er nur schlecht Arabisch. Er hatte meinen Onkel Gibran sehr geliebt. Als er nun das Wohnzimmer betrat und meinen toten Onkel im Sarg liegen sah, weinte er herzzerreißend.

Nun sprach jeder der Anwesenden lobend über den verstorbenen mutigen, edlen und großzügigen Gibran. Fast wäre mein Onkel ein zweiter Robin Hood geworden. Als schließlich Wanes an die Reihe kam, wollte er den Tod anklagen, der immer die besten Menschen hinwegrafft. Laut rief er mit Tränen in den Augen: ›O Tod, o Tod, du ungerechte Sau! Warum du nehmen den Besten und lassen nur Arschlöcher zurück!‹

Ich dachte, jetzt würde Wanes von den anwesenden Männern verprügelt werden, da sie ja alle vom Tod zurückgelassen worden waren, doch alle lachten, so daß der Armenier ganz entsetzt war. Er fing an, die Trauernden auf armenisch zu beschimpfen, was keiner verstand und was die Runde um so mehr erheiterte.

In der Kirche log der Pfarrer den Himmel wolkig. Onkel Gibran hatte plötzlich einen vorbildlich frommen Charakter und eine sich schonungslos aufopfernde Ehefrau Rosa. Mit keinem Wort erwähnte der Pfarrer, daß Gibran Räuber gewesen war. Rosa aalte sich in den Lobworten des Pfarrers, drehte sich zu meiner grinsenden Mutter um und zwinkerte ihr bedeutungsvoll zu. Mir war auf einmal klar, daß Tante Rosa den Pfarrer bestochen hatte. Und doch endete die Beerdigung mit einer Blamage für sie.

Sechs Männer trugen den Sarg zum Grab hinaus. Als sie ihn langsam in die Grube senken wollten, stürzte plötzlich Tante Rosa auf den Sarg zu. ›Begrabt mich mit dem tapfersten aller Männer. Ich will ohne ihn nicht mehr leben. Begrabt mich mit ihm!‹ schrie sie so laut, daß die Trauernden eine Gänsehaut bekamen. Sie umklammerte den Sarg. Nur mit Mühe konnten die Männer den Sarg im Gleichgewicht halten. Sie mußten sich mit den Füßen gegen die Erde stemmen, damit der Sarg nicht weiter in die Grube glitt. Schließlich flehten sie stöhnend die Umstehenden an, doch etwas zu unternehmen. Vergeblich versuchten einige Verwandte, die völlig außer sich geratene Rosa zur Vernunft zu bringen, da hörte man plötzlich ganz laut die Stimme meiner Mutter: ›Laßt sie doch! Sie hat recht. Wir begraben sie mit meinem Bruder. Das war sowieso sein letzter Wunsch.‹ Tante Rosa verstummte schlagartig. Und als einer der Männer den derben Spaß meiner Mutter noch weiter treiben wollte und sein Seil ein paar Zentimeter tiefer gleiten ließ, so daß Rosa beinahe das Gleichgewicht verlor, rief sie flehend: ›Hilfe! Ich falle hinunter! Hilfe! Ich will nicht ins Grab!‹ Endlich sprangen zwei Männer herbei und brachten die Tante unter dem Gelächter der Trauernden in Sicherheit.

Nach dem Tod Onkel Gibrans verlor ich jedes Interesse an Tante Rosa. Je älter sie wurde, um so schwerhöriger und lauter wurde sie. Meine Eltern mieden sie in den nachfolgenden Jahren. Und, ob man es glaubt oder nicht, Tante Rosa starb bei einem Raubüberfall in einem Ferienort am Meer. Zeugen berichteten von einem schwarzgekleideten Jugendlichen, aber sie irrten, es war niemand anderer als Onkel Gibran, der sich für all die ›Ja‹ in seinem Leben rächte.

Aber wie Onkel Gibran bei den olympischen Spielen in Morgana die Goldmedaille im Hundertmeterlauf gewann, obwohl er damals schon über sechzig war, das ist meine Lieblingsgeschichte, die ich noch erzählen werde.«

Die Zuschauer lachten und klatschten, und viele wollten diese Geschichte gleich hören. Aber ich verneigte mich lächelnd.

12

Der Hasenmarder oder Wie die halbe Wahrheit zur doppelten Lüge wird

Als Kind ging ich oft mit meiner Mutter ins Kino. Es gab Sondervorstellungen für Frauen am Vormittag. Jungen durften bis zum Alter von zwölf Jahren ihre Mütter begleiten, danach wurden sie zu den jungen Männern gezählt und nicht mehr eingelassen.

Mein Vater konnte das Wort Kino nicht hören. Wir waren arm, und das Kino war ziemlich teuer. Doch so einfach konnte mein Vater seine Ablehnung nicht begründen. Er war zeitlebens nie im Kino gewesen und stellte sich das Kino als Auswuchs von Sodom und Gomorrha vor. Und wenn er überhaupt darüber sprach, so betonte er stets, daß eine Kunst, die sich nur im Dunkeln zeige, von vornherein höchst verdächtig sei. Mit der Zeit hatte er sich eine kleine Sammlung biblischer Sprüche gegen alles angelegt, was mit Dunkelheit zu tun hatte. Er verbot uns nicht einmal, ins Kino zu gehen, da er davon ausging, daß wir diese ungeheuerliche Sünde sowieso nie begehen würden. Es lag sozusagen unter dem Niveau seiner Verbote.

Meine Mutter liebte neben ihrem Nachmittagskaffee nichts auf der Welt so sehr wie das Kino. Das Geld sparten wir uns vom Munde ab, so daß Vater nichts merkte. Jede Woche durfte eines von uns Kindern, meine

Schwester Sahar, mein Bruder Fadi und ich, mit ins Kino.

Die Filme waren im Grunde billige Schnulzen aus Ägypten. Es ging immer um eine Liebesgeschichte, und ich kann mich an keinen Film erinnern, in dem von normalen Menschen erzählt wurde. Die Schauplätze waren entweder Paläste oder Nachtlokale, heruntergekommene Hütten, Krankenhäuser, Friedhöfe oder Gefängnisse. Die Helden waren entweder engelhaft edlen Gemüts oder blickten teuflisch düster und verschlagen drein. Nach diesen Filmen hatte Arabien keinen einzigen normalen Bürger hervorgebracht, der morgens arbeiten ging, abends müde nach Hause kam und eine durchschnittliche Frau liebte. Nein, fast immer ging es um die Liebe zwischen einem Prinzen und einer Pförtnerstochter oder, noch schlimmer: zwischen einem superreichen Mann und der unschuldigen Tochter eines Verbrechers.

Man konnte wetten, daß in allen Filmen zehn bis fünfzehn Minuten nach Beginn eine sentimentale Wende kam, die die Zuschauer zu reichlichen Tränen rührte. Der sympathische Held wurde entweder krank oder erblindete, wenn er im Krieg ein Mädchen aus brennenden Trümmern retten wollte. Natürlich wurde der Held am Ende immer geheilt und erlangte in jedem Fall sein Augenlicht wieder. Das war aber nicht das Schlimmste an diesen Filmen.

Was mich schon als Siebenjährigen ärgerte, war der Gesang, der in keinem arabischen Film fehlen durfte.

Völlig unvermittelt fing plötzlich ein Schauspieler mit fettem Gesicht und geöltem Haar an, lauthals von seinen schlaflosen Nächten zu plärren. Das fand ich gräßlich. Und hatte ich am Anfang meiner Kinojahre noch erleichtert aufgeatmet, wenn ein derartiges Lied zu Ende war, so wußte ich später, daß dieses Lied nur der Anfang einer ganzen Kette von ähnlichen Liedern war. Oft schlief ich schon beim zweiten Lied ein, während meine Mutter und die anderen Frauen sich fast die Augen ausweinten.

Mir war es gleichgültig, ob diese dicken Schauspieler einander kriegten oder nicht, aber die Tränen meiner Mutter konnte ich weder damals noch später ertragen.

Wenn mein Onkel, der Schauspieler Halim Said, mitspielte, lachte ich mich krumm über ihn. Halim Said war sein Künstlername. Er war der Bruder meines Vaters. Als mein Großvater ihn verfluchte, weil er mit der Schauspielerei angeblich unseren guten Familiennamen in den Dreck zog, nahm er den Namen Halim Said an, was etwa bedeutet: geduldiger Glücklicher. Er spielte in den Filmen oft unbedeutende Rollen, ängstliche Diener und kleine Ganoven. Er lebte aber bis zu seinem letzten Tag mit der Illusion, ein großer Schauspieler zu sein.

Was für eine Freude war es für mich, als ich erfuhr, daß Onkel Halim Said in unsere Nähe gezogen war. Oft besuchte ich ihn und hörte seine Träume von großen, bedeutenden Rollen. Ich traf bei ihm auch den einen oder anderen bekannten Schauspieler, der mir ein Autogramm gab, womit ich mein Taschengeld aufbessern konnte.

Am dritten Abend ging ich wieder ohne Tier in die Manege. »Meine Damen und Herren, verehrtes Publikum, der Hasenmarder war ein scheußliches Tier«, fing ich meine Geschichte an. »Seien wir alle froh, daß es nicht mehr unter uns weilt. Wie durch einen makabren Spaß der Natur hatte der Hasenmarder zwei Hälften, als hätte man einen halben Hasen vom Scheitel bis zum Schwanz der Länge nach an einen halben Marder geklebt.

Umstritten war seine Herkunft. Die alten Chinesen sahen den Grund für seine Entwicklung in einem gewissen Mitleid des Marders für den Hasen, das von Generation zu Generation wuchs und seinen Körper veränderte, so daß er ein Halbhase wurde.

Die Griechen unterstellten den Göttern, daß diese nach einem Saufgelage alles mögliche, Mensch und Getier, spalteten und wieder zusammenklebten, und daß dies, durch den reichlichen Alkoholgenuß bedingt, manchmal schiefging. Nebenbei bemerkt, die Griechen gingen nicht so zimperlich mit ihren Göttern um. Das ist aber eine andere Geschichte.

Die alten Araber dagegen glaubten fest daran, daß es den Hasenmarder als solchen nie gegeben hat, sondern daß das Ganze eine gefährliche List des Teufelsmarders war, der früher in allen Kontinenten verbreitet war und heute nur noch in Australien lebt. Dieser Teufelsmarder konnte sein Aussehen beliebig verändern, und da die Hasen von Natur aus ziemlich dumm waren, so brauchte er sich nur zur Hälfte verwandeln und etwas hoppeln, was genügte, um die Hasen zu täuschen. Der Hasenmarder richtete viel Unheil an. Auf der Pirsch zeigte er seinen Opfern immer zuerst die Hasenseite, um dann plötzlich unter den Ahnungslosen blutig zu wüten. Doch seine Stärke war zugleich seine Schwäche: Von den Wölfen wurde er als Hase gejagt und von den Hunden als Marder gehetzt. Ja, die eigenen Artgenossen fielen übereinander her, wenn sie sich auf der falschen Seite erwischten. Der Irrtum wurde meistens zu spät erkannt.

In der Filmwelt wimmelt es von Hasenmardern und ähnlichen Halbwahrhaftigen. Einer von ihnen hat meinen Lieblingsschauspieler auf dem Gewissen.

Wenn man die Hügelstraße bis zur Kirche der heiligen Maria geht und da nach rechts abbiegt, sieht man ein kleines, fast verfallenes Haus neben der großen Eiche. Hier wohnte mein Onkel, der Schauspieler Halim Said, bis zu seiner Ermordung.

Ich wußte damals sofort, wer der Mörder war, und nicht nur das, ich wußte wie viele andere Morganier sogar im voraus, daß mein Onkel ermordet werden würde. Wie ich dazu kam, ist eine dunkle Geschichte. Sie begann vor zehn Jahren, als Scheich Mohammed Abdulhakim am hellichten Tag in seinem Palast ermordet wurde. Dies geschah trotz der großen Zahl der Leibwächter, die jede Mücke kontrollierten, bevor sie in den Palast eingelassen wurde. Ein spektakulärer Fall, hinter dem man die Hand mehrerer Geheimdienste vermutete, da Scheich Abdulhakim in geheimen Missionen zwischen Israelis und Arabern vermittelt hatte. Eine andere Vermutung gab eine seiner Frauen als Mörderin an. Das waren die bedeutsamsten Hinweise neben dreißig anderen Spuren. Die Wahrheit kannte nur der Ermordete selbst, der aber schwieg wie ein Grab.

Nicht weit vom Palast des Ermordeten in Morgana lebte ein Regisseur von langweiligen Dokumentarfilmen. Er mußte Serien über die Stadt Morgana drehen und dabei die Schönheit der Stadt herausstellen, um Touristen anzulocken. Dieser Regisseur hatte eines Tages eine brisante Idee. Er beschloß, die Geschichte über den ermordeten Scheich Mohammed Abdulhakim als Sensation des Jahres aufzubauschen. Zu diesem Zweck besuchte er die Familie des Ermordeten, stellte sich als Fernsehjournalist vor, der eine neue vielversprechende Spur im Mordfall verfolgte, und erhielt so die Möglichkeit, alle Familienangehörigen und Diener zu interviewen. Er filmte in der Folgezeit in allen Räumen und im Garten. Zusätzlich sammelte er heimlich intime Informationen über Scheich Mohammed und sein Privatleben.

Die Angehörigen vertrauten dem eifrigen Journalisten immer mehr und informierten ihn umfassend über den genauen Ablauf der Tage und Nächte im Palast. Schließlich erfuhr er von einer alten verbitterten Dienerin geheime Einzelheiten über die Mordwaffe.

Es war also nicht, wie die Familie vor aller Welt verkündet hatte, ein Dolch gewesen, der dem Leben des Familienoberhauptes ein Ende gesetzt hatte, sondern ein harmlos aussehender Seidenfaden. Scheich Mohammed war damit erdrosselt worden. Die Familie Abdulhakim wollte jeden Verdacht im Keim ersticken, daß der Mörder im eigenen Palast zu suchen sei, deshalb log sie, ließ Hühnerblut über das Hemd des Ermordeten schütten und den besagten Dolch neben die Leiche legen, bevor die lokale und internationale Presse Zugang zum Tatort erhielt.

Im Verlauf der Gespräche, die er oft nur unter vier Augen führte, sammelte der Regisseur so viele geheime Informationen über den ermordeten Scheich, daß er bald mehr wußte als manches Familienmitglied.

Als er so viel Material gesammelt hatte, daß er mehrere Filme hätte drehen können, wandte er sich an den Leiter der Filmabteilung. Er unterbreitete seine Pläne und gab an, daß er durch Zufall den Mörder des Scheichs kennengelernt hätte und daß dieser bereit sei, vor der Kamera aufzutreten. Dazu sollten einige spannende Szenen in einem ähnlichen Palast gespielt werden, so daß eine Mischung zwischen Dokumentar- und Spielfilm entstünde. Die Sensation läge darin, daß der Mörder zum ersten Mal Einzelheiten und Geheimnisse lüften würde, die der Öffentlichkeit bis dahin nicht bekannt waren.

Der Leiter der Filmabteilung war seit langem auf der Suche nach etwas Sensationellem aus Morgana, denn unser Fernsehen war bekanntlich zum größten Teil eine Billigfiliale der amerikanischen Sender.

Jetzt erst suchte der Regisseur nach einem Schauspieler, der bereit war, die gefährliche Hauptrolle zu übernehmen. Er mußte sich ja in aller Öffentlichkeit als der wahre Mörder ausgeben und sich der Rache einer Familie aussetzen, die unzählige Killer beschäftigte.

Es fand sich auch ein Schauspieler: mein Onkel, der sich nach kurzem Erfolg in seiner Jugend ein Leben lang mit bedeutungslosen Rollen zufriedengegeben hatte, aber immer noch auf die große Rolle wartete. Der Regisseur versprach ihm, daß ihm dieser Film zu ewigem Ruhm verhelfen werde. Was auch, so makaber das klingen mag, nicht gelogen war. Der Name Halim Said wird in Morgana unvergessen bleiben. Denn nichts auf der Welt lebt länger als der gute Ruf der falschen Helden.

Der Regisseur eröffnete dem Schauspieler nur die halbe Wahrheit. Der Film sollte als Dokument ausgegeben und in mehreren Folgen gesendet werden, und erst ganz am Ende sollten die Zuschauer erfahren, daß sie einen Spielfilm über den Mord gesehen hatten, wie er hätte geschehen können. Onkel Halim Said fand die Idee genial. Finanziell war das Angebot so günstig, daß er sofort zustimmte und einen Vertrag unterschrieb, in dem er sich verpflichtete, bis zur letzten Folge der Serie in jedem Interview zu versichern, daß er der wahre Mörder sei.

Die Geschichte ist ganz einfach. Ein junger Mann lernt ein Mädchen kennen. Beide lieben einander auf den ersten Blick, doch die Eltern der Frau sind sehr reich und lehnen eine Heirat ab. Das Mädchen bringt sich um, und der verbitterte Freund schwört an ihrem Grab, sich an dem Scheich, ihrem Vater, dem er die Schuld zuschreibt, zu rächen. Doch der Scheich ist sogar auf der Beerdigung von Leibwächtern geschützt.

Der junge Mann arbeitet als Schauspieler und Tänzer

in Nachtclubs und trifft dort zufällig wieder auf den Scheich, der ein Doppelleben führt. Aber auch im Nachtlokal sind die Leibwächter sogar beim Gang auf die Toilette dabei. Nur langsam kann sich der junge Tänzer dem reichen Scheich anbiedern, bis dieser Vertrauen faßt und ihn schließlich mit nach Hause nimmt. Von da an treffen sich die beiden immer öfter, auch ohne Leibwächter.

Nun geht der Tänzer bei der Familie des Scheichs ein und aus und wird immer beliebter. Er gibt sich sehr witzig, hat aber keine Sekunde seine Rachepläne vergessen. Er steht kurz vor deren Ausführung, als er sich in die jüngere Tochter des Scheichs verliebt. So gerät er in einen seelischen Konflikt zwischen Liebe und Rache. Und damit die Geschichte noch spannender wird und den letzten Straßenköter vor den Fernsehschirm lockt, wird auch Israel noch geschickt ins Spiel gebracht. Scheich Mohammed ist angeblich ein geheimer Agent Israels; der Rächer entdeckt das mitten in seinem seelischen Konflikt, und nun fällt seine Entscheidung eindeutig für sein Vaterland und die tote Geliebte.

Nun war seine Rache nicht mehr die primitive Untat, von der in jeder zweiten Boulevardzeitung berichtet wird, sondern die edle Rache aller Araber, ausgeführt von diesem einen mutigen Kämpfer: Halim Said.

Das war schlau ausgedacht. Blutrache vermischt mit unerfüllter Liebe, dazu eine Prise Kampf gegen Israel und eine zweite Prise Geheimmission macht jedes Geschehen zum beliebten Thema arabischer Filme.

Der Regisseur irrte sich nicht. Die Serie fegte die Straßen und Cafés leer. Onkel Halim stellte sich am Anfang des Films überzeugend als Mörder des Scheichs vor, der trotz seiner Liebe zur zweiten Tochter deren Vater umbringen mußte, da dieser seine Hände mit dem Blut der ersten Tochter und mit Vaterlandsverrat besudelt hatte. Er schilderte ausführlich den Palast, sogar seine Geheimgänge, und nannte Namen von Verwandten, Dienern und Leibwächtern, die im Palast lebten. Er zeigte Gegenstände, die ihm der Ermordete angeblich geschenkt hatte. Er spielte seine Rolle als Mörder vorbildlich. Nach zwei Folgen war die Sendung die beliebteste, nicht nur bei einer breiten Schicht von Zuschauern, sondern auch bei den Kritikern, die die genauen Recherchen lobten.

Seines Erfolgs gewiß, begann der Regisseur nun den Stoff breitzutreten und füllte die ursprünglich vorgesehenen vier Folgen mit Verfolgungsszenen und Bauchtanz in Nachtlokalen.

Zeugen, die sich plötzlich meldeten, alles mögliche gegen den ermordeten Scheich aussagten und keinen Hehl aus ihrer Sympathie mit dem Mörder machten, füllten weitere Sendeminuten. Nicht zuletzt meldeten sich Schauspielerkollegen meines Onkels zu Wort, die schon immer ein gewisses Etwas bei ihm erkannt haben wollten. Sogar sein Scheitern in Film und Fernsehen bezeichneten sie als Taktik, da er die Schauspielerei bloß als Tarnung brauchte, um seine Liebe und das Vaterland zu rächen. Das waren pro Folge auch zehn Minuten.

Langsam wurde es Onkel Halim Said, der seit der ersten Folge versteckt lebte, unangenehm zumute, und er drängte auf ein Ende der Serie und die eindeutige Klarstellung, daß er nicht der Mörder, sondern nur ein Schauspieler sei, der nie politisch interessiert war. Der Regisseur hielt ihn aber mit Versprechungen hin, bis er elf Folgen durchgezogen hatte. Elf Samstage hintereinander ließen die Morganier Punkt neunzehn Uhr alles fallen und verfolgten sechzig Minuten lang die spannende Geschichte eines Mörders.

Dann kam die zwölfte Folge, und die ganze Nation erstarrte vor dem Fernsehapparat, denn schon lange vorher hatte der Regisseur die Presse informiert, daß die zwölfte Folge eine erschütternde Sensation beinhalten würde. Und in der Tat erzählte der Schauspieler vor laufender Kamera, wie er durch einen Geheimgang ins Schlafzimmer des Palastherrn gelangt war und ihn mit einem Seidenfaden erdrosselt hatte. Verwunderung heuchelnd, fragte der Interviewer den Mörder, warum er einen Seidenfaden als Mordwaffe benutzt habe. ›Ich wollte nicht, daß sein verräterisches Blut den heiligen Boden unseres Vaterlandes beschmutzt‹, antwortete Onkel Halim wie abgemacht.

In diesem Augenblick war die Sensation perfekt. Der Film endete mit einer Aufnahme, die von Chaplin-Filmen gestohlen war: Der Held der Geschichte ging auf einem langen Weg und verschwand langsam am Horizont. Eine warme Männerstimme begleitete diesen Abgang: ›Hier wandert er, unser bescheidener Held, Halim

Said, vielleicht auf dem Weg zu neuen, mutigen Taten. Ein Held aus dem Volk und für das Volk!‹

Der Regisseur war an diesem Abend der berühmteste Filmemacher Morganas geworden und wurde im Studio die ganze Nacht gefeiert.

Fern der Feierlichkeiten saß mein Onkel vor seinem Fernsehapparat und wartete nach der Sendung noch eine lange Stunde, doch keine Erklärung folgte. Er hielt das für ein Mißverständnis und versuchte den Regisseur telefonisch zu erreichen, doch dieser war nicht mehr zu sprechen.

In der Bevölkerung schlug eine Welle der Sympathie hoch für den Helden Halim Said. Doch mein Onkel wurde von Tag zu Tag unruhiger und wechselte mehrmals sein Versteck, bis er sich getarnt in einem kleinen Hotel im Süden Morganas einquartierte.

Die Witwe Abdulhakims glaubte erst in der Nacht der zwölften Folge, daß mein Onkel der Mörder war. Bis dahin hatte sie ihn für einen Hochstapler gehalten. Doch als sie die genaue Beschreibung des Schlafzimmers und der Leiche auf dem Sofa hörte, war sie blitzartig überzeugt. Sofort gab sie einem berühmten Killer den Auftrag, den Mörder ihres Mannes zu töten.

Mein Onkel fühlte sich immer unwohler in seiner Haut. Das heimliche Leben im schäbigen Hotel nagte an seiner Gesundheit. Er saß in der Falle. Sollte er sich zu erkennen geben und öffentlich zugeben, daß er nur ein ängstlicher Schauspieler war? Seine Anhänger hätten ihn mit Sicherheit bespuckt. Blieb er aber der falsche, heldenhafte Mörder, so war sein baldiger Tod sicher, und Halim Said liebte das Leben. Er beschloß also, sich der Öffentlichkeit zu stellen und die Lüge aufzudecken.

Eines Abends verließ er sein Versteck und kehrte in sein Haus zurück, mit dem Vorsatz, am nächsten Morgen eine Presseerklärung zu geben. Er rief einige bekannte Journalisten an und freute sich, daß diese sofort zusagten. Erleichtert begann er zu singen, auch um sich Mut zu machen, denn Onkel Halim war, wie gesagt, ein ängstlicher Mensch.

Am nächsten Morgen fanden die Journalisten Onkel Halim Said ermordet in seinem Bett.

Halb Morgana folgte dem Sarg des falschen Helden, und niemand wollte glauben, daß Onkel Halim Said nur ein einfacher, vertrauensseliger Schauspieler gewesen war.

Meine Damen und Herren, ich weiß, daß viele diese Geschichte für unglaublich halten, aber was werden sie erst sagen, wenn ich morgen von einem Brett erzähle, das sprechen konnte?«

13

Der Erfinder oder Wie das sprechende Brett zur rechten Zeit schwieg

»Nein, ich bin kein Schöpfer«, pflegte Onkel Daniel zu sagen, »weder Architekt noch Chemiker, noch Erfinder sind dieses Titels würdig. Sie sind Nachahmer und im besten Fall Umwandler von Vorhandenem. Allein der Lügner erschafft gegen alle Gesetze der Natur Neues aus dem Nichts. Mutig wie ein Gott setzt er seine Geschöpfe ins Leben, und leistet er gute Arbeit, so leben seine Kreaturen ewig. Nur Krämer meinen, von nichts kommt nichts.«

Onkel Daniel war der geborene Erfinder. Schon als Kind konnte er einen Wecker in alle Einzelteile zerlegen und wieder zusammenfügen. Ohne mit der Wimper zu zucken, gab er dann den Nachbarn ihre Wecker zurück und sagte leise: »Ihr braucht nur noch aufzuziehen.«

Sein Leben lang war er wie besessen von einer Leidenschaft, sobald er eine Maschine, eine Schatulle oder einen Kugelschreiber in die Hand bekam. Zunächst betrachtete er sie mit kindlicher Bewunderung, dann schaute er sie immer kritischer an, bis er ihre Schwächen entdeckte und im Geiste eine viel bessere Maschine, Schatulle oder Kugelschreiber erfand.

Uhrmacher wurde er, ohne einen einzigen Tag in einer Werkstatt verbracht zu haben, und er reparierte Uhren so genial, daß eine berühmte Schweizer Firma mit dem Angebot nach ihm schickte, er würde sofort zu besten Bedingungen angestellt. Der Leiter der Firma hatte damals von einem Kunden erfahren, daß Onkel Daniel eine seltene, über zweihundert Jahre alte Uhr in desolatem Zustand durch Teile, die er selber entworfen hatte, wieder richtig ticken ließ. Die Schweizer prüften diese Uhr und staunten über die Präzisionsarbeit. Onkel Daniel aber wollte lieber in Morgana bleiben, nachdem er mehrere Bilder von der Schweiz mit schneebedeckten Bergen gesehen hatte. Er fror immer, selbst im August saß er mit Jacke und dickem Pullover in seinem Laden. Doch war er von dem Brief begeistert und hängte ihn in seinem Laden hinter Glas.

Ich ging gerne zu ihm, und Onkel Daniel bat mich immer um eine Geschichte. Wie ein Kind hörte er mit großen Augen zu und ließ alles liegen, wenn ich erzählte.

Als ich erwachsen wurde, erlaubte er mir als einzigem, mit in seine große Erfinderwerkstatt zu gehen. Keiner seiner Nachbarn und Verwandten durfte hinein, deshalb war es für mich eine besondere Ehre. In einer Ecke hatte er einen komplizierten Elektromotor, und wenn er keinen Auftrag zu erledigen hatte, baute er den Motor auseinander, dann wieder zusammen, rieb sich die Hände und schaltete den Motor ein, um strahlend festzustellen, daß er alles richtig aufgebaut hatte. Das war seine Fingerübung.

Zu ihm nach Hause mochte keiner von uns gehen.

Seine Frau war sehr fromm und geizig und murmelte während eines Besuches ununterbrochen den Rosenkranz vor sich hin. Kaffee hielt sie für eine Sünde. Ein Stück Kuchen kam in ihren Augen einer Orgie gleich. Meine Mutter konnte sie nicht ausstehen und sagte, man solle sie auf ihrem Weg in den Himmel nicht aufhalten.

Onkel Daniel jedoch liebte seine Frau und war sehr höflich zu ihr. Aber da er sehr gesellig war und gerne mit Freunden Arrak trank und Karten spielte, mußte er zu Hause lügen. Seine Frau ging mit den Hühnern bei Sonnenuntergang zu Bett, und Onkel Daniel entwickelte einen klugen Trick, um ihrem dauernden Tadel zu entkommen: Wenn er spät nach Hause kam, ging er rückwärts in das Schlafzimmer. Seine Frau wachte jede Nacht kurz auf. »Kommst du erst jetzt?« fragte sie verschlafen.

»Ach was«, beruhigte er sie, »ich bin schon lange da, ich wollte gerade auf die Toilette gehen«, und er ging ins Badezimmer, zog sich dort in aller Ruhe aus und stieg dann ins Bett.

Wenn er ein neues Gerät erfunden hatte, kam er in unseren Hof, um es den Nachbarn zu zeigen. Es waren oft lustige und nutzlose Erfindungen, aber genial in der Idee und präzise in der Ausführung, und anders als unser Chemielehrer, der es nicht vertragen konnte, daß jemand lachte, wenn ein Experiment mißglückte, lachte Onkel Daniel über Vorführungen, die danebengingen.

Er erfand einen großen Trichter für frische Luft im

Zimmer. Dieser Trichter hing über den Köpfen der Schlafenden und führte ihnen frische Luft von außen zu. Am Anfang hatte er gleich mehrere Trichter verkauft, da die Schlafzimmer in Morgana durch die große Zahl der Kinder überfüllt und sehr stickig waren, doch die Leute stießen sich beim Aufstehen an diesen Trichtern, holten sich Beulen und beschlossen, lieber in schlechter Luft, aber unverletzt zu schlafen.

Eine walnußgroße Kugel aus geheimnisvollem, bläulich schimmerndem Material, die er erfunden hatte, sollte einem, wenn man sie mit der Hand umschloß, Ruhe einflößen. Die Leute in unserem Hof aber lachten, denn sie nahmen die Kugel nur kurz in die Hand und gaben sie hastig weiter, um dann zu sagen, daß sie keine Ruhe gespürt hätten. Doch bis heute bin ich nicht sicher, ob Onkel Daniel nicht genau diese Heiterkeit mit seiner Zauberkugel hervorrufen wollte.

Eines Tages kam ein reicher Saudiaraber zu ihm in den Laden und fragte: »Wieviel kostet ein Kilo dieser niedlichen Armbanduhren?«

Onkel Daniel fand diese Frage sehr dumm und wollte den reichen Saudi lächerlich machen. »Fünfundzwanzigtausend Dollar mit Knochen, das heißt mit Armbändern, und fünfundvierzigtausend ohne Knochen.«

»Und sind sie frisch?« fragte der reiche Wüstenmann.

»Sicher, sicher, sie halten mindestens zehn Jahre«, antwortete Onkel Daniel und konnte sich kaum noch halten vor Lachen.

»Dann gib mir zwei Kilo mit Knochen, die reichen für meine große Sippe.«

Onkel Daniel dachte, er würde nun das Geschäft des Jahres machen. Er nahm die Uhren aus ihren Schachteln, holte schnell eine Waage von seinem Nachbarn und wog zwei Kilo Armbanduhren ab, und als die Waage stimmte, legte er zwei billige Wecker dazu. »Ein Geschenk des Hauses«, sagte er und übergab dem Saudi die Uhren.

»Sie sind wirklich ein guter Geschäftsmann, die anderen Uhrmacher lachten mich aus«, sagte der Saudi und händigte meinem Onkel die große Summe in Dollarscheinen aus. Er verabschiedete sich höflich und ging. Onkel Daniel schloß die Tür, um zu sehen, was er für einen astronomischen Gewinn gemacht hatte.

Stundenlang verglich er die Nummern der verkauften Uhren mit den Preislisten, addierte, kontrollierte und fand zu seinem Erstaunen heraus, daß der Preis, den der reiche Saudi gezahlt hatte, auf den Piaster genau mit dem der fehlenden Uhren übereinstimmte.

Daß diese geniale Kinderseele dreimal verhaftet und gefoltert wurde, kann ich bis heute nicht verstehen.

Der Streit, der zu seiner ersten Verhaftung führte, hatte harmlos angefangen. Ein Kunde wollte die Reparatur einer Uhr nicht zahlen. Beide schrien sich an. Onkel Daniel wußte nicht, daß dieser Mann mit einem Geheimdienstler verwandt war. Er bestand darauf, seinen Lohn zu bekommen, bevor er die Uhr aushändigte. Ein Wort gab das andere, und ein paar Schaulustige sammelten sich um die Streitenden, die immer lauter wurden.

»Ich muß dir sagen«, schrie Onkel Daniel, »das habe ich gleich geahnt, als du in mein Geschäft hereinkamst, daß du ein Piastermelker bist!«

»Ha! Und woher hast du das gewußt, hm? Bist du ein Prophet?« lachte der Mann hämisch.

»Ja, ich bin ein Prophet«, antwortete Onkel Daniel leichtsinnig. Der Mann triumphierte: »Sag das noch mal!« provozierte er.

»Ja, ich bin ein Prophet und kann dir einiges über deine miserable Zukunft voraussagen!« ließ sich Onkel Daniel hinreißen zu erwidern. Der Mann zeigte ihn an. Noch am selben Abend wurde Onkel Daniel abgeholt.

Er wurde vom Verwandten des Mannes eigenhändig geschlagen und drei Tage lang verhört. Am vierten Tag mußte der Mann wegen eines Auftrags in den Norden fahren, und ein anderer Geheimdienstoffizier übernahm den Fall. Er studierte die Papiere und war beeindruckt von der Frechheit meines Onkels, der auch unter der Folter kein Wort zurückgenommen hatte.

Der Offizier bot ihm Tee an. »Du behauptest, du seist ein Prophet«, eröffnete er das Gespräch, »das ist Gotteslästerung, denn Gott hat die Reihe seiner Propheten mit dem gesegneten Propheten Mohammed abgeschlossen. Was kannst du denn als Prophet? Komm, erleuchte uns!«

»Ich weiß genau, was du jetzt denkst«, antwortete Onkel Daniel unbeeindruckt.

»Was denn?«

»Du denkst gerade, ich sei ein Betrüger.«

Der Offizier schaute seinen Protokollanten etwas verwirrt an. »Das hast du nur vermutet. Was soll der Herr Offizier von einem Gauner auch anderes denken?« schmetterte der Protokollant meinen Onkel ab. Der Offizier nickte erleichtert.

»Gut, dann kann ich euch von der Zukunft Morganas erzählen«, bot Onkel Daniel an.

»Erzähle!« befahl der Offizier.

»Es wird uns immer schlechter gehen«, sagte Onkel Daniel bedeutungsvoll.

»Was ist daran so prophetisch? Das weiß doch jeder Esel!« winkte der Offizier ab, obwohl alle Verlautbarungen der Regierung Morganas Zukunft nur in rosigen Farben malten.

»Gut«, sagte Onkel Daniel, »dann laßt mich laufen. Wenn jeder das weiß, sind wir ein Volk von Propheten.«

»Abraham warf man ins Feuer, und da ging das Feuer aus. Kannst du das auch?« fragte der Offizier schmunzelnd.

»Nein, ich habe gesagt, ich bin ein Prophet und kein Feuerwehrmann.«

»Moses hat das Rote Meer geteilt. Kannst du wenigstens das?« steigerte sich der Offizier in das Spiel.

»Der Franzose Lesseps hat mit dem Suezkanal zwei Meere verbunden. Die Russen haben mit Dämmen Euphrat und Nil kastriert. Ob Teilen oder Verbinden, das ist Sache der Ingenieure und nicht der Propheten«, erwiderte Onkel Daniel ganz ruhig und selbstsicher.

Der Offizier lachte. »Du bist wirklich ein raffinierter Gauner. Aber ich kriege dich schon noch. Jesus hat Tote erweckt. Kannst du das auch?«

»Ja, das kann ich gut!« rief Onkel Daniel. »Gib mir eine Pistole. Ich erschieße dich und erwecke dich sofort danach wieder zum Leben.«

»Da bin ich aber gespannt!« entfuhr es dem Protokollanten.

»Um Gottes willen!« rief der Offizier entsetzt. »Ich glaube ja schon, daß du ein Prophet bist, und ich bin dein erster Anhänger. Jetzt verschwinde aber schnell von hier.«

Onkel Daniel kam frei, mußte aber versprechen, die reparierte Uhr für den halben Lohn ihrem Besitzer zurückzugeben.

Ein anderes Mal wurde er angezeigt wegen eines sonderbar aussehenden Radios, das er erfunden hatte. Ein Passant sah ihn vor dem Apparat hocken und hielt das komische Gerät für einen Geheimapparat, mit dem Onkel Daniel den Israelis über unsere Gasse Bericht erstattete.

Das dritte Mal kam er in Haft wegen der genialsten Erfindung, die er je gemacht hatte. Es war ein sprechendes Brett, das er »Ich« nannte. Damals war er wochenlang verschwunden. Meine Eltern hatten große Angst um ihn, bis er eines Tages verwundet und mit kurzgeschorenem Haar, aber fröhlich mit seinem Brett in unseren Hof zurückkam.

Erst Präsident Hadahek, der zu der Zeit an der Macht

war, als der indische Circus in Morgana gastierte, gab einen Erlaß heraus, daß Onkel Daniel von niemandem mehr belästigt werden sollte. Dieser Präsident hieß der Spielzeugfanatiker. Warum er so hieß und eine große Sympathie für Onkel Daniel hatte, ist eine kleine Geschichte.

In Morgana war das Handwerk schon immer erblich. Es gab nicht nur Friseur-, Juwelier- und Bäckerfamilien, deren Urväter seit dem Mittelalter denselben Beruf ausübten, sondern sogar eine Sippe, die seit Jahrhunderten immer nur das eine Handwerk beherrschte: Abend für Abend in einem Kaffeehaus zu erzählen.

Auch die Familie des Staatspräsidenten Hadahek vererbte sich seit siebenhundert Jahren denselben Beruf: Morgana zu regieren. Eine erstaunliche Familie, und lebte sie nicht in Morgana, so würde ich sie im Märchen ansiedeln, etwa bei Ali Baba und seinen vierzig Räubern.

Seit einer Ewigkeit hießen alle Präsidenten der Republik Hadahek. Die Führer der Opposition hießen ebenso Hadahek, und die Rebellen in den Bergen hießen auch Hadahek. Wer siegte, der regierte und hieß immer Hadahek. Hadahek bedeutet auf arabisch: Das ist so.

Da alle Herrscher mit Nachnamen Hadahek hießen, unterschied man sie zunächst nach den Vornamen, doch bald gab es Hunderte von Alis, Abdullahs und Mustafas. Die Nummern nach den Vornamen halfen auch nur am Anfang. Nach ein paar Jahrhunderten hatten sie keinen guten Klang mehr. Was soll man von einem Namen halten, der so lautet: Sultan Ali der dreihundertsiebenundneunzigste oder Präsident Abdullah der fünfundachtzigste. Daher ging man zu Merkmalen über, die unverwechselbar waren, und so hießen die Hadaheks von nun an: der Dichter, der Befreier, der Schönling, der Schielende, der Mißtrauische oder der Grobe. Und da die arabische Sprache sehr reich an Adjektiven ist, waren die Hadaheks kaum noch zu verwechseln.

Diesem Präsidenten Hadahek gab man also den Beinamen Spielzeugfanatiker. Er war als Kind im ärmsten Zweig der Familie Hadahek aufgewachsen. Diese Familie war so groß, daß sie durch alle Schichten der Bevölkerung ging. Wegen der Armut seiner Eltern hatte er als Kind nie Spielzeug gehabt, deshalb ließ er zwei Tage nach seiner Machtübernahme alle möglichen Spielsachen, Teddybären, Puppenküchen und dergleichen mehr, alles, was in Morgana aufzutreiben war, herbeischaffen und füllte damit ein Hochhaus. Das führte dazu, daß zwei Wochen lang kein Spielzeug mehr in Morgana zu kaufen war, bis die Händler wieder Nachschub importieren konnten. Immer wenn der Präsident der Politik müde wurde, zog er sich in dieses Haus zurück und legte sich auf den Boden zwischen seine Spielsachen. Er spielte stundenlang und war dann der glücklichste Mensch der Erde. Auch von seinen Auslandsreisen brachte er immer besonderes Spielzeug mit.

Obwohl der Präsident liebevoll mit seinem Spielzeug

umging, ließ es sich nicht vermeiden, daß das eine oder andere zu Bruch ging oder nicht mehr funktionierte. Die geschicktesten Mechaniker aber mißfielen dem Präsidenten, denn er fand sein Spielzeug verändert und fremd, wenn er es zurückbekam. Durch den Geheimdienst erfuhr er eines Tages von Onkel Daniel. Er schickte nach ihm, und dieser reparierte vor den Augen des Präsidenten ein kostbares Spielzeug und erklärte dem staunenden Besitzer, warum es nicht mehr richtig funktionieren konnte. Der Präsident wollte Onkel Daniel sofort als Leiter seines Spielhauses anstellen, doch Onkel Daniel lehnte ab. Die anwesenden Leibwächter erwarteten, daß der Präsident ihn abführen und in den Kerker werfen ließe, aber der Präsident fragte höflich: »Und warum willst du uns nicht dienen?«

»Weil ich in meiner eigenen Werkstatt mit meinem Spielzeug spielen will. Wenn ich mit meinen Spielsachen in meiner Werkstatt auf dem Boden sitze, dann bin ich im Paradies.«

Keiner verstand das besser als Präsident Hadahek, und er fragte Onkel Daniel beeindruckt, ob er ihm ab und zu sein Spielzeug zur Reparatur schicken könne.

»Jederzeit, Exzellenz. Tag und Nacht steht Euch mein Wissen zur Verfügung. Was ich dafür will, ist, daß keiner mich mehr verhaftet.«

»Welcher Hurensohn hat dich belästigt?« fragte der Präsident empört. Onkel Daniel wagte nicht, dem Präsidenten ins Gesicht zu sagen, daß er gerade vor zwei Wochen seine dritte Verhaftung wegen des sprechenden

Bretts hinter sich gebracht hatte. Er schwieg. »Du bekommst auf der Stelle einen Präsidialerlaß, daß du niemals mehr verhaftet wirst. Natürlich außer wenn du dich an einem Hadahek vergehst. Aber das wollen wir nicht hoffen«, lachte der Präsident und begleitete Onkel Daniel bis zur Tür.

Onkel Daniel machte nicht nur neue Erfindungen, er fand auch witzige und verrückte Erklärungen für frühere Erfindungen. Ich erinnere mich noch heute, wie er allen Ernstes einem Nachbarn seine Theorie über den Regenschirm erklärte.

»Warum die Regenschirme ihre Form haben? Weil diese Form eine geniale Lösung gegen den Regen ist. Es ist wohl kein Zufall, daß alles, vom Kleid bis zum Bett, vom Auto bis zum Schlüssel, seine Form in der Geschichte dreihundertmal geändert hat, außer dem Regenschirm. Er sieht heute noch so aus wie am Tage seiner Erfindung. Das Geheimnis steckt eben in seiner magischen Form: kreisförmig mit symmetrisch angeordneten Einbuchtungen zwischen den Speichen, mit einer Erhöhung, die, ob spitz wie ein Degen oder stumpf wie ein Rohr, immer genau in der Mitte sitzt und gegen die Wolken gerichtet wird oder in geschlossenem Zustand des Schirms alles erdet. Es wundert also nicht, daß der Schirm eine Zauberwirkung gegen den Regen hat, manchmal auch, ohne aufgespannt zu sein. Drei Winter lang habe ich experimentiert. Das Ergebnis: Sobald ich den Regenschirm mitnehme, verhindert das den Regen auch bei dunkelsten Wolken. Nehme ich ihn bei Sonnenschein nicht mit, so regnet und hagelt es auf jeden Fall.«

Eines Tages sah ich in Onkel Daniels Werkstatt einen wunderbaren Automaten. Er hatte das Aussehen eines jungen Prinzen und konnte nicht nur zu jeder Stunde ein Glockenspiel von schönstem Klang ablaufen lassen, sondern sich auch verbeugen, die Augen drehen oder die Hand vor den aufgerissenen Mund legen und laut gähnen.

Zwei Tage später kam ich wieder zu meinem Onkel. Der Prinz führte dieselben Aufgaben genau wie vorher mit Grazie aus, aber man hörte nun deutlich das Geräusch ratternder Zahnräder und schlagender Hebel. Mir gefiel es nicht mehr.

»Gestern war es viel leiser, und man konnte alles viel mehr genießen«, sagte ich etwas bedauernd, da ich dachte, Onkel Daniel hätte das nicht bemerkt. Er aber lachte und streichelte mir den Kopf. »Das ist Absicht, mein Junge«, beruhigte er mich. »Wenn der Automat gar kein Geräusch macht, denken die Kunden, das wäre kinderleicht. Erst das leise Geräusch der Zahnräder und Schaltungen ringt ihnen Respekt vor dieser Erfindung ab.«

Viele Apparate, Uhrwerke und Erklärungen setzte Onkel Daniel in die Welt, doch seine beste Erfindung war das sprechende Brett, das er »Ich« nannte und das zu seiner letzten Verhaftung geführt hatte.

Onkel Daniel hatte dieses Wunderwerk durch Zufall begonnen. Es war ein großes Brett, auf dem alle möglichen Blätter, Drähte, Glasscheiben, Kronkorken,

Papierstreifen, Keramikkügelchen, Kupferblätter und Glocken befestigt waren. Wenn Onkel Daniel mit der Hand in bestimmter Reihenfolge über diese Stellen strich, so gaben die Materialien Töne von sich, die Wörtern sehr ähnlich klangen. Am deutlichsten erklang das Wort Ana, was auf arabisch »ich« heißt und dem Brett seinen Namen gab. Wie gesagt, Onkel Daniel verheimlichte nie den gnädigen Zufall, der ihn zu dieser Wundermaschine geführt hatte. Mit großer Geduld verfeinerte er das Brett.

Nach monatelanger Tüftelei konnte er mit einer wunderbaren Bewegung seiner Hände das Brett ganze Sätze sprechen lassen, und nach weiteren drei Monaten präsentierte er das sprechende Brett in unserem Hof der versammelten Nachbarschaft.

»Was ist das?« fragte ein Nachbar, als Onkel Daniel sein großes Brett über mehrere Tische legte.

»Ich«, hörte man das Brett sprechen, nachdem Onkel Daniel mit seiner Hand zwei Bewegungen über den kuriosen Gegenständen ausgeführt hatte.

Ein Nachbar wollte seine Verwunderung herunterspielen und fragte vorwitzig, ob das ein modernes Fakirbett sei.

»Ich heiße *Ich* und bin in der Zeit der Stummheit eine Stimme«, antwortete das Brett und versetzte die Nachbarn so in Staunen, daß die alte Witwe Josephin sich bekreuzigte und leise eine Schutzformel gegen Teufel und Kobolde aussprach. Noch zauberhafter als die Stimme aber waren die Hände meines Onkels, die über das bunte Durcheinander glitten, zitterten und zupften.

»Mein Kupfer, Glas und Ton haben keine Angst. Ob Nagel, Blatt oder Draht, sie werden sich bemühen, die Ehre des Wortes zu retten und Geschichten zu erzählen«, sprach das Brett. Die Nachbarn vernahmen deutlich eine lustige Geschichte und fingen an zu lachen. Zwischendurch fragte aber der eine oder die andere, was das letzte Wort gewesen sei.

»Mutter«, antwortete das Brett.

»Ach so, ich dachte Butter«, entschuldigte sich der Nachbar, und die anderen lachten über die Vorstellung einer Umarmung mit der Butter. Als das Brett zu Ende erzählt hatte, wünschten die Zuhörer Onkel Daniels Händen Gesundheit und Segen, und das Brett antwortete: »*Ich* und ich bedanken uns bei euch. Gott erbarme sich der Seelen eurer Toten und segne eure Kinder.«

Am nächsten Tag wurde Onkel Daniel vom Geheimdienst abgeholt. Er mußte die Teufelsmaschine vorführen, mit der er bösartige Gerüchte über die Regierung erzählt haben sollte. Onkel Daniel holte das Brett und strich mit der Hand über die Gegenstände, doch das Brett gab nur Schleif-, Schnarr- und Zupftöne von sich, aus denen kein einziges Wort herauszudeuten war.

Er wurde gefoltert und aufgefordert, das Brett noch einmal vorzuführen, doch wieder gab es nur scheußliche Kratz- und Schlaggeräusche von sich. Auch alle eigenen

Versuche der Geheimdienstler erzeugten nur gewöhnliche dumpfe Geräusche. Nach Wochen gaben die Geheimdienstler auf, da sie sich lächerlich vorkamen, und schickten Onkel Daniel nach Hause.

Nach seiner Entlassung überwand meine Mutter ihre Abneigung und eilte mit Vater und einigen Nachbarn zu Onkel Daniels Haus. Ich war ihnen vorausgegangen, denn mir waren seine Frau und alle Gebetskränze der Welt gleichgültig. Ich wollte endlich meinen Onkel wiedersehen. Sein Haus war voller Gäste.

Onkel Daniel sah sehr verändert aus. Eine tiefe Narbe hatte er im Gesicht, seine Haare waren kurzgeschoren, und sein rechtes Auge war fürchterlich geschwollen. Er lachte so friedlich und hilflos und sah dabei so elend aus, daß ich weinen mußte. Meine Mutter nahm mein Gesicht in ihre Hände und sagte: »Du sollst nicht ...« Weiter konnte sie nicht sprechen, denn ihre Augen waren voller Tränen. Sie drückte mich und lachte weinend, wie viele Besucher an diesem Tag.

Meine Tante hielt immer noch ihren Rosenkranz und murmelte pausenlos vor sich hin, bis meine Mutter sie anfauchte: »Bist du denn blind? Dein Haus ist voll, und du sitzt da wie eine Mauleselin. Steh auf und tu deine Pflicht!«

Die Tante stand endlich auf und kochte Kaffee. Die Nachbarn fragen Onkel Daniel aus Höflichkeit erst nach einer Weile, wie es ihm ergangen sei. Er antwortete nicht. Er legte das, was vom Brett übriggeblieben war, auf den Tisch, rückte einige Nägel zurecht, straffte einige Drähte und strich behende wie früher mit der Hand über das Brett.

»Na, Alter! Haben wir das nicht toll gemacht?« hörten die Nachbarn das Brett sprechen.

An meinem vierten Abend im Circus wollte ich von niemand anderem lieber erzählen als von meinem Onkel Daniel.

14

Der Affe oder Was sich auf einem Ausflug Merkwürdiges zutrug

An jenem Tag standen die Zuschauer bis zum Falafelstand vor dem Eingang. Aus irgendeinem Grund war Mala nicht zur Hütte gekommen. Ich hatte zwei Stunden auf sie gewartet, dann hatte ich mich auf den Weg zum Circus gemacht.

Im Circus erzählte mir Mala, daß Ashok, ihr Mann, plötzlich gefragt habe, weshalb sie jeden Tag zu einer bestimmten Stunde spazierengehe. Sie stritten miteinander, und sie wollte nicht mehr kommen, auch als ihr Mann sich beruhigte und ihr erlaubte zu gehen. Sie fragte mich, ob ich eifersüchtig sei. »Um Gottes willen! Wie kommst du darauf?« log ich.

Wir lachten beide über den Reinfall, der dem Zauberer Shambhu bei der gestrigen Vorstellung passiert war. Das Publikum hatte es für Absicht gehalten, lachte vergnügt und gab Riesenbeifall. Wie es zu diesem Mißgeschick kam, ist eine kleine Geschichte.

Kurz vor der Veranstaltung rief der Zauberer Shambhu einen Jungen zu sich und fragte ihn, ob er sich eine Eintrittskarte verdienen wollte. Sicher wollte der Junge in den Circus. »Gut, wie heißt du, mein Junge?« fragte der Zauberer den Jungen auf englisch.

»Ahmad«, antwortete dieser. Der Zauberer gab dem

Jungen einen Liraschein, auf dessen eine Seite ein roter Kreis und auf dessen andere Seite ein grünes Kreuz gezeichnet war. »Steck diesen Schein in deine Tasche«, sagte der Zauberer. Der Junge zögerte etwas und tat dann, was Shambhu gesagt hatte.

»Setz dich in die erste Reihe. Du brauchst gar nichts zu machen, sondern kannst die Vorstellung genießen. Wenn ich nach der Pause auftrete und dich auffordere aufzustehen, dann stehst du auf und tust, was ich dir sage. Hast du das verstanden?« Natürlich hatte der Junge verstanden. »Yes, Sir!« antwortete er und wiederholte genau die Anweisung.

Der Zauberer trat auch unmittelbar nach der Pause auf und führte einige Tricks vor, dann nahm er einen Liraschein, zeichnete mit einem roten Filzstift einen Kreis auf die eine Seite und mit einem grünen ein Kreuz auf die andere Seite. Er zeigte dem Publikum den Schein, zündete ihn an, hielt ihn eine Weile zwischen zwei Fingern fest und ließ dann den letzten brennenden Rest zu Boden segeln.

»Und nun, meine Damen und Herren«, sprach Mala in so schönem Arabisch ins Mikrofon, daß, wenn ich nicht genau gewußt hätte, daß sie Inderin war, ich hätte schwören können, sie sei eine Tochter der arabischen Wüste, »wird Herr Shambhu die verbrannte Lira wieder zum Leben erwecken.«

»Da bin ich gespannt, ob jemand die Lira retten kann!« hörte ich eine Stimme aus dem Publikum, einige lachten.

Wie in ferne Welten entschwunden, wanderte der

Blick des Zauberers über die Gesichter der Zuschauer. Er sprach eine exotisch klingende Formel und erstarrte mit ausgestreckter Hand. Sein Zeigefinger richtete sich auf den Jungen, der ruhig auf dem vereinbarten Platz saß. »Steh auf, mein Junge!« sagte der Zauberer auf englisch und forderte den Jungen mit nach oben gewendeter Handfläche liebenswürdig zum Aufstehen auf. Der Junge verstand und erhob sich, schüchtern um sich blikkend.

»Stecke deine Hand in die Tasche und ziehe das, was du darin findest, heraus«, sprach Mala mit feierlicher Stimme.

Der Junge zog aus der Tasche eine Hand voller Piaster. »In der Pause war mir so heiß, und ich hatte Durst, da habe ich mir für zehn Piaster eine Limonade gekauft. Von der Lira, die du mir gegeben hast, sind nur noch neunzig Piaster geblieben«, sagte er verlegen zu dem Zauberer.

Das Publikum brüllte vor Lachen. Der Zauberer war entsetzt, doch der wohlwollende Beifall des Publikums erlöste ihn, und er vergaß, das Geld zurückzunehmen. Der Junge verstand nicht, warum er an jenem Tag so verwöhnt wurde.

Doch auch wenn Shambhu diese spaßige Aktion danebengegangen war, war er einer der größten Zauberer der Welt. Mala erzählte mir, daß er von der ersten Stunde an mit Amal und seinen Brüdern aufgetreten war und daß es ohne ihn den Circus wahrscheinlich nicht gegeben hätte.

Shanti, die Frau des Circusdirektors, stammte aus einer sehr reichen Familie. Ihr Vater war ein hochgelehrter Arzt, der die Hälfte seines Lebens in England verbracht hatte.

Als sich Shanti in Amal verliebte, war dieser ein armer Circusdirektor, der nicht einmal ein Zelt besaß. Shanti bat ihren Vater um finanzielle Hilfe. Der Vater aber lachte sie aus und sagte, sie solle Amal und seine kleine Truppe zum Essen einladen und ihn bitten, eine Kostprobe seiner Kunst zu geben.

Der Vater war ein gerissener Fuchs und wollte die Truppe blamieren, deshalb lud er seine besten Freunde ein und unterwies sie, wie sie alles vermiesen sollten. Amal, seine Brüder Biren und Nirmal, der Zauberer Shambhu und der Raubtierbändiger Santosh machten sich mit einem kleinen Lastwagen auf den Weg. Auf der Ladefläche befand sich ein Gitterkäfig mit zwei Bengaltigern.

Im großen Garten bemühten sich Amal als Clown, Biren mit seinen halsbrecherischen Seiltänzen und Nirmal mit Fakirnummern, die so gewagt waren, daß er sich an mehreren Stellen verbrannte, aber die Gäste starrten sie mit toten Augen an und gähnten laut. Auch bei dem dreifachen Salto mortale, den Biren drehte, schauten sich die Gäste gelangweilt an.

»Hast du heute den Kindergarten deiner Tochter eingeladen?«

»Das kann ich ja mit meiner Figur besser machen«, giftete ein dicker Juwelier Biren an und schlürfte laut und gierig seinen Wein. Biren hätte ihm am liebsten die Knochen gebrochen, aber alle Artisten hatten vorher von Amal die strenge Anweisung erhalten, freundlich zu bleiben, was auch immer gesagt oder getan würde.

Selbst als Santosh in dem kleinen Käfig eine lebensgefährliche Nummer mit zwei Tigern vorführte, gähnten die Gäste laut.

»Die sind doch vollgepumpt mit Valium!« rief der Vater.

Nie in seinem Leben hätte Santosh erlaubt, seine Tiere durch Medikamente zu beruhigen, doch der bekannte Arzt erntete Beifall und machte die Truppe vollends lächerlich, so daß Shanti vor Wut weinte.

»Und nun zu dir«, wandte sich der Vater an Shambhu, »welches Spielchen kannst du uns vorführen?«

»Gar kein Spielchen, Sir, Ihre verehrten Gäste wissen ja alles«, sagte Shambhu, und Amal war verwirrt, da er nicht erwartet hatte, daß der mutige Shambhu, der sich nicht einmal vom Gebrüll des Pöbels auf der Straße verwirren ließ, nun vor diesen lächerlichen Fettwänsten zurückweichen würde.

»Dann laßt uns jetzt essen, Gentlemen! Immerhin haben unsere Herren Künstler ein Abendessen verdient!« rief der Vater.

Reichliches Essen wurde aufgetragen, alles, was das Herz begehrte. Es gab mehrere vegetarische Gerichte, Salate, Fleisch und ein geröstetes Huhn, das Leibgericht des Vaters. Das Huhn war mit gedünstetem Gemüse, Paprikaschoten und Bratkartoffeln garniert und sah lekker und knusprig aus.

Alle warteten, bis der Hausherr den Künstlern seine tröstenden Worte ausgesprochen hatte, sein Glas erhob und auf das Wohl aller Anwesenden trank. Er nahm Messer und Gabel und wollte das Huhn in Stücke teilen, da sprang dieses auf, gackerte fürchterlich und rannte über den langen Tisch. Der Vater zuckte entsetzt zurück, auch die anderen Gäste warfen Messer und Gabel von sich und rückten ängstlich vom Tisch ab.

»Was … ist … das?« brachte der Vater mit letzter Kraft heraus.

»Ein Spielchen!« antwortete Shambhu, der, während die anderen ihre Kunststücke vorgeführt hatten, sich bei Shanti erkundigt hatte, was der Vater an jenem Abend essen würde. Als er hörte, daß es ein gebackenes Huhn sein würde, ging er in die Küche, ließ sich ein lebendes Huhn aus dem Hühnerstall bringen, hypnotisierte es, rupfte es, bestrich es mit Honig und braunen Gewürzen, garnierte es und ließ es mit dem dampfenden Gemüse servieren. Als der Vater dann mit der Gabel in das Huhn stach, erwachte es aus seiner Hypnose und rannte aufgeregt gackernd nackt über den Tisch.

»Keine Angst!« beruhigte Shambhu den Vater und alle Gäste und eilte in die Küche. Sekunden später kam er mit einer Platte zurück, die der ersten zum Verwechseln ähnlich sah. Der Vater lächelte verunsichert, stach ganz vorsichtig in das gebratene Fleisch und atmete erleichtert auf, als er sah, daß das Huhn nun nicht wegrannte.

Die Gäste waren sichtlich mißtrauisch, sie aßen langsam und nur sehr kleine Häppchen, doch Shantis Vater besaß einen einmaligen Humor. Er stimmte nicht nur der Ehe zu, er half Amal auch so kräftig mit Geld, daß dieser damit beginnen konnte, seinen Traum vom eigenen Circus zu verwirklichen.

Als Mala zu ihrem Wohnwagen eilte, ging ich spazieren. Zeit hatte ich noch genug. Ich schlenderte die Gasse zwischen den Wohnwagen und dem Hauptzelt entlang, da dachte ich plötzlich an das Krokodil, das ich seit Tagen nicht besucht hatte. Ich kehrte auf der Stelle um und eilte hin.

Schon von weitem sah mich das Krokodil, sprang hoch und stieß Laute hervor, die sich wie das zarte Jaulen von Welpen anhörten. Und als ich seinen Käfig erreichte, sah ich beruhigt, daß es so viel zu fressen bekam, daß es große Brocken Fleisch und Knochen übriggelassen hatte, was bei Krokodilen unüblich ist. Seine Augen waren voller Tränen, und hätte mich der Circusdirektor nicht ausdrücklich gewarnt, ich hätte es durch das Gitter hindurch umarmt. So begnügte ich mich mit blitzschnellem Streicheln.

»Ach, da bist du! Das hätte ich mir denken können«, hörte ich Amals Stimme. Ich drehte mich um und sah ihn mit seinen zwei Kindern, die sich losrissen und zu mir rannten.

»Wie soll ich dir danken, das Zelt ist schon Stunden vor der Vorstellung ausverkauft«, sagte er leise.

»Du hast mich zum Bruder gemacht, und bei uns hält eine Familie zusammen«, sagte ich und lachte. Die Kinder zerrten mich von ihrem Vater weg. »Übrigens erschrick nicht«, warnte er mich. »Zwanzig Kinder warten in meinem Wohnwagen auf dich. Sie wollen Geschichten von dir hören.« Und schon zerrten mich seine Kinder aus dem Zelt hinaus.

Amal hatte nicht übertrieben, über zwanzig Kinder von Artisten, Musikern und Arbeitern, Jungen wie Mädchen, warteten im Wohnwagen auf mich. Shanti lächelte höflich. »Sie erfahren sofort, wenn du auf dem Circusplatz erschienen bist, und in Windeseile sind sie alle da.«

Im Wohnwagen war es sehr stickig. Ich forderte die Kinder auf, sich auf den warmen Boden vor dem Wohnwagen zu setzen. Draußen gab es immerhin ab und zu eine erfrischende Brise. Shanti servierte mir einen köstlichen Tee und setzte sich zu den anderen zwei Frauen unter die Kinder, um die Geschichte zu hören. Ich erzählte den Kindern auf englisch von Scharif, dem Sohn des Postbeamten, als er uns für Indianer gehalten hatte.

Wir hatten damals mit dem Postbeamten, seiner Frau und vier Kindern, dem Verkehrspolizisten Muhssin, seiner Frau und drei Kindern einen Ausflug ins Grüne gemacht. Es war unser erster und letzter gemeinsamer Ausflug mit den Nachbarn.

Damals hatte sich der Postbeamte gerade ein merkwürdiges Fahrzeug gekauft. Es war ein Dreirad mit Motor und Anhänger. Es knatterte fürchterlich laut und verbreitete einen Höllenqualm, aber man konnte damit alles Erdenkliche bis in den letzten Winkel der engen Gassen Morganas transportieren.

Nachbar Elias spielte mit der Idee, ein kleines Transportunternehmen zu gründen, denn sein Gehalt als Postbeamter reichte ihm und seiner Familie nicht.

Wir durften die Jungfernfahrt mitmachen und zum Picknick fahren. Mit dem Warten auf den Bus und mit der Schlepperei der Körbe und Decken sollte es nun vorbei sein.

Wir fuhren hinaus. Der Postbeamte thronte auf dem Sitz, flankiert von meinem Vater und dem Verkehrspolizisten. Mein Vater auf dem Kotflügel des rechten Hinterrades und der Polizist Muhssin auf dem Kotflügel gegenüber. Wir wurden hinten auf der Ladefläche mit den Frauen und den anderen Kindern zusammengepfercht. Es war die Hölle. Nach fünf Minuten klebten wir in der Hitze aneinander. Den Männern vorne ging es in der frischen Luft besser. Sie sprachen und lachten laut. Der Polizist aber mahnte den Postbeamten dauernd, er solle langsamer fahren.

Plötzlich knallte mein Bruder Fadi dem Sohn des Postbeamten eine Ohrfeige, weil dieser trotz des Gedränges einen grünen Filzstift hervorgezaubert und meinem Bruder zwei häßliche Kreise auf sein weißes Hemd gezeichnet hatte. Fadi begnügte sich nicht mit den Schlägen, sondern riß den Stift aus der Hand des Missetäters und bemalte dessen Gesicht mit zackigen grünen Strichen.

Die Fahrt auf der asphaltierten Straße war noch angenehm gewesen im Vergleich zu der nun folgenden Strecke auf einem kurvenreichen Feldweg mit Schlaglöchern und Pfützen. Der Weg wurde immer enger, bis die

Pappeln anfingen, uns mit ihren Zweigen zu peitschen. Die Männer vorne waren nun auch nicht mehr gesprächig, sondern riefen dauernd Gott um Beistand an. Die Frau des Polizisten starrte die ganze Zeit blaß vor sich hin, und ich fürchtete, sie würde sich jeden Augenblick übergeben. Ich hockte genau unter ihrem Kinn. Gott sei Dank hielt sie sich tapfer, bis wir ausstiegen.

Irgendwann ging es nicht mehr weiter. Wir kletterten alle vom Fahrzeug. Elias zog stolz aus der Seitentasche eine Kette, mit der ein Elefant hätte abgesichert werden können, wickelte sie zweimal um den Stamm einer Pappel und dann über Lenkrad, Achse und das Gitter der Ladefläche zurück zur Pappel.

Wir sahen schon den Fluß, aber uns trennten ein paar Felder von ihm, die zum Glück nicht umzäunt waren. Einige morsche Baumstämme lagen als Grenze zwischen den Feldern. Zwei Kinder des Polizisten stolperten darüber und verletzten sich am Knie. Die Mutter bepinselte die Knie mit einer Jodlösung, und die Kinder waren beruhigt, als sie die dicken braunen Streifen auf ihrer Haut sahen.

Nach einer kurzen Weile erreichten wir einen schönen Platz am Fluß. Das Wasser war höchstens einen halben Meter tief, eiskalt und glasklar. Die Männer legten ihre Arrakflaschen hinein und ließen sie kühlen. Sie bereiteten aus Ästen ein kleines Feuer für die Fleischspieße, während meine Mutter mit den anderen Frauen einen gewaltigen Salat vorbereitete.

Da gab es das erste Opfer. Mein Bruder Fadi, der

schon als kleiner Junge die Kraft eines Mannes hatte, warf drei Kinder des Postbeamten über den Haufen. Der zweitjüngste kam unter die zwei anderen zu liegen und wurde durch einen spitzen Stein an der Stirn verletzt. Obwohl die Wunde klein war, strömte das Blut wie verrückt, und das Kind rannte zu seinem Vater Elias, der hockend versuchte, das Feuer in Gang zu bringen. Als er sich umdrehte und das blutüberströmte Gesicht seines Sohnes sah, fiel er neben dem Feuer in Ohnmacht. Nachbar Elias konnte drei Liter Arrak trinken, ohne daß es ihm etwas ausmachte, aber wenn er einen Blutstropfen sah, wurde er sofort blaß und fiel in Ohnmacht.

Mein Vater ohrfeigte Fadi und zog den Postbeamten von der Feuerstelle, damit er sich nicht verbrannte. Das war ein komisches Bild: mein Vater, an der einen Hand den verletzten Jungen, an der anderen Hand den kleinen Postbeamten über den Boden schleifend, ihm voraus Fadi, der so laut brüllte, daß die Bäume fast entlaubt wurden.

Bald aber wurde es ruhig, und ich half mit drei Jungen des Postbeamten und zweien des Polizisten den Salat waschen und Äste sammeln.

Da sah ich in weiter Ferne die anderen beiden Kinder Steine um die Wette schleudern. Dreimal ermahnte ich sie, sie sollten damit aufhören, doch es war, als redete ich mit Baumstämmen. Immer mehr Kinder beteiligten sich am Steinewerfen, und immer weniger halfen den Eltern. Fadi saß die ganze Zeit, gequält von Gewissensbissen, ruhig da. Er kümmerte sich rührend um den verletzten

Sohn des Postbeamten. Immer wieder trug er ihm unter den Maulbeerbaum, wo der Kleine saß, ein Stück Gurke oder Tomate, um sich mit ihm zu versöhnen. Doch irgendwann steckte ihn die Begeisterung der Kinder an, und er rannte, auf seine Gewissensbisse pfeifend und den Verletzten seinem Schicksal überlassend, zu den anderen.

»Bravo, Fadi!« hörte ich nach einer Weile die Jubelrufe der Kinder und wußte, daß er wie immer seinen Stein so weit geschleudert hatte, daß dieser bestimmt einen Farmer in Amerika getroffen hatte. Er war nicht einmal acht, aber wenn er einen Stein schleuderte, dann verschwand der im Himmel. Nun wollte der schwachsinnige Sohn des Postbeamten, der schon siebzehn war und später Schnüffler wurde, sich mit Fadi messen. Er nahm einen faustgroßen Stein und wollte ihn schleudern, doch er rutschte ihm aus der Hand und streifte einen Sohn des Polizisten am Kopf. Der Junge fiel zu Boden und brüllte wie ein Stier vor dem Metzgermesser. Immer wieder hielt er durch die Beine der um ihn Stehenden nach seinem Vater Ausschau, der ihn nicht hörte. Mein Bruder Fadi rannte davon und setzte sich brav zu seinem Opfer, als hätte er es nie verlassen. Endlich hörte Muhssin die Hilferufe seines Sohnes. Er eilte zu ihm, half ihm aufstehen und ohrfeigte den Sohn des Postbeamten für die gräßliche Beule, die bereits fingerdick an der linken Schläfe des zweiten Opfers zu sehen war. Der Postbeamte sah das, aber er schluckte seine Wut mit einem kräftigen Schuß Arrak hinunter, da der Polizist groß und stark war. Mein Vater mahnte den Postbeamten, nicht zuviel auf nüchternen Magen zu trinken, aber der Postbeamte trank und sang merkwürdige Lieder. Bald kletterten die jüngste Tochter des Polizisten und ein Sohn des Postbeamten auf den Maulbeerbaum. Sie fanden einige Maulbeeren und verschmierten ihre Gesichter und Hände blauviolett.

Vater und der Polizist hatten vor lauter Pusten und Stochern, Schwitzen und Kratzen nahezu schwarze Gesichter und rote Augen. Der Postbeamte nahm einen Schluck nach dem anderen. Wir legten ein Bettlaken auf den Boden und fingen an, Teller, Brot und Gläser zu verteilen. Die Fleischspieße dufteten stark nach Fett und verbranntem Thymian. Vom Salat her wehte eine starke Brise von Zitrone, Knoblauch und frischer Pfefferminze. Plötzlich fiel Scharif, der kleine Sohn des Postbeamten, vom Aprikosenbaum kopfüber in den Fluß. Als hielte er sich bei diesem merkwürdigen Kopfstand mit beiden Händen unter Wasser fest, richteten sich seine Füße steif gen Himmel, bis er schließlich wie in Zeitlupe auf den Bauch fiel. Er richtete sich wieder auf und kam taumelnd auf uns zu. Abgesehen von seinen nassen Kleidern war an ihm nichts Außergewöhnliches zu bemerken, bis er uns mit geweiteten Augen anstarrte und das erste Wort sprach.

»Indianer!« rief er und zeigte mit der Hand auf uns. Nun muß ich ehrlich sagen, man mußte nicht aus drei Meter Höhe auf den Kopf gefallen sein, um uns für Indianer zu halten. Allein die Farben waren überzeugend:

Der eine hatte eine bläuliche Beule, der andere eine offene Stirnwunde, der dritte Kratzer und grüne zackige Linien im Gesicht, der vierte Kohlestriche entlang der Wange. Von den schwarzen Gesichtern mit den roten Augen will ich gar nicht erst reden.

»Indianer!« rief Scharif noch einmal. Sein Vater eilte zu ihm, nahm ihn an der Hand und führte ihn zu uns. »Indianer«, wiederholte Scharif. »Ich bin bei Indianern gefangen«, heulte er.

»Hab doch keine Angst, mein Junge!« beruhigte ihn sein Vater und nahm einen kräftigen Schluck aus der Flasche, statt wie mein Vater und der Polizist langsam und genüßlich aus einem Glas zu trinken. Nun wollte er seine Flasche, die inzwischen zu warm geworden war, wieder ins Wasser legen. Da schwamm sie davon, weil sie halb leer war. Elias stapfte im Wasser hinter seiner Flasche her und erwischte sie auch noch, doch auf dem Rückweg rutschte er aus und fiel auf den Rücken. Alle lachten.

»Indianer!« sagte Scharif und zeigte auf seinen Vater, schaute uns mit großen Augen an und heulte. Der Polizist eilte zum Postbeamten und wollte ihm helfen, doch dieser schob ihn von sich. »Geh zum Teufel«, brüllte Elias, »ich brauche deine Hilfe nicht! Du kannst einen Jungen schlagen, aber mir helfen darfst du nicht!« Und beide beschimpften sich wüst.

»Indianer«, flüsterte Scharif blaß und zeigte auf seinen Vater und den Polizisten.

Schweigend packten wir unsere Sachen und eilten zum

Motorrad. Scharif war der einzige, der sich immer wieder umdrehte, wobei er »Indianer« murmelte, und sich unendlich freute, als sein Vater mit heulendem Motor endlich losfuhr.

Der Polizist saß wie versteinert links vom Postbeamten, und mein Vater ermahnte den rasenden Elias. Doch dieser sprach nur noch mit seiner Maschine, als wäre sie ein edles arabisches Pferd. Und dann hörte ich plötzlich einen Schrei und wurde gegen die Frau des Postbeamten geschleudert. Von ihrem Bauch flog ich zurück, stieß auf irgend jemanden und spürte fürchterliche Schmerzen in allen Gliedern.

»Hilfe, ich bin tot!« rief der Polizist unter Elias. Mein Vater lag irgendwo im Gemüsefeld. Mein Bein war gebrochen, der Arm der Frau des Postbeamten auch. Mein Vater, meine Mutter und alle Kinder außer Scharif hatten Schürfungen und grüne Schrammen. Kein Kind schrie, der Schock saß wahrscheinlich zu tief.

Mutter war die erste, die, auf dem Boden sitzend, zu lachen anfing. Sie zeigte auf den Postbeamten und den Polizisten, die sich unfreiwillig in den Armen lagen, und lachte, daß bald die anderen beiden Frauen aus vollem Herzen mitlachten. Dann stimmte auch Vater, der einen Salatkopf wie eine Trophäe in der Hand trug, in das Gelächter ein. Endlich lachten Elias und Muhssin auch. Scharif richtete sich als erster auf, ging mißtrauisch im Kreis um uns herum, schaute uns argwöhnisch an und rief: »Indianer!«

Wir wurden mit der Höllenmaschine ins Krankenhaus

gebracht, und alle mußten auf dem Gang warten, bis die Frau des Postbeamten und ich eingegipst aus dem Behandlungszimmer herauskamen.

Vom nächsten Tag an sprach Scharif nie wieder von Indianern, und Jahre später noch schämte er sich, wenn wir ihn daran erinnerten.

Als ich den Kindern die Geschichte zu Ende erzählt hatte, ging ich ins Zelt. Die Viermannkapelle spielte einen Tangorhythmus, und die Plätze waren schon alle belegt. Die Raubtiernummer faszinierte mich an jenem Abend besonders. Santosh, der Dompteur, trat wie immer mit nacktem Oberkörper auf. Mit seinem kleinen Turban, seiner weiten gelben Hose, roten Schuhen und grünem Dolchgürtel, goldenen Ohrringen und Armspangen sah er aus, als wäre er gerade Tausendundeiner Nacht entsprungen. Jedenfalls so, wie die amerikanischen Filme die Vorstellung von Tausendundeiner Nacht in aller Welt verbreiten.

Zwei tiefe Narben waren auf der Brust des Dompteurs zu sehen. Eine bleibende Erinnerung an einen Löwen, der krank und deshalb aggressiv gewesen war. Circusdirektor Amal wollte damals den Löwen für ein paar Tage aus der Nummer zurückziehen, doch Santosh beschwichtigte ihn, das wäre nur eine vorübergehende Laune, und Nero, so hieß der Löwe, würde in der Manege sein Bestes geben. Doch der Dompteur irrte sich. Der Löwe überfiel ihn ohne jede Vorwarnung und riß ihn mit einem Schlag seiner Pranke fast in zwei Stücke, und wäre der Circusdirektor nicht wie ein Blitz mit einer

Stange zur Stelle gewesen, mit der er den Löwen in Schach hielt, wäre Santosh ein toter Mann gewesen. Das war auch ein Grund, weshalb der Dompteur damals nicht zum amerikanischen Circus »Ringling, Barnum and Bailey« gehen wollte, obwohl dieser der größte Circus Amerikas und vielleicht der Welt war. Den Circusagenten, der ihn mit viel Geld abwerben wollte, fragte Santosh frech: »Würden sich die Herren Ringling, Barnum und Bailey einem wahnsinnigen Löwen zum Fraß vorwerfen, um mein Leben zu retten?«

Der nur an Auseinandersetzungen über Geldsummen gewöhnte Agent war erstaunt. »Mein Circusdirektor hat es getan«, fügte der Dompteur hinzu, wandte sich um und ging.

An jenem Abend stand Santosh nach der Begrüßung im Zentralkäfig mitten in der Manege und empfing seine Tiger, Löwen, Panther und Leoparden. Einer nach dem anderen traten sie durch den Tunnel. Santosh brüllte den Tiger Huli an, einen herrlichen Bengaltiger, auch Königstiger genannt. Er ließ seine Peitsche durch die Luft knallen. Die Tiger brüllten zurück. Rauchiges Fauchen aus heiserer Kehle. Die Raubtiere zeigten mit angelegten Ohren ihre gewaltigen Reißzähne. Der Löwe Pascha begnügte sich nicht damit, sondern schlug mit seiner Tatze nach ihm, Santosh wich zurück.

Die Scheinwerfer wurden abgeschaltet. Einen Augenblick lang herrschte bis zur letzten Reihe eine unangenehme Spannung im Zelt, als wären die schützenden Gitter im Dunkeln verschwunden. Wer konnte genau sagen, was in dieser Dunkelheit in der Seele der Tiere im Bruchteil einer Sekunde passieren würde?

Gelbliches Licht begann zu flackern, und viele atmeten erleichtert auf, da die Raubtiere noch immer wie zu Porzellan erstarrt auf ihren Postamenten saßen. Der Dompteur hob einen brennenden Ring in die Höhe. Der erste Tiger zögerte etwas, bevor er mit Eleganz durch den Feuerreif sprang. Die anderen folgten. Als letzter sprang der jüngste und noch sehr verspielte Löwe Benja. Seine Mähne funkelte, als hätte sie Feuer gefangen. Der Löwe war etwas irritiert und sprang vom Postament wieder zu Boden, doch der Dompteur, der nun den Ring gelöscht und abgegeben hatte, streichelte Benja, gab ihm einen Kuß, und dieser kehrte beruhigt zu seinem Sitz zurück.

Dann verschwanden alle Tiger und Löwen durch den Tunnel, nur der Löwe Benja blieb zurück. Santosh tat so, als hätte er das nicht bemerkt. Er verbeugte sich, und das Publikum klatschte ihm freundlich Beifall. Doch plötzlich hörte man durch den Lautsprecher Malas Stimme, die den Dompteur fragte, ob er nichts vergessen hätte. Santosh schaute um sich und entdeckte Benja. Er verbeugte sich unterwürfig und bat den Löwen um Abgang, doch dieser schüttelte zum Vergnügen des Publikums nur den Kopf.

Der Dompteur schrie den Löwen an, raufte sich die Haare, deutete pantomimisch an, daß er Hunger hätte, aber Benja schüttelte unbeeindruckt den Kopf. Erst als Santosh ihn pantomimisch fragte, ob er hinausgetragen werden wolle, nickte der Löwe und sprang den Dompteur vor Freude an. Santosh nahm Benja über die Schulter, als wäre er ein Pelzkragen, ging mit ihm eine Runde in der Manege und stellte den jungen Löwen wieder auf den Boden. Da rannte Benja freiwillig durch den Tunnel aus dem Käfig.

Als Amal mit seiner Clownnummer auftrat, zog ich mich in seinen Wohnwagen zurück, wo ich mich umziehen konnte. Shanti und die Kinder waren wie jeden Abend im Zelt, erst wenn die Musik den Abschiedsmarsch spielte, mußte ich langsam zu ihnen in den Sattelgang laufen, wo sie Amal entgegenfieberten, der sich in der Manege noch dankend verbeugte.

Ich war gut vorbereitet. Ich wollte zu Ehren Onkel Daniels, den ich extra eingeladen hatte, von seinen Erlebnissen als Erfinder und Prophet erzählen. Mir war klar, welches Geschöpf der Tierwelt meinem Onkel Daniel am nächsten kam: der Affe. Er ist das erfindungsreichste Tier nach dem Menschen. Mein Großvater war sein Leben lang davon überzeugt, daß nicht der Mensch vom Affen abstammt, sondern daß der Affe einst ein sehr kluger Mensch war, der sich über Gott erheben wollte. Da verfluchte ihn Gott und warf ihn eine Stufe zurück. Tante Cäcilia erzählte, Affen wären einfach Menschen, die sich so äffisch verhielten, um sich vor der Arbeit zu drücken.

Der Mensch bemüht sich bei keinem Tier, weder beim Löwen noch beim Regenwurm, so um Distanz wie beim Affen, um seiner Einbildung, er sei ein besonderes Geschöpf Gottes, gerecht zu werden. Nicht jedoch Onkel Daniel. Als ich ihn fragte, ob es ihm etwas ausmache, daß ich für ihn einen Affen als Vergleichstier gewählt hatte, lachte er und erklärte sich sogar bereit, den Affen für mich zu halten. Das war nicht nötig, denn auf einen Wink von Ganesh, dem Elefantenführer, würde sich Schitta, die kleine Schimpansin, verbeugen und in die Arme des alten Ganesh zurückrennen, wo eine kleine Belohnung auf sie wartete.

Die Zuschauer lachten viel bei den kleinen Geschichten, die Onkel Daniel als unfreiwilliger Prophet erlebt hatte. Das sprechende Brett aber begeisterte das Publikum am meisten, und es gab so großen Beifall, daß Onkel Daniel sehr gerührt war.

Als ich nach Hause kam, fiel mir auf, daß mein Vater in seinem Zimmer noch Nachrichten hörte. Es beunruhigte mich, daß er zu dieser späten Stunde noch wach war.

15

Straßenzauber
oder Wie eine kleine Schlauheit die Grobheit besiegte

Tagelang ging das Gerücht um, daß sich die rebellierenden Truppen im Norden unter der Führung des Präsidentenschwagers fast ungehindert und mit großer Geschwindigkeit Morgana näherten. Im Süden kämpften die Verteidiger der Hauptstadt verzweifelt gegen die Übermacht des Präsidentenneffen. Als der erste Verteidigungsring zusammengebrochen war, ersann Präsident Hadahek einen teuflischen Plan. Er ließ seine Schwester in einem Hubschrauber zu ihrem Mann in den Norden fliegen und ihm mitteilen, daß seine drei Söhne und zwei Töchter, die wie alle Familien der hohen Generalität in Morgana lebten, auf der Stelle erschossen würden, falls er seine Truppen nicht sofort hundert Kilometer zurückzöge und in den nächsten fünf Wochen jeden Angriff auf Morgana unterließe. Dafür dürfe er den Norden weiterhin verwalten. Präsident Hadahek erklärte seiner blassen Schwester, daß sie nur einen Tag Zeit hätte, um ihren Mann zur Vernunft zu bringen.

Am gleichen Tag stieg der Präsident mit seinem älteren Bruder, dem Vater des rebellierenden Neffen im Süden, in einen anderen Hubschrauber. Zuvor hatte er in Anwesenheit des Bruders seiner Leibgarde den Befehl gegeben, dessen Familie zu töten, falls er bis Mitternacht nicht zurückkäme. Anfangen sollten sie mit seiner Frau, die der Bruder abgöttisch liebte.

Sie landeten nach kurzem Flug beim Neffen, der fast vor den Toren Morganas stand. Der Bruder des Staatspräsidenten ging vor den Augen aller Offiziere auf seinen überraschten Sohn los, ohrfeigte ihn vor allen Anwesenden und befahl ihm laut, er solle die Hand seines Onkels küssen und ihn um Verzeihung bitten dafür, daß er, ein Hadahek, sich mit dem Schwager, einem Fremden, verbündet und die Waffe gegen einen anderen Hadahek erhoben hatte.

Der Sohn weigerte sich zunächst, doch nach einem kurzen Wortwechsel mit dem Vater, in dem dieser ihm leise die Entschlossenheit des Präsidenten deutlich machte, stimmte der rebellierende Offizier unter der Bedingung zu, daß er weiterhin den Süden verwalten dürfe. Er zog sich mit seinen Truppen hundert Kilometer zurück, zu mehr Konzessionen war er nicht bereit.

So hatte der Präsident Zeit gewonnen, bis die neuesten russischen Waffen in Morgana eintreffen würden, und das sollte in drei bis vier Wochen geschehen. Er zeigte jedoch seine Zufriedenheit nicht und hielt sich auch auf der Heimreise zurück. Später vermutete man sogar, daß er die ganze Zeit in Morgana geblieben sei und einen seiner vielen Doppelgänger mit seinem Bruder in den Süden geschickt habe. Das mit den Doppelgängern ist eine merkwürdige Geschichte, die ich noch erzählen werde.

Die Morganier erfuhren lediglich, daß die Truppen des

Präsidenten die Gegner des Vaterlandes hundert Kilometer zurückgeschlagen hätten. Morgana war immer noch belagert, aber in den Gesichtern seiner Bewohner zeigte sich etwas mehr Hoffnung.

Am Nachmittag ging ich bei Onkel Dschamil vorbei. Onkel Dschamil hatte in Amerika gelebt, soll dort sehr reich gewesen sein und war nach langer Emigration als armer Rentner zurückgekehrt. So arm er auch war, so bunt und gut gewoben waren seine Erzählungen, so daß man bei ihm Geschichte von Geschichten nicht trennen konnte und am Ende nicht einmal mehr sicher war, ob es New York jemals gegeben hatte. Meine Mutter erzählte, Onkel Dschamil wäre so süchtig nach Spielfilmen gewesen, daß er nur noch zum Essen und Schlafen das Kino verließ. Er brachte es deshalb auch zu nicht mehr als zu einem Platzanweiser. Tausende von Filmen hatte er gesehen, und wenn er irgend etwas von sich gab, so war das entweder ein Zitat aus einem Film oder ein Hirngespinst. An jenem Tag belohnte er mich mit einer Erzählung aus der Zeit, als er angeblich Reiseleiter war.

Ein amerikanischer Tourist aus Texas stieß in einem Basar in der Türkei auf einen wunderschönen Teppich, und dieser gefiel ihm sehr. Das merkte der türkische Händler sofort und verlangte siebentausend Dollar dafür. Der Tourist wollte, wie viele Touristen, die sich dabei sehr schlau vorkommen, nur die Hälfte bezahlen, doch der Teppichhändler blieb hart. Nach langem Hin und Her einigten sich die beiden auf fünftausend Dollar. Der Amerikaner bat den türkischen Händler um eine Quittung für die Zollbehörde über einen niedrigeren Preis. »Schreiben Sie fünfhundert. Das reicht!« sagte er und lachte. Der türkische Händler tat das bereitwillig.

Stolz auf seinen Fang stand nun der Mann bei seiner Rückkehr vor der Zollbehörde. Der Beamte fragte giftig: »Ja, was haben wir da? Wieviel hat dieser wunderschöne Teppich denn gekostet?«

»Fünfhundert. Er war ziemlich günstig!« antwortete der Mann und grinste zufrieden.

»Ach, schon wieder«, rief der Zollbeamte, als er die Quittung in die Hand nahm, die ihm der Tourist entgegenhielt. »War das nicht der junge Händler neben der Blauen Moschee in Istanbul?«

»Ja, ja, er war ziemlich jung«, stotterte der Tourist unsicher.

»Und hat er nicht erst siebentausend verlangt, und Sie haben die Hälfte bezahlen wollen, nicht wahr? Und dann einigten Sie sich auf fünftausend, und der Händler tat so, als wollte er nur schweren Herzens sein letztes Stück aus der Hand geben?«

Der Tourist erstarrte.

»Und dann baten Sie ihn darum, einen niedrigeren Preis auf die Quittung zu schreiben, damit Sie hier ohne Zoll durchgehen könnten, nicht wahr?«

Dem Mann trocknete die Spucke im Hals. Er hatte nun düstere Vorstellungen, daß er die ganze Zeit vom Geheimdienst verfolgt worden war. Unbeholfen schaute er um sich, doch der Beamte schob den Teppich weiter, und ohne den Touristen noch eines Blickes zu würdigen, sagte er: »Sie können auch ohne Quittung mit diesem billigen Teppich passieren. Ein paar Straßen von hier finden Sie genau den gleichen Teppich für dreihundertfünfzig Dollar.«

Wie benommen ging der Mann aus Texas zum nahen Einkaufszentrum und bekam fast einen Herzschlag beim Anblick des großen Haufens türkischer Teppiche, die alle seinem glichen und im Sonderangebot für lächerliche dreihundertfünfzig Dollar zu haben waren.

Andere Touristen kamen aus Ägypten mit Schädelresten alter Pharaonen, und es war nicht selten, daß zwei Rentner im selben Flugzeug saßen und Angst um den Schädel des berühmten Tutenchamun hatten, den jeder von ihnen unauffällig unter der Wäsche im Handgepäck versteckt hatte.

An jenem Nachmittag stand für mich fest, daß ich abends im Circus von Onkel Dschamil erzählen wollte. Mein ursprünglicher Plan hatte Tante Cäcilia und ihren Papagei vorgesehen, aber nun brannte mir die Geschichte dieses Onkels auf der Zunge. Tante Cäcilia konnte noch einen Tag warten. Ich mußte nur noch das geeignete Tier finden, das zu Onkel Dschamil paßte, entweder im Circus oder im Wald der Fabeltiere.

Bis zu meinem Auftritt hatte ich noch viel Zeit. Ich schlenderte in den Gassen der kleinen Stadt umher, die sich nach und nach um den Circus gebildet hatte, kaufte ein Falafelbrot und aß es genüßlich. Da fiel mein Blick auf einen jungen Zauberer, der nicht weit vom Haupteingang des Circuszeltes stand und einige Taschenspielereien zeigte. Ein dichter Ring von Zuschauern hatte sich um ihn gebildet, doch sie lachten ihn nur aus und kommentierten seine hervorragenden Kunststücke giftig und abfällig. Das war in Morgana oft so. Nichts auf der Welt konnte der Besserwisserei und dem Spott mancher Morganier entkommen.

»Zeig das mal meiner Oma! Sie wird von dir begeistert sein!« rief einer.

»Deiner Oma, warum deiner Oma?« heuchelte sein Nachbar noch lauter.

»Weil sie blind ist!« Und die Leute lachten wie verrückt, doch der Zauberer ließ sich nicht beirren. Er nahm drei Wassermelonenkerne, zeigte sie dem Publikum, legte sie auf einen kleinen Tisch und deckte sie mit einem roten Tuch zu. »In einer halben Stunde werde ich euch drei prächtige Melonen aus den Kernen zaubern«, sagte er vielversprechend.

»Nein, jetzt gleich! Her mit den Melonen!« riefen mehrere.

»Ignoranten!« brummte der Zauberer. »Gott braucht drei Monate, um aus den Kernen Früchte zu machen, und ihr gebt euch bei mir mit einer halben Stunde nicht zufrieden!«

Plötzlich bewegte sich das Tuch. Es wölbte sich vor den Augen des Publikums hoch, während der Zauberer so tat, als beschäftige er sich mit einem Spielkartentrick. Die Karten fielen zu Boden, und als er sie wieder aufhob, trat er plötzlich erschrocken zurück, als wäre er selbst überrascht, und zog vorsichtig das Tuch vom Tisch. Drei

Melonen lagen vor ihm. Jetzt belohnte anerkennender Beifall den Künstler. Er verbeugte sich, doch bald gellte eine Stimme: »Sie sind aus Plastik und blasen sich selbst auf! Das kenne ich!«

Der Zauberer ging mit einem Teller herum, doch bekam er statt Geld oft den spöttischen Rat, einen anderen Beruf zu ergreifen. Wut überzog sein Gesicht mit Blässe. Er stellte den Teller wieder auf den Tisch und gaukelte einen leichten Kartentrick vor, während er unter dem Publikum nach jemandem suchte. Plötzlich sah ich ein diabolisches Lächeln über seine Lippen huschen und in den Mundwinkeln verschwinden. »Meine Damen und Herren!« rief er und machte einen Schritt auf einen widerlichen Schlägertyp zu, der in unserem Viertel sehr gefürchtet war. Der Schläger stand breitbeinig in der ersten Reihe und hatte sich die ganze Zeit amüsiert. Blitzschnell ergriff der Zauberer die rechte Hand des Schlägers, und noch schneller zog er ihm einen großen goldenen Ring vom Finger.

»Meine Damen und Herren! Verehrtes Publikum, ich zeige jetzt einen seltenen Zaubertrick, schaut diesen Ring an!« sagte er und zog aus einem Karton in seiner Nähe einen Hammer. »Es ist ein wunderschöner, alter und bestimmt sehr teurer Ring.« Der Schläger nickte wie benommen. Plötzlich legte der Zauberer den Ring auf den Tisch, und bevor jemand es verhindern konnte, schlug er mit dem Hammer auf den Ring, so daß innerhalb von Sekunden nur noch ein formloser Klumpen auf dem Tisch übrigblieb.

Der Schläger erstarrte. »Was machst du da?« fragte er tonlos. Der Zauberer beschwichtigte ihn, legte ein gelbes Tuch auf die Überreste des Rings, murmelte ein paar unverständliche Sätze und zog das Tuch wieder zur Seite. Doch der kleine Klumpen wollte nicht wieder zu einem Ring werden. Die Lippen des Schlägers zitterten. Ich wußte wie viele Zuschauer aus unserem Viertel, daß er abergläubisch war und fest daran glaubte, daß die Kraft seines Vaters, der ihm auf dem Sterbebett den Ring vermacht hatte, auf ihn überginge, solange er den Ring trug. Sein Vater war in den zwanziger Jahren ein berühmter Ringer gewesen. Aber im Gegensatz zu seinem Sohn war er ein friedlicher und angenehmer Nachbar, der sein Leben lang außer seinen Gegnern im Ring keiner Fliege ein Bein gekrümmt hatte.

Die Zuschauer lachten und erwarteten, daß der Schläger den schmächtigen Zauberer zu einem ähnlich kümmerlichen Klumpen zusammenhauen würde, wie es der Ring inzwischen war. Mitnichten! Eher flehend redete er auf den ruhigen Zauberer ein, es doch noch mal zu versuchen, und er raunte ihm die Geschichte des Vaters und seines Vermächtnisses zu. Der Zauberer nickte verständnisvoll und wiederholte den Versuch. »Ich habe die Zauberformel vergessen. Früher konnte ich es immer beim ersten Mal. Irgendein Wort fehlt in der Formel.«

»Denk doch bitte nach!« flehte der Schläger.

»Ich habe furchtbaren Hunger! Sammle mir Geld, und ich werde mich bemühen!« sprach der Zauberer unerschütterlich.

Der Schläger ergriff den Teller und drehte sich zum Publikum. »Also spendet hier großzügig für denMeister, wenn euch eure Zähne lieb sind«, rief er, und als sich zwei Männer in der hintersten Reihe davonstehlen wollten, brüllte er: »Hiergeblieben!« Die zwei trauten sich keinen Schritt weiter, nahmen widerwillig einen Piaster aus der Tasche und warfen ihn in den Teller. Nach weniger als zehn Minuten war der Teller voll, und nur zwei Geizhälse mußte der Schläger ohrfeigen und am Ohr ziehen, bis sie ihre Piaster hervorzogen.

»Hier ist so viel Geld, daß du tagelang satt werden kannst. Was ist nun mit meinem Ring?« fragte der Schläger in herrischem Ton. Der Zauberer schüttete die Münzen in einen Geldbeutel, steckte diesen in seine Tasche, sicherte die Tasche mit einer großen Sicherheitsnadel und zog das Tuch vom Tisch. Und da glänzte der Ring für alle deutlich sichtbar.

In diesem Augenblick wußte ich, daß mein Onkel genau wie dieser Zauberer niemals mit einem einzigen Tier dargestellt werden konnte.

16

Dschamil oder Die Reise ins Paradies

Die zwölfjährige schmächtige Tochter des Dompteurs Santosh trat in den Käfig der Löwen zu ihrem Vater, der gerade Benja, den jüngsten und letzten Löwen in der Rangordnung, zu sich rief. Benja sprang vom Postament und machte erst ein paar zögernde Schritte, dann aber kam er gehorsam und schmiegte sich an den Dompteur. Santosh streichelte ihn, und das Mädchen, das ein glitzerndes Trikot trug, legte sich auf den Rücken des Löwen. Ihre Füße lagen auf seiner Mähne, und ihr Kopf ruhte auf seinem Hinterteil. Der Löwe ging auf Anweisung des Dompteurs im Kreis herum. Die anderen Raubtiere schauten von ihren Postamenten aus neugierig zu. Pascha brüllte laut, als Benja an ihm vorbeizog. Das Mädchen hielt ganz still. Ein Ausrutscher hätte den Tod bedeutet.

Mala erzählte mir, daß ein Onkel von ihr, auch ein Dompteur, seine Tochter bei einer ähnlichen Darbietung verloren habe. Die Nummer war damals eine Weltsensation. Das Mädchen, das schon mit acht Jahren keinerlei Angst mehr vor dem König der Tiere hatte, rutschte bei einer Vorstellung vom Rücken des Löwen, und dieser brach ihr mit einem Biß das Genick.

Santosh sprach die ganze Zeit auf Benja ein. Er rief

seinen Namen und auch die der Tiger, Panther und Löwen, an denen Benja vorbeiging. So streichelte er ihre Seelen und lenkte sie von der vorbeiziehenden Mahlzeit ab, die so bemüht war, die Balance zu halten und zu vergessen, daß einen halben Meter über ihr gräßliche Rachen jeden Augenblick ihren Tod bedeuten konnten.

Dies war eine neue Nummer, mit der Santosh seinen Auftritt in Morgana ausbaute. Wochenlang hatte er heimlich trainiert und nur den Circusdirektor eingeweiht.

An jenem Abend ging ich mit zwei kleinen Käfigen in die Manege. Im einen war ein Fuchs und im anderen ein Schakal. Ich stellte sie rechts und links von mir auf. Der Fuchs war den Circusbesuchern schon bekannt durch seinen Auftritt mit der Gans, bei dem er zweimal im Kreis herumging und einen Kinderwagen mit einer Gans vor sich herschob, die sich anscheinend wohl fühlte. Wenn er zu schnell rannte, schnatterte die Gans, und das Publikum lachte über den Fuchs, der dann anhielt. Doch zwischendurch war genau zu spüren, daß Fuchs und Gans sich nicht grün waren.

Den Schakal hingegen kannten wenige, da er eigentlich nur in seinem Käfig im Tierschauzelt saß und die Zuschauer aus halb geöffneten Augen mißtrauisch beobachtete.

Ich begrüßte das Publikum, und die Zuschauer empfingen mich mit Beifall.

»Meine Damen und Herren«, fing ich an, »ich komme

heute mit zwei Tieren, einem Schakal und einem Fuchs. Lange habe ich überlegt, ob ich nur mit einem Fuchs oder einem Schakal herkommen sollte, wenn ich von meinem Onkel Dschamil erzähle. Nein, ein Fuchs allein ist nur halb so schlau wie mein Onkel und ein Schakal allein nur halb so unverfroren wie er.

Auch das wildeste Feuer wird später zur harmlosen Asche. Heute ist Onkel Dschamil ein alter und friedlicher Mann, aber früher konnte er den Teufel in seine Westentasche stecken. Wie ein Schakal liebte mein Onkel die Geselligkeit und blieb doch Einzelgänger wie ein Fuchs. Seine Dreistigkeit und Aufdringlichkeit hatte er vom Schakal, seine List und Verschlagenheit vom Fuchs. Und obwohl er immer genug Geld hatte, liebte er es, jedem über seinen Hunger vorzuklagen. Darin glich er dem Schakal.

Mein Onkel war so gerissen, daß er schon als Kind sein ganzes Viertel samt Herr und Hund hereinlegte. Doch da nur bettelarme Handwerker, Lumpensammler und Holzfäller dort wohnten, war seine Beute am Ende einer großartigen und aufwendigen List nur ein Schluck Tee oder eine brennend heiße Kartoffel.

Mit achtzehn wanderte mein Onkel Dschamil nach Amerika aus. Er hatte in Morgana ein altes amerikanisches Ehepaar kennengelernt, das wie damals viele an die Wiedergeburt glaubte. Onkel Dschamil, der fließend Französisch und Englisch sprach, lernte die beiden kennen, als er ihnen irgendwas andrehen und dabei ein paar Dollar verdienen wollte. Als Onkel Dschamil aber erfuhr, daß die beiden fanatisch an die Wiedergeburt glaubten, verzichtete er auf diesen Betrug und wollte den großen Sprung wagen. Mit bescheiden niedergeschlagenen Augen und kaum hörbarer Stimme konnte er sie überzeugen, daß er in einem früheren Leben ihr Sohn gewesen wäre, und er erzählte ihnen von ihrem bisherigen Leben. Er hatte sich gut darauf vorbereitet und heimlich ihre Papiere und sogar das Tagebuch des Mannes eingehend studiert. Er wußte also von dessen Kindheit und wie er seine Frau kennengelernt hatte und was er von ihr gedacht und ihr nicht gewagt hatte zu sagen. Das Paar wurde überzeugt, adoptierte den Sohn aus dem vorherigen Leben und fuhr mit ihm nach Amerika zurück.

Onkel Dschamil verabschiedete sich von seinen Eltern mit dem knappen Satz: ›Wartet nur, ich kehre als Millionär zurück!‹ Nicht wenige beneideten ihn um seine Adoptiveltern. Die Amerikaner gelten bei den Arabern immer als wohlhabende Menschen.

Wer aber sollte ahnen, daß ausgerechnet diese beiden Amerikaner arm waren! Onkel Dschamil war jedenfalls schockiert, als die Fahrt vom Flughafen ewig dauerte, die Hochhäuser immer niedriger und die Straßen immer schäbiger wurden. Die Adoptiveltern bewohnten eine alte Wohnung in einem düsteren Vorort von New York. Für Onkel Dschamil war das eine gewohnte Umgebung, deshalb schrieb er nach einer Woche seinen Eltern: ›Ich fühle mich hier wie zu Hause!‹ Die Eltern dachten, er würde wie sooft übertreiben, aber das war der einzige ehrliche Satz, den Onkel Dschamil je von sich gegeben hatte. Er meinte sein trostloses Gefühl in diesem gottverlassenen Stadtteil. Er wunderte sich auch nicht mehr, daß seine Adoptiveltern sich an die Idee der Wiedergeburt klammerten, denn schlechter als dieses Leben konnte eine Wiedergeburt nicht sein, und sei es als Regenwurm irgendwo.

Onkel Dschamil glaubte keine Sekunde lang an ein anderes Leben. Er wollte alles in diesem einen erreichen. Füchse und Schakale überlassen es den Hühnern, an die Wiedergeburt zu glauben. So geschah es, daß Onkel Dschamil seine Adoptiveltern an dem Tag auf Nimmerwiedersehen verließ, an dem er amerikanischer Staatsbürger wurde.

Auf der Suche nach einer Stelle fand er ein ziemlich ärmliches Reisebüro, das ihn aufnahm. Wie die Mehrheit der Amerikaner konnte der gutherzige Besitzer keine andere Sprache als Englisch und bewunderte Onkel Dschamil für sein perfektes Englisch, Französisch und Arabisch. Da Onkel Dschamil ein paar Brocken Türkisch konnte, gaukelte er dem Unternehmer auch noch vor, daß er fließend Türkisch sprechen könnte. ›Üsüm efendim köpek, ekmek su büyük süt bülbül gibi iyiyim, güle, güle, bir iki türlü, türlü‹, sagte Onkel Dschamil und versetzte den Amerikaner in Staunen, dessen großer Schwarm der Orient war. Natürlich wußte er nicht, daß Onkel Dschamil nur Unsinn sprach.

Der Mann stellte ihn ein, und Onkel Dschamil brachte

den Laden innerhalb kürzester Zeit auf Vordermann. Er entwickelte neue Ideen und war bald Partner des Besitzers, doch das war ihm noch nicht genug.

Um sich genau zu informieren, begleitete Onkel Dschamil als Reiseleiter Touristengruppen in alle Länder Asiens, Afrikas und Lateinamerikas und erlebte viel.

Nun bemerkte er mit den Jahren eine eigenartige Entwicklung. Alle Länder wurden sich immer ähnlicher. Flugzeuge, Stewardessen, Flughäfen, Innenstädte, Strände, Restaurants, Speisen und Getränke wurden überall gleich, ob in Singapur, Paris oder Tunesien.

Diese Entwicklung wurde mit den Jahren sogar noch schlimmer. Die Touristen wurden immer anspruchsloser, und je mehr sie in der Welt herumflogen, um so ahnungsloser wurden sie. Für lächerliche Dienste ließen sie sich ausnehmen wie fette Gänse.

Das Geschäft mit dem Tourismus wurde zu einer wahren Goldgrube. Überall tauchten Reiseunternehmen auf. Die Konkurrenz wurde immer härter, die Lügen der Reisebüros wurden immer dreister. ›Mit Blick aufs Meer‹ bedeutete in der Regel, daß man von einem Hochhaus, das zwanzig bis dreißig Kilometer vom Strand entfernt war, durch den Dschungel der anderen Betonhochhäuser mit einem Fernglas tatsächlich einen Blick aufs Meer werfen konnte.

Der gutherzige Partner meines Onkels war inzwischen sehr alt geworden. Er konnte nicht länger arbeiten und überließ ihm für ein Spottgeld das ganze Unternehmen. ›Paradies-Reisen‹ hieß das Reisebüro von nun an.

Dies geschah zu einer Zeit, in der mein Onkel die Entdeckung seines Lebens machte.

Er beobachtete nämlich immer öfter, daß viele Touristen nicht einmal wußten, in welchem Land sie waren. Viele waren direkt nach der Arbeit in ein Reisebüro gehetzt, hatten nach einem Sonderangebot gefragt, sofort gebucht und wußten dann nur, daß sie zwei Wochen am Meer für fünfhundert oder sechshundert Dollar einschließlich Frühstück vor sich hatten.

Manchmal lautete das Angebot: ›Vierzehn Länder in sieben Tagen‹, und die Touristen wurden ohne Atempause durch das Programm geschleust. ›Was ist heute?‹ fragte dann vielleicht ein Tourist seinen Nachbarn im Bus. Dieser antwortete: ›Dienstag.‹ – ›Dann muß das Kairo sein‹, schloß daraus der erste.

Das war also die Entdeckung meines Onkels Dschamil. Und sein Plan war ganz simpel: Man mußte die Touristen nur irgendwohin bringen, wo sie das sehen würden, was sie für Arabien, Spanien oder Afrika hielten. Allein schon das gesparte Flugbenzin würde ein Vermögen bedeuten.

Er kaufte einen einsamen Strand in Amerika und ließ dort eine große Hotelanlage errichten. Der Baugrund war in dieser Gegend noch besonders billig. Als alles fertig war, begann er mit einer großen Werbekampagne für Reisen nach Arabien. Seine Preise ließen die großen Unternehmen staunen und die Kunden vor seinen Büros Schlange stehen. Er ließ die Konkurrenz wissen, daß er durch besondere Beziehungen zu mehreren Königshäusern in Arabien finanzielle Unterstützung bekäme. Nun gut, dachten viele Reiseunternehmer, Arabien könnten wir diesem Araber überlassen.

Onkel Dschamils Touristen landeten glücklich in Arabien, wo höfliche Araber sie begrüßten und zum Empfang eine Bauchtänzerin auftrat. So etwas hatten die Touristen noch nie erlebt.

Alles war sauber, und der Strand war ein Traum. Zwischendurch zog eine Karawane unter den Fenstern des Hotels vorbei, und die Beduinen sprachen fließend Englisch, waren gut rasiert und ganz bunt angezogen. Viele Amerikaner atmeten erleichtert auf, da sie vor dem Flug doch noch einen Rest Angst vor den Arabern gehabt hatten. Im Preis inbegriffen war sogar ein Frühstück bei Scheich Abdulruhman Hallab Elnamle.

Monatelang war Arabien der Hit, und mein Onkel schwamm regelrecht in Geld. Sein Personal rekrutierte er aus arabischen Studenten, die neben dem Studium etwas dazuverdienen wollten. Diese mußten einen Vertrag unterschreiben, der sie zu Verschwiegenheit verpflichtete.

Dann tauchten neue Plakate seines Unternehmens auf und kündigten preiswerte Reisen nach Spanien an. Wieder standen die Menschen stundenlang Schlange, um Plätze zu reservieren, und bald war der Ort in Spanien mit dem traumhaften Strand für Monate ausgebucht. Die verwirrten Konkurrenten ließ er durch geschickt ausgestreute Gerüchte wissen, daß er nun auch mit der Regierung Spaniens ein Geheimabkommen geschlossen hatte.

Das Personal empfing die Touristen mit Gitarrenmusik, und abends gab es Paella bei Feuer und Flamencotanz.

Ähnliche Angebote gab es in den nächsten Jahren für Japan, Thailand, Frankreich und Afrika, und mein Onkel kaufte immer mehr Boden und vergrößerte sein Unternehmen, so daß ›Paradies-Reisen‹ bald zu den drei größten Reiseunternehmen der USA zählte. Mein Onkel ließ für ein paar tausend Dollar von einem unbekannten Autor ein Buch mit dem Titel: ›Vom Tellerwäscher zum Millionär‹ über sich schreiben. Dieses Buch war lange Zeit ein Verkaufsschlager, und mein Onkel verdiente damit Millionen.

Sein Personal war mittlerweile so perfekt, daß nicht nur die Techniker innerhalb von zwei Tagen ›Arabien‹ in ›Afrika‹ und dieses in ›Thailand‹ verwandeln konnten. Es war so gut, daß sich sogar Araber, Spanier und Afrikaner heimisch fühlten, wenn sie mit ihm in ihre angeblichen Länder reisten. Auch die Agenten, die die Konkurrenz ansetzte, um herauszufinden, worauf dieser Erfolg beruhte, konnten nur berichten, daß alles mit rechten Dingen zugehe.

Innerhalb von fünf Jahren erweiterte sich das Angebot meines Onkels auf über sechzig Länder, und seine Mitarbeiter traten als Eskimos, Beduinen, Urwaldbewohner und Alpenbauern auf. Sie tanzten, jodelten, schluckten Feuer und Messer und ließen ihre Hüften kreisen, daß Fakire aus Kalkutta und orientalische Tänzerinnen blaß vor Neid geworden wären.

Ein ›Paradies‹-Fieber brach in den USA aus. Und als die ersten Zweifel laut wurden, florierte das Unternehmen noch mehr. Auch die Wahrheit, die nach und nach durchsickerte, brachte seinen Konkurrenten kein Glück. Nein, das echte Arabien, Spanien oder Thailand war den Touristen mittlerweile zu heiß, zu laut, zu schmutzig und zu gefährlich, während sie sich im ›Paradies‹ meines Onkels heimisch fühlten.«

So weit erzählte ich die Geschichte meinem Publikum, das begeistert war, da ein Araber mit seiner Schlauheit sogar die Amerikaner hinters Licht führen konnte. Aber weder das Publikum noch ich selbst ahnten damals, daß Onkel Dschamils Hirngespinst noch zu unseren Lebzeiten Wirklichkeit werden sollte.

17

Sahar
oder Von der Unverdaulichkeit der direkten Rede

Die Belagerung dauerte an, die Bevölkerung Morganas lebte aber weiter wie gewohnt. Man hörte jeden Tag neue Gerüchte über Säuberungen in der Armee von Anhängern der rebellierenden Kommandeure. Die Versorgung der Stadt war nach wie vor gut, denn durch geheime Verhandlungen hatten sich Schwager und Neffe mit dem Staatspräsidenten geeinigt, Getreide, Gemüse und Obst aus ihren fruchtbaren Gebieten nach Morgana zu bringen. Dafür sollten die Rebellen Maschinen, Elektrogeräte und Medikamente aus den vollen Lagern Morganas in ihre Gebiete geliefert bekommen.

Doch eines verschlechterte sich deutlich spürbar durch die Belagerung: das Fernsehprogramm. Hatte die Regierung bis dahin zwei von insgesamt zehn Stunden Sendezeit für sich beansprucht, so besetzte sie nun im Namen der Aufklärung der Bevölkerung sechs Stunden. Täglich diskutierte irgendein Minister mit irgendwelchen Journalisten über die geniale Führung des Präsidenten Hadahek, und damit die Langeweile perfekt wurde, wurden diese endlosen Debatten auch über alle Sender des staatlichen Rundfunks übertragen. Lautsprecher übertrugen die Lobeshymnen auf die Straße. Das war die gräßlichste Belagerung, die Morgana je erfuhr, deshalb flüchteten immer mehr Leute hinaus an den Fluß – oder eben in den Circus.

Die Artisten waren nach einigen Tagen wie verwandelt. Sie strahlten und glänzten bei ausverkauften Vorstellungen und bemühten sich, immer neue Nummern zu entwickeln. Und als ob das alles noch nicht genug wäre, restaurierten sie, malten und polierten ihre Wohnwagen und Requisiten, so daß alles vor Frische strahlte. Zum ersten Mal konnte man sehen, wie prachtvoll die vierundzwanzig Gitter des runden Zentralkäfigs waren, in dem die Raubtiernummern vorgeführt wurden. Die alte, kunstvolle Schmiedearbeit trat in neuem Glanz hervor. Das alles sprach sich herum, und immer mehr Leute kamen. Die Raubtiernummern von Santosh fanden immer größere Anerkennung, auch in der Presse, aber was viele Menschen in den Circus brachte, waren meine Erzählungen und die wunderschönen Pferde der Truppe.

Kein Tier auf Erden genießt so viel Liebe und Achtung wie das Pferd in Arabien, ganze Bände von Dichtung und Liedern wurden ihm gewidmet. Deshalb mußte jeder Circus, der nach Arabien kam, zunächst einmal schöne Pferde mitbringen, und Circus India brachte die edelsten Vollblutpferde mit! Zwei goldfarbene Isabellen, drei arabische Grauschimmel, drei Fuchshengste, zwei Schimmel und ein kohlrabenschwarzer Rappe.

Wenn diese herrlichen Geschöpfe Abend für Abend in die Manege stürmten und losgaloppierten, bekamen viele Zuschauer Herzklopfen, und manche hatten Tränen in den Augen. Hussein, der die Pferdedressur vorführte, war jedem Morganier bald bekannt. Man interessierte sich kaum für seine viel schwierigere Paradiesnummer, bei der er verantwortlich war für das Gelingen eines Spiels zwischen einem Lamm und einem Wolf. Aber seine Fähigkeit, mit diesen feurigen Pferden umzugehen, deren Hufe die Erde beben ließen, machte ihn schnell berühmt.

Im Gegensatz zu den Elefanten, bei denen der Circus die weiblichen Tiere bevorzugt, da die Bullen in der Zeit der Brunst sehr gefährlich werden, sind die Hengste in der Manege beliebter als die Stuten und Wallache. Sie sind kraftvoller und schöner. Hussein liebte seine Pferde über alles und behandelte jedes ganz individuell, da kein Pferd dem anderen in Laune, Temperament und Kraft glich.

Seine Dressuren waren kraftvoll, anmutig, oft gefährlich, aber nie ohne Witz. Viele Zuschauer wußten genug von Pferden, um diese Kunst zu genießen und dem Artisten und seinen Schützlingen begeisterten Beifall zu schenken. Jedesmal, wenn der Rappe erst mit den Pferden in einer Richtung im Kreis galoppierte, dann auf einen kleinen Wink von Hussein sich umdrehte und in die Gegenrichtung rannte, war die Bewunderung grenzenlos. Das war hundertmal schwieriger, als wenn sich die Pferde auf die Hinterhand erhoben. Das faszinierte Kinder, war aber Kennern als Kampfgeste der Hengste aus der Natur bekannt.

Leicht und spielerisch erschienen die Vorführungen, die Wochen und Monate härtester Arbeit gefordert hatten. Doch wenn ein Isabellhengst auf der Stelle trabte und die Musik spielte, war das Publikum hellauf vom Pferd begeistert, das im Takt der Musik zu tanzen schien. Und wenn dann der Hengst mit allen vier Beinen gleichzeitig hochsprang und ausschlug und sein Körper einen Moment lang waagerecht schwebte, jauchzte das Publikum vor Begeisterung. Aber im Grunde erkannte kaum jemand, wieviel Arbeit Husseins in dieser Nummer steckte.

Auch Amals Nummer als Clown auf dem Pferd kam gut an. Er ritt rückwärts, fiel zu Boden und sprang leicht wie eine Feder wieder auf den Rücken des Pferdes.

Wie sooft wollte ich mir auch an diesem Abend die Pferdedressur von Hussein nicht entgehen lassen. Ich setzte mich zu meiner Schwester Sahar. Als die Nummer zu Ende ging, galoppierten alle Pferde hinaus, nur ein Schimmel blieb zurück. Hussein schaute den Hengst etwas verwundert an, doch dieser taumelte bis zur Mitte der Manege und fiel zu Boden. Das Pferd versuchte verzweifelt wieder aufzustehen, doch es konnte nicht. Hussein zeigte sich besorgt, versuchte dem Pferd auf die Beine zu helfen, doch es half nichts. Der Hengst lag regungslos da. Auch als er mit der langen Peitsche knallte, reagierte es nicht. Die Musik begann sehr leise eine traurige Melodie zu spielen. Eine furchtbare Stille lastete im Zelt.

Es ist nicht einfach, einem sterbenden Pferd zuzuschauen. Es hat etwas vom hilflosen Versuch eines stolzen Wesens, sich noch einmal aufzubäumen. Auch mein Herz fing an, lauter zu pochen. In diesem Augenblick sah ich Malas Mann, den kaltblütigen Messerwerfer und Jongleur Ashok, wie er sich verstohlen eine Träne wegwischte.

Plötzlich, und das war an den vorhergegangenen Abenden nicht passiert, fing ein Mädchen an, laut zu weinen. »Das Pferd ist tot!« schluchzte es, und nichts in der Welt konnte es beruhigen. Hussein erfaßte sofort die Lage und eilte durch die Reihen zu dem Mädchen, nahm es bei der Hand und kehrte mit ihm in die Manege zurück. Er ermutigte es, den Hengst zu streicheln.

Das Mädchen zögerte einen Augenblick lang, dann ging es zum Pferd und streichelte ihm den Bauch. Langsam kehrte das Leben in den kräftigen Leib zurück, und das Pferd richtete sich auf, während die Musik fröhliche Rhythmen spielte. Das Mädchen strahlte über das ganze Gesicht, der Beifall überschlug sich, und als das Mädchen sah, wie sich Hussein verneigte, verneigte es sich auch schnell, und viele lachten und dachten, die Szene sei gestellt. Aber sie war es nicht, und Hussein war wirklich ein großer Künstler.

Wie gesagt, ich saß neben meiner Schwester Sahar, die zweimal in der Woche in den Circus kam und die Artisten jedesmal mit ihren Fragen nervte.

»Was soll dieser Quatsch?« sagte sie nach Husseins Auftritt. »Es war doch klar, daß das Pferd nicht tot sein konnte.« Für einen Traum hatte sie nichts übrig. In Arabien hält man es für Weisheit, daß Fabulieren eine Brücke zur Wahrheit ist. Sahar schien Brücken nicht nötig zu haben. Schon als Kind war sie unerträglich und liebte die

Wahrheit so sehr, daß wir dauernd Probleme bekamen. Ging ich mit ihr spazieren, mußte ich aufpassen, daß wir nicht wegen ihrer gnadenlosen Zunge verprügelt wurden. Sah sie einen Mann, der seine Frau etwas lauter ansprach, so ging sie auf ihn zu, zupfte ihn an der Jacke und sagte ungeniert: »Das finde ich nicht höflich, deine Frau auf der Straße anzuschreien.« Auch alle, die einen runderen Bauch, größere Ohren, keine oder zu viele Haare auf dem Kopf hatten, bekamen Sahars Wertung frei Haus geliefert.

Immer wieder zweifelte sie die Echtheit von Bettlern an, und einmal entlarvte sie einen, der war weder blind noch gelähmt. Durch allerlei Possen brachte sie ihn zum Lachen. Dann nahm sie sein Tellerchen mit den Münzen und rannte durch das Gewühl der Menschen auf dem Basar. Da sprang der Bettler auf und rannte hinter ihr her. Peinlich für ihn und für mich.

Nein, es war kein Vergnügen, mit ihr irgendwohin zu gehen. Auch Verwandte zu besuchen war die reinste Qual. Fünf Minuten nach der Ankunft meldete sie sich laut: »Was gibt es heute zu trinken und zu knabbern? Aber nicht schon wieder diesen lauwarmen Saft vom letzten Mal und diese laschen Nüsse!«

Meine Mutter wünschte sich in solchen Augenblicken eine Tarnkappe oder ein Erdbeben, aber die Gastgeber in Arabien waren geduldiger als Hiob, sie nahmen den Besuch meiner Schwester als eine Art göttlicher Prüfung.

Damals stieß ich in meiner Verzweiflung phantasievolle Verwünschungen gegen Sahar aus. Ich bat Gott, sie in eine Eidechse oder in eine Steckdose zu verwandeln. Ich wünschte ihr die unangenehmsten Blähungen nach jeder Pistazienrolle. Eines Tages kehrten wir, meine Mutter, Sahar und ich, von einem Besuch bei Onkel Gibran und Tante Rosa zurück, und ich wünschte Sahar und ihre Zunge zum Teufel. Meine Mutter blieb stehen. Sie faßte mich am Arm und lachte. »Jetzt als Kind tobt sie sich auf unsere Kosten aus, aber du wirst sehen, als erwachsener Mensch wird sie die Wahrheit nicht einmal einen Tag lang vertragen. Mein Bruder Faris hat die Wahrheit damals nicht einmal eine Woche lang ausgehalten. Habe ich dir nie seine Geschichte mit der Wahrheit erzählt?« Und da ich von Onkel Faris, der eine Weile in der Irrenanstalt verbracht hatte und nach seiner Entlassung ziemlich einsam lebte und starb, nicht viel gehört hatte, erzählte sie mir seine traurige Geschichte.

Nun, als Sahar mein Vergnügen an der Pferdedressur verdorben hatte, beschloß ich, an einem Abend die Geschichte meines Onkels Faris zu erzählen, der nur die Wahrheit suchte und daran verrückt wurde. Mir fehlte noch das passende Tier zu dieser Geschichte. Zeit hätte ich genug, dachte ich, und mit der Zeit ließe sich für jede menschliche Regung ein passendes Tier finden. Aber es kam anders.

Für diese Nacht hatte ich schon mein Programm. Ich wollte vom dreizehnten Josef erzählen, und das dazugehörige Tier brachte mir Michael, der Jäger. Er bekam dafür eine Logenkarte und freute sich sehr, daß seine Eule endlich zu Ehren kam, denn kein anderes Tier verkörpert in Arabien so sehr den Aberglauben wie die Eule. Die Leute bekommen fürchterliche Angst, wenn sie eine Eule sehen. Sie meinen, diese Vögel bringen Zerstörung und Tod. Nur Jäger Michael liebte die Eulen und sammelte Eulenfiguren aus aller Welt. Sein ganzer Stolz war jedoch diese Eule, die er selbst aufgezogen hatte. Michael war ein armer Mensch, und er wurde unglücklicherweise zweimal von einem Auto überfahren. Das bestärkte die Nachbarn in ihrem Aberglauben, obwohl Michael doch Glück hatte und beide Unfälle überlebte.

Bis spät in der Nacht lag ich wach und dachte nach, welches Tier an der Wahrheit verrückt werden kann.

18

Der Fakir oder Warum man nicht alles schlucken soll

Die kleine Stadt um den Circus zog mit ihren Attraktionen immer mehr Morganier an. Es kamen immer noch mehr Buden dazu, Schuhputzer, Losverkäufer und Windradverkäufer bevölkerten alle Ecken. Die Kinder spielten in den Gassen dieser Stadt, als wären sie zu Hause in ihrem Viertel. Aus allen Stadtteilen Morganas und aus dem ganzen Land kamen Kinder und spielten miteinander und mit den indischen Kindern, die immer besser Arabisch sprechen konnten. Ich beobachtete sie damals gern bei ihren Spielen. Doch nichts auf der Welt ändert sich schneller als die Spiele der Kinder. Zehn Jahre zuvor hatte ich selbst auf der Gasse gespielt. Damals hatte jede Saison ganz streng ein Spiel, das nur in dieser Zeit gespielt werden durfte. Die Murmeln waren als einzige immer zugelassen als Brücke zwischen den Jahreszeiten.

Im Schatten einer Bude spielten zwei junge Schuhputzer Eierschlagen. Mitten im Sommer! Ich staunte darüber, denn dieses Spiel mit gekochten Eiern wurde in meiner Kindheit nur in der Osterzeit gespielt. Triumphierend nahm ein hagerer Junge das Ei seines Gegners in Empfang. »Mein Huhn frißt jeden Morgen Stahlkügelchen!« gab er an, drehte sich zu mir um und peilte meine staubigen Schuhe an. »Schuhputzen gefällig?« rief er.

Wenn ich Kinder Eierschlagen spielen sehe, wird immer eine bestimmte Erinnerung in mir wach. Es war ein Betrug, den ich mit zwölf ahnungslos begangen hatte und der lebensgefährlich hätte werden können.

Wie in allen Spielen, so wurde auch beim Eierschlagen oft betrogen. Die Eier wurden von einer Seite angepickt, mit einer Spritze wurde der ganze Inhalt herausgezogen und die Schale mit flüssigem Gips gefüllt. Wenn die Masse getrocknet war, wurde das Ei gefärbt und war schließlich hart wie Stein. Man durfte es aber nicht aus der Hand geben, denn dann entdeckte der Gegenspieler das Loch am anderen Ende. Oft wurde nicht nur um das Ei des Gegners gespielt, sondern um zehn, zwanzig oder dreißig weitere Eier gewettet.

Zwei Tage vor Ostern sprach mich ein Herr an, er bot mir eine Lira für einen leichten Dienst. Ich sollte mit einem präparierten Ei einem Angeber eine Lektion erteilen, der mit seinen aus Ägypten mitgebrachten Eiern alle Spieler besiegte. Der Unbekannte gab mir das Ei, eine Lira als Lohn und zehn gekochte Eier als Wettsumme. Er zeigte mir meinen Spielgegner, der mit dem Rücken zu uns hockte und mit einem anderen spielte, und schärfte mir ein, das naive Muttersöhnchen zu mimen, das keine Ahnung hat.

Ich ging und tat, wie der Mann mir aufgetragen hatte. Sein Rivale hatte einen widerlichen Mund und faulige Zähne. Die Männer lachten, als ich ihn herausforderte. Der Angeber nahm sofort an, und wir hinterlegten den Wettpreis von zwanzig Eiern bei einem neutralen

Zuschauer, dem Schiedsrichter. Alle schauten neugierig zu.

Mein Gegenspieler verlangte nicht, mein Ei zu prüfen. Das war wohl unter seiner Würde. Er zog aus seiner Tasche ein Ei. »Dieses Ei aus Ägypten«, sagte er, »wirkt Wunder. Die Ägypter sind so arm, daß ihre Hühner Steine fressen. Das haben wir gleich, mein Junge, aber danach darfst du nicht weinen!« Er holte aus und schlug mit solch einer Gewalt auf mein Ei, daß ich dachte, ich würde selbst wie ein Keil in den Boden sinken. Sein Ei ging nicht nur zu Bruch, es wurde völlig zermatscht. Die Umstehenden jubelten hämisch. »Du hast recht«, giftete ein kräftiger Mann, »die ägyptischen Hühner fressen Steine und legen Eier aus Marmor, aber das, was du in der Hand gehalten hast, war weiche Kacke!«

Meinem Gegenspieler zitterte der Schnurrbart vor Zorn. Und ich, Gott ist mein Zeuge, nahm die Papiertüte mit den zwanzig Eiern vom Schiedsrichter. »Sie gehören dir!« sagte er. Ich hatte noch keinen Schritt getan, als ich eine zischende, gurgelnde Stimme drohend hinter mir hörte. »Halt, zeig dein Ei her!«

»Nein, das darfst du nicht!« sagte ich, da ich wußte, daß mein Ei voll Gips war. Mein Rivale stürzte sich auf meine Tasche und schlug das Ei heraus, doch es entglitt seinen Fingern und flog in hohem Bogen über die Köpfe der Zuschauer, um irgendwo weiter hinten zu Boden zu gehen.

»Das haben wir gleich!« brüllte der Mann und rannte, die Menschen auseinanderstoßend, hinter dem Ei her.

Ich eilte aus dem Gewühl der versammelten Schaulustigen davon und sah gerade noch meinen Auftraggeber in eine ferne Gasse einbiegen. Schneller als ein Wimpernschlag war ich mit den gewonnenen Eiern zu Hause und beobachtete atemlos die Straße von meinem kleinen Fenster aus. Aber niemand war mir gefolgt.

Tagelang wagte ich mich nicht mehr auf die Straße. Meinen Auftraggeber habe ich nie wieder gesehen, aber mein Gegenspieler war ein paar Tage darauf schon im Gefängnis. Ich hatte nicht gewußt, daß ich gegen einen wegen dreifachen Mordes gesuchten Mann spielte. Als ich es erfuhr, wurde mir nachträglich noch schlecht.

Wie gesagt, der Platz um den Circus wurde immer lebendiger. Viele Menschen legten große Strecken zurück, überquerten Flüsse und Täler und schlichen durch die Frontlinien der Putschisten und der Regierung, um ein paar Quadratmeter für einen Stand auf dem Circusplatz zu ergattern, an dem sie ihre Waren oder Spiele feilbieten konnten. Alte Bekannte trafen sich hier nach Jahren wieder. Auch drei Bettler teilten das Gelände unter sich, der mächtigste unter ihnen bekam sein Revier unmittelbar vor dem Eingang zum Circuszelt.

Die Budenbesitzer verdienten kaum etwas, und ihre Arbeit war knochenhart, doch das merkte kaum einer. Wenn alle genug Spaß gehabt hatten und nach Hause gingen, räumten die Budenbesitzer erst noch auf, putzten, kneteten, mischten, kochten und legten ein, was am nächsten Tag verkauft werden sollte.

Es gab damals ein paar Kuriositäten, die ich später nirgends auf der Welt mehr gesehen habe. Ein Kurde aus dem Norden stellte sich vor einer Bude auf, an seinem rechten Handgelenk war ein Ring angebracht, und an diesem hingen drei lange Seile. Drei Zuschauer durften ihre Kraft auf die Probe stellen. Die Männer mußten wetten, daß sie zu dritt verhindern könnten, daß er ein Glas Wasser von einem kleinen Tisch hochhob, an den Mund führte und austrank. Jeder warf eine Lira in einen Teller und faßte eines der Seile. Die Leute hielten den Atem an. Die Männer zogen mit aller Kraft, stöhnten und spuckten, doch als hätten sie an einem anderen Menschen gezogen, nahm der Mann unbeeindruckt das Glas, führte es langsam an seine Lippen und trank es unter dem Jubel der Anwesenden aus, ohne einen Tropfen zu verschütten.

»Das Allerschwierigste an meinem Beruf«, sagte er später zu mir, »ist, soviel Wasser im Bauch zu vertragen.« An manchen Tagen waren es mehr als fünf Liter, die »Samson, der Kurde«, wie er sich nannte, innerhalb einer Stunde trinken mußte, um alle Herausforderer zu besiegen.

Meine Mutter hatte mich an jenem Tag gebeten, ihr beim Einlegen der gefüllten Auberginen zu helfen. Über fünf Kilo Knoblauch und zweihundert Walnüsse mußten vorbereitet werden. Fadi und Sahar halfen auch mit. Zeit für ein ruhiges Mittagessen blieb nicht. Ich aß nur schnell ein Stück Brot mit Schafskäse und Oliven und eilte in den Circus.

»Meine Frau suchte dich die ganze Zeit. Wo warst du?« fragte mich Amal, der Circusdirektor.

»Ich mußte meiner Mutter helfen. Was ist passiert?«

»Nichts ist passiert! Aber heute waren es vierzig Kinder, die vor meinem Wohnwagen auf dich gewartet haben«, sagte Amal, und wir traten ins Zelt, als Mala gerade Ajay ankündigte: »Meine Damen und Herren, heute wie an jedem Tag wird unser wundersamer Fakir seine Mahlzeit vor aller Augen einnehmen.«

Zwei Assistenten trugen einen kleinen Tisch in die Manege, auf dem eine leere Schüssel und eine Flasche Petroleum standen. Der Fakir goß fast einen halben Liter aus der Flasche in die Schüssel und zündete das Petroleum an. Es brannte und rußte fürchterlich. Ajay löschte das Feuer, nahm dann eine Handvoll Sägespäne vom Boden, mischte sie mit dem Petroleum und löffelte den Brei bedächtig aus.

»Das war die Suppe. Hat es geschmeckt?« fragte Mala durch das Mikrofon, und obwohl sie auf arabisch fragte und der Fakir kein Wort verstand, nickte er und wischte sich zufrieden den Mund ab. »Nun kommt die Hauptmahlzeit. Herr Ajay findet Glas und Steine sehr delikat, vor allem, wenn sie reif sind. Und wie jeder weiß, kann Brot knapp werden, aber Steine gibt es immer genug auf der Welt«, sagte Mala.

Das Publikum starrte den Mann an, der zu den Zuschauern in den ersten Reihen ging und sie nachprüfen ließ, ob die grüne Glasflasche und die Kieselsteine auch echt waren. Als er nach eingehender Begutachtung seine

Utensilien wieder zurückbekam, biß er in die Flasche, und vor den Augen der Leute zersplitterte ihr Hals unter seinen Zähnen. Er zermalmte das Glas, trank zwischendurch einen Schluck Wasser und aß die Flasche weiter auf. Ab und zu nahm er einen Kieselstein, biß ein Stück davon ab, als wäre es ein Apfel, und es krachte fürchterlich. Stück für Stück zermalmte und verschlang er die Flasche und gab wie jeden Abend einigen Zuschauern kleine grüne Splitter als Souvenir mit.

Dann folgte seine neue Nummer mit dem Jungen, der an einem Seil hochkletterte, um im Dunkeln am Ende des Seils zu verschwinden. Der Fakir rief nach seinem Lehrling, doch dieser kam nicht wieder. Der Fakir wurde wütend, nahm ein Metzgermesser und kletterte hinter seinem Laufburschen hinauf, nur um selbst nach einer Weile zu verschwinden. Plötzlich fiel der Kopf des Jungen auf den Boden der Manege, es folgten die Glieder und der Rumpf. Mich widerte das an, und ich war entsetzt, als ich die begeisterten Augen Malas sah. Endlich kam der Fakir wieder herunter, blutbeschmiert, sammelte die abgeschnittenen Glieder und bedeckte sie mit einem dunklen Tuch. Er murmelte beschwörend irgend etwas, langsam regte sich die Decke, und bald darauf sprang der Junge lebendig hervor. Der Beifall des Publikums kam zögernd und unwillig. Ajay eilte mit seinem Gehilfen hinaus, und ich sah mit meinem geübten Auge, daß er sehr enttäuscht war.

Nein, das war nichts. Irgendwie kam Ajay bei uns nicht an. Auch früher, als er die Boaschlangen auf das

Publikum losließ, um sie kurz vor der ersten Reihe wie hypnotisiert erstarren zu lassen und mit der Macht seines Blickes zur Rückkehr zu zwingen, erreichte er nur, daß die Zuschauer kreischten und angstvoll davonrannten.

Ajay traf mit seinen Vorstellungen nicht die Seele der Araber. Auch sein Steinefressen und Glasknabbern ging vielen Zuschauern auf die Nerven. Viele sparten auch nicht mit verletzenden Kommentaren, die Ajay Gott sei Dank jedoch nicht verstand.

Amal, der ein sehr feines Gespür für Stimmungen im Publikum hatte, setzte die Nummer ab. Ajay führte seitdem nur noch Feuerspucken vor, was bei Kindern immer eine große Faszination hervorrief.

Mir sagte Amal an jenem Nachmittag unter vier Augen, daß, wenn die Nachrichten stimmten, Morgana und der Circus in größter Gefahr seien.

19

Die Fliege
oder Wie man ein Vermögen zusammenfurzen kann

Aufgeschreckt durch einen Alptraum, überwältigte mich schon beim Aufstehen ein merkwürdiges Gefühl. Ich zitterte und stieß mich geistesabwesend an Kanten und Ecken. Sogar meine Eltern erschienen mir an jenem Morgen unerträglich.

Ich wollte Mala erst gegen Mittag treffen, doch irgend etwas zog mich sofort zum Circus. Dort bestätigte sich meine Vorahnung. Besorgt und traurig standen Shanti, Amal und Mala vor dem Eingang.

Nizamuddin, ein junger Mann, der immer hell lachte und wunderbar Trompete spielte, hatte beim Circus als Requisiteur und Musiker gearbeitet. In der Nacht zuvor war er nach einem Streit in einem Nachtlokal von einem Betrunkenen erstochen worden.

Die Polizei hatte Amal und den Freunden des jungen Musikers ein paar Fragen gestellt, und damit war der Fall abgeschlossen. Die Aussagen der Zeugen gegen den Täter waren eindeutig. Dieser war wild geworden, als seine Freundin, eine Tänzerin, dem jungen Mann aus Indien auffällig ihre Zuneigung zeigte, um ihn, den alten Liebhaber, zu demütigen.

Da Nizamuddin Muslim war, wurde er ohne Umstände zwei Tage später auf dem islamischen Friedhof begraben. Alles ging schnell und schäbig wie beim Tod vieler Armen in Arabien. Amal, Hussein, Santosh, Ashok, einige Circusarbeiter und die Musiker begleiteten Nizamuddin zum Friedhof, während Ganesh, Shambhu und ich im Circus bleiben mußten.

Ein wunderbares Leben war erloschen, und der Alltag mußte weitergehen. Ich lief an jenem Tag noch schnell zur Seidenstraße, wo man Knöpfe, Garn und Stoff kaufen konnte. Shanti hatte mir Geld dafür gegeben. Sie wollte mir als Geschenk einen zweiten orientalischen Anzug aus schwarzer Seide für meine Auftritte nähen. Shanti war Meisterin und leitete die Schneiderei des Circus.

Wenn schon der Morgen mit einem Misthaufen anfängt, kann der Mittag nicht nach Rosenwasser riechen. Als ich mit der Seide zurückkehrte, war es bereits Nachmittag. Im Circus war es wie gewöhnlich ruhig. Im Zelt trainierte Ashok eine neue Nummer mit sechs Bällen. Mala tanzte auf einem niedrig gespannten Seil. Oben am Trapez übten Sharmila und Bimal, die in Dauerverliebtheit zu leben schienen. Bis dahin hatte ich nicht für möglich gehalten, daß Menschen, die seit über zehn Jahren miteinander lebten, sich täglich aufs neue ineinander verliebten.

Ich suchte Shanti und Amal auf und ahnte nichts, als ich ihre Kinder vor dem Wohnwagen spielen sah. Ich klopfte, die Tür ging nur einen Spalt auf. »Ach, Sadik. Gut, daß du wieder da bist, komm herein«, sprach Shanti mit kraftloser Stimme.

Drinnen im Halbdunkel saß Amal. Er hielt seinen Kopf mit beiden Händen.

»Was ist passiert?« Fragend schaute ich zwischen beiden hin und her.

»Ich kann nicht mehr. Es hat keinen Zweck, Ich kann nicht mehr!« stöhnte Amal leise und verzweifelt.

»Die Kasse ist weg!« flüsterte Shanti.

»Die Kasse!« entfuhr es mir. Wie ein Blitz durchfuhr ein Schmerz meinen Kopf. »Wann ist das passiert?« fragte ich fassungslos.

»Heute mittag. Ich hatte den Schlachter und den Gemüsehändler ausbezahlt und endlich allen Mitarbeitern ihre längst fälligen Gagen übergeben können. Das habe ich besonders gerne getan, damit sie sich etwas vom Tod Nizamuddins ablenken können. Sie müssen heute abend ja wieder strahlend in der Manege erscheinen. Wir sind ausverkauft.

Irgendwann rief mich Santosh zu sich, damit ich ihm bei der Behandlung von Benja half. Der Löwe ist seit gestern krank und brauchte eine Spritze. Da vergaß ich für einige Minuten den offenen Tresor, und als ich zurückkam, war alles weg«, erzählte Amal niedergeschlagen. Es mußte einer der vielen Mitarbeiter gewesen sein, denn alle hatten die Bündel von Geldscheinen im Tresor gesehen. Die Einnahmen waren in den letzten Tagen sprunghaft angestiegen. Allein die Erfrischungstheke hatte so viel eingebracht, wie der Circus auf der ganzen Reise von Indien bis Morgana nicht eingenommen hatte. Nun war alles weg.

»Nein, nicht alles!« versuchte ihn Shanti zu trösten. »Hier habe ich fünftausend englische Pfund zur Seite gelegt, und deinen Rubin, den du von deiner Mutter geerbt hast, haben sie auch nicht!« Sie lächelte, und ich sah vor mir die Weisheit Indiens in dieser Frau, nichts auf der Welt konnte ihre Ruhe, ihr Lächeln rauben. Amal aber blieb verzweifelt.

Ich weiß heute noch nicht, was mir damals soviel Zuversicht gab. »Habt ihr das jemandem erzählt?« fragte ich. Shanti schaute mich an. »Nein, warum?«

»Das ist ja ein wahrer Gewinn!« rief ich und verwirrte Amal vollends. »Du hast gerade alle ausbezahlt und bist inzwischen bei allen Händlern als großer Kunde für Fleisch, Heu, Gerste, Getränke, Medikamente und Eis so beliebt und glaubwürdig, daß du weiterarbeiten und unbekümmert bestellen kannst, als hättest du Geld in Hülle und Fülle. Aber niemand außer uns dreien darf vom Diebstahl erfahren. Wir müssen die Nerven behalten, lächeln und weiterarbeiten, als ob nichts passiert wäre, und du wirst sehen, in ein paar Tagen haben wir wieder genügend Mittel.«

»Bist du sicher, daß sie so viel von mir halten?« fragte Amal vorsichtig.

»Und ob! Und heute abend nach der Vorstellung gibt es eine extra Erfrischungsrunde für alle Mitarbeiter und Händler. Die sollen merken, daß wir viel Geld haben«, erwiderte Shanti, drehte sich zu mir um, und beiläufig, als ob sie mir die Uhrzeit sagen wollte, fügte sie hinzu: »Und kein Wort an Mala, denn Mala ist eine wunderbare

Frau, aber manchmal kann sie ihre Zunge nicht im Zaum halten.«

Ich erstarrte vor Angst.

»Du brauchst keine Angst zu haben. Keiner außer mir weiß es. Seit ihrer Kindheit vertraut mir Mala alles an.«

Ich war eigentlich wütend darüber, aber nun hatte ich andere Sorgen. Schweigsam tranken wir Tee. Amal drückte mich fest, bevor er hinausging. Ich blieb noch bei Shanti, bis sie meine Maße für den Seidenanzug genommen hatte. Sie sprach aber kein Wort mehr über Mala, sie lächelte mich nur schüchtern an, als wollte sie sich für ihr Mitwissen entschuldigen.

Später lief ich über die Felder und lachte ausgelassen über die Lüge, die wir drei allen anderen aufbinden wollten. Auch Mala und meinen Eltern würde ich alles verschweigen.

Am Abend wurden alle Händler nach der Vorstellung zu einem kleinen Empfang eingeladen.

Die Vorstellung war wieder ein Riesenerfolg. Es war ein stürmischer Tag. Das Zelt blähte sich zu einem Segel, und man dachte, daß es den ganzen Circus wie ein Schiff in eine andere Welt gleiten lassen würde. Amal gab Anweisung, das aus Baumwolle gewebte Zelt mit Wasser zu besprühen, damit es sich vollsaugte und schwerer wurde. Dadurch war diese Gefahr zwar gebannt, aber der starke Wind versetzte die Masten und mit ihnen die Seile in so starke Schwingungen, daß wir Angst um Mala hatten, die unbeeindruckt ihre Seilakrobatik vollführte. Erst als sie sich auf sicherem Boden verneigte, atmete ich erleichtert auf.

In der Nacht zuvor hatte ich ja diesen furchtbaren Traum gehabt. Mala war von ihrem Mann mit einem Messer an der Stirn verletzt worden, gerade als ich schweißgebadet aufwachte. Meine Mutter hatte mich zwar beruhigt: »Wenn du Blut im Traum siehst, dann hat sich das Böse verausgabt. Hab keine Angst!«, aber geglaubt habe ich das erst, als Mala heil vom Hochseil heruntergekommen war.

An diesem Abend hatte Mala den Circusdirektor gebeten, die Messerwerfernummer abzusetzen, angeblich, weil sie erschöpft war. Nur ich wußte den wahren Grund, den Mala niemandem erzählen konnte. Sie hatte einen fürchterlichen Streit mit ihrem eifersüchtigen Mann gehabt, der sie verdächtigte, ihn zu betrügen. Sie fürchtete mit Recht um ihr Leben.

Der Circusdirektor gewährte Mala die Pause und erlaubte ihr, sich in ihren Wohnwagen zurückzuziehen. Dafür trat er selbst noch einmal als Clown mit einem Tanz auf einem niedrigen Seil auf. Immer wieder strauchelte er und schrie wild gestikulierend, daß das Publikum Tränen lachte. Die Lücke, die durch das Fehlen der Messerwerfernummer entstanden war, war damit aufs beste ausgefüllt. Auch deshalb liebten die Artisten den Circusdirektor. Er war einer von ihnen, wenn es darum ging, einen Kollegen zu vertreten, und er scheute keine Mühe, damit das Programm keine Minute kürzer und bis zum letzten Moment unterhaltsam war.

Als ich an die Reihe kam, drückte mir Shanti die Hand, bevor ich aus dem Sattelgang in die Manege rannte. Ich verneigte mich und nahm dankend den Beifall entgegen. »Meine Damen und Herren!« sagte ich dann. »Ich bringe heute kein Tier mit, denn ich wollte von einem nutzlosen Tier sprechen, und ein nutzloses Tier fand ich nicht, denn auch das kleinste Insekt hat in der Natur seinen Platz und seine Aufgabe, und wenn es fehlt, leidet die Natur darunter.«

»Aber die Mücken sind doch eine schlechte Erfindung!« rief ein hagerer Mann aus einer vorderen Reihe.

»Nein, nein! Die Mücken werden von Schwalben gefressen«, erwiderte sein Nachbar laut. »Doch kein Aas mag die Nacktschnecken, die meinen Salat jedes Jahr fressen. Wozu sind diese gottverfluchten Dinge da?«

Ein Gemurmel ging durch das Zelt, und es wurde immer lauter. Man konnte die Namen aller möglichen Tiere hören. Zwischendurch hörte man den Namen des Präsidenten, darauf folgte lautes Gelächter. Ich hob die Hand.

»Wenn man euch noch mehr Zeit läßt, werdet ihr schließlich alle Tiere nennen. Nein, ich glaube, auch das kleinste Tier ist nützlich, wenn man es nur besser kennt. So habe ich auch meine Meinung über Cousin Josef, Abu Fassue genannt, ändern müssen.

Wenn man vor zehn Jahren die Bewohner meiner Straße fragte, wer im Viertel der faulste und dümmste Nichtsnutz in Person sei, so hätte man von Kindern wie von zahnlosen Greisen nur einen Namen gehört: Abu Fassue, denn Abu Fassue konnte nichts außer furzen. Kaum jemand wußte, daß mein Cousin Josef hieß, denn jung und alt nannten ihn Abu Fassue, Vater des Furzes.«

Die Zuschauer lachten, denn Furzen war in Morgana genauso wie in ganz Arabien verpönt.

»Auch die Esel können furzen!« hörte ich einen rufen.

»Aber nicht so wie mein Cousin Abu Fassue«, erwiderte ich und fuhr fort: »Denn Abu Fassue konnte auf eine wundersame Art so lange furzen, wie er wollte.«

»Laß mich Bohnen, Knoblauch und Zwiebeln essen, und ich furze dir dieses Zelt dicht!« brüllte ein Mann und verschluckte sich an seinem eigenen Lachen.

»Aber du kannst es nie im Leben so wie Abu Fassue, denn der konnte ohne Bohnen, Zwiebeln oder Knoblauch stundenlang jede Stimme und jeden Klang nachahmen – und das ohne Geruch.«

»Es fehlt nur noch, daß er auch die Lieder unserer geliebten Sängerin Um Kulthum furzen konnte: Hatte der Mann eine Nachtigall im Hintern?«

»Nein, einen Filter!« erwiderte ein anderer.

Die Leute brüllten vor Lachen, aber ich erzählte unbeirrt weiter. Es war für mich eine der härtesten Prüfungen, die ich je beim Erzählen hatte. Arabern vom Furzen zu erzählen ist fast unmöglich, die einen verdrehen die Augen und sperren die Ohren zu, und die anderen können vor Lachen nichts mehr hören. Aber trotz der

Unterbrechungen setzte ich meine Geschichte von meinem Cousin Abu Fassue fort.

»Wie Abu Fassue zu Geld kam und reicher als alle seine Verwandten wurde, das gleicht einem Märchen. In meiner großen Familie gab es Ärzte, Architekten und erfolgreiche Händler, Bildhauer und Handwerker, aber von heute auf morgen wurde Abu Fassue eben durch seine wundersame Fähigkeit reicher als sie alle.«

Im Zelt wurde es nun sehr ruhig, es herrschte knisternde Spannung. Jetzt wußte ich, daß ich das Publikum in der Hand hatte.

»Abu Fassue entdeckte seine Fähigkeit schon als Kind, doch bei den ersten Versuchen erntete er Ohrfeigen von seinem Vater. Abu Fassue ahmte den Gesang eines Kanarienvogels so genau nach, daß der Vater ihm die Hose herunterriß, um zu sehen, ob Abu Fassue nicht doch einen Kanarienvogel zwischen den Beinen eingeklemmt hatte. Er befahl nun seinem Sohn, den Gesang des Kanarienvogels mit entblößtem Hintern zu wiederholen, und Abu Fassue konnte trotz seiner Angst das gewünschte Trillern so anmutig wiedergeben, daß mein Nachbar, der Postbeamte Elias, es auf einem Kassettenrecorder aufnahm, um seine singfaulen Kanarienvögel zu animieren.

Auf die Dauer waren die Eltern natürlich sehr enttäuscht von diesem Sohn, der es weder in der Schule noch in irgendeinem Handwerk zu etwas brachte und der mit siebzehn immer noch nichts anderes konnte als furzen.

Statt sich aber zu schämen, übte Abu Fassue Tag und Nacht, so daß er nach drei Jahren härtester Übung alle hierzulande berühmten Lieder und Melodien, alle Laute der Tiere und Insekten, alle Geräusche und Klänge der Instrumente, ja sogar Donner, Wind und Regen nachahmen konnte. Sonst konnte Abu Fassue nichts, wirklich nichts.

Als nach zwanzig Jahren Haft sein Onkel mütterlicherseits aus dem Gefängnis entlassen wurde, war Abu Fassue fünfundzwanzig Jahre alt. Dieser Onkel war in seiner Jugend ein scharfzüngiger, verwegener Dichter gewesen, der im Herzen die Leiden der Menschen verstand und mit genialer Sprache eine Dichtung darüber schuf, die leicht und lustig zu sein schien, aber die Menschen so bewegte, daß der damalige Staatspräsident Hadahek persönlich ihr Verbot anordnete. Doch der Dichter ließ sich nicht einschüchtern und verfaßte ein Lied, das den Staatspräsidenten lächerlich machte. Dieses ging von Mund zu Mund und wurde schnell beliebter als alle Volkslieder. Der Dichter wurde daraufhin verhaftet und wegen angeblicher Spionage für Israel zu zweiundsiebzigmal lebenslänglicher Haft verurteilt.

Zwanzig Jahre lang mußte der Dichter im Gefängnis schmachten, bis er durch Vermittlung der Kirche unter der Bedingung amnestiert wurde, kein politisches Wort mehr zu äußern. Der Dichter hielt sich zeitlebens daran und schrieb nur noch Liebesromane, die vielversprechend anfingen und immer in einer glücklichen Ehe endeten. Sein Erfolg war unermeßlich, seine Bücher wurden in ganz Arabien bekannt und mehrfach verfilmt. Der Onkel aber lebte zurückgezogen und weigerte sich, auf Empfängen zu erscheinen oder Interviews zu geben. Er wohnte in einem kleinen Haus, und von der ganzen Verwandtschaft fand er an keinem so Gefallen wie ausgerechnet an Abu Fassue.

In den ersten Jahren in Freiheit war der Onkel sehr arm, und Abu Fassue schleppte, weiß Gott wie und woher, Verpflegung für den im Gefängnis krank gewordenen Onkel herbei. Die Verwandtschaft bedauerte die beiden merkwürdigen Gestalten, und man muß ehrlich sagen, daß viele auch Angst hatten, mit dem ehemaligen Gefangenen Kontakt aufzunehmen. Abu Fassue hingegen bekannte sich öffentlich und laut zu seinem Onkel, und wenn einer der Nachbarn oder Verwandten ihn vor dem Dichter warnen wollte, so furzte er darauf. Er besuchte seinen Onkel täglich und führte ihm seine Furzkünste vor, worüber dieser sich königlich amüsierte.

Als der Dichter später bekannt wurde und seine Romane in jedem Regal standen, war er nun derjenige, der von seiner Verwandtschaft samt ihren Einladungen nichts wissen wollte. Nur Abu Fassue durfte jederzeit zu ihm.

Leider konnte der Onkel Ruhm und Reichtum nicht mehr lange genießen, denn die Knochenkrankheit, die er sich im Gefängnis geholt hatte, erwies sich als bösartig und unheilbar. Auf der Suche nach Rettung reiste er durch die ganze Welt, doch als er nach einem Jahr zurückkehrte, wohnte in seinem Gesicht bereits der Tod.

Einen solchen Trauerzug hatte Morgana selten gesehen. Über zweihunderttausend Menschen begleiteten den Sarg zum Grab. Die Verwandtschaft ging in Schwarz in der ersten Reihe. Zwei Minister und über dreißig hohe Offiziere in Uniform erwiesen dem Toten die letzte Ehre.

Am offenen Grab wurden Lobesreden geschwungen, und keiner der Redner ließ es an Trauer und Ergriffenheit in seiner Stimme fehlen, um zu zeigen, wie eng er mit dem verstorbenen Dichter befreundet gewesen war.

Plötzlich erklang die Melodie der Nationalhymne. Die Fanfaren schmetterten den Anfang, dann folgten Trommeln, Pauken, Posaunen und Pfeifen aller Art. Die Trauernden schauten sich suchend um, um die Kapelle zu entdecken, die bis dahin im verborgenen zu stehen schien, doch weit und breit war kein Musiker zu sehen. Nur langsam entdeckten einige die Quelle. Es war niemand anderer als Abu Fassue, der die Nationalhymne furzte.

Die Leute konnten sich vor Lachen kaum auf den Beinen halten, und viele hielten sich die Bäuche. Wie eine Welle über einen Teich verbreitete sich das wilde Lachen von den ersten Reihen nach allen Seiten und wogte wieder zurück. Nur die Offiziere standen stramm und salutierten, was bei den übrigen noch stärkere Lachkrämpfe hervorrief. Der Pfarrer und die fünf Ministranten, die bis dahin steif und würdig gestanden hatten, ließen schließlich Kerzen und Weihrauchtöpfchen fallen und weinten vor Lachen. Einige Offiziere fragten sich, ob sie bei einer gefurzten Nationalhymne salutieren mußten oder nicht, doch der strenge Blick ihrer Vorgesetzten, die unerschütterlich stramm standen, ließ sie wieder Haltung annehmen.

Unbeeindruckt und ohne eine Miene zu verziehen, stand Abu Fassue da und ließ seine genau geeichten Lüfte unsere Nationalhymne blasen. Er spielte Strophe für Strophe vom ersten Vers an, wo es heißt: ›Gestern haben wir den Himmel erobert …‹, bis zum letzten Vers, der gewaltig und heroisch unter Paukenwirbeln mit den Worten abschließt: ›Und morgen wird die Erde der Stall unserer Pferde.‹

Dies war der letzte Wunsch des verstorbenen Dichters gewesen, bei dessen Erfüllung Abu Fassue als Alleinerbe des ganzen Vermögens eingesetzt wurde. Der Notar selbst war anwesend, und er brauchte nur der Form halber die Aussagen der vom Dichter zu Lebzeiten ernannten Zeugen.

Doch wie wundersam diese Geschichte auch sein mag, sie ist gar nichts im Vergleich zum Schicksal meiner Tante Cäcilia, von der ich morgen erzählen werde.«

Noch nie hatten die Zuschauer im Circus so oft und so laut gelacht wie an jenem Abend. Das war jedoch für mich nur Ansporn, am nächsten Abend eine noch lustigere Geschichte zu bieten.

20

Der Papagei oder Der Wille zum eigenen Wort

Heute weiß kaum noch jemand in Morgana und anderswo, was ein Straßenschreiber ist. In jeder Familie kann mindestens einer schreiben und lesen. Das war aber nicht immer so. Früher waren Buchstaben für die Mehrheit der Bevölkerung ein Buch mit sieben Siegeln.

Mündlichen Bitten und Beschwerden gegenüber stellten sich die Behörden in Morgana taub. Da konnte einer heulen, Asche auf sein Haupt streuen oder sich die Adern aufschneiden, die Beamten ließen sich auf die tragischen, oft tränenreichen Vorstellungen nicht ein. »Reiche deine Beschwerde schriftlich ein. Dann werden wir deinen Fall prüfen«, lautete ihre gleichbleibende Antwort.

Wer also schreiben konnte, hatte am Eingang der Behörden genug Kunden, die ihn dafür bezahlten. Der Beruf des Straßenschreibers gehörte zu den uralten Berufen der Stadt. Manche Familien übten ihn über Jahrhunderte aus.

Wie in jedem alten Handwerk, so hatten sich im Laufe der Jahrhunderte auch die Straßenschreiber auseinanderentwickelt. Es gab mächtige, und es gab arme Schlucker. Die mächtigen unter ihnen saßen unmittelbar neben dem Haupteingang der Behörden und spannten große Schirme auf, um sich vor der sengenden Sonne zu schützen. Nicht selten hatten sie sogar einen Stuhl für den Kunden, so daß es bei ihnen, obschon auf der Straße, nach einem seriösen Büro aussah, in dem auch Kaffee, Tee und kühle Getränke serviert wurden.

Je ferner die Straßenschreiber vom Eingang saßen, um so schäbiger wurden sie, und um so kleiner wurden ihre Tische und Schirme. Die ärmsten unter ihnen hatten nicht einmal für sich selbst einen Stuhl. Sie schrieben stehend. Ein Brett aus Holz, das sie bei sich trugen, diente ihnen als Unterlage beim Schreiben, wenn sie überhaupt einen Auftrag bekamen. Sie waren die Nomaden unter den Straßenschreibern. Viele Antragsteller entschieden sich lieber für die vertrauenerweckenden sitzenden als für diese verschwitzten und verhungerten Schreiber, die hinter den Passanten mit leidender Stimme herriefen: »Beschwerde gefällig? Antrag gefällig? Brief?«

Diese herumschwirrenden Straßenschreiber wurden von ihren sitzenden Kollegen sehr verachtet. Oft schleuderten ihnen diese die unflätigsten Schimpfwörter entgegen, und nicht selten hetzten sie die Polizei auf sie.

Auf dem Bürgersteig einen Tisch, einen Stuhl und sogar noch einen Sonnenschirm aufzustellen war in Morgana verboten. Jederzeit konnte die Polizei jeden Straßenschreiber vertreiben. Das tat sie aber nicht. Mein Onkel Tanius hat in zwanzig Jahren sein Haus dreimal gewechselt, aber sein Tisch stand immer unmittelbar vor dem großen Eingang zum Gerichtshof. Dafür zahlte er monatlich dem Kassierer der Polizei siebzig Lira als Duldungsgeld. Das teilten die Polizisten unter sich und taten so, als wäre es die selbstverständlichste Sache der Welt, daß einer den Bürgersteig auf Dauer besetzt. Ja, sie sorgten sogar dafür, daß die Zahl der Nomaden unter den Straßenschreibern klein blieb, um das Geschäft nicht zu verderben.

Onkel Tanius zahlte regelmäßig, und er konnte um acht, um zehn oder gar um zwölf Uhr kommen, sein Platz war für ihn reserviert. Keiner seiner Kollegen wagte es, in seiner Abwesenheit auch nur einen einzigen Zentimeter davon zu belegen. Höchstens einer der umherziehenden Schreiber lungerte an dieser Stelle, dabei schaute er jedoch nur mit einem Auge auf sein Blatt, mit dem anderen spähte er in die Ferne, damit ihn Onkel Tanius nicht erwischte und womöglich vor seinen Kunden ohrfeigte.

Mein Onkel hatte nicht nur eine wunderschöne Schrift, er war auch ein hervorragender Menschenkenner. Zwanzig Jahre hatte er von den Schicksalen der Menschen, von Gemeinheiten, Liebesdramen und Familientragödien gehört. Mit den Jahren entwickelte er einen Instinkt, der ihn schon nach ein paar Sätzen das Ende einer Geschichte ahnen ließ. Er wußte genau, ob Beschwerden, Bitten oder Anträge Aussicht auf Erfolg hatten oder nicht. Er war sozusagen Schreiber, Anwalt und Richter in einer Person. Hielt er das Anliegen seines Kunden für hoffnungslos, so ließ er ihn weiterreden und schrieb mit seiner geschwungenen Schrift: Im Namen Allahs, des Erbarmers, des Barmherzigen!

Das schrieb er immer, obwohl er Christ war. Die Mehrheit der Richter und Beamten waren jedoch Muslime, und ein frommer Muslim fängt nichts an, ohne diesen Satz auszusprechen. Und wenn ein Richter nicht fromm war, freute er sich wenigstens über die schöne Schrift. Für Onkel Tanius war die Zeile auch ein Zeitgewinn. Während der Kunde ausführlich seine Geschichte in den schillerndsten Farben ausmalte, schrieb Onkel Tanius das Datum und dann ganz, ganz langsam:

Sehr verehrter und hochgeachteter Beamter,

dieser arme Teufel bedarf lediglich des Trostes, denn nur der allmächtige Gott mit seiner unermeßlichen Gnade kann ihm helfen.

Mit den besten Grüßen

Friede sei mit Euch, mit Gottes Segen und Erbarmen

Ihr treuer

Tanius

Der Kunde nahm das Papier und eilte damit zum Beamten. Er war glücklich, daß dieser, anders als erwartet, beim Lesen freundlich nickte und ihn mit vornehmen Abschiedsworten und besten Wünschen nach Hause schickte.

Hielt Onkel Tanius einen Antrag für aussichtsreich, so faßte er das Gejammer und Gezeter seiner Kunden sachlich in Punkten zusammen. Nicht selten machte er dem Richter oder Beamten Lösungsvorschläge, und diese zollten ihm Respekt für seine Hilfe, die ihnen kostbare Zeit sparte.

Aber nicht nur Anträge und Beschwerden schrieb Onkel Tanius für seine Kunden, auch Briefe, vor allem an Verwandte, die nach Amerika ausgewandert waren. Er schrieb jedoch nicht alles, was den Leuten einfiel. Manche Eltern kamen zu ihm und wollten dem Sohn in Amerika stundenlang von einem Streit mit den Nachbarn berichten. Hundertmal wiederholten sie: »Wir sagten …, und sie sagten …« Andere diktierten allen Ernstes: »Schreibe meinem Sohn, er soll am Sonntag aus Amerika kommen. Ich koche nämlich gefüllte Weinblätter, und die mag er sehr.«

Ohne zu widersprechen, schrieb Onkel Tanius dem Sohn schöne Grüße und flehte ihn an, seinen Eltern zu schreiben und Geld zu schicken. Aber manche Kunden mißtrauten dem fremden Schreiber und wollten am Ende prüfen, ob dieser auch alles geschrieben hatte. Er sollte ihnen den Brief vorlesen, und er, Gott ist mein Zeuge, gab Wort für Wort ihr Geschwafel wieder, das sie ihm diktiert hatten. Nie hat er ein Wort vergessen. Gut lügen verlangt Geist, die Wahrheit kann jeder Einfaltspinsel sagen.

In Morgana gab es damals Hunderte von Straßenschreibern, aber nur eine Handvoll davon war angesehen. Zu ihnen zählte Onkel Tanius. Kurz vor seinem Tod schenkte er mir drei dicke Hefte voller Geschichten, seltsame und merkwürdige Schicksale, die er Abend für Abend zur Erholung für sich aufgeschrieben hatte. Allein die Geschichte des Mannes, für den mein Onkel drei Jahre lang Liebesbriefe schrieb und dem er die Antworten seiner Angebeteten vorlas, füllt hundert Seiten. Die Frau verliebte sich damals unendlich in die blumenreiche und feurige Sprache der Briefe und war dann bei der ersten Begegnung mit dem unbeholfenen, grobschlächtigen Mann so bitter enttäuscht, daß sie beschloß, meinen Onkel ausfindig zu machen und zu bestrafen. Das ist aber eine andere Geschichte.

Der allernächste Verwandte eines Straßenschreibers ist der Papagei, denn viele Menschen bilden sich ein, daß Papageien nur das wiederholen, was man ihnen vorsagt. Aber das ist ein Irrtum.

Es war mein siebter Abend, und ich ging mit einem Papagei in die Manege. Im Zelt waren sogar die Gänge zwischen den Reihen besetzt. Es war so voll, daß, wenn sich noch eine Ameise hätte dazugesellen wollen, sie nur senkrecht stehend Platz gefunden hätte. Ich begrüßte mein Publikum und rief: »Heute ist ein besonderer Abend, der siebte. Ihr wißt, wie heilig die Zahl sieben ist. Ich glaube fest daran, daß die Zahl sieben geheimnisvoll und mystisch ist, genau wie die Zahlen drei, neun, acht, vier, fünf, zwei, zwölf und dreizehn. All diese Zahlen sind ziemlich rätselhaft und werden in mystischer Hinsicht nur von den Zahlen dreiundzwanzig, sechs, neunzehnhundert und sechsundvierzig übertroffen.

Nun ja! Wenn man mich fragt, warum ich heute einen Papagei dabeihabe, so kann ich nur sagen, daß Papageien mich mit ihren leuchtenden Farben schon seit meiner Kindheit faszinieren. Den ersten Papagei sah ich bei meiner Tante Cäcilia, der Schwester meiner Mutter. Mit fünfzehn hatte sie einen reichen Brasilianer arabischer Abstammung geheiratet, der zu Besuch in Morgana gewesen war. Sie fuhr mit ihm nach Brasilien. Dreißig Jahre danach kehrte sie zurück. Das einzige, was sie aus Brasilien mitbrachte, waren ein Papagei namens Coco und eine tragische Geschichte, die damals allerdings jeder zweite mittellose Emigrant von sich erzählte.

Angeblich war Tante Cäcilia in Brasilien sehr reich gewesen. Ihr Mann handelte zunächst mit Rindern. Um seine Rinder zu zählen, mußte er, wenn die Herde in Viererreihen an ihm vorbeizog, von morgens sechs Uhr bis abends sechs Uhr auf dem Rücken seines Pferdes sitzen.

Vom langen Sitzen bekam er jedoch Hämorrhoiden und handelte von nun an mit Zucker, bis er nach Jahren an Zuckerkrankheit starb. Tante Cäcilia verwandelte sein Vermögen in Goldbarren und packte ihren Haushalt Stück für Stück in Kisten, um alles per Schiff nach Morgana zu transportieren. Ein großer Frachter war dafür notwendig. Sie war der einzige Passagier. Das Schiff nahm Kurs auf Morgana. Kurz vor der Küste ging es plötzlich unter, warum und wie, wußte niemand. Es war eine laue Sommernacht gewesen. Tante Cäcilia konnte sich mit ihrem Papagei Coco an die Küste retten.

Wir nannten sie ›Tante Papagei‹. Tausend Geschichten hat sie mit ihrem Coco angestellt. Sie war schön, aber zum Entsetzen vieler Männer war sie nur in ihren Papagei verliebt.

Später ist sie an ihm verrückt geworden. Sie wiederholte nur noch, was der Papagei sagte, und verbrachte ihre letzten Tage damit, Hühner und Papageien kreuzen zu wollen.

Besessen von der Idee, das erste sprechende Papahuhn zu züchten, das seinen Besitzer rufen kann, wenn es ein Ei gelegt hat, sperrte sie ihren Papagei mit etwa zehn Hühnern im Hühnerstall ein. Sie hoffte, er würde an ihren Hühnern Gefallen finden und für reichlich Nachwuchs sorgen. Um etwas nachzuhelfen, färbte sie den Hühnern ein paar Federn rot und grün.

Einen Monat lang ließ sie den Papagei im Hühnerstall. Als sie ihn wieder herausnahm, war er sehr erschöpft und schlief erst einmal einige Tage und Nächte durch. Diese Erschöpfung machte der Tante Hoffnung, doch sie irrte sich gewaltig, denn der Papagei war durch nichts anderes erschöpft als durch pausenloses Erzählen. Die Hühner konnten danach nicht nur perfekt Portugiesisch mit brasilianischem Akzent, sondern, und das ist in der Tat seltsam, sie konnten die berühmte brasilianische Liebesgeschichte ›Gabriela wie Zimt und Nelken‹ Wort für Wort erzählen, von ›In jenem Jahre 1925‹ bis ›Hier endet die Geschichte von Nacib und Gabriela, weil sie von neuem beginnt, so wie die Flamme aus der glimmenden Asche von neuem emporzüngelt‹. Der Hahn krähte nicht mehr, sondern rief jedesmal um Mitternacht: ›Ayayaya! Bahiya!‹

Die ersten Küken schienen den Traum der Tante zu erfüllen. Sie klopften von innen an die Eierschale und riefen in sanftem Portugiesisch: ›Ich will hier raus! Ich will hier raus!‹

Nach kurzer Zeit jedoch krähte der Hahn wieder sein altes Kikeriki, die Hühner gackerten wie immer und legten Eier, aus denen Küken schlüpften, die zum Ärger der Tante kein Portugiesisch mehr verstanden. Hühner haben ein schlechtes Gedächtnis, das kann manchmal eine Gnade sein, aber eine Sprache läßt sich damit nicht erlernen.

Papageien können bis zu zweihundert Jahre alt werden. Coco war noch jung. Tante Cäcilia sagte, er wäre erst hundertunddreißig Jahre alt. Aber er hatte nicht nur Arabisch schnell gelernt, sondern konnte zwei Sprachen von untergegangenen Indianervölkern im Amazonasgebiet sprechen, die nur ein paar Experten verstanden.

Als Tante Cäcilia in hohem Alter schwer krank wurde, waren wir oft bei ihr. Ohne jede Anweisung wiederholte der Papagei pausenlos: ›Meine Cäci ist krank! Arme Cäci! Arme Cäci. Coco ist traurig!‹

An einem Sonntag eilte ein Nachbar der Tante zu meiner Mutter und teilte ihr mit, daß ihre Schwester tot sei. Wir rannten zu ihrem Haus, und ob man es glaubt oder nicht, der Papagei lag tot neben seiner Freundin. Und das hat ihm bestimmt niemand vorgesagt.

Nein, Papageien haben Charakter und sind sehr intelligent. Sie wiederholen nicht alles, was man ihnen sagt.

Zufälligerweise kenne ich da eine passende Geschichte.«

»Gott segne deine Zufälle! Weiß der Himmel, wo du die herhast!« rief eine alte Frau aus den mittleren Reihen. Die Leute lachten.

»Wie kannst du bloß all diese Geschichten im Kopf behalten?« fragte ein beleibter Mann mit roten Wangen.

»Das ist eine andere Geschichte!« antwortete ich, und alle lachten. Mala winkte mir, hinter ihrem Mann stehend, heimlich zu.

»Nun, wie gesagt, ich kenne zufällig eine Geschichte, die beweist, daß Papageien nicht alles sagen, was man von ihnen will. Es ist die Geschichte mit dem Papagei und dem Lehrer.

Unser heutiger Präsident Hadahek ist liberal. Viele von euch wissen nicht mehr, wie grausam der Diktator Hadahek war, der in den fünfziger Jahren herrschte. Er war bis zu seiner Absetzung ein kaltblütiger Mörder. Angst herrschte im Land.

Nach seiner Absetzung floh er ins Ausland, und was mit ihm passierte, ist eine sehr spannende Geschichte, die ich euch gerne hier eines Tages erzählen werde.

Ein ängstlicher Lehrer haßte diesen Hadahek und beschimpfte ihn laut im Herzen und leise im Zimmer genau hundertmal am Tag. Er hatte zwei große Tassen, in der einen befanden sich hundert Kieselsteine, die andere Tasse war leer. Kurz vor dem Schlafengehen setzte er sich auf die Bettkante und fing an, Hadahek hundertmal zu verfluchen. Damit er nicht aus Müdigkeit womöglich einmal weniger schimpfte, nahm er bei jedem ›Gott verfluche das Schwein Hadahek‹ einen kleinen Kiesel aus der einen und warf ihn in die andere Tasse.

Nun hatte dieser Lehrer einen Papagei, und mit der Zeit lernte dieser die derbsten Flüche gegen den Diktator auswendig und krächzte sie zur Freude des Lehrers am Morgen wie am Abend. Eines Tages wollte der Schulleiter den Lehrer besuchen. Dieser Schulleiter war regimetreu und vergötterte Hadahek. Er ließ keine Gelegenheit aus, seine Untergebenen auch daheim zu bespitzeln.

Natürlich war der Lehrer nicht begeistert. Er hätte am liebsten dem üblen Burschen eine Ohrfeige versetzt, heuchelte jedoch ängstlich den begeisterten Gastgeber. In großer Eile räumte er seine Wohnung auf und säuberte sie sorgfältig nicht nur von jeder Untergrundzeitung, sondern von jeder kleinsten Spur seiner Abneigung gegen die Regierung. Sogar die Kieselsteine versteckte er im Schrank, aus Angst, die Steine würden sprechen und ihn verraten. Nur den Papagei vergaß er – bis es an der Tür klingelte.

Da erschreckte ihn der Vogel mit dem deutlich vernehmbaren Ruf: ›Nieder mit dem Schwein Hadahek!‹ Der Lehrer erstarrte, doch viel Zeit blieb ihm nicht mehr. Und weil er keinen Käfig besaß und Angst hatte, der Papagei würde wegfliegen, umwickelte er ihn mit einer Wäscheleine, knotete das Seil fest und ließ den Papagei kopfüber draußen von der Fensterbank in die Tiefe baumeln. Erleichtert öffnete er nun die Tür. Der Schulleiter trat ein, machte einen Gang durch die Wohnung, warf prüfende Blicke auf das Bücherregal und setzte sich auf das kleine Sofa im Wohnzimmer unter dem Bild des Diktators, das der Lehrer schnell an die Wand gehängt hatte.

Als der Besucher zu später Stunde, beeindruckt von der Gesinnung des Lehrers, endlich die Wohnung verließ, war dieser durch den schweren Wein und die Anstrengung der Verstellung so erschöpft, daß er wie ein Sack Kartoffeln ins Bett fiel.

Am nächsten Morgen verschlief der Lehrer seinen Wecker. Plötzlich erwachte er. Er warf einen verzweifelten Blick auf die Uhr und stellte fest, daß er ohne Frühstück und Rasur in die Schule rennen mußte, wenn er sich nicht verspäten wollte.

Auf dem Heimweg sah er ein großes Bild des Diktators und beschimpfte ihn sofort in seinem Herzen. Erst in diesem Augenblick erinnerte er sich an seinen Papagei, der in der brütenden Hitze des Tages immer noch eingewickelt und kopfüber an seiner Fensterbank hing. Der Lehrer rannte nach Hause, stieß das Fenster auf und zog den Papagei hoch.

Stundenlang schwieg der Papagei. Der Lehrer fütterte ihn mit frischen Früchten und Nüssen, die Papageien lieben. Er gab ihm frisches Wasser und entschuldigte sich tausendmal für die Mißhandlung. Aber der Papagei blieb stumm. Den ganzen Nachmittag und den ganzen Abend über.

Spät in der Nacht ging der Lehrer zu Bett, doch bevor er einschlief, beschimpfte er den Diktator noch hundertmal. Es war eine drückend heiße Sommernacht, und die Fenster standen weit offen.

Gerade als der Lehrer am Einschlafen war, hörte er, wie der Papagei, der sich lautlos auf der Fensterbank niedergelassen hatte, laut krächzte: ›Es lebe Hadahek! Hoch soll er leben! Hoch soll Hadahek leben!‹

Der Lehrer sprang aus dem Bett und versuchte seinen Papagei zum Schweigen zu bringen, aber dieser setzte sich auf eine nahe Fernsehantenne und schmetterte in die Stille der Nacht: ›Es lebe Hadahek! Hoch soll er leben!‹

Überall gingen Lichter an, die Nachbarn schrien dem Lehrer zu, er solle seinen verdammten Papagei einfangen, und wenn er den Präsidenten schon so sehr liebe, dann solle er das für sich behalten.

Bis zum Morgengrauen ließ der Papagei den Diktator hochleben und verschwand dann für immer. Von nun an wurde der Lehrer als Spitzel gemieden.

Wie gesagt, Papageien wiederholen nicht alles, was man ihnen sagt, genausowenig wie Onkel Tanius, der Straßenschreiber, der auch nicht alles schrieb, was man von ihm verlangte. Zwanzig Jahre lang hatte er sein Büro sozusagen auf der Straße gehabt und Tag für Tag die abenteuerlichsten Geschichten gehört und erlebt. Allein, was ihm ein Bettler erzählte, ist eine unglaubliche Geschichte, die ich euch gern morgen erzählen werde.«

21

Der Hund oder Warum keine Gesellschaft ohne Bettler auskommt

Unglaublich, was sich die Ärzte alles erlauben können! Gestern noch hat der Chefarzt gesagt, es sei alles in Ordnung, heute ist er nicht da, und sein Vertreter will mich drei Tage zur Beobachtung hierbehalten. Und das Schlimmste, ich darf mich darüber nicht einmal aufregen, weil angeblich jeder Überdruck meinem Auge schadet.

Als Kind habe ich ungewollt den Tod mehrmals durch Krankheit angelockt, doch, so muß ich heute gestehen, habe ich einige Male den Tod auch eigenhändig durch sinnlose Mutproben gekitzelt. Eine der waghalsigsten Herausforderungen war die Suche nach der Quelle des Kalamunflusses, der durch Morgana fließt.

Damals erzählte mein Nachbar, daß die Stadt Morgana vor ein paar Jahrhunderten fast verdurstet wäre. Ihre Einwohner flehten alle Heiligen an, doch es half nichts. Erst als ein alter Pfarrer die heilige Maria um Hilfe bat, sei diese vom Himmel heruntergekommen und hätte mit den Fingern ihrer rechten Hand Wasser aus einem Felsen springen lassen, das dann die Stadt rettete. »Und wer das Wasser direkt aus dem Felsen in den Mund bekommt, wird sein Leben lang nicht krank«, schloß der

Nachbar seine Geschichte und nannte einige Freunde seines verstorbenen Vaters, die das heilige Wasser gekostet hätten und zu Lebzeiten nie krank gewesen wären. Meine Mutter lachte ihn aus. »Wenn man nur tote Zeugen nennt, kann man leicht den Sultan geohrfeigt haben.«

Ich war damals nicht einmal vierzehn, und mein Bruder Fadi hatte sein zehntes Jahr noch nicht erreicht. »Wie wäre es, wenn wir den unterirdischen Fluß entlanggehen, bis wir die Hand der heiligen Maria sehen, vielleicht werden wir auch unsterblich, wenn wir das Wasser direkt in den Mund bekommen, bevor es die Erde berührt«, träumte ich wach neben Fadi, der sich zum Entsetzen meiner Eltern damals Tag und Nacht mit dem Tod beschäftigte. »Ja, unsterblich möchte ich sein!« rief er, und es stand für uns fest, daß wir ein Abenteuer vor uns hatten.

Wir nahmen ein kleines Seil von nicht einmal zwei Meter Länge, eine Taschenlampe und ein winziges Taschenmesser mit. Zu Hause gaben wir vor, daß wir mit den Fahrrädern auf dem Gelände vor dem Osttor spielen wollten. Wir hatten Ferien und brachen gleich am frühen Morgen nach dem Frühstück auf.

Wir erreichten die Wasserquelle. Unsere Fahrräder schlossen wir in der Nähe ab und warteten eine Weile, damit uns niemand beobachten konnte, wie wir uns durch den Spalt in den Felsen zwängten.

Damals hatten viele Haushalte kein fließendes Wasser. Der tägliche Bedarf wurde von der Quelle in Tonkrügen und Metallkanistern herbeigeschafft, und man ging äußerst sparsam mit dem Wasser um.

Im Felsen öffnete sich zu unserer Überraschung eine Art Höhle, an deren Ende das Wasser aus einem ebenerdigen Loch aus der Felsenmauer floß. Darin konnte man sich in der Hocke, die Taschenlampe im Mund haltend, der Quelle nähern. Eine Art Tunnel war dieser Gang, über fünfzig Meter lang. Dann erreichten wir einen großen Raum mit hoher Decke. Wir wateten im Wasser und gingen erst aufrecht, dann gebückt, und am Ende mußten wir kriechen.

Wir krochen und krochen, zeitweise ohne Licht, um die Batterien zu schonen. Plötzlich schrie Fadi: »Mach mal Licht, schnell!« Ich drehte mich zu ihm um und knipste die Taschenlampe an. Ich wäre vor Schreck fast gestorben. Wir befanden uns in einem engen Flußlauf auf einer Art Aquädukt aus Felsgestein. Links und rechts öffnete der Abgrund seinen dunklen, unendlich tiefen Rachen.

»Plötzlich war die Felswand weg!« stammelte Fadi entsetzt.

»Hab keine Angst, wir sind bald da!« sagte ich und zeigte auf das Ende des Wasserlaufs, der wieder aus einem Felsen trat. Wir krochen ganz langsam, da der Boden auf einmal sehr glitschig wurde. Wir zwängten uns durch die Öffnung und kamen in einen hellen Raum. Da war die Quelle. Das Wasser floß aus mehr als zwanzig Löchern, die tatsächlich so aussahen, als hätte ein mythisches Wesen seine Finger in die Teigmasse der Felsen gedrückt, bevor sie trocknete. Von einer Hand der heiligen Maria konnte allerdings keine Rede sein. Der Raum war aus rötlichem Sandstein und hatte glatte hohe Wände. Ganz oben war ein Spalt im Felsen, durch den die Sonne schien. Aber kein Mensch konnte diese glatten Felsen hochklettern. Fadi sah elend blaß aus. »Ich will nach Hause«, sagte er und hielt tapfer seine Tränen zurück. Trotz unserer Verzweiflung tranken wir einen kräftigen Schluck direkt aus den ziemlich niedrig gelegenen Löchern.

»Wir kehren gleich zurück«, beruhigte ich Fadi. Dann wollte ich Licht machen, aber die Taschenlampe leuchtete nicht mehr. Es war nichts zu machen. Entweder war Wasser hineingekommen, oder die Batterien waren leer. Also mußten wir in absoluter Dunkelheit unseren Weg ertasten. Fadi schlug vor, meinen rechten Fuß mit dem Seil an seinen rechten Arm zu binden. Es war als Rettung gedacht, aber ich fühlte mich wie ein Gefangener. Ich kroch hinaus, Fadi hinter mir her.

Langsam wie Schildkröten schlichen wir den ganzen Weg zurück, und obwohl die Schlucht längst hinter uns lag, wagten wir nicht aufrecht zu gehen oder den Wasserlauf zu verlassen, bis wir den letzten Raum erreichten und bei Licht sehen konnten, daß wir es geschafft hatten.

Während wir uns vom Seil lösten, hörten wir draußen Lärm vor dem Felsspalt. Wir schauten einander an, da wir verstanden, daß die Leute uns schlagen wollten. Fadi lächelte so wunderbar, daß ich bis heute dieses listige und entschlossene Lächeln vor mir sehe. »Lebendig und frei, oder tot und gefangen«, flüsterte er mir zu. Das war der schönste Spruch, den Fadi je erfunden hatte.

Wir drückten einander die Hände, und Fadi übernahm die Führung. Er hockte hinter dem Spalt, zählte leise bis drei und sprang teuflisch brüllend und um sich schlagend durch den Spalt hinaus, ich hinter ihm her, nicht weniger höllisch schreiend und mit den Füßen nach allen Seiten tretend. Die Frauen und die beiden Polizisten, die vor dem Spalt gewartet hatten, wichen erschrocken zurück, und wir rannten unter einem Hagel von Steinen so schnell wir konnten davon. Erst weit weg von der Quelle hielten wir an. Wir fielen uns erleichtert in die Arme und lachten so laut und übermütig, daß wir am Straßenrand zu Boden fielen.

Als ich Mala die Geschichte von meinem Leichtsinn bei der Suche nach der Quelle erzählte, wurde sie nachdenklich. Ich fragte sie nach dem Grund. Zuerst wollte sie nicht reden, doch als ich sie zum zweiten Mal darum bat, sagte sie, mein Gang durch die Felsenhöhle sei eine leichtsinnige Mutprobe gewesen genau wie jene, bei der sie ihren ersten Freund Jatin verloren hatte. Mala erzählte: »Eigentlich hieß er Jatindranath. Er war ein Zwerg, und ich war dreizehn und liebte ihn abgöttisch. Er sagte mir, ich würde ihn bald, wenn ich größer wäre, nicht mehr lieben. Ich aber wollte immer nur ihn lieben. Er trat mit seinem Zwillingsbruder in dem Circus auf, in dem auch ich als Kind schon arbeitete, bevor ich zu Amal und Shanti kam. Meine Familie lebt seit Generationen als

Gaukler und Zauberer. Nun, Jatins Bruder starb an Gelbfieber, und Jatin trauerte sehr um ihn und begann zu trinken. Ich war damals eine kleine Berühmtheit. Als Amal und Shanti mich ansprachen, ob ich nicht zu ihnen wechseln wollte, stimmte ich unter der Bedingung zu, daß sie Jatin mitnähmen, obwohl er nur noch betrunken herumlungerte. Sie stimmten zu, und ich nahm Jatin an der Hand und hoffte, daß er sich im neuen Circus erholen würde. Doch er trank immer mehr und wollte nicht glauben, daß ich ihn liebte. Was willst du machen, wenn das Herz eines Menschen so gebrochen ist, daß es, wie ein zersprungener Krug kein Wasser, keine Liebe halten kann. Jatin trank und trank und wurde gehänselt und gequält von allen.

Eines Tages zogen ihn einige Männer auf, als er betrunken war, und sie beschimpften ihn, daß er feige wäre. Er war so klein und schwächlich, daß er keinen von ihnen schlagen konnte. Es blieb ihm nur eine Möglichkeit, seinen Mut zu beweisen.

Damals hatten Amal und Shanti für viel Geld einen großen Bären gekauft. Die Kinder liebten ihn, aber es war schwierig, mit ihm zu arbeiten. Auch Santosh, der mutigste Mensch Indiens, wollte dem Bären nicht näher kommen. Sowieso täuscht der Bär durch sein kuscheliges Aussehen viel zuviel Sanftheit vor. Er ist das unberechenbarste Tier, im Vergleich dazu sind Löwen Schmusekatzen. Außerdem hat er ein sehr schlechtes Gedächtnis, und solche Tiere sind die schlimmsten, weil sie Freunde nicht wiedererkennen. Die Circusleute mögen ihn auch nicht, weil er völlig unerwartet angreift. Er legt weder die Ohren an, noch fletscht er die Zähne.

Jatin wollte seinen Mut beweisen, und er war sehr mutig, die Männer aber hänselten ihn immer mehr, bis er sagte, daß er keine Angst vor dem Bären hätte. Er kletterte in den Käfig, und vom Applaus seiner Begleiter angefeuert, griff er die Bestie an. Der Bär riß ihn sofort in Stücke.

Der Bär mußte auf der Stelle erschossen werden. Für Amal galt ein eisernes Gesetz: Ein Raubtier, das einem Artisten das Leben nimmt, muß sofort sterben.

Ich erfuhr von Jatins Tod erst am nächsten Morgen und war wochenlang wie betäubt, fieberte und konnte nichts als Wasser zu mir nehmen, denn ich habe vor dir nur Jatin geliebt. Ich war nur noch ein Häuflein Elend. Shanti und Amal kümmerten sich rührend wie Eltern um mich. Erst drei Jahre später durfte ich wissen, wer in jener Nacht Jatin in den Tod gehetzt hatte. Ashok, mein Mann, war unter ihnen. Und ich war inzwischen mit ihm verheiratet und hatte bereits zwei Kinder von ihm.«

Während Malas Erzählung waren wir durch die Felder bis in die Nähe des Circus gelaufen. Dann trennten wir uns, sie ging weiter in den Circus, und ich machte kehrt und ging sehr traurig und nachdenklich entlang des Flusses spazieren.

Am Abend wollte ich eine der Geschichten meines Onkels Tanius erzählen, der sein Leben als Straßenschreiber verbracht und mir viele Geschichten geschenkt hatte. Am traurigsten fand ich die mit der Frau, die sich in die Briefe meines Onkels verliebt hatte, und am listigsten fand ich die Geschichte von Salman, dem Bettler, und die rief ich mir ins Gedächtnis, um mich etwas vom Schicksal Jatins abzulenken und zu erheitern.

Meine Suche nach einem Tier, das meinem Onkel Faris entsprach, der an der Wahrheit verrückt geworden war, blieb auch an jenem Tag erfolglos.

Im Circus waren alle schon auf den Beinen. Mala sah ich aus der Ferne mit ihren drei Kindern. Ich schlüpfte ins Zelt und beobachtete Amal bei seinem täglichen Gang. Abend für Abend prüfte der Circusdirektor die Requisiten, erkundigte sich nach der Gesundheit der Tiere und ließ sich alles genau berichten. Am nächsten Morgen gab er dann genaue Anweisungen, welches Gerät gestrichen, repariert oder von Grund auf erneuert werden mußte, und vor allem, welches Tier lieber nicht auftreten sollte. Und was er sagte, wurde strikt befolgt.

An jenem Tag durfte ich zum ersten Mal meinen neuen, schwarzen Seidenanzug tragen. Meiner Mutter hatte ich es vorher gesagt, und sie kam extra in die Vorstellung, um mich zu sehen. Amal und Shanti empfingen sie, begleiteten sie zu ihrem Logenplatz, als wäre sie eine Königin, und meine Mutter errötete schüchtern.

Der Anzug sah traumhaft aus. Ich zog ihn bei Tageslicht schon an und eilte zum Krokodil. Es wiegte jedoch mißmutig seinen Kopf, als wollte es mir sagen, so halb und halb. Meine Mutter witzelte nach der Vorstellung über mich, ich hätte wie eine traurige Gestalt bei einer Beerdigung ausgesehen.

Ich ging mit einem Hund in die Manege. Er gehörte einem der Musiker und reiste als Wachhund mit dem Circus durch die ganze Welt.

Der Hund suchte sich einen Platz und setzte sich. Ich grüßte das Publikum, das wieder bis zum letzten Rang das Zelt füllte. »Meine Damen und Herren, verehrtes Publikum«, sagte ich, »dieser Hund ist ein echter Rassehund!« Einige lachten laut, da der Köter nicht danach aussah. »Im Ernst, sein Besitzer hat mir versichert, daß es keine Hunderasse auf der Welt gibt, die nicht in diesem Hund vertreten ist.«

Alle lachten. »Und wenn man einen Bettler unter den Tieren sucht, dann findet man den Hund«, fuhr ich fort, »er ist der erfahrenste Meister dieses alten Gewerbes. Neuerdings lernen auch Affen diese Kunst, aber sie werden lange brauchen, um annähernd die List des Hundes zu erreichen. Allein das Wedeln mit dem Schwanz ist eine hundsgemeine List, die uns Menschen seit Jahrtausenden das Herz erweicht. Aber wie der Hund damals auf der Arche Noah auf diese List kam, das ist eine andere Geschichte.

Jedermann glaubt, den Hund zu kennen, doch den meisten bleibt seine Seele ein Geheimnis. Nicht einmal seine Herkunft ist klar. Beim Bettler ist das nicht anders.

Es gab und gibt viele Menschengesellschaften, die bestimmte Tiere nicht kannten, doch gab es keine ohne den Hund. Die Indianer wußten bis zur Eroberung Amerikas nicht, was ein Pferd ist, die Araber bis in die jüngste Geschichte nicht, wie ein Eisbär aussieht, und die ersten Giraffen, die der Herrscher Ägyptens den Monarchen Englands und Frankreichs im Jahre 1827 schenkte, wurden in Paris und London als Fabelwesen empfangen. Mir ist nicht bekannt, ob Katzen, Esel und Ziegen jemals in den Iglus der Eskimos Platz fanden. Hunde aber immer.

Auch entbehrten viele Gesellschaften zu bestimmten Zeiten vieler Berufe, aber niemals lebte eine Gesellschaft, so arm oder so reich sie auch war, ohne Bettler.

Hunde haben unsere Stadt in Reviere aufgeteilt, und wehe, es käme ein fremder Hund in unsere Gasse, er würde von den drei hier regierenden Hunden zerrissen. Auch Bettler teilen die Stadt in Gebiete auf, damit keiner dem anderen ins Gehege kommt, doch so rivalisierend Bettler auch sind, sie informieren sich gegenseitig mit Geheimzeichen, wo etwas zu holen ist und wo nicht. Die Hunde tun das auch, wenn sie irgendwo eine fette Beute entdecken.

Mein Vater erzählte mir von den verzweifelten Versuchen eines alten Königs, seine Hauptstadt von herumstreunenden Hunden zu befreien. Er hetzte eine ganze Armee auf die Hunde und ließ sie alle fangen und töten. Doch einen Tag nach der völligen Ausrottung aller Hunde tauchte ein erster Hund auf, nach ein paar Tagen waren es zwei, und es vergingen keine drei Monate, bis sie wieder vor jedem Restaurant und jeder Metzgerei standen. Die Geschichte dieses Königs ist traurig, er ging dann selbst vor die Hunde, aber das ist eine andere Geschichte.

Unsere Regierungen versuchen seit vierzig Jahren, Morgana frei von Bettlern und Hunden zu bekommen, damit die Touristen nicht gestört werden. Sie scheiterten. Nun begnügt sich unsere Regierung seit zwei Jahren damit, die Bettler kurz vor Staatsbesuchen aus der Hauptstadt zu verjagen. Die Bettler erfahren es aber schneller als die dafür verantwortliche Polizei, und zwei Tage vor dem Beginn der Säuberung sieht man in Morgana keinen einzigen Bettler mehr, weil sich alle einen kurzen Urlaub gönnen, bis der Staatsbesuch zu Ende ist.

Mein Onkel Tanius, der Straßenschreiber, von dem ich gestern erzählt habe, ist sicher, daß, solange es Leben in Morgana gibt, es auch Hunde und Bettler geben wird. Er muß es wissen, er verbrachte ja sein Leben als Straßenschreiber auf der Straße. Und so wie in jedem Beruf gibt es unter den Bettlern auch verschiedene Typen: Es gibt welche, die aus Armut und wegen ihrer Gebrechen betteln, andere, weil sie nie auf Dauer arbeiten können oder wollen, und nur einige wenige, die wie Salman den Beruf des Bettlers aus Berufung ausüben.

Salman war Menschenkenner und mochte die Menschen nicht sonderlich, empfand aber einen besonderen Genuß dabei, den Passanten Geld abzunehmen. Er brauchte einen Menschen nicht länger als zehn Sekunden anzusehen, um zu wissen, wie er ihn am schnellsten zu

Spenden bewegen konnte. Er wettete oft mit meinem Onkel Tanius und gewann immer.

Die Passanten hatten aber auch ihre schützenden Lügen. ›Tut mir leid, ich habe gerade kein Kleingeld!‹ Anfänger unter den Bettlern fielen darauf herein. ›Ich könnte dir wechseln, Herr!‹ sagten sie und machten sich so lächerlich. Salman musterte den Herrn oder die Frau. ›Danke, ich bin morgen auch da, es wäre schön, wenn Ihr dann an mich denken würdet!‹

Salman hatte einen speziellen Ruf entwickelt, den er hinter einem der hartnäckigsten Geizhälse herrief, so daß auch dieser manchmal stehenblieb und einen Piaster spendete. ›Gott bewahre dich vor dem, was ich jeden Morgen sehen und kosten muß!‹ Der Geizkragen wußte nicht, daß Salman jeden Morgen, bevor er hinausging, Honig aß und eine Goldmünze anschaute.

Salman war Christ an Sonntagen, Ostern und Weihnachten und vor allem, wenn es Wein gab. Er war Muslim am Freitag, in Ramadannächten, beim Opferfest und beim Geburtstagsfest des Propheten Mohammed und Jude am Samstag, am jüdischen Neujahr, dem Rosh Ha-Schana, am Jom Kippur und am Pessach. Jeden Montag war er trotz ärmlicher Kleidung wunderbar gekämmt und rasiert, weil viele Friseure an diesem Tag spazierengingen und Gefallen an ihm finden sollten. Vor der Universität warf er nur so um sich mit Zitaten von bekannten Philosophen und Dichtern, und auf dem Wochenmarkt war er ein verarmter Bauer, der Familie und Hof verloren hatte. Er bettelte in Kairo genauso unauffällig wie in Beirut und Amman. Ja, mein Onkel berichtete, Salman hätte am besten an der Riviera, in Athen und auf Gran Canaria im Herbst verdient. Bettler haben kein Vaterland, die Straßen der Erde sind ihr Zuhause«, schloß ich meine Erzählung.

Das Publikum klatschte. Aus einer Ecke ertönte plötzlich ein Sprechchor, der sich wellenartig durch das ganze Zelt verbreitete: »Noch eine Geschichte! Noch eine Geschichte!«

Erfreut erfüllte ich den Wunsch meiner Zuhörer. »Salman, meine Damen und Herren, lernte einst einen noch älteren und um einige Erfahrungen reicheren Bettler kennen und ging ihm zur Hand. Der alte Bettler hatte es satt, hinter Menschen herzurennen und in klirrender Kälte und brütender Hitze auszuharren. Er fand auf einer Wanderung eine verlassene Hütte in der Nähe Morganas, die ihn auf die Idee brachte, eine Grabstätte für einen Heiligen zu errichten. Er bezog die Hütte, renovierte alles und tünchte sie mit Kalk. Und da die Arbeit für ihn allein zuviel wurde, weihte er Salman ein, der noch jung und kräftig war. Beide nahmen alte, morsche Knochen eines Hammels, begruben sie mitten im Raum und bauten ein Grab über der Stelle. An diesem Abend wurde der Prophet Yunan ben Adnan geboren, und beide Gauner lachten sich tot über die Spezialitäten dieses Propheten aus vorjüdischer, vorchristlicher und vorislamischer Zeit. Er heilte alle Angehörigen aller Religionen von allen Krankheiten, löste finanzielle, familiäre, erzieherische und Eheprobleme.

Es dauerte in der Tat keine Woche, bis der erste Besucher des heiligen Grabmals kam. Er erzählte, daß sein Großvater von diesem Propheten Yunan erzählt hätte. Er spendete Geld und bat die beiden Religionsmänner, für ihn zu beten. Sie zündeten Weihrauch an, beteten, bis der Mann nach Hause zurückging, und stürzten sich dann auf das Geld.

Von Tag zu Tag kamen immer mehr Leute und suchten Hilfe und Trost beim neuen Heiligen Yunan ben Adnan. Und wenn von hundert Besuchern einer geheilt wurde, in der Lotterie richtig tippte oder endlich einen Brief von einem in Amerika verschollenen Sohn bekam, so war der Heilsbringer niemand anderer als Yunan. Es ging so weit, daß die Presse darüber schrieb. Die übrigen siebenundneunzig Fälle interessierten niemanden.

Eines Tages kam eine Frau. Salman war allein. Sie spendete ihm einen Hammel, und er versprach, beim Heiligen ein Wort für sie einzulegen, damit ihr Mann in der bevorstehenden Gerichtsverhandlung recht bekäme. Salman verkaufte den Hammel, erzählte jedoch seinem Partner nichts.

Einige Tage darauf kam die Frau enttäuscht zum Grab, da ihr Mann die Gerichtsverhandlung verloren hatte. Da war nur der zweite Gauner beim Grabmal, der vom Hammel nichts wußte. Er besänftigte die Frau und schickte sie weg. Als Salman zurückkam, stellte ihn sein Partner zur Rede. Dieser wollte jedoch vom Hammel nichts gewußt haben.

›Schwöre, daß du mich nicht betrogen hast!‹ zürnte der alte Gauner.

›Ich schwöre beim heiligen Yunan, daß ich keinen Hammel genommen habe!‹

›Hör mal‹, rief der Gauner zornig, ›du schwörst beim verfluchten Hammel, dessen Knochen wir zusammen begraben haben? Verschwinde, oder ich bringe dich zum heiligen Yunan!‹ Er nahm seinen großen Stock, um Salman zu schlagen, doch dieser eilte schneller als ein Sperling davon.«

22

Die Katze oder Warum man auf einer roten Wassermelone bestehen soll

Natürlich konnte ich damals nicht über alles im Circus erzählen. Gerne hätte ich von Tante Maria berichtet, sie war immer geheimnisvoll, leise und mutig wie eine Katze gewesen. Aber sonst wußte ich nur wenig von ihr.

Meine Bewunderung fing an dem Tag an, als ich mit zehn Jahren meinen Vater bitter enttäuschte. Er wünschte an jenem heißen Sommertag eine Wassermelone als Nachtisch und schwärmte vom süßen, kühlen Fruchtfleisch. Er fragte mich, bevor er mir das Geld gab, ob ich auch wüßte, wie man Wassermelonen aussucht. Ich bejahte etwas übereilt, weil ich ihn nicht enttäuschen wollte, und so schickte er mich los. Beim Melonenverkäufer angekommen, bat ich ihn arglos, eine besonders gute Melone für meinen Vater auszusuchen.

Angewidert schob Vater den großen Teller von sich, nachdem er die Melone aufgeschnitten hatte. Sie war unreif. Statt rot und süß war sie grünweiß gesprenkelt und schmeckte nach gar nichts. Wir warfen sie in die Mülltonne. Wassermelonen sind hinterlistige Früchte: Von außen sehen sie alle gleich aus, und erst wenn man sie aufschneidet, erlebt man seine Überraschung. Das gilt allerdings nicht für Kenner, die die Wassermelone in eine Hand nehmen, ihr Ohr daran legen, als wollten sie ein

Gespräch im Innern der Melone abhorchen, und dann mit der anderen Hand daran klopfen. Wer Übung und ein feines Gehör hat, der kann drei verschiedene Echos unterscheiden: eins für die süße rote, eins für die mehlige, fast verfaulte und eins für die grünweiße unreife. Mein Vater hatte es mir mehr als zehnmal gezeigt, und jedesmal tat ich so, als ob ich verstanden hätte. Ich konnte den Unterschied jedoch nie hören.

Für unsichere Käufer gab es noch eine andere Möglichkeit. Man ging zum Melonenverkäufer und verlangte eine angeschnittene Melone. In diesem Fall kostete die Melone etwas mehr, aber der Verkäufer trug das Risiko, denn man kaufte ja erst nach einem prüfenden Blick in das Innere der Melone und nahm auf jeden Fall nur eine saftige rote. Wenn die Melone grünweiß, weiß oder gar rosa war, mußte der Verkäufer sie an die Schafe oder Esel verfüttern.

Nun waren die Melonenverkäufer keine Ladenbesitzer, sondern Bauern, die ihre ganze Ernte auf einem Lastwagen nach Morgana brachten, binnen Tagen verkauften und zurückfuhren. Oft waren es riesengroße, schwergewichtige und kurzatmige Männer. Sie hatten nicht die Beredsamkeit der Händler von Morgana, vielmehr fürchteten sie sich vor den flinken Zungen der Morganier. Deshalb reagierten sie noch gereizter, wenn man mit ihnen handeln wollte.

Als ich gesehen hatte, wie enttäuscht mein Vater war, der ohne Nachtisch schlecht gelaunt in seinem Zimmer verschwand und sich zu einem Mittagsschläfchen hinlegte, brach ich meine Spardose auf, nahm die drei Lira, die ich Piaster für Piaster gespart hatte, und lief noch einmal zum Melonenverkäufer. Diesmal wollte ich ganz sicher gehen, diesmal sollte die Melone süß und dunkelrot sein.

Dort angekommen sah ich, daß der Melonenverkäufer sehr viele schlechte Melonen oder einfach Pech hatte. Der Kunde vor mir war ein Offizier, und die Bauern hatten immer besondere Angst vor allen Uniformierten. Der Offizier ließ sich eine Melone nach der anderen anschneiden. Drei waren rosa. Erste die vierte war rot, und der Offizier zahlte natürlich nur diese, nahm sie ohne Dank und ging. Der Bauer verfluchte leise die Mutter des Offiziers und drehte sich zu mir. In der Hand trug er sein großes scharfes Messer.

»Na, hat dir meine Melone geschmeckt?« fragte er, und ich sah seine großen gelben Zähne über mir.

»Nein, sie war weiß, und wir haben sie weggeschmissen, deshalb will ich nun ganz sicher eine rote. Ich möchte eine große, rote Melone, angeschnitten, bitte.«

Der Melonenverkäufer nahm eine Melone, klopfte daran, horchte und legte sie wieder hin, und ich bekam Mitleid mit dem armseligen Kunden, der diese Melone kaufen würde, um etwas zu sparen, und beim Aufschneiden eine herbe Niederlage erleben würde.

»Da haben wir eine große schöne!« holte mich die Stimme des Verkäufers aus meinen Gedanken zurück. Er nahm sein Messer, schlitzte blitzschnell die Melone an, und ohne das Messer abzulegen, drückte er die Melone an meine Nase und hauchte mich mit seinem widerlichen Atem an. »Wunderbar rot, nicht wahr?«

Ich warf einen Blick in den Schlitz, doch das Innere war eindeutig blaßrosa. »Das ist nicht rot!« sagte ich leise.

»Nicht rot!« brüllte er mich an. »Willst du mich verarschen?« Er ergoß seine ganze Wut auf den Offizier über mich. »Was bist du für ein unverschämter Bengel! Das hier ist eine rote Melone, und jeder Depp will uns Bauern ausnehmen, ja gibt es denn keine Gerechtigkeit?«

»Aber, Herr, das ist wirklich nicht rot«, flehte ich. Ein Mann hinter mir, anscheinend bäuerlicher Abstammung, packte mich am Hemd. »Diese Städter machen sich einen Spaß, ehrliche Bauern auszulachen. Schau doch richtig hin!« sagte er und grinste mich drohend an. Der Melonenverkäufer drückte die Melone von beiden Seiten etwas zusammen, so daß der Schlitz für eine Sekunde breiter wurde. Rosa, ohne jeden Zweifel. »Ist das rot oder nicht?« brüllte der Bauer, nun auch grinsend. Ich schüttelte den Kopf, konnte aber vor Schreck nicht mehr sprechen. »Jetzt zahlst du zwei Lira fünfzig und haust ab!«

Der Mann hinter mir ließ mich nicht frei, bis ich die Piaster aus der Tasche gezogen und dem Verkäufer fünfundzwanzig davon gegeben hatte. Fünfundzwanzigmal spürte ich Stiche im Herzen.

»Der Bengel hat irgendeine Kasse ausgeräumt. Hast du gesehen, er zahlt mit lauter Kleingeld!« sagte der Verkäufer und suchte eine Melone für seinen freiwilligen

Helfer heraus. Ich setzte mich ein paar Gassen weiter auf den Bürgersteig und weinte verzweifelt. Nicht nur meine Piaster, die ganze Welt war mir abhanden gekommen.

Ich weiß nicht, wer meine Tante Maria geschickt hatte. Plötzlich stand sie vor mir. »Mein Sadik«, sagte sie leise, »was machst du hier in dieser Hitze? Und warum weinst du?« Und wie immer nahm sie meinen Kopf in ihre blassen Arme und küßte meine Stirn. Ich erzählte ihr die Geschichte von den zwei Melonen.

»Komm, zeig mir diesen Grobian, vielleicht fehlen ihm ein paar Ohrfeigen zu seiner Erziehung«, sagte sie, und ich hatte fürchterliche Angst um sie. Ich dachte, der Bauer würde sie mit dem Messer bedrohen. Sie war schon damals sehr krank.

Sie ging mir schnell voraus, und ich beeilte mich, ihr den Weg zu zeigen. Der Melonenverkäufer saß wie ein Sultan auf einer Kiste und schlürfte seinen Tee, den er auf einem Gaskocher zubereitet hatte.

»Diese Melone ist nicht rot, ich bitte dich, sie zurückzunehmen und dem Jungen eine andere, und zwar eine rote zu geben«, sprach Tante Maria leise.

»Geh heim, Frauchen, und schick mir deinen Mann«, erwiderte der Bauer und bewegte sich nicht vom Platz, sondern schlürfte betont laut seinen Tee weiter.

»Ich gehe nirgendwohin. Diese Melone ist nicht rot, und wenn du farbenblind bist, dann solltest du nicht Melonen, sondern Zement verkaufen.«

»Frauchen, geh heim, sonst …«, wollte der Verkäufer drohen.

»Unverschämter Mensch, ich bin nicht ›Frauchen‹«, fauchte ihn Tante Maria an, »aber wenn du nur ein bißchen Mut hast, dann warte hier, ich komme gleich wieder!«

Ich war sehr stolz auf Tante Maria, der der Verkäufer wutentbrannt »Hure!« nachschrie. Wir eilten zur Polizeistation. Dort hielt der wachhabende Offizier zwar sein Mittagsschläfchen, doch Tante Maria bestand darauf, ihn zu sprechen. Aus dem Schlaf gerissen, brüllte der Offizier auf dem Weg zu uns schon weithin hörbar, doch war er Tante Maria gegenüber äußerst höflich, prüfte die Melone und schüttelte den Kopf.

»Mach dich sofort mit der Dame auf den Weg«, befahl er einem schläfrigen Polizisten, »und sag dem Verkäufer, er muß ihr eine andere, rote geben, sonst wird er wegen Betrug, Falschparken und so weiter belangt. Kapiert?«

»Ja, Herr Offizier!« antwortete der Polizist und ging, auf alle Verkäufer und Diebe der Welt fluchend, mit uns in die Hitze hinaus. Die Straßen waren menschenleer. Unsere Schritte hallten von den Mauern wider. Nur ein paar ausgehungerte, knochige Hunde streunten in der flirrenden Hitze.

Der Melonenverkäufer wurde beim Anblick des wutschnaubenden Polizisten blaß. Er sprach nur noch stotternd, und mit einem Handgriff zauberte er eine große Melone hervor, die vom Polizisten, der Tante und mir beäugt werden durfte. Dunkelrot war sie und duftete herrlich.

Überglücklich trug ich die Melone nach Hause, und

vor lauter Freude vergaß ich, mich bei Tante Maria zu bedanken. Mein Vater machte Augen, als meine Mutter die honigsüße Melone aus dem Kühlschrank holte und sie ihm in zwei Hälften auseinanderschnitt.

Ein paar Wochen später starb Tante Maria an Blutkrebs.

Leider wußte ich nicht viel mehr von ihr als diese kleine Geschichte und ihre Vorliebe für Katzen. Von meiner Mutter erfuhr ich, daß Tante Maria in ihrer Seele selbst eine Katze war, die nichts auf der Welt mehr haßte als Befehle. Als Kind hielt sie sogar den Atem an, wenn man sich den Spaß machte und ihr befahl zu atmen. Katzen gehorchen keinem Befehl, und dies trotz dreitausendjähriger Bekanntschaft mit dem Menschen. Das muß man ihnen erst einmal nachmachen.

Ich wollte aber im Circus die Katzen nicht loben, da wir, Fadi und ich, durch eine Katze einmal eine herbe Niederlage erlitten hatten. Wie es dazu kam, ist eine kleine Geschichte.

Zwei oder drei Monate vor der Ankunft des Circus India fand ich mit Fadi bei einem Spaziergang am Fluß eine verletzte Amsel. Als Kind bewunderte ich alle schwarzen Vögel und wollte am liebsten einen Raben haben, aber meine Eltern waren entsetzt über meine Wünsche, und einen Raben in der Natur zu fangen ist gar nicht so leicht. So geschah es, daß ich diese Amsel als kleinen Raben und als Geschenk des Himmels betrachtete. Wir eilten zu unserem Nachbarn, dem Postbeamten Elias, der eine Menge über Vögel wußte. Er behandelte die Wunde und verpaßte der Amsel einen Verband, sagte uns auch, was sie gerne fraß, und wir holten ihr so viele Regenwürmer und andere Leckereien, daß sie bald ihr Mißtrauen verlor und uns, Fadi und mir, aus der Hand fraß. Die Amsel hüpfte in unserer Wohnung herum und fand ihren Schlafplatz in einem Holzverschlag. Doch fliegen konnte sie immer noch nicht, sie zog ihren Flügel nach.

Eines Tages kam ich aus der Schule und rannte die Treppe hoch, um unsere Amsel zu füttern. Da sah ich eine Katze, die nahe beim Holzverschlag saß und sich die Pfoten leckte. Ich ahnte nichts Gutes und rannte in den kleinen Raum, dessen Tür nie richtig zuging, und sah das Grauen. Überall Blut und schwarze Federn. Ich war außer mir vor Wut. Ich wartete, bis Fadi aus der Schule kam, erzählte ihm auf dem Treppenabsatz von der Katastrophe und zeigte auf die Katze, die immer noch auf der Mauer saß und sich nach der Mahlzeit putzte. Mutter war an jenem Tag bei Onkel Gibran und hatte Sahar mitgenommen.

»Die Katze muß sterben«, urteilte Fadi, und ich stimmte zu und bestimmte den Ort: unser Wohnzimmer, damit die Nachbarn es nicht erfuhren. Die Katze gehörte zwar niemandem und streunte wie viele Katzen über alle Dächer der Stadt, aber nichts haßten unsere Nachbarn mehr als den Tod einer Katze.

Zu unserem Glück hatten wir Fischreste vom Vortag im Kühlschrank. Fadi versteckte sich hinter der halboffenen Tür, und ich konnte die ewig mißtrauische Katze

Meter für Meter anlocken, bis sie einen Schritt durch die Wohnzimmertür ging, da schlug Fadi die Tür zu. Die Katze saß in der Falle.

Wir beschlossen, sie erst zu quälen und dann zu töten, und da wir noch nie eine Katze oder ein anderes Wesen gequält hatten, entschieden wir, wie wir es in einem Film gesehen hatten, die Katze zuerst zu peitschen. Da wir keine Peitsche hatten, nahm Fadi seinen Gürtel, wickelte ihn um seine Hand und ließ ihn durch die Luft sausen. Das sah sehr beeindruckend aus. »Katze! Sprich dein letztes Gebet!« ahmte Fadi einen Westernhelden nach. Doch das wurde der Katze zu dumm. Bevor der erste Schlag fiel, fauchte sie Fadi an und sprang, Gott ist mein Zeuge, über die glatten Wände hoch bis zum Fenster über der Zimmertür. Da nahm die Katastrophe ihren Lauf.

Auf den breiten Sims dieses halbkreisförmigen Fensters, das viele Türen in Arabien krönt und Licht in die Wohnungen hineinläßt, stellte meine Mutter, wie die meisten Nachbarinnen auch, ihre Sammlung von seltenen und teuren Ölen.

Wir erstarrten, als die ersten zwei Flaschen mit ätherischen Ölen von der verängstigten Katze heruntergestoßen wurden. Fadi hechtete wie ein Torwart hinter den Flaschen her, aber das erschreckte die Katze noch mehr, und es folgte zwei weitere Flaschen mit geweihtem Öl aus Jerusalem.

»Zurück!« rief ich, und Fadi rollte sich gekonnt wie in einem Kriegsfilm zu mir. »Wir müssen das Fenster zur

Straße öffnen, vielleicht springt sie dann hinaus«, schlug Fadi vor. Wir machten das Fenster auf, entfernten uns, so weit es ging, und verharrten regungslos. Die Katze blieb noch eine Weile oben auf dem Sims, dann sprang sie ans Fenster und von da direkt fünf Meter tief auf die Straße, gerade als unser Nachbar Elias auf seinem Fahrrad aus der Haustür hinausfuhr. Die Katze fiel genau auf seinen Nacken, miaute wie verrückt, kratzte wie wild und sprang auf und davon.

Elias, der sich auch ohne Katze im Nacken nur schlecht auf seinem großen Fahrrad halten konnte, stürzte zu Boden und das Fahrrad über ihn. Er verfluchte die Mutter der Täter. »Das ist ein Zeichen der Endzeit«, brüllte er und setzte seine Dienstmütze auf, »heute werfen die Leute ihre Katzen aus dem Fenster, und bald werden sie noch ihre Großmutter hinunterschmeißen.«

An Katzengeschichten fehlte es mir nicht, aber von Tante Maria und ihrer Katzenseele wußte nicht einmal meine Mutter etwas Genaueres, außer daß Tante Maria bereits mit zehn »jene Krankheit« bekam, wie die Leute aus Aberglauben den Krebs umschrieben.

Mala gefiel das, was ich über Katzen erzählt hatte, und sie empfahl mir, irgend etwas über meine Tante Maria zu erfinden und damit einen Abend zu füllen, doch ich lehnte ab. Wer glaubwürdig lügen will, muß die Wahrheit dessen, worüber er lügt, genau kennen. Weder Liebe noch guter Wille genügen.

23

Faris
oder Wie man mit allem übertreiben kann

Wie von Zauberhand geleitet, gelangen die Darbietungen und die Auf- und Abbauarbeiten in der Manege. Die Musik harmonierte mit dem Spiel der Artisten und der Tiere. Es fehlte nicht an Pannen, aber sie wurden immer unbedeutender.

Als die Fanfaren schmetterten, um Amals Auftritt mit seinem Bruder, dem Krokodil Nirmal, anzukündigen, atmete ich erleichtert auf, da es bis zum letzten Augenblick nicht sicher gewesen war, ob das Krokodil auftreten konnte. Sechs Tage lang hatte Nirmal sich nicht wohl gefühlt und kein Fressen angenommen, und Amal hatte sich Sorgen um seinen Bruder gemacht. Nun aber marschierten die zwei munter, das Krokodil Nirmal breitbeinig und Amal strahlend, in die Manege.

Das Krokodil führte zuerst seine bekannte, aber etwas langweilige Nummer vor. Es ging in der Manege umher und fauchte die Zuschauer hinter der Piste an. Die Leute kreischten, mehr vor Vergnügen als vor Angst.

Dann drückte Amal die Kiefer des Krokodils weit auseinander und steckte den Kopf tief in den Rachen seines Bruders. Viele stöhnten bei dieser Nummer, obwohl sie eine der harmlosesten war. Wenn man nämlich das Maul eines Raubtiers aufreißt und einen bestimmten

Winkel überschreitet, hat das Tier keine Kraft mehr im Kiefer und kann nicht mehr zubeißen. Aber es sieht sehr gefährlich aus.

Santosh, der Tierbändiger, steckte nur deshalb nie den Kopf in den Rachen des Löwen, weil der Löwe, wie alle Raubtiere, fürchterlich aus dem Maul stinkt.

Die Nummer mit dem Krokodil kam immer an. Das Publikum atmete erleichtert auf, wenn Amal seinen Kopf aus dem Rachen der Bestie zurückgezogen hatte. Das ist auch Circus, Leichtes schwer und Schweres leicht erscheinen zu lassen.

Dann warf der Circusdirektor das Krokodil auf den Rücken und streichelte ihm einmal über seinen Bauch. Plötzlich war das Krokodil wie eine Plastikpuppe erstarrt. Eine Frau im Publikum rief: »Das probiere ich heute abend mit meinem Mann!«

Die Zuschauer lachten, und meine Gedanken schweiften zurück zum Nachmittag, als Mala auch beim Krokodil war und Sorge um sein Leben hatte. Wir standen mit mehreren Artisten um den Käfig. Alle schienen nur noch Krokodilgeschichten erzählen zu wollen. Schaurige Geschichten, von denen ich keine einzige vergessen habe. Erst viel später begriff ich, weshalb all diese Artisten um den Käfig versammelt waren und Krokodilgeschichten erzählten. Ashok, Malas Mann, erzählte als erster:

»Ein Brahmane in Indien konnte jeden Tag mit seinem Ruf alle Krokodile aus einem Fluß zu sich ans Ufer rufen. Sie standen mit aufgerissenen Mäulern um ihn herum, bis er sie mit Fleischresten fütterte, und sobald er es wünschte, gingen sie wieder ins Wasser zurück. Die Krokodile gehorchten dem Brahmanen, als wären sie seine Hunde.

Die Bewohner der umliegenden Dörfer und Städte glaubten an den Brahmanen und ernannten ihn zum obersten Richter der ganzen Gegend. Wenn im Dorf jemand beschuldigt wurde, ein schweres Verbrechen begangen zu haben, so ließ ihn der Brahmane durch den Fluß zum anderen Ufer gehen und wieder zurückkommen. Die Krokodile im Fluß sollten über ihn urteilen. Wenn er heil zurückkam, war er unschuldig. Oft aber wurden die Beschuldigten von den nimmersatten Krokodilen gefressen. Wenn jedoch einer in zehn Jahren aus irgendwelchen Gründen unversehrt herauskam, sah sich die Gemeinschaft der Gläubigen bestätigt und lobte den Brahmanen für die gerechte Errettung eines Unschuldigen. Die Krokodile der Gegend waren also dem Brahmanen hündisch ergeben. Eines Tages rief er sie zu sich, und sie kamen alle und lauschten seinen Worten, nur ein Krokodil nicht. Es ging schnurgerade auf den Heiligen zu und fraß ihn auf. Dieses Krokodil war gerade an diesem Tag vom Norden flußabwärts gekommen. Es wunderte sich sehr über die anderen Krokodile, die ihm seine Beute nicht streitig machten, sondern anfingen zu weinen. Das fremde Krokodil fühlte sich an diesem Ort unwohl, glitt schnell wieder ins Wasser und setzte seine Reise gen Süden fort.«

Sogar die empfindliche Mala, die jede Nacht zitterte, wenn sie ein Geräusch unter dem Wohnwagen hörte, erzählte genüßlich von den Verteidigern einer Stadt, die

Krokodile gegen die Belagerer eingesetzt haben sollen, und sie beschrieb das Gemetzel so ausführlich, daß ich mich angeekelt beinahe entfernt hätte. Doch Malas Nähe war mir zu kostbar, und so ertrug ich die grausame Beschreibung.

Ganesh, der Elefantenführer, erzählte eine gruselige Geschichte von Waschfrauen, die ein Krokodil eine nach der anderen gefressen hatte, nachdem es im hohen Schilf das Wimmern und Weinen eines Kindes nachgeahmt und die Frauen so angelockt hatte. Nein, ich will diese Geschichte nicht erzählen.

Viel später erst begriff ich, daß die Artisten das Krokodil mit ihren Geschichten geheilt hatten. Nirmal war ja der Bruder des Circusdirektors und verstand die menschliche Sprache, konnte jedoch mit seinem kleinen Hirn selbst nicht sprechen. Das Hirn der Krokodile wird höchstens durch Magensäfte beeinflußt, ermuntert und getrübt. Das wußten die Inder, und sie erzählten Nirmal diese Heldentaten der Krokodile, um seine Magensäfte anzuregen, seine Nerven wieder zu spannen und sein Gemüt wieder zu beleben. Sie überboten einander mit diesen für uns Menschen grausamen Geschichten, bis das Krokodil Nirmal seine Augen wieder aufmachte. Da lachten alle Anwesenden erfreut und gingen wieder ihren Arbeiten nach. Und als ich Nirmal an der Seite Amals in der Manege sah, wußte ich, wie weise die Behandlung gewesen war.

»Guten Abend, meine Damen und Herren, liebes Publikum«, begrüßte ich in jener Nacht meine Zuhörer.

»Nach langer Suche komme ich heute ohne Tier, weil es außer dem Menschen weder im Fabelreich noch auf Erden jemals ein Tier gab, das an der Wahrheit verrückt werden konnte. Nur der Mensch besitzt diese Fähigkeit. Alle Tiere unserer Erde und die der Fabeln sind wahrhaftig, aber ihre Wahrheit ist eine Notwendigkeit, wie Luft, Wasser, Vermehrung und Nahrung.

Mein Onkel Faris aber ist tatsächlich an der Wahrheit verrückt geworden. Wie es dazu kam, ist eine lange Geschichte, und ich hoffe, ich werde euch damit trotzdem unterhalten können.«

»Das wirst du schaffen! Applaus!« rief ein Mann.

»Onkel Faris«, begann ich meine Geschichte, »war ein schwieriger Mensch. Er beteuerte von Kind auf seine Liebe zur Wahrheit und nervte damit seine Familie.

Dreißig Jahre lang wiederholte er, daß er einzig und allein die Wahrheit liebe, und wenn ein ferner Onkel seine Eltern besuchte, den sie nicht mochten und alle zehn Jahre vielleicht einmal empfingen, eilte der Sohn wie von der Tarantel gestochen davon. Die Eltern mußten seinetwegen lügen, um das feindselige Verhalten ihres Sohnes zu decken. Später waren seine Eltern erleichtert, als er eine kluge Frau heiratete. Doch Onkel Faris wurde nicht weiser, sondern immer noch verbissener in seiner Liebe zur Wahrheit.

Eines Nachts geschah es dann. Onkel Faris ging früh ins Bett und schlief bald ein. Da erschien ihm die Wahrheit. Eine alte Frau mit grauen zerzausten Haaren und vernarbtem Gesicht. ›Faris, wach auf und folge mir, damit wir deine Frau nicht stören‹, sprach sie. Mein Onkel richtete sich auf und ging der alten Frau nach. Sie ging in die Küche, machte Licht, holte die Arrakflasche aus dem Kühlschrank und leerte sie mit einem Zug zur Hälfte. ›Willst du einen Schluck?‹ fragte sie.

›Nein, danke. Ich trinke nie. Die fünf Flaschen im Kühlschrank haben wir gekauft, weil wir am Sonntag ein Fest feiern. Ich trinke nie‹, erwiderte Onkel Faris.

›Du bist etwas erschrocken über mein Aussehen, nicht wahr?‹ fing die Frau erneut an. Onkel Faris nickte. ›Was hast du erwartet? Eine schöne Frau mit weichen Armen? Ich komme gerade von einem Verhör, wo Menschen in meinem Namen gequält werden!‹

›Und die vielen Wunden?‹ staunte Onkel Faris.

›Das sind die großen Lügen der Geschichte, die in meinem Namen den Menschen und ihrer Würde angetan werden. Die drei tiefsten Wunden hier fügte man mir im Namen der Liebe, der Freiheit und der Gerechtigkeit zu. Täglich verfluche ich die Menschen, die meine Wunden nie heilen lassen, sondern sie mit jedem Sonnenaufgang wieder aufreißen.

Nun hör gut zu, damit du nicht sagst, ich hätte dich nicht gewarnt. Wir sind neunundneunzig Schwestern und sind immer bei den Menschen, auch ohne daß diese ihre Liebe Tag und Nacht beteuern, wie du das machst, du Nervensäge! Doch wenn einer uns besitzen will, so besitzt er nur eine einzige von uns, die anderen achtundneunzig Schwestern verlassen ihn für immer. Willst du mich trotzdem haben?‹

›Du kannst mich nicht erschrecken. Ich liebe nur dich, da es für mich nur eine Wahrheit gibt‹, antwortete Onkel Faris entschlossen.

Statt sich über diese Liebeserklärung zu freuen, schüttelte die Wahrheit resigniert den Kopf. ›Du wirst mich nach ein paar Tagen loswerden wollen‹, stöhnte sie, leerte die Flasche, stellte sie auf die Küchenbank und nahm eine zweite Flasche aus dem Kühlschrank. ›Und dann‹, fuhr sie fort, ›wirst du mich mißhandeln und herumstoßen!‹

›Nie im Leben!‹ rief Onkel Faris.

Die Wahrheit trank die zweite Flasche aus. ›Ich werde dich durchdringen, daß alles in dir nur noch die Wahrheit spricht. Willst du das?‹

›Nichts anderes als das habe ich mir immer gewünscht‹, sprach Onkel Faris und sah, wie sich die Frau langsam in Luft auflöste. Er spürte plötzlich, wie sich die Küche vor seinen Augen drehte. Sein Kopf wurde schwerer als ein Mühlstein, und er konnte sich nicht einmal mehr ins Bett schleppen. Er fiel zu Boden und schlief bald ein.

Als seine Frau am nächsten Morgen aufwachte, vermißte sie ihren Mann. Sie entdeckte ihn unter dem Küchentisch, beäugte mißtrauisch die zwei leeren Arrakflaschen und staunte über ihren Mann, der angeblich nie einen Schluck getrunken hatte.

›Faris! Faris!‹ rief sie besorgt. Da wachte er auf, und seine Frau schwor, daß sie den Wahnsinn gleich in seinen Augen gesehen habe. Er roch stark nach Alkohol.

›Guten Morgen, was ist mit dir? Warum schläfst du hier unter dem Tisch?‹

›Bist du aber häßlich!‹ antwortete Onkel Faris gleichgültig. Das waren seine ersten Worte. ›Und dein Mundgeruch betäubt mich seit zehn Jahren.‹ Seine Frau erstarrte, doch Onkel Faris konnte sich nicht auf den Beinen halten, er wankte ins Bett und schlief einen ganzen Tag lang. Seine Frau rief bei seinem Abteilungsleiter in der staatlichen Textilfabrik an und entschuldigte ihren Mann wegen eines merkwürdigen Fiebers. Sie räumte die Flaschen weg und kochte innerlich vor Wut über die Beleidigungen, die ihr Onkel Faris zugefügt hatte.

Am nächsten Morgen wachte ihr Mann zur gewohnten Zeit auf. ›Mensch, bist du aber dick! Warst du schon immer so?‹ begrüßte er sie gleich beim Aufstehen.

›Du bist immer noch betrunken. Zwei leere Arrakflaschen habe ich gestern weggeräumt‹, antwortete sie nicht ohne Verachtung.

›Das war nicht ich, sondern die Wahrheit. Sie hat sich betrinken müssen, um zu vergessen, was Menschen in ihrem Namen anderen Menschen antun.‹

›Du bist verrückt geworden‹, entsetzte sich seine Frau.

›Verrückt!‹ rief mein Onkel begeistert. ›Ich war noch nie so vernünftig wie jetzt, aber meine Zunge habe ich der Wahrheit geschenkt.‹

›Der Wahrheit geschenkt? Ich muß vielleicht meinen Bruder anrufen. Du bleibst liegen! Er mag dich, und wenn ich ihm sage, daß du dich seit gestern nicht wohl fühlst, dann wird er schnell kommen‹, sprach die Frau beschwichtigend.

›Dein Bruder kann mir gestohlen bleiben. Das soll ein Arzt sein? Nicht einmal die Metzger würden ihn in ihre Zunft aufnehmen. Stünde wie damals bei den Chinesen die Zahl der Toten an den Türen der Ärzte, so käme niemals mehr ein Patient zu ihm.‹«

»Das ist aber wunderbar! Ist es auch wahr?« fragte ein alter Mann aus dem Zuschauerraum. Einige Zuhörer lachten.

»Natürlich ist es wahr, kennt ihr die Geschichte mit dem kranken chinesischen Kaiser nicht?«

»Nein, erzähl sie bitte«, riefen mehrere.

»Ein chinesischer Kaiser«, fing ich an, »hörte viele Beschwerden über die Ärzte und ihre Pfuscherei. Er beriet sich lange mit seinen Weisen und gab dann den kaiserlichen Erlaß heraus, daß jeder Arzt die Zahl der Toten, die er verschuldet hatte, groß und deutlich neben seine Tür schreiben mußte. Die Ärzte murrten, aber sie mußten gehorchen. Bald standen überall deutlich lesbar die Zahlen, und die Patienten waren schon vor dem Eintreten informiert, worauf sie sich einließen.

Nach ein paar Jahren hatten manche Ärzte bereits dreistellige Zahlen neben ihren Türen stehen. Zu denen kamen dann nur noch Lebensmüde und Kurzsichtige, denn damals gab es ja noch keine Brillen.

Eines Tages erkrankte der Kaiser selbst, und so schickte er seine Diener auf die Suche nach dem Arzt mit den wenigsten Toten. Und siehe da, die Diener trafen auf einen Arzt, der noch keinen einzigen Patiententod verschuldet hatte. Sie baten ihn, schnell zum kranken Kaiser zu kommen, und beruhigten ihren Herrscher, daß sie ihm den besten Mediziner gebracht hätten. Dieser schien sehr unsicher zu sein, betastete den Kaiser zitternd und behandelte ihn tagelang, bis er wieder zu Kräften kam und sich bei ihm bedankte.

›Wunderbar hast du das gemacht. Ich fühle mich wieder wohl, aber wie kommt es, daß du bis heute keinen einzigen Toten auf dem Gewissen hast?‹

›Kaiserliche Hoheit, Ihr seid mein erster Patient gewesen‹, antwortete der Arzt.«

Das Publikum jubelte und klatschte.

»Doch zurück zu meiner Geschichte. Onkel Faris schrie seine Frau an: ›Wenn das bei uns so wäre wie bei den Chinesen, so müßte dein Bruder verhungern. Da wir aber in Arabien leben, darf er alle Lügen der Welt auf sein Schild schreiben. Spezialist aus Oxford, Paris und Berlin! Daß ich nicht lache! Und überhaupt, ich mag auch deine Eltern nicht, sie sind falsch wie die Bettler vor der Moschee, und wenn sie uns besuchen, bekomme ich Magenkrämpfe. Dein Vater, dieses Nilpferd …‹

›Laß meine Eltern aus deinem dreckigen Mund!‹ unterbrach ihn seine Frau, stand auf, und ohne sich umzuziehen, eilte sie mit ihren Kindern in das Haus ihrer Eltern.

Onkel Faris stand pfeifend auf. Er fühlte eine gewisse Erleichterung im Herzen. Er trank seinen Kaffee in aller

Ruhe, nahm seine Aktentasche und ging die Treppe hinunter.

›Einen gesegneten und glücklichen Morgen wünsche ich‹, grüßte sein Nachbar. Ein äußerst höflicher Friseur, der immer glücklich zu sein schien und seine Finger in jeder Intrige hatte.

›Einen glücklichen und gesegneten Morgen wünschst du mir? Komm, laß das! Du wünschst mir nichts anderes, als daß ich irgendwo ausrutsche und mir den Hals breche, und warum? Weil ich meine Haare bei deinem Feind schneiden lasse! Und warum? Weil er nicht soviel heuchelt wie du. Deine Zunge ist so süß, daß sie mir von hinten am Hals klebenbleibt.‹

›Aber nicht doch, Herr Nachbar! Das ziemt sich nicht! Herr Adnan hat dich nur höflich begrüßt‹, mischte sich eine Nachbarin ein, die vom Friseur gerade zehn Lira geliehen hatte.

›Ich mag aber nicht mehr lügen‹, erwiderte Onkel Faris, ›und bevor du mir sagst, was sich ziemt und was nicht, solltest du aufhören, auf Pump zu leben. Und dein Mann soll mir die zwanzig Lira zurückzahlen, die er vor drei Monaten geliehen hat, statt im Kaffeehaus herumzulungern und Karten mit Kindern zu spielen, die er verdirbt und ausnimmt.‹

›Oh, Gott soll deine unverschämte Zunge lähmen! Wir sind ehrliche Leute‹, sprach die Frau laut. ›Aber deine dicke Frau und dich meiden sogar die Mücken, damit sie sich an eurem Blut nicht vergiften‹, zürnte sie und schlug ihre Zimmertür zu.

Onkel Faris arbeitete in der Buchhaltung der staatlichen Textilfabrik. Dort angekommen, erkundigten sich seine Kollegen nach seiner Erkrankung. Er sei ganz gesund gewesen, und seine Frau habe gelogen, sagte er unverfroren und teilte auch jedem Kollegen gleich und deutlich mit, was er all die Jahre von ihm gehalten hatte. Bis zur Mittagspause hatte er erreicht, daß keiner seiner Kollegen mehr ein Wort mit ihm sprach. Am frühen Nachmittag teilte ihm die Sekretärin mit, daß ihn sein Abteilungsleiter wegen der Erfolgsbilanzen sprechen wolle.

›Erfolgsbilanzen! Da kann ich ihm ein Lied davon singen‹, sagte er laut und eilte zu seinem Chef. Dieser war entsetzt, als mein Onkel ihm ins Gesicht schrie, daß er die Lügen der vergangenen Jahre nicht mehr mitmachen wolle. Die Fabrik machte jährlich Millionen Verluste, und eine ganze Abteilung war damit beschäftigt, die Zahlen dauernd so zu fälschen, daß die Leitung der Regierung am Ende Gewinne vorzeigen konnte. Die Regierung wußte aber genau, daß das eine Lüge war. Und nun erklärte mein Onkel lauthals, daß die Arbeiter nur so täten, als arbeiteten sie. Und die Regierung, die zahle nur mit buntem, wertlosem Papiergeld. Ein Kreis der Lüge! Die Firma solle am besten so bald wie möglich geschlossen werden. Sein Chef schüttelte nur den Kopf und entließ meinen Onkel sofort.

Von diesem Tag an legte sich Onkel Faris mit allen Nachbarn, Behörden, Pfarrern und Scheichs an. Er wurde immer einsamer und verbitterter. Auch als sein

Nachbar, der Friseur, ihn wegen Beleidigung des damaligen Diktators Hadahek anzeigte, stand keiner zu ihm, obwohl viele den Diktator haßten, den unsere heutige Presse und die Schulbücher sogar als Mörder bezeichnen und von dem ich noch erzählen werde.

Wie gesagt, Onkel Faris wurde verhaftet. Auf dem Weg zum Geheimdienstgebäude bekam er große Angst um sein Leben und beschloß, nichts zu sagen, doch seine Zunge gehorchte ihm nicht. Sie war von der Wahrheit besetzt und besessen. Die verhörenden Offiziere staunten über die Freimütigkeit ihres Gefangenen, denn auch ohne die üblichen Ohrfeigen und Tritte, die sie jedem Verhafteten versetzten, bevor er ein Wort sprach, sprudelte Onkel Faris nach jeder Frage wie eine Wasserquelle. Er berichtete fast genüßlich, daß er den damaligen Diktator Hadahek haßte und ihm am liebsten den Hals umdrehen wollte.

Er wurde ins Gefängnis geworfen und geschlagen, und man erzählte, daß ein schwerer Schlag auf den Kopf ihn verrückt gemacht hätte. Seine Frau behauptete jedoch, er habe in jener Nacht, als er aus Kummer zwei Flaschen Arrak trank, einen Hirnschlag bekommen. Nur Gott weiß, was genau passiert war. Nach ein paar Wochen schickten die Geheimdienstler ihn nach Hause. Er war ein gebrochener Mann. Fortan litt er unter Verfolgungswahn und lebte zurückgezogen, bis zu seinem Tod.

Doch nun genug der Traurigkeit, und deshalb verspreche ich euch für morgen eine heitere Geschichte.«

24

Die Ziege oder Wie sich die Zeiten ändern

Mein Gott, wie sich alles verändert! Die Krankenschwester erzählte mir, sie sei eigentlich Lehrerin, doch sie finde keine Stelle. Früher suchte man mit der Lupe nach Erziehern für die Kinder.

Und sowenig sie eine Krankenschwester ist, so wenig ist das Milch, was sie mir hierhergestellt hat. Das ist Gipswasser. Milch ist etwas anderes. Oder sie war zumindest etwas anderes zu der Zeit, als Onkel Nadim noch in den Straßen von Morgana unterwegs war.

Onkel Nadim, ein Cousin meiner Mutter, besaß neben seinem schönen Schnurrbart vierzig Ziegen. Zwanzig Jahre lang führte er seine Ziegen jeden Morgen durch die Straßen Morganas und verkaufte ihre Milch vor den Türen seiner Kunden. Und da er nicht nur äußerst sauber und großzügig war, sondern die Milch seiner Ziegen noch nach den satten wilden Weiden schmeckte, wollten die Bewohner unseres Viertels nur bei ihm kaufen und schwärmten noch jahrelang von ihm und seinen Ziegen.

Er war ein kleiner, drahtiger Mann und hatte den schönsten Schnurrbart der Welt. Onkel Nadim lebte allein in einem Dorf nicht weit von Morgana. Als Kind liebte ich den Anblick, wenn er mit seinen rötlichen Ziegen in unsere Straße kam und ganz leise »Milch, Milich, Mililich!« rief. Ich weiß es bis heute. Er kam immer eine Viertelstunde vor dem Maulbeerverkäufer, der auf einem großen, runden Holzbrett einen Hügel bunter Maulbeeren feilbot. Maulbeeren waren beliebt als Erfrischung zum Frühstück.

Auch die Maulbeerbäume waren ein Wahrzeichen von Morgana, ja, in vielen arabischen Ländern schwärmte man von den besonders saftigen morganischen Maulbeeren. Segen und Reichtum brachten aber nicht die Beeren, sondern die Blätter des Baumes. Sie ernährten die Seidenraupen, die die uralte Seidenindustrie des Landes mit den begehrten Fäden belieferten. Die morganische Seide hatte sogar Fürstenhäuser in Europa erobert. Die Maulbeerverkäufer verschwanden aus den Straßen Morganas kurz nach den Ziegen, denn die Bäume wurden gefällt. Gegen die Fluten billiger Seide aus Japan waren die kleinen Bauern hilflos. Aber das ist eine andere Geschichte, ich wollte von Onkel Nadim erzählen.

Wenn er unsere Gasse erreichte, standen Frauen und Kinder, noch in ihren Schlafröcken, mit Kannen und Schüsseln an ihren Haustüren. Onkel Nadim grüßte und fragte nach den Eltern und Verwandten. Er kannte alle Bewohner der Straße, und oft war er auf Hochzeiten und Beerdigungen dabei und feierte und trauerte mit den Bewohnern unseres Viertels. Wenn er einen Kunden erreichte, pfiff er durch die Zähne, und die Ziegen hielten an. Er wählte dann eine von ihnen und molk sie vor den Augen des Kunden, dann ließ er die warme Milch kunstvoll in hohem Bogen durch ein feines Sieb fließen und maß die Menge für seinen Kunden in einem glänzenden Metallbehälter ab.

Gegen Mittag kehrte er mit seinen Ziegen, deren Euter leer und schlaff wie ausgepustete Ballons herabbaumelten, zur großen Weide zurück.

Trotz der ständigen Belehrungen unserer Verwandtschaft wollte Onkel Nadim nie heiraten. Auch wollte er nie mehr als vierzig Ziegen und drei Ziegenböcke besitzen. Jahr für Jahr verkaufte er die neugeborenen Zicklein für gutes Geld, da seine Ziegen berühmt für ihre gute Milch waren. Von den alten Ziegen verstieß er nie eine, sondern fütterte sie liebevoll, bis sie in seinem Stall der Tod holte. Onkel Nadim war fanatischer Vegetarier und konnte Metzger nicht ausstehen.

»Vierzig Ziegen und keine mehr wollte er«, erzählte meine Mutter, »und er lachte alle aus, die ihm empfahlen, seine Herde immer weiter zu vergrößern, damit er dann Schäfer anstellen und frei seine Tage genießen könne. Onkel Nadim entsetzte die Verwandten mit seinem hellen Lachen und antwortete, er sei ja schon jetzt frei, und freier könnten nur Verrückte sein.«

Das war eine beliebte Legende, die man oft von glücklichen genügsamen Fischern, Schäfern und Gemüseverkäufern erzählte und die Onkel Nadim womöglich nur angedichtet war. Aber er lebte zufrieden. Er hungerte und fror nie, doch seine vierzig Ziegen verlangten viel Arbeit und Pflege. Nicht von ungefähr heißen Ziegen im Volksmund Teufelstöchter. Onkel Nadim hatte trotzdem immer genug Zeit, um spazierenzugehen, uns und Onkel Gibran zu besuchen und vor allem, seinen Schnurrbart zu pflegen.

Eines Tages verbot die Regierung den Verkauf frischer Milch an den Haustüren. Weshalb das Verbot so streng durchgeführt wurde, daß bald sogar Polizisten morgens auf der Jagd nach Ziegen in den Straßen Morganas waren, wußte man nicht genau. Einige erzählten, daß sich der damalige Präsident Hadahek den Franzosen anbiedern und Morgana ein westliches Gesicht verleihen wollte. Da müßten die Ziegen verschwinden. Eine zweite, etwas glaubwürdigere Geschichte erzählte, der Bruder des damaligen Staatspräsidenten hätte zweihundert holländische Milchkühe, die man im Volksmund Milchbomber nannte, gekauft. Dafür bekam er vom Landwirtschaftsministerium eine vollautomatische bulgarische Molkerei geschenkt. Die zigtausend Liter Milch mußten verkauft werden. Doch die Morganier mochten Milch aus der Flasche nicht, sie verspotteten sie als »gefangene Milch« und behaupteten, daß sie debil mache. Auch Onkel Nadim verbreitete dieses Gerücht von Tür zu Tür, so daß bald Experten des Gesundheitsministeriums im Fernsehen auftraten und der Bevölkerung mit Nährwerttabellen bewiesen, daß die Milch der holländischen Kühe sehr gesund sei.

All diese Auftritte erreichten zuerst das Gegenteil, bis die Regierung mit aller Gewalt die Ziegen aus den Straßen vertrieb. Da mußte die Bevölkerung murrend zur Milchflasche greifen.

Welche der beiden Geschichten der Wahrheit näher kam, war gleichgültig, Onkel Nadim mußte sich von seinen Ziegen trennen, denn um ein Haar wären sie beschlagnahmt worden, als er das Verbot zum zweiten Mal mißachtete und mit ihnen durch die Straßen Morganas zog. Er verkaufte seine Lieblinge in den Norden und erwarb von dem Erlös eine kleine Wohnung in unserer Nähe.

Von diesem Tag an legte Onkel Nadim seine arabischen Kleider ab und zog sich wie ein Städter an. Eine Woche später rasierte er sich auch seinen Schnurrbart ab. Eigenartig nackt, mager und hilflos sah er nun aus.

Onkel Nadim liebte von uns allen meine Cousine Josefine am meisten. Er behandelte sie so, als wäre sie seine Tochter, und Josefine verbrachte mehr Zeit bei ihm als bei ihren Eltern. Tante Rosa und Onkel Gibran empfanden das als kleine Entlastung. Sie mußten neun Kinder ernähren, und Onkel Nadim fand große Freude daran, endlich für jemanden zu sorgen, nachdem man ihm die Ziegen genommen hatte. Er zog Josefine auf und vererbte ihr später seinen ganzen Besitz. Onkel Nadim lebte jedoch lange und konnte noch sein Herz an Josefines erstgeborenem Sohn erfreuen, der seinen Namen trug.

Ob Zufall oder nicht, zur gleichen Zeit, als die Ziegen aus den Straßen verschwanden, füllten plötzlich Orientalisten aus aller Welt die Gassen von Morgana. Angeblich kamen sie in unserem Interesse und beobachteten uns. Nichts war ihnen teuer oder heilig. Sie wollten alles wissen, wie wir bei Trauer weinten und was wir in der

Hochzeitsnacht machten, wie wir aßen und tranken, wie wir sangen und tanzten und warum wir nicht so sprachen, wie das die Grammatikregeln verlangten. Sie erforschten, was wir in unserer freien Zeit machten und warum wir nicht in Urlaub fuhren. Nicht einmal unsere Bettler wurden verschont.

Eine Menge ortskundiger, arbeitsamer und vor allem verschwiegener Helfer wurde für diese Armee von Orientalisten benötigt. Onkel Nadim traf, als er arbeitslos geworden war, zufällig auf den deutschen Orientalisten Erich Schirrmacher, der gerade angekommen war und Gefallen an dem friedlichen und schweigsamen Hirten fand.

Von diesem Schirrmacher und meiner Cousine Josefine gibt es noch viel zu erzählen.

25

Der Esel oder Warum Tarzane Morgana verließ

So ein Pech. Ich kann diesen Freund in Tania nicht erreichen. Ob ich aus dem Krankenhaus ein Telegramm schicken kann? Wir werden sehen.

Nun aber zu der Geschichte, warum der kinderlose Onkel Nadim aus Rache an dem Orientalisten Schirrmacher Josefine nach Deutschland schickte.

Onkel Gibran und Tante Rosa hatten acht Söhne und eine Tochter. Nur das Mädchen war von Geburt an ungeheuer klug, die Jungen waren Einfaltspinsel. Sie wurden alle brave Familienväter und Handwerker. Josefine aber stieg zur Universitätsdozentin auf, und das nicht in der eigenen Heimat und durch irgendwelche schmierigen Beziehungen, sondern dreitausend Kilometer entfernt von Morgana in Deutschland. Wann immer man von Josefine sprach, so nannte man selten ihren richtigen Namen, sondern sprach von Tarzane, weil Josefine als Kind nicht nur klug, sondern auch bärenstark war. Doch um von ihr richtig zu erzählen, muß ich die Geschichte ganz von vorn anfangen und von Onkel Nadims Arbeit beim deutschen Orientalisten Schirrmacher erzählen, denn da fing die Geschichte von Tarzane an.

Mit keinem anderen Wesen als mit einem Esel konnte ich damals im Circus India den Orientalisten Schirrmacher vergleichen, bei dem mein Onkel Nadim fünfzehn Jahre lang gearbeitet hatte. Wie die Mehrheit der Städter hatte auch ich kaum Erfahrung mit Eseln. Ich war aber hochmütig genug, den Esel für das dümmste Geschöpf Gottes zu halten und seinen Namen nur als Schimpfwort in den Mund zu nehmen.

Doch so naiv ich auch war, ich lernte von Hussein, dem Pferdedresseur, einen kleinen Trick, mit dessen Hilfe ich den Esel dazu bringen konnte, beim Namen »Schirrmacher« auszuschlagen, als lehne er jeden Vergleich ab. Das Publikum lachte, und ich entschuldigte mich immer wieder beim Esel.

Leider erfuhr ich viel zu spät, welches Unrecht ich dem Esel angetan hatte. Mein Cousin Michael erzählte mir nicht nur viel von den geistreichen Tricks seines Esels, der nicht gern arbeitete, sondern auch von seiner Gelehrigkeit. Jeder Esel nämlich, der einmal eine Grube oder ein Schlagloch gesehen hat, meidet die Stelle für immer, auch wenn sie längst zugeschüttet und geebnet wurde.

Wie gesagt, Esel sind entgegen ihrem Ruf gelehrige, bescheidene und dankbare Tiere. Von all diesen edlen Eigenschaften besaß jener Schirrmacher keine.

War dieser Orientalist in den ersten Tagen etwas schüchtern und höflich, als ihn Onkel Nadim von Haus zu Haus unserer großen Sippe einlud, und errötete er bei jeder Bewunderung seines miserablen Arabisch, so verwandelte er sich von Tag zu Tag immer mehr in einen menschenverachtenden Besserwisser. Bald begnügte er sich nicht mehr damit, Onkel Nadim wie einen Sklaven zu behandeln, sondern wollte unsere ganze Familie in seine Dienste einspannen. Erst halfen ihm viele von uns naiv und gutmütig, doch dann rebellierte meine Mutter als erste gegen diesen lästigen und arroganten Mann, der unsere Häuser Tag und Nacht heimsuchte. Sie warf ihn hinaus. Zwei Tage darauf folgte Tante Rosa ihrem Beispiel, und es vergingen keine drei Monate, bis Schirrmacher und seine zehn europäischen Mitarbeiter keines der Häuser unserer Verwandtschaft mehr betreten durften.

Nur Onkel Nadim machte alles mit. Geduldig wie ein Esel diente er diesem aufgeblasenen Dummkopf fünfzehn Jahre lang. Erst später erzählte er, welch ein Ekel dieser Schirrmacher gewesen war, der nicht nur die Menschen nach den intimsten, heiligsten Geheimnissen ausquetschte, sondern viele uralte Schriftrollen und unbezahlbare, über zweitausend Jahre alte Kunstwerke geraubt und heimlich nach Europa versandt hatte. Onkel Nadim half ihm bei diesen Verbrechen. Kein Schaf würde einem Metzger das Messer reichen, doch Menschen sind manchmal dümmer als Schafe.

Fast zur gleichen Zeit, als die Ziegen aus den Straßen von Morgana verschwanden, setzte eine ungeheure Inflation ein. Unser Geld war wertlos im Vergleich zur ausländischen Währung, so daß man bald auf dem Schwarzmarkt für eine deutsche Mark vierzig Lira eintauschen konnte.

In unserer Nähe gab es in einem Restaurant die wunderbarsten und wohlschmeckendsten Gerichte Morganas. Für einen Dollar aß ein amerikanischer Orientalist dort zu Mittag, mit Früchten als Nachtisch und einem arabischen Mokka. Bald bediente das Personal nur noch die Orientalisten und Touristen freundlich, uns aber knurrten sie an, wenn wir bescheiden nur einen Tee bestellten.

Schirrmacher hatte bald neben meinem Onkel Nadim als Leibwächter, Vermittler, Schmuggler und Geheimnisträger einen Chauffeur, zwei Putzfrauen und drei Laufburschen. Das ganze Personal kostete Schirrmacher die lächerliche Summe von insgesamt einhundertsiebzig Mark im Monat. Die Deutschen zogen ihn erst zurück, als herauskam, daß Schirrmacher auch amerikanische Privatsammler und englische Museen belieferte, wenn sie mehr zahlten. Von einem Tag auf den anderen verlor Schirrmacher alle seine Posten. Aber das kam erst viel später.

Als er sich in Morgana noch wie ein Adliger seine Autotür von einem Chauffeur öffnen ließ, interessierten ihn neben den archäologischen Funden, Ikonen und Pergamentrollen hauptsächlich Geschichten über das Leben der arabischen Familie. Am liebsten hörte er Berichte von Männern, die ihm vom Orient das erzählten, was er hören wollte.

Im Viertel war bald bekannt, daß Schirrmacher genau wie viele französische, englische und amerikanische Orientalisten begeistert war über Geschichten wie: »Mein Vater heiratete sieben Frauen, und sie mußten nachts so lange tanzen, bis er Gefallen an einer fand, doch geliebt hat er nur sein Pferd. Außer meiner Mutter bekamen alle Frauen täglich Schläge, weil sie nur Töchter zur Welt brachten.« Hunderte solcher Geschichten wurden ihm erzählt, so daß in Morgana kein einziger normaler Mensch lebte, wollte man diesen Lügnern glauben. Die Leute bekamen eine Mark als Lohn für eine Erzählung und bemühten sich ihrerseits um neue Geschichten.

Den größten Nutzen aber zog Schirrmacher nach wie vor aus Onkel Nadim, der ihm treu und verschwiegen diente. Er beschenkte ihn mit den neuesten elektrischen Haushaltsgeräten, die uns der Onkel stolz vorführte und bald für viel Geld verkaufte, da er sie selbst nicht brauchte. Und weil er immer öfter meine Cousine Josefine zu den Schirrmachers mitnahm, lernte sie von ihnen und den Kindern perfekt Deutsch. Die Kinder der Schirrmachers sprachen akzentfreies Arabisch und waren im Viertel sehr beliebt, weil sie blond und blauäugig waren. Viele schwangere Frauen drückten diese Kinder, wo sie sie auch immer erwischten, und wünschten sich mit geschlossenen Augen Babys, die genauso aussehen sollten.

Zu unserer Überraschung aber verlor Onkel Nadim langsam seinen Respekt vor Schirrmacher und fing an, ihn zu verachten und schlecht über ihn zu reden. Schirrmacher spürte das und erhöhte das Gehalt meines Onkels auf fast dreißig Mark im Monat. Doch Onkel Nadim wollte nicht mehr. Er lebte nur noch für ein Ziel: Josefine sollte nach Deutschland gehen, die Deutschen studieren und ein großes Buch in Morgana veröffentlichen, um sich an den Orientalisten zu rächen.

Mit dem Geld, das er in den fünfzehn Jahren gespart hatte, eröffnete er ein kleines Gemüsegeschäft und genoß bald einen guten Ruf. Auch ließ er sich wieder einen Schnurrbart wachsen, der in der Zwischenzeit jedoch ergraut war. Er lebte nur noch für Josefine.

Josefine war nicht nur das einzige kluge Kind meines Onkels Gibran, sondern sie war die einzige, die nach ihm geriet. Sie war als Mädchen kräftig, hatte große schwarze Augen und dichte Augenbrauen. Sie war wie ihr Vater ungeheuer mutig. Sie balgte nur mit Jungen. Mädchen, auch ältere, waren ihr zu schwach. Fünf Jungen, das habe ich erlebt, konnten sie nicht am Boden halten. Sie drückte sie auseinander und verteilte ihre Ohrfeigen. Pro Junge gab sie nur eine Ohrfeige, aber die genügte, daß die Burschen heulend nach Hause rannten.

Damals war das Kino wie eine Leidenschaft unter den Jungen ausgebrochen. Wir sahen mehrere Filme in der Woche, arabische und ausländische. Auch Tarzanfilme waren sehr beliebt, obwohl sie schlecht durchdacht und gemacht waren. Der weiße Tarzan schlug auf die bösen Schwarzen ein, bis sie sich ihm unterwarfen. Löwen wurden zu Vegetariern, ja, zu Schmusekatzen, sobald sie sich Tarzan unterwarfen. Komischerweise ließen sich neben Löwen und Tigern auch Elefanten und Adler von Tarzan unterwerfen, nur das Krokodil machte nicht mit. Es schaute hinterlistig zu, und sobald Tarzan einen Fuß ins Wasser setzte, sah das Krokodil in ihm einfach ein leckeres Frühstück.

Wir lachten oft im Kino über die übertriebenen Lügen in den Tarzanfilmen, in denen die Afrikaner nur »Humba, humba, gagalumo« sagten. Tarzan mußte oft als Dolmetscher den anderen Weißen erklären, was die Schwarzen angeblich gesprochen hatten. Doch ich schwöre, so schlecht und dick die Lüge der Filme auch war, im Kino war ich in einer anderen Welt. Wenn ich von der Nachmittagsvorstellung ins Freie kam, war es noch hell. Ich brauchte im grellen Licht ein paar Minuten, bis ich mich wieder im Leben der Stadt zurechtfand.

Tarzane nannten wir Josefine ihrer Stärke und Kampfeslust wegen. Sie durfte als Mädchen damals nicht mit ins Kino gehen, doch ich mußte ihr die Filme Szene für Szene erzählen und in den folgenden Tagen die eine oder andere Episode wiederholen. Sie mochte mich sehr und sagte, ich erzähle die Filme am schönsten. Eines Tages beschrieb ich ihr, wie Tarzan bei jeder wichtigen Angelegenheit »AAAA-EEYAAA-EEYAAA-EEOOO« rief. Tarzane fragte interessiert nach dem Grund. »Weißt du«, sagte ich bedeutsam, »das gibt ihm Mut, weil er immer mehrere Feinde gleichzeitig angreift.«

Tarzane wiederholte den Ruf leise, bat mich um nochmalige Wiederholung und rief dann: »AAAA-EEYAAA-EEYAAA-EEOOO!« Von nun an stieß sie immer diesen Ruf aus, bevor sie sich auf die Jungen stürzte. Bald war sie die Beschützerin aller Mädchen im Viertel und nahm so eher die Gestalt einer rächenden Zorra an. Manche

Mädchen machten sich den Spaß, Jungen zu beschuldigen, nur um ihnen eine Tracht Prügel von Tarzane zukommen zu lassen.

Dieses ungestüme Mädchen hörte aber von einem Tag auf den anderen auf zu raufen. Sie wurde in eine vornehme Schule geschickt, trug nur noch feine Kleider und wurde schmaler und größer. Ich hatte sie einen Monat lang nicht gesehen. Plötzlich kam sie uns besuchen, und sie saß schüchtern vor uns wie ihr Vater und genauso schweigsam wie er. Ich denke heute, daß wir uns damals geliebt haben, aber wir wagten nicht, darüber zu sprechen.

Schüchtern und fern erschien sie mir plötzlich. Uns im Viertel fehlte sie sehr. Ihr plötzliches Verschwinden hinterließ eine Lücke, die niemand füllen konnte. Nicht nur ich, auch die anderen Jungen vermißten Tarzane.

Nach dem Abitur fuhr Tarzane nach Köln und studierte Soziologie und Geschichte. Sie war die erste Frau aus unserem Viertel, die allein nach Europa fuhr. In Köln führte sie genaue Untersuchungen über die deutsche Gesellschaft durch und hatte das Glück, einen weisen, liebenswürdigen Gelehrten als Betreuer zu haben.

Josefines Berichte wurden in Morgana als Buch veröffentlicht, unter einem irreführenden Titel. In Deutschland hieß das Buch nüchtern »Die Sitten und Gebräuche der Deutschen aus einer fremden Perspektive«. Sie hatte es mir und den Jungen unseres Viertels gewidmet, und unter der Widmung stand nicht Josefine, sondern Tarzane.

Der arabische Verleger wollte eine Sensation aus diesem Buch machen und wählte den marktschreierischen Titel »Tarzane im Lande der blonden Bimbos«. Und das Buch wurde ein Bestseller. In ihm beschrieb Tarzane das Leben der Deutschen. Es war witzig und gut geschrieben. Doch den Inhalt kannte ich im Grunde schon vorher. Das kam so.

Bereits eine Woche nach Tarzanes Abfahrt hatte ich einen Brief aus Deutschland bekommen. Absender: Josefine. Bis heute weiß ich alle ihre Briefe im Wortlaut, denn ich las jeden Brief täglich, bis der nächste kam.

»Geliebter Cousin«, schrieb sie, »erinnerst du dich, daß ihr mich vor Jahren Tarzane genannt habt? Nun bin ich bei den Deutschen, und du wirst es nicht glauben, die Deutschen können kaum Deutsch, sie sprechen wie Tarzan. ›Du gehen. Nix gut, alles paletti. Ich heute Baustelle, morgen Bahnhof.‹«

Die ganzen Jahre regte sie sich in ihren Briefen darüber auf, daß viele Akademiker nicht wußten, ob Morgana in Asien oder in Afrika lag. Aber Tarzane konnte sich gut gegen die Engstirnigkeit wehren.

Eines Tages wurde sie zu einem wichtigen Kongreß eingeladen. Sie sollte dort einen Vortrag über die Lage der arabischen Frau halten. Der Kongreß fing mit einem festlichen Essen an. Tarzane saß neben einem Mann, der sie wortlos anstarrte. Sekt wurde gereicht. Sie trank genüßlich.

»Gluckgluck gut?« fragte der Mann. Tarzane nickte. Das Essen wurde serviert. Tarzane nahm einen Bissen.

»Hamham gut?« erkundigte sich der Tischnachbar interessiert. Tarzane nickte. Nach dem Essen hielt ein Professor die Eröffnungsrede, und unmittelbar danach wurde Frau Doktor Josefine Baladi zum Pult gebeten. Josefine war eine begnadete Rednerin. Sie hielt eine leidenschaftliche Rede zur Verteidigung der arabischen Frau gegen Entrechtung und Mißhandlung. Großer Beifall. Tarzane kehrte zu ihrem Platz zurück, schaute den völlig überraschten Tischnachbarn an und fragte: »Blabla gut?«

Wir schrieben uns ein Jahrzehnt lang Briefe, und ich lernte durch sie Deutschland genau kennen.

Jahre später besuchte ich sie. Sie war inzwischen Dozentin an der Universität. Aber anders als erwartet hielt ich es bei ihr nicht länger als eine Woche aus. Sie war die Ungeduld in Person, ständig in Eile und hetzte von einem Termin zum anderen. Ich kehrte schnell zurück und blieb ihr dadurch freundschaftlich verbunden.

Briefe täuschen oft, und mancher schreibt nicht aus seiner Seele mit seiner eigenen Hand, sondern mit der einer zauberhaften Person, die er sein möchte. Aber das ist eine andere Geschichte.

Nun, an jenem Dienstagabend erzählte ich eine Menge von Onkel Nadim und Schirrmacher. Von Tarzane noch nicht viel, da sie damals erst kurz vor dem Abitur stand. Über Schirrmacher lachten die Zuschauer im Circus, vor allem dann, wenn ich den Esel leicht ins Ohr zwickte und dieser ausschlug, um anschließend wieder ruhig, ja, fast erstarrt neben mir zu stehen.

26

Der Doppelgänger oder Warum das Spiegelbild dem Original nie gleich ist

Damals weinte Mala lange, plötzlich brachen die Tränen aus ihr heraus, als ich ihr von meiner Traurigkeit erzählt hatte. Sie fühlte auch, daß unsere Trennung nicht so einfach sein würde. Als sie danach wieder lachte, war ich auch erleichtert. Ich erklärte ihr die Weisheit meiner Großmutter, der Tigerin, und Mala wünschte sich von diesem Tag an, von mir Tigerin genannt zu werden.

Meine Großmutter streute immer Salz über die geschnittenen Auberginen, ließ sie eine Weile schwitzen, und erst dann trocknete und briet sie sie. »Warum streust du Salz auf die Auberginen?« fragte ich meine Großmutter.

»Weil die Aubergine dann weint, und wie der Mensch verliert auch sie nach den Tränen ihre Bitterkeit«, antwortete sie.

Mala mußte sich etwas beeilen, da sie mit ihrem Mann Ashok zum Basar gehen wollte. Wir vereinbarten aber, daß ich sie einmal durch die alten Gassen von Morgana führen würde.

Ich ging etwas später als sie zum Circus zurück. Doch ich wollte niemanden sprechen, und so ging ich zum nahen Spielplatz, der in der Mittagshitze in der Regel leer war. Aber an jenem Tag spielten ein paar Jugendliche

Fußball. Es waren Inder und Araber, doch sie verstanden sich prächtig, fluchten, lachten und stritten, als wären sie Nachbarn. Die Spielregeln waren den Jugendlichen bekannt.

Seit einer bestimmten Zeit gleichen sich alle Spiele auf der ganzen Welt, und die Regeln ändern sich weder durch die Zeit noch durch landesübliche Sitten. Fußball wird heute in Schweden genauso gespielt wie in Japan und Tansania. Das war anders zu meiner Zeit als Kind. Da spielte jedes Viertel anders.

Wie soll ich das erklären, daß ich zwei Zeiten in Morgana erlebt habe? Zwei verschiedene Zeiten, die aufeinander folgten und miteinander nicht zu versöhnen waren. Man kann sie niemals genau bezeichnen, und doch ist jede Zeit grundverschieden von der anderen.

Ich nenne die zwei Zeiten so: die Zeit vor dem Verschwinden der Ziegen aus den Straßen Morganas und die Zeit danach.

Die Jungen auf dem Spielplatz spielten genauso fröhlich und stritten und schrien genau wie wir, aber sie kannten den Joker in allen Ballspielen nicht, der in der Zeit nicht wegzudenken war, bevor die Ziegen aus den Straßen Morganas verschwanden. Der Joker, das waren ein oder mehrere Kinder, die zu klein waren für ein Spiel und doch mitspielen wollten. Sie durften mit aufs Feld, und sie rannten mit und spielten leidenschaftlich mit der einen Mannschaft oder ihren Gegnern, schossen die Bälle kreuz und quer, lachten, warfen sich ins Zeug und wurden immer akzeptiert und lieb behandelt, da sie zu keiner der beiden Mannschaften gezählt wurden. Ihre Tore wurden nicht gezählt, aber sie spielten, wechselten die Linien und lachten vergnügt im Glauben, sie spielten Fußball, und es machte allen großen Spaß mit den Jokern. Nachdem die Ziegen auf Anordnung der Regierung aus den Straßen verschwunden waren, verschwand der Joker aus allen Ballspielen.

Auch damals gab es Armut, aber kaum Erdöl. Doch nachdem die Ziegen verschwunden waren, entdeckte man überall in Arabien Erdöl, und das Elend wurde schlimm. Morgana hatte das Elend nur vorübergehend gekannt, wenn es Epidemien, Kriege oder Dürre gab, aber nun bezog das Elend Dauerquartier, und die Armenviertel erschienen vor den Toren Morganas am ersten Tag nach dem Verschwinden der Ziegen aus den Straßen.

Bevor die Ziegen aus den Straßen Morganas verschwanden, gab es keine Fleischkonserven. Die Araber aßen, reisten, heirateten, starben und gebaren, führten Kriege und schlossen Frieden immer in Abhängigkeit von den Jahreszeiten. Die Fleischkonserve war die erste Zerstörung der Harmonie zwischen Mensch und Jahreszeit. Denn sie war zu jeder Zeit erhältlich. Das später verbreitete geruch- und geschmacklose Gemüse aus den Treibhäusern war nur noch die Fortsetzung der Zerstörung, der Nachfolger der Fleischdose.

Die ersten Fleischkonserven kamen aus Amerika, und viele Nachbarn schnitten sich furchtbar beim Öffnen dieser Teufelserfindung, denn die ersten Dosen waren wie die alten Autos aus gutem Blech gefertigt. Ein alter Jäger holte seine Schrotflinte und schoß die Dose in Fetzen, nachdem er eine halbe Stunde lang vergeblich versucht hatte, sie mit seinem alten Messer aufzukriegen.

Danach brachten die Argentinier ihr Corned beef, und es fand Gefallen, doch dann stürmten die Chinesen den Markt in Morgana mit billigsten Dosen. Nun entbrannte ein geheimer Krieg der Konserven, ein Krieg mit allen Mitteln. Bestechung, Sabotage, ja sogar vor dem Raub ganzer Fleischdosenlager schreckten die Feinde nicht zurück. Die Amerikaner verloren zunehmend Marktanteile, da die Chinesen die Dosen fast umsonst auf den Markt warfen. Die Vertreter der amerikanischen und argentinischen Firmen aber besannen sich auf einen üblen Trick. Plötzlich tauchte überall das Gerücht auf, das Fleisch in den chinesischen Dosen sei nicht reines Rindfleisch, sondern gemischt mit Schweinefleisch. Die Chinesen reagierten so genial, daß alle anderen Firmen bis heute diesen Schritt nachahmen. »Dieses Rindfleisch«, stand auf den Dosen in arabischer Schrift, »wurde nach islamischem Recht und Regeln zubereitet.«

Das ist die absolute und kristallreine Lüge. Nach islamischem Recht muß der Schlachter beim Schlachten auf arabisch »Bismillah Arrahman Arrahim!« sprechen, und es muß garantiert sein, daß das geschlachtete Vieh ausgeblutet war. Das muß man sich in einer chinesischen Fleischfabrik vorstellen! Aber wie gesagt, die Lüge war so perfekt, daß sie bis heute auf allen Fleischdosen steht, die nach Arabien kommen.

Bevor die Ziegen aus den Straßen verschwanden, hörte man auf jeder Straße in Morgana mehrere, zum Teil uralte Sprachen und Dialekte, doch viele dieser alten Sprachen verschwanden mit den Ziegen. Man hörte nur noch ein Arabisch, dessen Gesicht englische und französische Wörter zunehmend überdeckten, bis ein Idiot sogar vorschlug, man müsse die arabische Sprache mit lateinischen Buchstaben schreiben, damit wir endlich die letzten Hindernisse für den Fortschritt wegräumten. Nun soll niemand mich mehr fragen, warum ich Ziegen liebe und allein vorm Präsidentenpalast für ihre Rückkehr in die Straßen Morganas demonstrierte. Ich wurde damals verhaftet, und der verhörende Offizier lachte, als ich ihm von meiner Liebe zu den Ziegen erzählte. Er war ein Bauernsohn aus dem Norden, der durch eine Liebesgeschichte nach Morgana gekommen war, die Ziegen auch liebte und mich im Grunde heimlich bewunderte, aber das ist nun wirklich eine andere Geschichte.

Ich war hundemüde und legte mich zu Hause eine Stunde hin. Danach ging ich auf den Circusplatz. In der Abenddämmerung wirkten die Menschen unter den bunten Lichtern der Buden und Stände fröhlicher. Ich wanderte zwischen den Ständen herum, aß hier ein bißchen, trank dort einen Tee und hörte die Leute erzählen, daß russische Schiffe auf dem Weg nach Morgana seien und daß sie in ein paar Tagen erwartet würden. Das sei streng geheim, sagte der eine, er habe es vom israelischen Rundfunk gehört.

Erstaunlich war für mich, wie viele Kuriositäten unsere Welt bot. Ich ging täglich über den Platz, und täglich entdeckte ich Stände, die neu dazugekommen waren. Das Gelände erweiterte sich zu einer kleinen Stadt. Ein alter Mann stand da mit einem merkwürdigen Halsbandsittich, einem faszinierenden Vogel, der nicht nur jede Aufforderung seines Meisters laut und deutlich wiederholte, sondern auch ausführte. Sein Besitzer erzählte Geschichten von diesem edlen Vogel, den Alexander der Große einst von Indien, der Heimat der Sittiche, nach Griechenland mitgebracht hatte.

»Karo As«, rief ein Zuschauer und legte seinen Piaster. Der Edelsittich bewegte sich nicht und wiederholte die Worte nicht, und das war das wundersame. Erst als sein alter Herr leise mit ihm sprach, krächzte der schöne Vogel: »Karo As!« und holte mit seinem Schnabel die gewünschte Karte aus den ausgebreiteten Spielkarten hervor.

Und nun entdeckte ich die Attraktion des Tages. So etwas hatte ich vorher noch nie gesehen. Ein Mann beherrschte die Kunst, innerhalb von drei Minuten jedermann zu werden. Es kostete eine Lira. Man zahlte und stand vor einem kleinen Zelt. Der Mann verschwand darin, schaute aber den Kandidaten immer wieder durch ein Fenster an, und nach weniger als drei Minuten kam er heraus und sah dem Kandidaten zum Verwechseln ähnlich. Die Leute lachten Tränen.

Wie man aussieht, ist im Grunde gleichgültig, doch auch im Aussehen gibt es Lügen. Ich meine nicht diese scheußlichen Operationen an Nase, Brust und Augen, die es nun auch in Morgana gab. Auch nicht das Färben der Haare, das, bevor die Ziegen aus den Straßen verschwanden, in allen Farben beliebt war und danach nur noch in einer einzigen Farbe ausgeführt wurde: blond. Nein, ich meine eine andere Lüge: durch Zufall wie eine Berühmtheit auszusehen. Oft ist das ein unverhoffter und unverdienter Segen und manchmal ein Pech. Für meinen Nachbarn Muhssin, den Verkehrspolizisten, fing die Lüge mit dem Gesicht als Segen an und endete als Pech. Wie es dazu kam, ist eine kleine Geschichte.

Als der damalige Präsident Hadahek drei Mordanschläge überlebt hatte, empfahlen ihm seine Berater, ein Team von Doppelgängern aufzustellen, die nicht einmal von Verwandten enttarnt werden könnten. Präsident Hadahek fand die Idee nicht schlecht und ließ seinen Geheimdienst nach geeigneten Doppelgängern suchen.

Muhssin war damals frisch nach Morgana versetzt worden. Seine Frau war die erste, die die ungeheure Ähnlichkeit entdeckte. Sie jubelte laut und ließ alle Nachbarn vor Neid erblassen, weil ihr Mann tatsächlich mit dem Präsidenten verwechselt wurde, so daß sogar der hoffnungslose Straßenverkehr ordentlich wurde, wo ihr Mann auftauchte. Denn bald wurde verbreitet, der Staatspräsident wäre als Straßenpolizist verkleidet, um eigenhändig Verkehrssünder aufzuspüren, und so hupte keiner mehr, alle fuhren bei Grün und hielten bei Rot an. Kein einziger fluchte mehr oder überholte die anderen, über den Bürgersteig fahrend.

Im Viertel ging die Nachricht von Mund zu Mund, die Leute kamen zur Besichtigung, und manch einer wollte sich mit Muhssin fotografieren lassen, um bei seinen Eltern, Freunden oder weiß der Teufel wem noch Eindruck zu machen. Muhssin war immer schon eitel gewesen, und seine Eitelkeit wuchs um so mehr, je öfter die Menschen ihn für den Präsidenten hielten, und er fing plötzlich an, vor dem Spiegel dessen Haltung anzunehmen oder so zu gestikulieren, wie er sich vorstellte, daß Präsidenten rauchen, sprechen oder lachen. Auch fing er an, anders zu gehen. Er schien größer, kräftiger und gesünder zu sein.

Eines Tages kamen zwei Herren, die Muhssin höflich baten mitzukommen. Er ging, und als er zurückkam, war er wie verändert. Von nun an ging er nur noch in Zivil, trug eine Sonnenbrille und führte sich auf wie ein General. Keiner wußte, was er nun arbeitete, doch alle ahnten es: Er war einer der Doppelgänger des damaligen Präsidenten. Er wurde so gut bezahlt, daß er, seine Frau und Kinder sich von da an wie Neureiche verhielten.

Seine Frau, die am Anfang so laut posaunt hatte, wie ähnlich ihr Mann dem Präsidenten sah, wurde nun blaß, und als ihr Mann eines Tages angeschossen nach Hause gebracht wurde, war sie verzweifelt. Sie konnte niemandem erzählen, daß ihr Mann nicht auf einer Patrouille von Schmugglern, sondern von einem Neffen des Präsidenten Hadahek, der ihn für seinen Onkel hielt, angeschossen wurde. Muhssin wurde immer gröber zu seiner Frau, der er die Schuld an seiner Misere gab. Die Frau weinte bitter vor den anderen Frauen im Hof, da ihr Mann manchmal für eine ganze Woche verschwand und sie nicht sicher war, ob er überhaupt noch lebte. Meine Mutter hatte keinen Tropfen Mitleid mit Muhssin oder seiner Frau.

Von nun an zitterte die Frau immer, wenn Präsident Hadahek ausländische Gäste empfing, neue Schulen, Schwimmbäder oder Fabriken einweihte oder Fußballspielen beiwohnte. Sie wußte dann, daß ihr Mann irgendwo mit anderen Doppelgängern seinen Kopf hinhalten mußte.

Eines Tages wollte der Präsident aus Dankbarkeit eine Feier für alle seine Doppelgänger an einem geheimen Ort geben. Dieses Treffen war strenger geheimgehalten als das Atomprogramm der Regierung. An diesem Tag wurden die dreiundvierzig Doppelgänger aus ihren Verstekken geholt und mit verbundenen Augen zu diesem Ort geführt, nachdem man sie durch eine Irrfahrt mit Autos und Hubschraubern so durcheinandergebracht hatte, daß einige der Doppelgänger fürchterliche Angst hatten, sie wären vom israelischen Geheimdienst geschnappt und nach Israel gebracht worden. Erleichtert atmeten sie auf, als sie wie geehrte Gäste in einem großen Palast vom Staatspräsidenten empfangen wurden. Nun, vermutlich vom Staatspräsidenten, denn die Doppelgänger glichen seiner Exzellenz wie ein Ei dem anderen.

Die Leibwächter, Diener, ja sogar die Frau des Staatspräsidenten kamen nach kurzer Zeit durcheinander, wer nun der echte Hadahek und wer nur ein armseliger Doppelgänger war. Irgendein Witzbold sagte laut: »Wie redest du denn mit mir? Nimm dich in acht, sonst lasse ich dich sofort verhaften.« Stille erschlug jedes Gemurmel. Frau Hadahek, die Leibwächter und Diener schauten auf die vierundvierzig Hadaheks, die alle die gleiche Uniform, den gleichen Schnurrbart, die gleiche Narbe unter dem linken Ohr und sogar den gleichen Ehering mit den Initialen der Frau Hadaheks trugen. »Moment mal«, schrie einer, »du bist ich. Er ist ich. Wer bin ich?«

Keiner antwortete. Dieser eine Hadahek zog die Pistole und richtete sie auf die vor ihm stehende Gruppe von Doppelgängern. »Wer bin ich?«

»Das ist mein Hadahek! Das ist er!« atmete die erste Frau im Staat erleichtert auf.

»Du bist wir!« beeilte sich einer der Doppelgänger den echten Hadahek zu besänftigen.

Das war das erste und letzte Treffen der Doppelgänger Hadaheks. Zwei Wochen später starb der Präsident mit seiner Frau nach einem furchtbaren Unfall mit einem Panzer. Man zweifelte lange, ob der Präsident damals im Auto saß oder einer seiner Doppelgänger.

Nun aber brach eine schreckliche Zeit für Nachbar Muhssin an. Er wurde am nächsten Tag schon zurückversetzt zum Straßenpolizisten. Aber die Gegner des alten Präsidenten ließen ihn nicht in Frieden, sie bespuckten ihn und bewarfen ihn mit Bananenschalen, verdorbenen Eiern und Tomaten. Man wußte auch nie, ob sie Muhssin selbst oder das Bild des Präsidenten meinten. Es dauerte über zwei Jahre, bis er wieder unerkannt seinen Beruf als Straßenpolizist ausüben konnte.

Und zufällig träumte ich gestern von Muhssin. Er schaute mich an, schüttelte mitleidig den Kopf und sagte: »Du hast Krebs im rechten Auge.« Erschrocken wachte ich auf. Ob die Ärzte mich deshalb nicht entlassen wollen?

27

Mona
oder Wie man sich im eigenen Labyrinth verliert

Nacht für Nacht stand ich zu jener Zeit im Sattelgang und zitterte um Mala, solange ihr Mann das letzte Messer nicht sicher ins Holz gebracht hatte. Der Sattelgang lag hinter dem Manegenvorhang. Von hier starteten die Artisten, und hierher kamen sie auch wieder zurück nach der Arbeit in der Manege, zufrieden oder unzufrieden. Hier wurden sie von ihren Kollegen mit Gratulationen überschüttet oder mit warmherzigen Worten getröstet. Shanti wartete immer hier auf den Circusdirektor und empfing ihn mit Umarmungen, wenn er seine Clownerien zu Ende geführt hatte. Hier in diesem kleinen Zelt lockerten sich die Artisten und warteten mit den Dompteuren und Dresseuren, die beruhigend auf ihre wartenden Tiere einredeten, auf ihren Auftritt. Die Arbeiter und Requisiteure standen hier und witzelten immer etwas grob und aufgedreht miteinander. Hier wurden auch die Pferde abgefangen, die aus der Dressur herausgejagt kamen.

Im Sattelgang mischten sich die Geräusche der Geräte mit dem des Windes in der Zeltwand und mit dem beißenden Geruch der Raubtiere.

Bestimmt liebte Ashok Mala, aber ein Fehler von einem Millimeter auf diese Entfernung hätte ihr das Messer genau ins Herz plaziert. Nacht für Nacht sausten die Messer aus der sicheren Hand des Ehemannes und bohrten sich millimetergenau in das Holz über der Stirn, nahe der Brust, um die zierliche Hand und an den Beinen entlang. Ein Spiel mit dem Tod.

Mala stand da am Brett mit lächelndem Mund. Ihre Augen richtete sie auf die Hand ihres Mannes, der mit unbewegtem Gesicht ein Messer nach dem anderen warf. Und so wie Mala grenzenlos in Liebe und Haß war, so grenzenlos war ihr Mut.

Ashok hatte eine neue Nummer geprobt, und er übte so lange, bis er sie hundertprozentig beherrschte. Amal, der Circusdirektor, rief Mala zu sich, trank Tee mit ihr und fragte sie, ob sie mit der Nummer einverstanden wäre. Sie war es zu meinem Ärger. Erst dann genehmigte der Circusdirektor den neuen, einmaligen Auftritt.

Ashok stand auf dem nackten Rücken eines Isabellhengstes und ritt so zweimal im Kreis. Zwei Männer brachten eine weiße Tafel in die Manege. Mala folgte ihnen und stellte sich mit einem großen roten Stift an die Tafel, während Ashok sein Pferd im Kreis ritt.

Mala zeichnete mit dem Stift einen roten Kreis, nicht größer als eine Handfläche, auf die Tafel. Ein Messer kam aus der Hand Ashoks geflogen und traf krachend den Kreis in dessen Mitte. Ein Riesenapplaus erhob sich. Ashok sagte etwas zu Mala, und sie zeichnete einen zweiten Kreis, stellte sich so, daß der Kreis wie eine Sonne über ihrem Kopf erschien, und schon sauste das zweite

Messer und traf den Kreis in der oberen Hälfte. Ich bekam fast einen Herzinfarkt.

Plötzlich ging das Licht aus, und Ashok zündete mehrere kleine Fackeln an, die an scharfen Messern angebracht waren. Er warf die Messer im Dunkeln, immer noch auf dem Pferd stehend, und traf die Kreise. Die Messer durchschnitten blitzschnell die Luft und schlugen sehr laut in das Brett, als wären sie Fäuste.

Das Licht ging wieder an. Die gestaute Erregung des Publikums machte sich in einem tosenden Beifall Luft. Und während beide aus der Manege verschwanden, stolperte Amal als Clown hinein, und die Kinder lachten laut.

Sicher gab es auch beim Messerwerfen genug Tricks, bei denen die wahren Messer am Brett vorbeiflogen und in der Kulisse verschwanden, während in derselben Sekunde aus dem präparierten Brett mit Hilfe von Federn Messer hervorsprangen. Doch Ashok wollte das nicht.

Man sagt, daß viele Leute zum Circus gehen, weil dort der Tod immer präsent ist. Das glaube ich nicht. In unserem Leben ist der Tod so allgegenwärtig, daß man keine lebensgefährliche Nummer im Circus braucht, um den Kitzel des Todes zu spüren; man muß nur ein paar hundert Kilometer mit dem Auto fahren, da sieht man mehr Tote, als ein Circus in zehn Jahren anbieten könnte. Im Fernsehen wäre es inzwischen eine Gnade, wenn man einen Abend lang keine Toten sehen würde. Nein, der Tod begleitet das Leben wie der Schatten das Licht.

Lange vor meiner Liebe zu Mala hatte ich mit dem Tod

zu tun, und ich vergaß ihn, genau wie er mich ignorierte. Nun aber war er mit all seiner Gewalt immer anwesend.

Der Tod ist das schrecklichste Wesen aller Zeiten. Die alten Ägypter versuchten ihn durch die Kunst ihrer Medizin zu überlisten. Was sie ungewollt mit ihren wunderbaren Mumien erzielten, war der Beweis seiner Unbesiegbarkeit.

Andere Völker gingen bequemere Wege, um den Tod zu verharmlosen. Sie erfanden das zweite Leben, die einen durch die sogenannte Wiedergeburt und die anderen durch das unsichtbare Leben in Himmel, Hölle und weiß Gott wo noch. In all diesen Gedanken ist nur der Beweis erbracht, welche erschütternde Angst die Menschheit vor dem Tod hat. Nein, der Tod ist ein endgültiger Schnitt, und ich verfluche ihn seit dem Tag, an dem er meine geliebte Tante Maria zu früh geraubt hat.

Seit Menschengedenken werden Eltern bei keiner anderen Frage so verlegen wie bei der Frage nach dem Tod. Das ist kein böser Wille, der Tod riegelt sich seit seiner Geburt in unserer Welt gegen jede Erfahrung ab. Ich hatte das Glück, dem Tod dreiundsiebzigmal zu entkommen, doch von Erfahrung kann ich nicht sprechen. Ich machte alle Schritte bis zum Tor des Nichts, und dann bin ich ins Leben zurückgekommen und habe merkwürdigerweise das Leben mit all seinen Unzulänglichkeiten geliebt und bin glücklich gewesen, wieder gesund zu sein und zu atmen, einfach zu atmen. Was für eine große Gnade habe ich in jenen Augenblicken empfunden!

Meine Schwester Sahar, die als Kind schon alles erfahren wollte und sich von keiner Halbwahrheit täuschen ließ, wurde Gott sei Dank vom bitteren Schicksal meines Onkels Faris verschont, aber mit einer noch neugierigeren Tochter bestraft. Mona hieß ihre Tochter, und sie quälte Sahar mit ihren Fragen, genau wie diese als Kind unsere Nerven gefoltert hatte. »Könntest du mich auch lieben, wenn ich schon gestorben bin?« So fingen die Fragen Monas harmlos an, und wehe, Sahar antwortete leichtsinnig mit ja oder nein. »Wo bleibt meine Stimme nach meinem Tod? Stirbt sie auch? Und das, was in meinen Augen ist, das Fenster und der Tisch, sterben sie, wenn mein Auge stirbt? Und meine Träume? Sterben sie auch?« Langsam führten die Fragen Sahar zu dem Tiefpunkt, bei dem sie fast um Gnade bettelte und ihrer Tochter den verzweifelten Hinweis gab, sie solle bitte ihren Vater fragen. Der aber verhielt sich nicht anders.

Eines Tages erzählte mir Sahar, wie sie sich in eine lächerliche Lüge verwickelt hatte.

»Ich saß eines Abends am Schreibtisch. Mein Mann war zu einer wichtigen Versammlung gegangen. Mona ging ganz friedlich und freiwillig mit ihrer Kakaoflasche ins Bett. Was für eine herrliche Ruhe, dachte ich gerade, als ich genüßlich ein dickleibiges Buch über die Ermordung des amerikanischen Präsidenten John F. Kennedy zittrig vor Neugier in die Hand nahm. Neueste Beweise über die Verwicklung der ganzen amerikanischen Führung in diesem geheimnisvollen Fall versprach das Buch. Ich hatte gerade vielleicht drei oder vier Seiten gelesen, als ich plötzlich Mona schluchzen hörte. Ich eilte zu ihr. Sie saß im Bett und wurde von Weinen geschüttelt.

›Was ist denn los?‹ fragte ich besorgt.

›Ich bin so traurig, weil die Uroma schon tot ist.‹

Ich beruhigte sie und streichelte ihr den Kopf. Das muß man sich vorstellen! Mona kannte ihre Urgroßmutter überhaupt nicht. Vor zwei Monaten, bei der Beerdigung unseres Vaters, hatte eine uralte, aber rüstige Frau von unserer Oma Hanan, der Tigerin, geschwärmt, und Mona hörte zum ersten Mal von ihr. Das war es, hätte man denken können.

In jener Nacht fragte mich die dreijährige Mona, ob ich meine Mutter liebgehabt hätte, eine harmlose Frage, die dann in ein Verhör über meine Liebe zu allen Verwandten bis zur Ururutante dritten Grades mündete. Mich wundert es nicht, wenn die ehrlichsten Eltern vor lauter Müdigkeit lügen. Ich war schon erschöpft, doch Mona war hellwach. Sie fragte, ob ich meine Großmutter liebgehabt hätte. Natürlich liebte ich unsere Oma Hanan! Mona bekundete noch einmal ihre Trauer über den Tod ihrer Urgroßmutter. Ich wollte zu Kennedy und seinen vielen Mördern zurückgehen.

›Ach, du mußt nicht so traurig sein, Uroma ist nun im Himmel, kann dich sehen und freut sich, wenn du nicht traurig bist, sondern lachst und bald einschläfst!‹ Bei diesem Satz dachte ich an unsere Mutter, die uns auch immer einen solchen Unsinn erzählte. Du kennst doch das Lied, das wir sogar im Bett mitgesungen haben. ›Schlaf, meine Tochter, schlaf‹, sang Mutter damals,

›wenn du schläfst, werde ich dir eine Taube braten. Oh, Taube, hab doch keine Angst, ich belüge Sahar, damit sie einschläft.‹ So habe ich auch von der Oma erzählt, die da oben sitzt und erst schlafen geht, wenn Mona zufrieden lächelnd eingeschlafen ist.

›Ja?‹ erkundigte sich Mona mit großen Augen.

Ich aber dachte an Jacqueline Kennedy, die sich über den tödlich getroffenen Ehemann beugte. ›Ja, leg dich schon hin. Du kannst der Uroma was erzählen. Sie kann dich hören.‹

Mona legte sich auf den Rücken, versteifte sich mit verschränkten Armen und ausgestreckten Beinen. Sie blickte die Decke fest an. ›Ich sage jetzt‹, rief sie erregt, ›ich sage jetzt: Uroma, du sollst leben!‹ Sie holte tief Luft und sprach den Satz nunmehr wie einen zornigen Befehl einem Schwerhörigen gegenüber: ›Ich sage jetzt: Uroma! Du! Sollst! Leben!‹

Das berührte mich peinlich. Was sollte ich jetzt noch dazu sagen? Viel Zeit blieb mir auch nicht zum Nachdenken.

›Wo ist Uroma?‹ fragte sie enttäuscht.

›Nein, nein‹, beeilte ich mich zu sagen, ›das geht so nicht. Man kann sie nicht lebendig machen.‹

›Warum nicht?‹ wollte Mona wissen.

›Sie lebt unter den Toten.‹

›Kann sie sich dort bewegen?‹ fragte Mona mit unschuldigem Gesicht, und ich merkte, wie ich mich immer mehr in die Falle begab, aber es gab kein Zurück mehr. Der Rückzieher von Weihnachten saß mir noch im Nakken. Damals hatte ich versucht, behutsam die Geschichte mit dem Christkind, das die Geschenke bringt, etwas abzubauen. Es endete mit einer Katastrophe aus Tränen. Das Fest wäre beinahe verdorben gewesen, hätte ich nicht im letzten Augenblick meinen bescheidenen Versuch als dummen Spaß hingebogen und dem himmlischen Kind einen herzlichen und frommen Dank für die Geschenke ausgesprochen, die es Mona gebracht hatte. Als hätte Gott nichts Besseres zu tun, als in meinem Haus Geschenke zu verteilen!

Nein, ein Esel fällt nicht zweimal in dieselbe Grube! Diesmal machte ich keinen Rückzieher, sondern erzählte Mona allen Ernstes, wie die Uroma mit allen verstorbenen Freunden und Verwandten im Himmel lustwandelt, und irgendwann genoß ich es auch, meine Oma, die besagte Uroma, so klar zu zeichnen, wie sie mit lächelndem, weisem Gesicht auf langen Alleen spazierengeht.

›Und wenn wir auch tot sind, können wir mit der Uroma spazierengehen‹, fuhr ich fort, ohne zu wissen, in welche Misere ich inzwischen gekommen war.

›Ich will bei Uroma im Grab sein!‹ sagte Mona, sprang aus dem Bett und rannte zu ihrem Schrank, und bevor ich meinen Unterkiefer hochziehen konnte, war sie schon in ihr Kleid geschlüpft. ›Ich will mit dir sterben, Mama!‹ sagte sie feierlich.

›Nein, nicht jetzt‹, sagte ich und eilte zu ihr. Ich drückte sie an meine Brust. ›Nein, nicht jetzt sterben!‹ sagte ich und weinte. Mona schaute mich erstaunt an. ›Mama, magst du Uroma nicht?‹

›Doch, doch, aber ich will nicht sterben‹, sagte ich und trocknete beschämt meine Tränen.

›Wenn du Angst hast, dann machen wir das später!‹ sagte Mona ruhig, warf ihr Kleid in den Schrank, zog ihr Nachthemd wieder an und ging ins Bett. Ich hörte sie noch flüstern: ›Uroma, Mama hat Angst. Wir kommen später. Tschüs!‹

Im Nu schlief sie ein, und ich blieb die ganze Nacht wach.«

Leider hatte ich diese Geschichte damals im Circus nicht erzählen können, denn Sahar war ja noch ein Kind. Schade, denn zu jener Zeit konnte ich von einer Menge Tiere berichten, für die ich keine Vergleichsmöglichkeiten unter den Menschen meiner Umgebung fand. Eines dieser Tiere war dazu geschaffen, von Menschen zu erzählen, die sich immer mehr in Lügen verwickelten, obwohl sie am liebsten damit aufhören wollten. Sahars Geschichte hätte ideal dazu gepaßt. Ich nannte es damals das Verhedderix.

Für mein Publikum hatte ich eine sensationelle Geschichte vorbereitet. Ich wollte die wahre Geschichte von Rotkäppchen aus der Sicht des Wolfes erzählen. Ich war mir der Begeisterung meiner Zuhörer sicher, doch es kam anders.

28

Der Wolf oder Über die Scheinheiligkeit der Lämmer

Präsident Hadahek, der zu der Zeit regierte, als der indische Circus in Morgana gastierte, war ein äußerst liberaler Mensch. Er war ein gerissener Fuchs im Erhalt seiner Macht, konnte jedoch keine Reden halten, und wenn er es doch tat, so wirkte er unbeholfen, fast lächerlich. Er mochte weder Bücher noch ihre Schreiber.

Am liebsten verbrachte er jede freie Minute mit Kinderspielzeug und hielt zeitlebens nichts von Dichtern und Sängern. Seines Amtes wegen mußte er an seinem Geburtstag Gäste empfangen, und er erlaubte dann nur einem einzigen Dichter, etwas vorzutragen. Mehr konnte er nicht vertragen.

Eines Tages trat ein Dichter auf, der für seine Anbiederei bekannt war. Er lobte den Präsidenten eine halbe Stunde lang, da rief dieser aus: »Dir werde ich morgen hunderttausend Lira schenken.« Der Dichter überschlug sich vor Freude und sprach noch gewaltigere Verse auf die Klugheit, Herrlichkeit und Macht des Präsidenten. Der aber gähnte. »Dir, o Dichter, sind statt hundertfünfhunderttausend Lira gewährt«, sagte er. Der Dichter geriet ganz außer sich und besang den Präsidenten mit noch mehr Lob, da brüllte dieser: »Nun genug, dafür gebe ich dir morgen eine Million Lira, und jetzt geh nach

Hause!« Der Dichter verbeugte sich und eilte fliegenden Schrittes hinaus.

»Für einen solchen Schwachsinn willst du eine Million ausgeben? Ich könnte dir einen Dichter von der Straße besorgen, der für zehn Lira weit schönere Verse vorträgt als dieser Schleimer«, erboste sich der Kulturminister.

»Zehn Lira! Bist du denn verrückt? Du sorgst dafür, daß er keine einzige Lira für das Gesülze bekommt. Er soll froh sein, daß er es aus seiner Seele rauslassen konnte, sonst hätte er sich daran vergiftet. Schau her, mein Freund, mein Verstand strahlt nicht heller als die Sonne, und ich habe als Kind bestimmt keine Löwenmilch getrunken. Mein Vater hieß zwar Hadahek, starb aber als unbekannter kleiner Beamter an einem Leberleiden, nicht unter den wehenden Fahnen irgendwelcher Schlachtfelder, und meine Mutter konnte nie im Leben die Rosen durch ihre Schönheit erblassen lassen. Sie war gütig, hatte aber eine Knollennase und abstehende Ohren wie ich. Klüger als Sokrates bin ich nicht, und meine Armee kann uns gerade noch die Israelis vom Hals halten. Und dieser Lügner ließ schamlos Alexander den Großen und Julius Cäsar, wenn sie noch lebten, vor meiner Macht erzittern! Da würden die zwei eher vor Lachen einen Schluckauf bekommen. Ich bin doch kein Dummkopf, einem Hofdichter zu glauben! Nun, der Mann hat durch die Lüge, und sei es für einen Augenblick, unsere Eitelkeit befriedigt und uns dadurch scheinbar eine Freude bereitet, und wir haben ihm mit einer entsprechenden Lüge eine Freude derselben Qualität in Aussicht gestellt.

Wenn er also morgen kommt, läßt du ihm durch meinen Sekretär ein Buch über Grammatik und eines über die arabischen Klassiker überreichen, damit er etwas daraus lernt.«

Das geschah wirklich. Onkel Daniel erzählte es mir, nachdem er beim Präsidenten gewesen war. Er brachte ihm eine Puppe aus Holz, in deren Bauch er einen solch ausgeklügelten Mechanismus eingebaut hatte, daß, wenn man sie aufzog, eine wunderschöne Musik spielte, die Figur die Hand mit der Feder zum Tintenfaß bewegte, sie in die Tinte tauchte, diese am Rande des Fasses abstreifte und auf ein Blatt Papier schrieb: »Der sympathische Präsident Hadahek.« Onkel Daniel hatte dem Präsidenten aber nicht verraten, daß er seinen Automaten so gebaut hatte, daß die ganze Maschine auseinanderfiel, wenn man sie aufmachte.

Mein Onkel bat mich aber auch darum, diese Geschichte nicht unbedingt vor einem großen Publikum zu erzählen, da der Dichter genug Bewunderer unter den Militärs hatte, die er umgarnte, und diese hätten mir schaden können.

Mala liebte die beiden Wölfe des Circus über alles, und sie fütterte sie besonders gern. »Der Wolf«, sagte sie mir, »ist der Tiger in einem armen Circus.«

Mit einem dieser Wölfe ging ich am nächsten Abend in die Manege. Er war sehr zahm. Als das Publikum applaudierte, verbeugte ich mich, und siehe da, der Wolf drehte sich mehrmals zur einen und zur anderen Seite und machte einen Knicks, als wäre er eine höfliche Balletttänzerin. Ich bedankte mich beim Publikum. Der Wolf nahm neben mir Platz und beobachtete stolz und aufmerksam das Publikum.

»Heute abend«, fing ich an, »wollte ich von meinem Cousin Chalil und dem Nasenohr, einem freundlichen, aber unglücklichen Tier, erzählen, doch als ich am Wolfskäfig vorbeiging, hörte ich jemanden nach mir rufen.«

Mala lachte und klopfte mehrmals mit dem Zeigefinger auf ihre Brust. Ich lachte auch. »Ich drehte mich um und sah den Wolf lächeln. ›Komm näher!‹ sagte er. ›Renn doch nicht gleich weg. Hör dir erst mal meine Geschichte an. Und wenn sie dir gefällt, kannst du mich ja auch einmal mit in die Manege nehmen, damit ich mir auch mal einen Abend lang die Zuschauer anschauen kann. Es heißt hier unter den Tieren, glücklich sei, wer mit einem deiner Familienmitglieder oder Bekannten verglichen werden kann. Stimmt es, daß du so die Tiere auswählst, von denen du erzählst?‹

›Ja‹, antwortete ich etwas unsicher.

›Dann hör doch meine Geschichte an. Manchmal ist eine Ähnlichkeit in der Geschichte der Tiere viel interessanter als die ihres Aussehens. Nimm mich zum Beispiel! Am ähnlichsten ist meine Lebensgeschichte der einer Spinne, die ich in einem Wald nahe der französischen Stadt Lyon getroffen habe, kurz bevor mich dieser verfluchte Arzt fing und mit nach Kalkutta schleppte. In Indien wollte er Kranken helfen, bis seine vor Liebeskummer kranke Seele geheilt wäre. Warum so viele gescheiterte Europäer ihr Heil im Elend von Kalkutta suchen, ist eine andere Geschichte, wie du sagen würdest.

Aber nun, am ersten Tag in Indien, konnte ich im Tohuwabohu der Ankunft flüchten und dem Arzt einen prächtigen Haufen im Käfig zurücklassen. Doch wohin nun in der Hölle von Kalkutta? Zwei Straßen weiter ergriff mich ein vierzehnjähriger Junge, der mich dann für den Preis einer Eintrittskarte an den Circus verscherbelte. Seitdem lebe ich bei dieser Circustruppe. Ich führe jeden Abend diese langweilige Nummer vom Paradies vor, in der sich ein Lamm gemein an meiner Misere weidet. Es lehnt sich an mich, tritt mich, gibt mir Stöße mit seinen immer größer und härter werdenden Hörnern, und am Schluß muß ich mich auch noch hinknien, damit dieser Fettwanst auf meinen Rücken steigen kann. So gehen wir eine Runde in der Manege, und endlich kommt der Abgang! Ich sage dir, der Hussein, der diese scheußliche Nummer erfunden hat, hat keine Ahnung von der Seele der Wölfe. Meine Frau sagte mir, er sei ein guter Pferdekenner. Meinetwegen, mag sein, aber von uns versteht er soviel wie ich von der Seele der Fische.

Nur einmal habe ich bei einer Übung zugebissen, nur so im Spaß‹, sagte der Wolf und schlürfte seinen Speichel, ›und da regnete der Himmel Stöcke über meinen Schädel. Als ich zu mir kam, sah ich das Gesicht dieses Pferdenarren Hussein über mir schweben wie einen häßlichen

Mond. Nix beißi beißi! Lamm guter Freund! Nix beißi beißi! sagte er und schwang den Stock vor meinen Augen, auf dem noch frisches Blut von mir war. Seitdem mache ich die Nummer und den Abgang, als wäre ich ein Vegetarier. Was soll's? Ich habe dann mein Brot und meine Ruhe, und die Zuschauer bekommen ihr Scheißparadies. Aber seitdem der Chef in Afghanistan diese gute Wölfin als Geschenk bekam, geht es mir besser. Bald werde ich von ihr ein paar Welpen bekommen. Dein Freund Amal ist nun auch freundlich zu uns.‹ Das hat mir dieser Wolf erzählt. Wollt ihr die Geschichte von Rotkäppchen hören, wie sie der Wolf erlebt hat?« fragte ich die Zuhörer.

Ich freute mich, als sie begeistert zustimmten, und begann eifrig zu erzählen. Doch schon nach kurzer Zeit wollten viele nichts von der Unschuld des Wolfes wissen und schleuderten mir ihre Entrüstung und Wut entgegen. Etwa bei der Hälfte meiner Geschichte war bereits die Mehrheit der Zuhörer geflüchtet, und ich war nur noch froh, die letzten Sätze und die Ankündigung der Geschichte meines Cousins Michael für den nächsten Abend auszusprechen, bevor ich vollends ausgepfiffen wurde.

Niemals habe ich eine herbere Niederlage im Circus erlebt. Bedrückt eilte ich nach Hause. Noch ahnte niemand, daß dem Circus eine große Überraschung unmittelbar bevorstand.

29

Das Feuerwerk oder Wie man lästige Zuhörer nach Hause schickt

Es war Mitternacht, als das ganze Circusgelände von Soldaten der Nationalgarde umstellt wurde. Ein Offizier fuhr mit seinem Jeep bis zum Wohnwagen des Direktors. Amal war noch wach. Der Offizier klopfte und wartete, bis Amal die Tür des Wohnwagens aufmachte. Amal war sichtlich schockiert. Er schloß die Tür des Wagens, damit Shanti und die Kinder nicht erschreckt wurden, und ging die Stufen hinunter.

»Seine Exzellenz ist erfreut über euren Mut, Morgana in diesen schweren Monaten zu unterhalten, und möchte morgen abend mit seiner Gattin und der gesamten Familie Hadahek den Circus besuchen.«

Amal atmete erleichtert auf. »Es ist eine Ehre für mich und meine Familie«, antwortete er. »Wann wünscht Seine Exzellenz uns zu beehren?« fragte er.

»Morgen abend um sieben. Seine Exzellenz wünscht eine Sondervorstellung, die er selbstverständlich honorieren wird. Wir müssen für die Sicherheit sorgen, deshalb werden wir das ganze Zelt beanspruchen. Ich werde morgen früh schon da sein. Meine Männer bleiben über Nacht.«

Amal sah, wie die Soldaten überall stocherten und ihre Suchgeräte aus den kleinen Transportern holten. Nach und nach gingen Lichter in den umliegenden Wohnwagen an.

»Könnten Ihre Soldaten mit der Durchsuchung bis morgen früh warten? Sie wecken alle Artisten und Tiere, und da kann ich für nichts garantieren«, sagte er bestimmt. Der Offizier schaute um sich, rief einen jungen Unteroffizier und befahl ihm, die Soldaten aus dem Circus abzuziehen und in einem dichten Gürtel außen herum zu plazieren. Erst am nächsten Morgen sollte die Durchsuchung des Circus anfangen.

»Bist du zufrieden?« fragte der Offizier und grinste Amal an.

»Ja, danke, aber was machen wir mit dem Publikum? Wir sind für morgen ausverkauft!« fragte Amal besorgt.

»Schick die Leute nach Hause, und wer nicht will, den lasse ich zu seiner Tante bringen«, antwortete der Offizier und lachte.

»Ja, ja«, sagte Amal, obwohl er nicht verstand, daß »zu seiner Tante bringen« in Morgana ins Gefängnis bringen bedeutete. Ich erklärte es ihm am nächsten Tag.

Amal konnte nicht schlafen. Es beruhigte ihn aber, daß seine Leute kaum etwas bemerkt hatten, denn bald gingen die Lichter wieder aus. Doch für ihn war das sein erster Auftritt vor einem Staatsoberhaupt. Würde wohl alles gutgehen? Würden seine erprobten Artisten es schaffen, bei so vielen Soldaten und Gewehren die Nerven zu behalten? Unruhig wälzte er sich hin und her, bis der Morgen dämmerte.

Shanti wachte sehr früh auf und bemerkte sofort die Unruhe ihres Mannes. »Was ist mit dir, du siehst blaß aus«, sagte sie und deckte die Kinder zu.

»Der Staatspräsident kommt! Er will eine Spezialvorstellung für sich, seine Familie, Minister und Leibwächter«, sprach Amal fast verzweifelt.

»Dann ziehst du dich extra schön an, und damit hat es sich«, sagte Shanti bestimmt wie immer, wenn sie mit ihren unsichtbaren Fühlern spürte, daß Amal einen Schubser brauchte, um seine Angst vor dem kalten Wasser zu verlieren.

»Das sagt sich leicht, aber was ist, wenn ausgerechnet heute alles schiefgeht?«

»Es geht gar nichts schief. Du trinkst jetzt einen Tee und machst deinen Rundgang in Morgana, und du wirst sehen, deine Leute werden sich ins Feuer werfen, damit der Präsident zufrieden ist. Ich habe von Sadik gehört, er liebt Spielzeug, also ist er ein Freund des Circus.«

Amal trank seinen Tee und machte seinen Rundgang durch die Gassen Morganas. Es grüßten ihn so viele Leute freundlich, daß er sich plötzlich wie zu Hause fühlte. Er atmete tief die frische Luft ein und eilte wieder in den Circus.

Als ich gegen zehn Uhr das Circusgelände erreichte, bekam ich einen Schreck. Der Mord an dem Musiker saß mir noch tief in den Knochen. Ich dachte sofort an Mala, doch glücklicherweise sah ich sie bald. Die Soldaten wollten mich nicht in den Circus hineinlassen, bis Amal ihren Offizier aufklärte. Ich hörte seine Worte und war sehr gerührt. »Ohne Sadik geht hier nichts. Das mußt du verantworten!« sprach er energisch. Der Offizier brüllte seine Soldaten am Eingang an: »Laßt diesen Herrn Sadik eintreten!«

Ich ging hinein, und der Offizier musterte mich von oben bis unten. »Was verkaufst du?« fragte er mich abfällig.

»Geschichten«, antwortete ich.

»Hier im Circus?«

»Ja«, sagte ich und begleitete Amal in seinen Wohnwagen. Dort war Shanti damit beschäftigt, einen wunderbaren Anzug aus roter Seide zurechtzulegen. Sie strahlte mich an. »Der Präsident kommt!« frohlockte sie.

»Das ganze Gelände haben sie mit ihren Suchgeräten nach Bomben durchwühlt, in jedem Heuhaufen gestochert, und alle Wohnwagen werden um zwölf Uhr mittags durchsucht. Wir dürfen nicht dabeisein. Das ist eine Belästigung«, stöhnte Amal. »Und um zwei kommt eine Offiziersgruppe von der republikanischen Garde und will die ganze Show sehen, die wir vor Seiner Exzellenz aufführen wollen. Irgend jemand muß gleichzeitig draußen das Publikum nach Hause schicken. Eine Katastrophe!«

»Mach dir keine Sorgen, ich laufe in unsere Gasse und bitte vier Nachbarn, meinen Bruder und zwei Cousins von mir, am späten Nachmittag zu kommen und die Leute draußen abzufangen und nach Hause zu schikken«, beruhigte ich ihn. Das war wirklich kein Problem!

»Was habe ich dir gesagt? Sadik macht das!« bestätigte seine Frau.

Ich eilte in unsere Gasse. Fadi wollte für seine Dienste eine Lira, bekam sie und machte anschließend seine Arbeit besser als die erwachsenen Nachbarn und Cousins. Es war in der Tat kein Problem, die Leute auf den nächsten Tag zu vertrösten. Das Problem fing bei der Generalprobe vor den Sicherheitsoffizieren der republikanischen Garde an, die so mißtrauisch über ihren Schnurrbärten schauten, als wären die Artisten ausgesuchte Mörder, die nur einen Zweck in ihrem Leben verfolgten und einen halben Kontinent überquert hatten, um ihn zu erfüllen: Präsident Hadahek zu ermorden.

Es war wirklich schwer, den Herren zu erklären, daß Ashok diese Messer und keine anderen, kleineren oder hölzernen werfen konnte; denn nur diese Messer, die er seit Jahren benutzte, taugten für seine Nummer. Das wußte jeder Messerwerfer. Man kann nicht ein paar Stunden vor dem Auftritt hölzerne Messer nehmen. »Dann nimm doch kleine Wurfpfeile!« brüllte ein Offizier, dem die gefährlich aussehenden Messer Ashoks Angst einflößten.

»Ich kann nicht!« erwiderte Ashok. Nach langer, zäher Verhandlung konnte Amal etwas von Ashoks Nummer retten. Er würde auf den Teil mit dem Pferdereiten verzichten, und Ashok sollte beim Messerwerfen mit dem Rücken zum Präsidenten stehen. Er durfte sich kein einziges Mal umdrehen, solange er noch ein Messer in der Hand hielt. Sobald er seine Nummer beendet hatte, sollte er über dem Kopf in die Hände klatschen und sich langsam umdrehen, dann verbeugen und rückwärts aus der Manege gehen.

Ich stand bei der ganzen Verhandlung dabei und half mit Mala, Verständigungsschwierigkeiten zu überbrükken. Zwei der Offiziere sprachen exzellent Englisch, doch es kam in der hitzigen Diskussion oft zu Mißverständnissen.

Die Offiziere waren hartgesotten, aber sie waren dennoch vernünftig. Sie drohten kaum und wiederholten sich nie. Überhaupt sprachen sie sehr wenig. Nur ihr Blick war mißtrauisch. Anders als der verblödete Offizier der Nationalgarde, der mich an jenem Morgen gefragt hatte, was ich hier verkaufen würde, waren die Herren der republikanischen Garde bestens über mich und meine Auftritte informiert. Das kam daher, daß wir damals in Morgana sechs verschiedene Geheimdienste hatten, die manchmal mit-, aber oft auch gegeneinander arbeiteten, und die beste Abteilung des Geheimdienstes war nun mal die, die dem Präsidenten direkt unterstand. Die Nationalgarde war eben nur für die Drecksarbeit zuständig, und entsprechend war auch ihr Geheimdienst.

Die Untersuchung der Wohnwagen der Artisten und Arbeiter war ohne Zwischenfälle verlaufen. Keine einzige Waffe wurde gefunden. Wie weggezaubert waren über zwanzig Pistolen und drei Kisten Munition, die die Inder immer auf ihren gefährlichen Reisen mitnahmen. Ich fragte auch nicht danach, denn ich wollte gar nichts wissen, um niemandem schaden zu können, falls man mich verhörte. Nun klärte Amal die Offiziere freiwillig auf, daß er im Tresor eine Pistole hatte, die er bei der Raubtiernummer unter den Kleidern hielt, um dem Dompteur zu Hilfe eilen zu können, falls es gefährlich wurde. Das Erschießen könne er niemand anderem überlassen, da es oft auf eine Sekunde ankomme. Der beste Scharfschütze würde wahrscheinlich jedes Raubtier treffen, aber zu früh töten, weil er eben ein Scharfschütze und kein Circusdirektor war, der all diese Tiere wie seine Kinder liebte.

Ich erstarrte vor Staunen, als diese Offiziere, die wegen der fliegenden Messer von Ashok Theater gemacht hatten, verständnisvoll nickten und nur eine ähnliche Auflage wie bei Ashoks Auftritt machten. Amal sollte am Zentralkäfig, wo die Raubtiernummer aufgeführt wurde, mit dem Rücken zum Präsidenten stehen, und sobald die Nummer zu Ende wäre, sollte er seitlich zum Sattelgang gehen, wo ein Offizier auf ihn warten würde, um ihm die Pistole abzunehmen.

»Seine Exzellenz mag keine langen Geschichten. Erzähle lieber mehrere kurze Sachen«, empfahl mir der Offizier nachdrücklich. Ich hatte komischerweise keine Angst, aber auch keine Lust zu erzählen. »Wir können auch darauf verzichten, wenn es Seiner Exzellenz lieber ist«, bot ich dem Offizier an und sah den Mißmut auf dem Gesicht von Mala, während sie das Amal übersetzte und dieser stumm den Kopf schüttelte.

»Nein, nein, Seine Exzellenz besteht darauf, eine Geschichte von dir zu hören«, erklärte der Offizier im Befehlston, aber freundlich. Mala lächelte zufrieden und übersetzte Amal, was der Offizier gesagt hatte.

»Sadik gehört zum Hauptteil des Programms«, bestätigte er dem Offizier in ernsthaftem Ton.

»Und der Präsident ist mit seinem Onkel Daniel befreundet«, fügte der Offizier laut hinzu. Ich wäre am liebsten in die Erde versunken.

Onkel Daniel war auch unter den Gästen, die der Vorstellung des Präsidenten beiwohnen durften. Meine Eltern waren ebenfalls geladen, aber mein Vater wollte nicht. Er sagte, in der Nähe eines Hadahek zu sitzen sei wie der Gang durch ein Minenfeld. Es kann neunundneunzigmal gut- und einmal danebengehen, und wie er sein Pech kennt, wird dieses Mal dann sein, wenn er dabei ist.

Ich zog mich am Nachmittag nach Hause zurück, wühlte alle alten Bücher und Zeitungen nach kurzen Geschichten durch und fragte auch meine Mutter, meinen Vater und ein paar alte Nachbarn. Sie erzählten mir großzügig viele kleine und kleinste Geschichten, Kuriositäten und wundersame Dinge.

Dann fuhren die schwarzen Staatskarossen vor, und eine Gesellschaft, die es in unserer Gegend nie gegeben hatte, stieg aus den Autos. Zum ersten Mal sah ich Präsident Hadahek aus der Nähe. Ein fetter kleiner Mann mit mißtrauischen, klugen Augen und winzigen Händen. Seine Frau war etwas größer als er, und bei ihr sah man genau, daß der Aufstieg zur Ersten Dame der Gesellschaft etwas zu schnell gegangen war. Sie wirkte wie eine verlorene Bäuerin, die man in Festtagskleider gesteckt hatte. Überall waren Scharfschützen zu sehen. Und als das Präsidentenpaar den ersten Schritt aus dem Auto tat, ertönten Hochrufe aus den Reihen der Leibwächter, die normale Zuschauer spielten.

Endlich war es soweit. Der Circusdirektor schritt würdevoll in die Manege, im roten Anzug aus feinster Seide und weißen Turban mit dem großen Rubin, den er von seiner Mutter geerbt hatte. Ein Maharadscha wie aus Tausendundeiner Nacht.

Die Anwesenden klatschten höflich Beifall, als Mala nach einer äußerst feierlichen Begrüßung das Programm ankündigte. Im Sattelgang mußte jeder Artist durch eine genaue Leibesvisitation gehen, bevor er in die Manege durfte. Das war lästig und brachte die Inder durcheinander. Sie kannten in ihrer neueren Geschichte keine Diktatur.

Santosh bot an jenem Tag eine vollkommene Dressur der Großkatzen. Ein Gemälde aus Licht, Bewegung und Mut. Ich hatte gehofft, daß Santosh den Tieren ein Beruhigungsmittel geben würde, aber er lehnte das ab. »Im Gegenteil, an solchen Tagen brauche ich die ganze Aufmerksamkeit meiner Tiere«, sagte er mir.

Ich bewunderte Santosh an jenem Tag mehr denn je, denn aus irgendeinem Grund war die Spannung im Zentralkäfig groß.

Natürlich gab es immer Spannung, und bei jeder sich bietenden Gelegenheit versuchten die stärkeren Tiere, ihre Position innerhalb der Hierarchie zu verbessern. Während der Vorführung einer so kampflüsternen Gesellschaft mußte Santosh vieles gleichzeitig beachten. Er mußte für seine eigene Sicherheit sorgen, denn der Löwe Pascha, das stärkste Tier unter den Raubkatzen, versuchte ständig, dem Dompteur seine Macht streitig zu machen. Und dann mußte Santosh auch für die Sicherheit der Tiere sorgen und immer aufpassen, daß sie sich nicht gegenseitig ins Gehege kamen, sonst zerfleischten sich am Ende alle. Eine ständig knisternde Spannung, von der der Präsident und seine Leibwächter nichts merkten. Und als ob das alles noch nicht genügte, mußte Santosh seine Bestien dazu verführen, wunderschöne Spiele vorzuführen. Alles in seinen Bewegungen und Aktionen sah leicht und elegant aus, als drohe ihm nicht der Tod gleichzeitig von vorne durch die Raubtiere und von hinten durch die Gewehre der Scharfschützen, die auf jeden Artisten während der ganzen Nummer gerichtet waren.

Santosh brüllte die Tiger an, und diese fauchten mit entblößten Reißzähnen und angelegten Ohren. Alle Eingeweihten wußten, nun würden die Tiger es Santosh nicht mehr erlauben, ihnen auch nur einen Zentimeter näher zu kommen. Das Zelt erzitterte beim Gebrüll der Bengaltiger.

Ob man es glaubt oder nicht, der Beste an diesem Tag war der schwächste Löwe, Benja, der in seiner Verspieltheit von der Erhabenheit seiner Zuschauer nichts ahnte. Er ging geschickt über eine lange Reihe von Flaschen, ohne eine einzige umzuwerfen. Präsident Hadahek schrie vor Begeisterung bei dieser Nummer.

Auch Mala war göttlich. Sie führte einen Kopfstand auf dem Seil vor, bei dem die Präsidentengattin vor Angst mit der Hand vor dem Mund erstarrte. Auch Malas Gang mit verbundenen Augen über das Seil begeisterte nicht nur das Präsidentenpaar, sondern auch die Geheimdienstler, Leibwächter, hohen Offiziere und Minister, mit einem Wort, das merkwürdigste Publikum, das ich je sah, das zwischendurch wie verwandelt schien, lachte und voller Sorge war wie jedes Publikum, um bald zu seiner gewohnten Steifheit zurückzukehren.

Mala tanzte auf dem Seil mit der unübertroffenen Grazie einer Primaballerina, dann unterbrach sie den Tanz mit einem Salto, und während sie den Sprung in der Luft vollführte, zog sie ihre Ballettschuhe aus und landete mit nackten Füßen auf dem Seil. Das riß uns alle hoch, und der Präsident stand auf, als Mala in die Manege zurückkam, und klatschte wie rasend Beifall.

Auch Sharmila und Bimal, das verliebte Paar vom fliegenden Trapez, gaben ihr Bestes. Die Manege wurde verdunkelt. Ein Scheinwerfer strahlte sie an, als sie in die

Manege kamen. Ein kleiner Manegendiener nahm ihnen den Umhang von den Schultern, und beide eilten auf einer Strickleiter zum Trapez in die Höhe. Nach zwei Minuten standen sie auf der Trapezplattform unter der Decke des Zeltes. Sie fingen an zu schaukeln, zuerst stehend, dann kniend, und schließlich machten sie einen Kopfstand auf der Plattform. Die Zuschauer hielten den Atem an.

Sharmila und Bimal schnellten wieder auf die Hände und schwebten ein-, zweimal hin und her. Das Publikum wollte schon erleichtert aufatmen, als beide sich blitzschnell herumschwangen und, mit den Kniekehlen das Trapez umklammernd, nach unten hingen. Und nun geschah das Unglaubliche! Beide schwangen noch einmal hoch, und plötzlich glitten sie mit durchgestreckten Beinen vom Trapez, und ich dachte, sie würden jetzt stürzen. Auch viele andere schreckten auf, und einige riefen: »Gnädiger Gott!«, doch Sharmila und Bimal blieben an den Fersen hängen. Kein billiger Trick! Kein Mogeln und Gaukeln. Das war neu, das hatten sie bis dahin noch nie gezeigt. »Bravo!!! Bravo!!! Allahu akbar!!« verschmolzen die Rufe der Erleichterung mit dem freudigen Beifall.

Zwar war ein Sicherheitsnetz da, denn nach dem tödlichen Unfall seines Bruders erlaubte Amal keinem Künstler auf dem Seil oder am Trapez, ohne Netz zu arbeiten. Aber ein Sturz ist auch auf das Netz schmerzhaft, nicht nur für die Seele, sondern auch körperlich, wenn der Artist unglücklich fällt. Doch die Perfektion, mit der die beiden ihre Darbietung vorführten, grenzte an Zauberei.

Großes Glück hatten wir, denn die Theke für Getränke, Nüsse und Eis war bis zum letzten Tütchen mit Bonbons und Nüssen ausverkauft. Die Leute warfen mit Geldscheinen nur so um sich und wollten von Kleingeld nichts wissen. Und schon in der Pause rief der Präsident Amal zu sich und händigte ihm einen Scheck über zwanzigtausend Lira aus. Das war die Einnahme von zehn Tagen. Amal war sehr gerührt darüber. Ich empfahl ihm aber, das Geld sofort abzuheben, bevor der Präsident abgesetzt wurde. Auch einen Orden versprach der Präsident, aber er vergaß es später.

Nun kam ich, als Abschluß der Vorstellung. Ich war erleichtert, daß alles so wunderbar geklappt hatte. Mala machte mir an diesem Abend Mut. Beim Eintritt schlug mir ungeheurer Beifall entgegen, und ich sah, wie der Präsident sich nach vorn beugte und meinem Onkel Daniel zufrieden über meine Erscheinung und nicht ohne Bewunderung zunickte. Die Fotografen blendeten mich eine Weile.

»Macht schnell, ich werde nicht mehr schöner!« forderte ich sie auf.

»Recht hast du, sie sind lästiger als Schwiegermütter und Mücken«, kommentierte Präsident Hadahek.

»Exzellenz, verehrte Frau Hadahek, lieber Onkel Daniel, meine Damen und Herren«, fing ich an und sah die erwartungsvollen Gesichter der Minister, die gerne namentlich begrüßt werden wollten. »Was ich heute erzähle, ist vom ersten Wort an eine Lüge!«

»Ist das wahr?« fragte Frau Hadahek, und der Präsident lachte so laut, daß seine Frau errötete. Ich merkte auch zum ersten Mal, daß die Nationalhymne dem Lachen des Präsidenten sehr ähnelte.

»Ja, Madame«, antwortete ich, »und wer aus meiner Lüge eine Wahrheit herausholt, ist ein guter Zuhörer. Doch wollte ich Euch zu Ehren Euch die Wahl überlassen. Nennt mir ein Thema, und ich erzähle eine winzige Geschichte, da ich weiß, daß Seine Exzellenz keine langen Geschichten mag!«

»Du bist aber gut informiert, alle Achtung! Hast du einen eigenen Geheimdienst, junger Mann?« lachte der Präsident. »Gut, dann muß ich wohl anfangen. Erzähle mir eine kleine Geschichte über den Selbstbetrug!«

»Gern, Exzellenz. Vor langer, langer Zeit habe ich diese Geschichte gehört. Ein Sperling lebte mit seiner Frau in einem Wald, und sie stritten jeden Tag. Eines Tages warf die Frau ihrem Mann vor, er sei ein Feigling. Wutentbrannt stürzte er sich aus dem Nest und schwor laut, das erste Tier, dem er begegnete, auf der Stelle zu erwürgen. Er hoffte heimlich auf einen Regenwurm, einen kleinen Käfer oder Schmetterling. Nun, er hatte an diesem Tag Pech, denn das erste Tier, das ihm über den Weg lief, war ein gewaltiger Elefant. Aber der Sperling wollte sein Wort nicht brechen, zumal seine Frau ihn vom Nest aus noch sehen konnte. Er stürzte sich auf den Elefanten und packte ihn an einer winzigen Stelle am

Nacken. Ein Affe, der mit dem Elefanten verfeindet war, sah nun seinen Gegner unter seiner Kokospalme vorbeigehen. Er nahm eine große Kokosnuß, so groß wie eine Wassermelone, und warf sie auf den Elefanten. Er traf ihn genau zwischen den Augen. ›O Gott, Hilfe, ich sterbe!‹ schrie der Elefant vor Schmerz. ›Was kann ich dafür‹, antwortete der Sperling, der nichts von der Kokosnuß bemerkt hatte, ›daß du das Pech hast, meinen Weg als erster zu kreuzen?‹ Tschilpte er und flog davon im guten Glauben, einen Elefanten erwürgt zu haben.«

»Schön!« kommentierte Hadahek. Beifall setzte wie auf Befehl ein und erschreckte mich, denn es fehlte ihm das Wichtigste: Leben.

»Einen noch dreisteren Selbstbetrug hörte ich eines Tages von einer Fliege«, setzte ich meine kurzen Geschichten fort. »Die Fliege kam sich mächtig vor, weil sie einem Elefanten auf den Kopf scheißen konnte, wenn es ihr gefiel, auf königlichen Kissen schlief und sogar einem Lastwagenfahrer immer wieder das Lenkrad hielt, wenn er sich am Kopf kratzte. Ich konnte leider die Geschichte der Fliege nicht weiter hören, denn plötzlich schnappte die Zunge eines Frosches sie weg.«

»Geschieht ihr recht, dieser Angeberin! Mein Großvater erzählte mir von einer Mücke, die immer zur Palme sagte: ›Palme, halte dich am Boden fest, ich muß jetzt losfliegen‹«, rief der Präsident und bat seine Frau um das nächste Stichwort.

»Sag mir einen einfachen Wunsch, der sehr schwer zu erfüllen ist.«

»Madame, also vom ewigen Leben abgesehen, wollte ich, daß der Orient wie dieser Circus wird. Hier im Circus India arbeiten und leben über zehn Völker seit fünfzehn Jahren friedlich zusammen. Sie streiten und versöhnen sich, weinen, lachen und arbeiten zusammen. Das wünsche ich uns hier im Orient. Platz gibt es genug, denn der Orient ist groß, aber unser Herz ist eng. Das aber war nicht immer so, und warum das so geworden ist, ist eine lange Geschichte.«

»Kannst du uns von einer lächerlichen Lüge erzählen?« fragte der Kultusminister.

»Oh, Herr Minister, das ist leider die größte Familie in der Sippe der Lügen. In Saudiarabien ist der Alkohol nicht nur in den Geschäften und Lokalen verboten, sondern auch seine Erwähnung in Filmen. Mein Cousin arbeitete fünf Jahre in Saudiarabien. Dort zeigten Kino und Fernsehen den letzten amerikanischen Schrott. Western am Fließband, in denen natürlich die Helden Whisky trinken. Aber nicht so in Saudiarabien. Dort geht also der Revolverheld mit seinen O-Beinen in die Bar, lehnt sich mit seiner speckigen Jacke an die Theke und ruft, einen erloschenen Zigarillo im Mundwinkel: ›He, Alter, gib mir einen Tee!‹ Das ist eine der dämlichsten Lügen, die Millionen Menschen täglich mit ansehen.«

»Ist das wirklich so? Oder flunkerst du schon wieder?« fragte der Präsident. Sein Sekretär beeilte sich, seiner Exzellenz zu bestätigen, daß ich wirklich die Wahrheit erzählt hatte.

Nach dieser kurzen Geschichte über Saudiarabien meldete sich der Außenminister. »Kannst du eine Geschichte über wundersame Eigenschaften erzählen?«

»Herr Minister, ich will gar nicht von den wunderbaren Artisten anfangen. Draußen auf dem Platz habe ich Menschen mit solchen Fähigkeiten gesehen, daß sie ein Verstand kaum fassen kann. Den alten Mann, der schneller rechnen kann als ein Computer, kennen viele. Aber kaum jemand kennt den Bäckergesellen, der einmal für kurze Zeit bei meinem Vater gearbeitet hat. Er hatte sich mit den Jahren so an die Hitze gewöhnt, daß er eines Tages einen Teigfladen auf seiner flachen Hand hielt und eine Runde im Ofen rannte. Er kam heraus, und das Brot war gebacken.«

»Seine Exzellenz liebt die alten Geschichten der Phönizier. Kannst du uns von ihnen erzählen?« fragte der Verteidigungsminister. Der Präsident lachte.

»Ich weiß, Exzellenz«, begann ich, »daß Ihr die Phönizier liebt, aber die verehrten Phönizier waren die ersten Meisterlügner unter den Seefahrern. Sie hatten eine mächtige Flotte, mit der sie vom heutigen Libanon bis England im Norden und Südafrika im Süden die Meere durchstreiften und gewinnbringenden Handel trieben. Da sie keine Konkurrenz wünschten, verbreiteten sie, wo sie auch immer landeten, Geschichten über sagenhafte Tiere, die aus dem Bauch der Meere auftauchten und schon mehrere Schiffe verschlungen hätten. Je überzeugender man lügt, um so mehr wird einem geglaubt. So entstanden die Sagengestalten vieler Meeresungeheuer.«

»Vielleicht muß sich unser Handelsminister ähnlich kluge Geschichten einfallen lassen, um unsere Ernte besser zu verkaufen«, kommentierte der Präsident, und der angesprochene Minister lächelte blaß.

»Kannst du uns von einer Lüge erzählen, die dir schnell eingefallen ist?« wollte der Minister für Forschung und Industrie wissen.

»Ja, ich glaube. Bis heute weiß ich nicht, wie ich auf das Schaf von Noah kam. Mein Nachbar Bulos war ein berühmter Schachspieler. Er war aber so geizig, daß er sich am liebsten nicht gewaschen hätte, um nicht sein Fett zu verlieren. Eines Tages stand ihm eine Meisterschaft bevor, die ihm viel Geld bringen sollte, wenn er gewinnen würde. Er schwor bei der heiligen Maria, wenn er die Meisterschaft gewänne, würde er sieben Lämmer für seine Straße schlachten und ein großartiges Fest feiern. Er gewann die Meisterschaft und etwa fünfzigtausend Dollar. Doch aus den sieben Lämmern wurden zunächst drei und dann eins. Erst als die Hälfte der Gasse ihn nicht mehr grüßte, erfüllte er sein Versprechen und lud die Nachbarn ein.

Es war kein Lamm, was da serviert wurde, sondern das zähe Fleisch eines Schafes, das er fast umsonst von einem Schäfer bekommen hatte. Die Gäste konnten das zähe Fleisch nur mit Mühe herunterwürgen. Ich war damals nicht einmal dreizehn, und meine Eltern bestanden darauf, daß ich mitginge. Sie brachten das Fleisch nur mühsam und mit großen Wassermengen herunter, und mein Vater verfluchte leise den Ururgroßvater dieses Geizkragens. Als mein scharfes Messer das Fleisch nicht einmal ankratzen konnte, legte ich Messer und Gabel zur Seite und ließ das Essen unberührt. Der Hausherr kam zu mir, strahlte mich scheinheilig an und sagte: ›Ach, Sadik, hau nur rein! So etwas habt ihr in eurer armen Familie noch nicht gegessen.‹

Mein Vater war, wie gesagt, sehr schüchtern. Er wurde rot, aber sagte kein Wort.

›Ich darf das Fleisch nicht anfassen!‹ antwortete ich.

›Warum nicht, iß nur, wir haben genug für alle!‹ rief er so laut, daß es die Nachbarn zwei Straßen weiter hören konnten.

›Das Schaf ist heilig‹, antwortete ich.

›Heilig?‹ staunte der Geizkragen.

›Ja, heilig, weil es so alt war, daß ich sicher bin, es war das Schaf, das Noah mit in die Arche genommen hat.‹

Damals lachten alle Gäste, und wir verließen alsbald das Haus dieses Piastermelkers, dessen letztes Wort auf dem Sterbebett weder ›Gnade, Gott!‹ noch ›Erbarmen‹, sondern ›Schachmatt!‹ war. Ich hoffe, Herr Minister, die Geschichte kommt Eurem Wunsch nahe.«

»Sehr wohl, sehr wohl!« antwortete dieser.

Ich wurde müde, nicht aber der Präsident, der wollte noch eine Geschichte hören. Und ich sah den Augenblick gekommen, ihm vom gerechten Kaiser von China zu erzählen, denn es war noch keine Frage nach Gerechtigkeit gekommen.

»Ein gerechter Kaiser in China«, fing ich von mir aus an, »wurde von heute auf morgen taub. Er weinte lange, weil er Angst hatte, die Klagen seiner Bevölkerung nicht mehr zu hören. Ein weiser alter Onkel eilte zu ihm, hörte seinen Kummer und schrieb ihm nur den einen Satz auf: Du sollst mit deinen Augen die Schmerzen der Menschen erfahren. Und der kluge Kaiser ließ verkünden, daß er taub geworden sei. Wer eine Beschwerde hatte, sollte ein rotes Kleid tragen und am Nachmittag auf einer Allee spazierengehen, die nahe beim Palast lag. Der Kaiser ritt Nachmittag für Nachmittag auf seinem Pferd dorthin, hielt bei allen Menschen, die ein rotes Hemd trugen, und ließ sich von seinem Sekretär aufschreiben, welche Beschwerden diese Menschen hatten.«

»Der ist aber dumm«, kommentierte der Präsident, »er hätte sich nur einen guten Geheimdienst anschaffen müssen.«

Da wollte ich nicht mehr weitererzählen. Meine Großmutter, die Tigerin, hatte mir einmal beigebracht, wie ich jeden Zuhörer zwingen könnte, auf die Toilette zu gehen. Damals konnte ich das so gut, daß ich damit alle Wetten gewann. Als ich Mala von meiner Fähigkeit erzählte, glaubte sie mir nicht. Ich schloß mit ihr eine Wette ab, daß ich diese eine Geschichte nicht zu Ende erzählen würde, bevor nicht mehrere Leute die Toilette aufgesucht hätten. Sie lachte mich aus und forderte mich auf, das mit ihr in der Hütte zu probieren. Der Trick funktioniert natürlich nicht, wenn man darauf vorbereitet ist. Wir vereinbarten, ich würde diese Probe machen und sie dabei anschauen und dreimal in die Hände klatschen, und sie würde mir die Faust zeigen, was soviel bedeuten sollte wie: Die Wette gilt! Und so geschah es.

Als Präsident Hadahek über den gerechten Kaiser, von dem mir mein Vater erzählt hatte, nichts Besseres zu sagen wußte als das mit dem Geheimdienst, hätte ich ihn am liebsten rausgeschmissen. Er aber schien beglückt von den Geschichten, wollte immer mehr und brüllte zwischendurch, daß die Presse von mir erzählen müßte. Das taten diese Schreiberlinge in den nächsten Wochen und Monaten auch zur Genüge, so daß ich sogar öfter erwähnt wurde als Präsident Hadahek. Aber das habe ich ja bereits erwähnt.

»Exzellenz, ein Junge in meiner Nachbarschaft pinkelte dauernd ins Bett. Seine Eltern dachten, daß die Geschwister an dieser Bettnässerei schuld seien. Ihr wißt, wenn man die Hand eines Schlafenden in kaltes Wasser eintaucht – das Wasser muß sehr kalt sein, und dabei muß man leise ›wisswisswiss‹ flüstern –, dann kann der Schlafende sein Wasser nicht halten. Aber die Geschwister schliefen längst friedlich, als der Junge sichtlich erleichtert stöhnte und die Eltern die Nässe sehen konnten, die sich nun unter ihm verbreitete.

Die Eltern hielten alle süßsauren Getränke, Tee und Bier, fern von ihrem Kind. Ihr wißt, solche Getränke löschen sehr angenehm den Durst, aber sie drücken besonders auf die Blase, nicht wahr? Dann muß man sich erleichtern.«

Zwei der Leibwächter und ein Minister verließen umständlich ihre Plätze und suchten draußen die Toiletten auf.

Mala und ich hatten verabredet, daß, wenn zehn Zuschauer aufstünden und die Toilette aufsuchten, ich gewonnen hätte, denn im Circus steht keiner ohne Zwang während einer Vorstellung auf. Das ist wirklich der Zauber des Circus, anders als im Kino oder Theater, bei einer Ausstellungseröffnung oder Beerdigung; keiner geht auch nur einen Meter hinaus während einer Circusvorstellung. Keiner beobachtet seinen Nachbarn, sondern alle bleiben wie festgenagelt mit den Augen an der Manege hängen.

Wir hatten aber zehn Aufstehende als untere Grenze gesetzt, um jeden Zweifel aus der Welt zu schaffen.

»Also brachten die Eltern ihren Jungen zum Arzt. Der Arzt prüfte und prüfte, drückte auf den Bauch, dann sanft auf die Blase, dann kräftig auf die Blase.

›Alles ist gesund‹, stellte er fest. Der Junge aber, dem das Bettnässen auch peinlich war, erzählte dem Arzt, was er allnächtlich träumte, bevor er das Bett einnäßte: ›Jede Nacht träume ich denselben Traum: Der Wind bläst ganz leise wisswisswiss. Ein Kamel kommt und leckt meine Hand, während der Wind bläst wisswisswiss. Ich stehe neben dem Kamel und trinke ein Glas kaltes Wasser und spüre, wie das Wasser meinen Magen kühlt, und der Wind bläst wisswisswiss, dann steige ich auf seinen Rükken, und es fängt an zu rennen. Ich kann es nicht mehr halten, es stürmt durch das Tor eines hohen Palastes, dessen Mauern sich am Steilhang einer Klippe erheben. Der Wind bläst noch stärker wisswisswiss. Das Kamel eilt die breiten Treppen hoch und erreicht das Dach, das so hoch ist, daß die Leute, die hinuntergestoßen werden, in Stücke zerfallen, noch bevor sie den Boden erreichen.

Das wiederholt sich jede Nacht, auch mit dem Wind, der bläst wisswisswiss, und plötzlich rennt das Kamel bis zum Rand des Daches und versucht, sich nach vorne zu beugen, um ans Wasser zu kommen. Und ich schaue in die Tiefe und klammere mich an das Kamel, und der Wind bläst wisswisswiss – ‹

›Genug!‹ brüllte der Arzt, stand auf und rannte zur Toilette.«

Inzwischen waren über fünfzehn Männer hinausgerannt, und Mala bog sich vor Lachen, als sie von ihrem Platz aus den Präsidenten und mehrere Minister sah, die anfingen, auf ihren Stühlen hin und her zu rutschen. Das bedeutete für mich die Erlösung.

Ich bedankte mich im Namen aller Artisten für den Besuch des Präsidenten, verbeugte mich und ging durch den Sattelgang. Ich sah aber noch, wie die Leibwächter einen Weg für Präsident Hadahek bahnten, der, seine Frau allein und verwirrt zurücklassend, die Toiletten aufsuchte. Onkel Daniel drückte mir die Hand und küßte mich auf die Stirn. »Ich würde alle Uhren der Welt hergeben, wenn ich so gut lügen könnte wie du«, sagte er bescheiden, und ich fühlte mich sehr geehrt.

Als der Spuk zu Ende war und der letzte Geheimdienstler das Gelände verlassen hatte, fielen wir uns unter dem großen Zelt in die Arme und lachten Tränen über die vielen, die nicht mehr Schlange vor den Toiletten stehen konnten und schnell eine dunkle Ecke gesucht hatten, um sich zu erleichtern.

Amal bedankte sich großzügig bei seinen Helden und ließ die feinsten Gerichte und Getränke auftragen, die er nach der Pause vom besten Restaurant in Morgana hatte bestellen lassen. Diese Nacht habe ich in meinem ganzen Leben nicht vergessen.

30

Der Angsthase oder Von der Schwierigkeit, ein Vorbild zu sein

Von allen Kindern des Postbeamten Elias und seiner Frau Faride war das klügste und zugleich witzigste das allerjüngste, der Sohn Scharif. Feuer im Geist und die Gärten der Erde auf der Zunge, hatte er eine Sprache, die unsere bekanntesten Dichter blaß werden lassen konnte. Mit vier Jahren schaute er den Vollmond an und flüsterte: »Die Erde hat ihre Taschenlampe angemacht.«

Alle Nachbarn liebten diesen Jungen. Für meinen Vater war Scharif der Beweis, daß die Mutter der Rose eine Dornpflanze war, ihr Stachel galt ihm immer als Beweis, daß die wunderbaren Rosen häßliche und gemeine Eltern hatten. Es war köstlich, Scharif anzuschauen, wie er am Anfang der Gasse auf meinen Vater wartete und ihn bis zur Treppe zum zweiten Stock begleitete. Er fragte interessiert nach der Arbeit in der Bäckerei und nickte bedeutsam, wenn mein Vater irgend etwas erklärte. Vor der Treppe verabschiedete er sich mit den Worten: »Onkel, Gott gebe dir tausend Gesundheiten für das Brot, das du uns allen gibst.« Mein Vater war sein Leben lang ein schüchterner Mensch, und bei diesen Worten wurde er jeden Tag rot, stotterte irgend etwas und gab dem Jungen ab und zu einen Piaster.

Scharif war aber sehr unglücklich, weil er der jüngste

in seiner Familie war. In allem wurde er vernachlässigt, und fast wäre er verhungert, hätten die Nachbarn ihn nicht durchgefüttert.

Eines Tages kam er zu mir und fragte mich, ob ich ihm täglich ein Stück Hefe aus der Bäckerei meines Vaters geben könnte. Erst dachte ich, seine Mutter genierte sich wegen dieser Kleinigkeit. Die Familie war sehr arm. Also brach ich täglich ein walnußgroßes Stück vom großen Hefeblock ab und gab es dem Jungen. Er bedankte sich und eilte damit nach Hause. Eines Tages, es waren inzwischen über drei Monate vergangen, plagte mich die Neugier über die Backkunst seiner Mutter Faride, die jeden Tag Teig zu machen schien, aber diesen nie backen ließ. Alle Nachbarn buken ihre Kuchen und Teigwaren bei uns. Es gab kaum jemanden in der Straße, der einen Backofen besaß. Doch der arme Junge antwortete: »Die Hefe ist nicht für meine Mutter. Ich esse sie.«

»Und warum ißt du Hefe?«

»Weil ich schnell groß werden will!« antwortete Scharif. Ich weiß nicht, was aus ihm wurde, aber immer, wenn ich unglückliche Kinder sehe, denke ich an diesen Jungen.

Eines Tages kam er traurig aus der Schule und zeigte mir sein Aufsatzheft. Er beschrieb darin einen Spaziergang mit einer lyrischen Kraft, die ich mein Leben lang nicht vergessen werde. Sein Aufsatz endete mit den Worten: Ich führte an jenem Tag die Sonne auf der Weide spazieren und kam erst zurück, als die Mutter der Farben schlafen ging.

Seinen Lehrer Sabri kannte ich, denn ich war selbst ein paar Jahre in diese gottverfluchte St.-Nikolaus-Grundschule für Kinder armer christlicher Familien gegangen. Sabri war ein altes, verknöchertes Überbleibsel aus der Kolonialzeit. Er war Unteroffizier in der französischen Armee gewesen, die Morgana besetzt gehalten hatte, und als die Franzosen abzogen, ließen sie ihn zurück. Damals sagten die Schüler: »Sabri haben die Franzosen zurückgelassen als Strafe für Morgana.« Mittlerweile war er noch älter geworden.

Er fand zu Scharifs Aufsatz keinen besseren Kommentar als: Übertrieben! Unrealistisch! Und verpaßte dem Jungen eine Vier.

Eine merkwürdige Familie waren diese Nachbarn. Die Mutter Faride war zwei Meter groß, hatte breite Schultern und einen großen Kopf mit krausen Haaren. Sie ließ sich täglich von ihrem mickrigen Mann terrorisieren. Er schlug sie, und sie weinte, und wenn er ihr ein gutes Wort sagte, so schaute sie ihn dankbar und unterwürfig an, als wollte sie sagen, das sei zuviel.

Nichts auf der Welt ähnelte dieser Nachbarin mehr als die Elefanten. Diese Kolosse, die sich von einem winzigen Menschen demütigen lassen. Wenn der graue Koloß nur wüßte, welche Angst dieser sich so sicher gebende Ganesh vor ihm und seinem gewaltigen Zorn hat, würde er viele Befehle verweigern.

Oft schaute ich den übenden Elefanten zu. Die Elefantenkuh Nelly, die den ganzen Circus samt Zelt und Käfigen hätte zerschlagen können, wurde von Ganesh gegängelt, bis sie einen Kopfstand machte. Sie schaute unterwürfig zu ihm hoch, und er quittierte ihren Kopfstand nur mit einem Wort. »Good!« nuschelte er kaum hörbar.

Wie oft rannte Faride zu uns und flehte meine Mutter um Hilfe an. Meine Mutter wiederholte immer wieder: »Setz dich doch einmal auf ihn, am besten auf seine Brust, und du wirst sehen, er wird brav. Du mußt dein Herz in die Hand nehmen und ihm die Meinung sagen. Solange er wach ist, kann er dich schlagen, aber irgendwann muß jeder Mensch auch schlafen, und sobald er schläft, setzt du dich wieder auf ihn!«

Lange wagte Faride nicht einmal ihre Stimme zu erheben, doch einmal nutzte sie die Gelegenheit, als ihr Mann auf einer dünnen Matratze auf dem Boden schlief, und setzte sich auf seine Brust. Elias schrie auf und fiel gleich in Ohnmacht. Fünf Rippen waren gebrochen. Statt aber daraus Kapital zu schlagen, fing die Frau auf dem Hof zu schreien und zu weinen an. »Ich habe meinen Mann, meinen Geliebten, umgebracht! O Leute, ich habe das Juwel zertrümmert, die Krone meines Hauptes, oh, wie elend ich bin! Ich gehöre erhängt!«

Die Nachbarn rannten ihr zu Hilfe, und einer fuhr Elias ins Krankenhaus.

»Wie ist das passiert?« fragte der Arzt.

»Ich war müde und fiel über meinem Mann in Ohnmacht«, antwortete Faride und weinte sich die Seele aus den Augen, bis ihr Juwel zu sich kam und sie anschnarrte: »Du wolltest mich umbringen, nicht wahr?« Faride weinte und log, es sei ihr schwarz vor den Augen geworden.

»Warte, bis ich zu Kräften komme, dann werden deine Augen grün und blau!« sprach dieses kleine, ausgemergelte Huhn zum Elefanten, und statt ihn mit ihrem Finger vom Krankenbett zu stoßen, damit die übrigen Rippen auch noch reparaturbedürftig würden, heulte sie. »Ich verdiene es, daß du so schlecht von mir denkst! Ich möchte lieber sterben, als daß du Schmerzen hast«, jammerte sie.

Elias kam bald aus dem Krankenhaus, und der Alltag kehrte wieder ein. Elias ließ seinen Zorn an seiner Frau aus. Das geschah oft, wenn er im Amt gehänselt wurde oder mit seinem Nachbarn Muhssin, dem Verkehrspolizisten, gestritten hatte, und die beiden stritten oft. Doch Elias wagte es nie, dem athletischen Polizisten etwas anzutun. Er schlug die Zimmertür zum Hof zu, und bald hörten wir Schreie. Auch wenn ein Kanarienvogel floh oder starb, setzte es für Faride Schläge. Sie rannte dann zu meiner Mutter, und Elias wagte nicht, hinter ihr herzurennen. Er hatte das einmal gemacht. Da packte ihn mein Vater am Kragen und trug ihn ganz sanft aus unserer Wohnung. »Ich weiß, sie ist deine Frau«, sagte er, »aber sie genießt Schutz unter meinem Dach, und nicht einmal die gesamte Armee holt sie hier heraus.« Ich werde diesen Tag nie vergessen. Ich war so stolz auf meinen Vater! Scharif war der einzige Sohn, der nicht weinte wie die anderen Kinder des Postbeamten. Er beobachtete das Geschehen genau, und von diesem Tag an wartete er am Anfang der Gasse auf meinen Vater.

Alle Tricks und Listen der Nachbarinnen und Nachbarn, Verwandten und Freunde halfen nichts. Faride war ihrem Mann ausgeliefert, sie machte weder etwas aus ihrer Kraft, noch war sie begnadet mit der besten Eigenschaft der Elefanten: dem Gedächtnis. Wenn Elias sie am Abend verhauen hatte, so erzählte sie am nächsten Morgen den Nachbarinnen von seinen edlen Eigenschaften. Mit den Jahren hatten die Nachbarn nicht einmal mehr Mitleid mit ihr.

Scharif war es, der mit zwölf Jahren der Misere seiner Mutter ein Ende setzte. Die anderen Söhne waren inzwischen über zwanzig, doch sie zuckten zusammen und weinten, wenn ihr Vater ihre Mutter ohrfeigte. Scharif, der von meinem Vater erfahren hatte, daß der Bischof seinem Vater die Stelle bei der Post verschafft hatte, stand eines Tages auf, wusch sich und ging zum Bischof. Sein Auftritt dort muß so gewaltig gewirkt haben, daß der Bischof auf der Stelle nach Elias schickte. Der Postbeamte eilte mit fahlem Gesicht zum Bischof von Morgana und kam erst spät zurück. Er bat seine Frau um Verzeihung. Und von diesem Tag an wagte er Faride nie mehr zu schlagen. Aber all das geschah erst Jahre später. Ich will nun weiter vom Circus erzählen.

Die Zeitungen berichteten seitenlang über den Besuch des Präsidenten, und die Bilder davon waren wirklich schön. Hier tauchte mein Name zum ersten Mal in der Zeitung auf. Einer dieser Hofjournalisten zitierte Hadahek mit den Worten: »Eure Tapferkeit, Morgana in diesen Tagen beizustehen, wird uns immer im Gedächtnis bleiben, und wo ihr auch immer seid, denkt daran, ihr habt mich und uns als Freunde gewonnen!« Das war eine glatte Lüge, denn solche geschliffenen Sätze, die fast aus einer Schnulze über Vaterlandsliebe stammen könnten, hätte Hadahek nie im Leben aussprechen können.

Im Circus freuten sich die Artisten, und sie bekamen die Zeitung von Amal geschenkt, der in aller Frühe zur Bank geeilt war und sich den Scheck des Präsidenten in englischen Pfund ausbezahlen ließ.

Die Zeit mit Mala in unserem Versteck war herrlich. Und sie war es, die zuerst den Spatz bemerkt hatte. Sobald wir ankamen, war er schon da, schaute uns von der Fensterbank eine Weile neugierig an und flog davon, und bevor wir uns auszogen, war er wieder mit drei anderen zurück, die beschäftigt taten auf der Fensterbank.

Ich hatte am Vortag bei unserer Wette eine Handvoll Rosinen gewonnen, und Mala hatte das nicht vergessen. Als wir in der Hütte lagen, stand sie plötzlich auf und holte aus ihrem Kleid, das sie auf einen Hocker gelegt hatte, eine Handvoll Rosinen, die sie mir in den Mund steckte, Rosine für Rosine. Mit jeder Rosine schenkte sie mir einen Kuß.

Mala fragte mich, was ich am Abend erzählen wollte, und ich berichtete von meinem Cousin Michael, der sehr mutig war, aber nie damit angab. Sie lachte und erzählte mir auch von ihrer Tante Mina, die vor Tigern und Löwen keine Angst hatte, aber Todesängste durchlitt, wenn sie eine Schnecke sah. Die Tante war so mutig, daß sie einst beim Mittagessen auf dem Feld einen Tiger, der sie angriff, auf die Nase schlug und ihn als lästige Katze beschimpfte. Dann aß sie weiter, als wäre nichts gewesen. Die Männer und Frauen um sie herum bejubelten sie, doch Mina meinte, ein Tiger sei bloß eine zu groß geratene Katze, und vor Katzen hätte es kein Mensch nötig, Angst zu haben. Doch wenn sie eine Schnecke sah, konnte sie weder laufen noch sprechen. Ich lachte über diese Merkwürdigkeit und berichtete Mala von meiner Nachbarin Alice, die Schnecken liebte, ihre Gehäuse bemalte und ihnen Namen gab. Wir lachten viel an diesem Mittag, und dann eilten wir getrennt zum Circus.

Ich kaufte ein Falafelbrot und schaute einem Mann mit wundersamer Kraft zu. So jemanden gab es wirklich selten. Sobald man insgesamt drei Lira auf seinen Teller spendete, führte er eine Nummer vor, die einen zittern ließ. Er ließ erst eine schwere Metallkette durch die Zuschauer prüfen, dann fesselten ihn drei Männer damit und verbanden die Enden durch ein Schloß.

Der Kettensprenger fing an, sich aufzublähen. Seine Wangen wurden blutrot, seine Schlagadern zu Seilen. Schweiß floß ihm von der Stirn. Er brüllte dann so laut wie ein Stier in der Arena, und die Kette fiel klirrend zu Boden. Die Zuschauer schenkten ihm Beifall, und einige warfen noch mehr Münzen in seinen Teller, doch der Mann nahm nichts mehr wahr. Er sah benommen aus. Entkräftet setzte er sich auf den Boden und hielt seinen

Kopf in den Händen, während die Zuschauer leise einer anderen Sensation zustrebten.

Die Abende wurden kühler, und die Zuschauer konnten die Vorstellungen im Circuszelt noch mehr genießen.

»Meine Damen und Herren«, fing ich nach der Begrüßung an, »heute möchte ich von meinem Cousin Michael erzählen. Im Grunde habe ich selten einen mutigeren Menschen gesehen als Cousin Michael. Er hat Morgana verlassen und wohnt nun wegen einer Frau an der israelischen Grenze, wo er einen neuen Anfang gemacht hat. Seine Frau ist dort Lehrerin, und sie liebt ihren Beruf. Er ist gelernter Elektriker, doch in diesem kleinen Dorf brauchen sie keinen fremden Elektriker, sie haben bereits zwei, die kaum Arbeit haben, denn die Leute reparieren die wenigen elektrischen Geräte, die sie besitzen, selber. Zudem bricht der Strom nach jeder Schießerei mit Israel zusammen, und das Dorf bleibt dann lange ohne Versorgung. Da aber viele Bauern ihre Felder brachliegen lassen und ihr Geld lieber mit dem Schmuggel von Zigaretten, Handfeuerwaffen und Haschisch verdienen, konnte Cousin Michael mehrere Felder pachten und Gemüse, Weizen und Tabak anbauen.

Cousin Michael lebte, wie gesagt, als junger Mann in der Hauptstadt Morgana, und eines Tages ging er mit seinen Freunden ins neue Schwimmbad, das am Rande von Morgana eröffnet wurde. Er konnte mittelmäßig schwimmen, aber er liebte das Wasser. Doch sein Spaß fand bald ein jähes Ende, als seine Freunde und andere

Jugendliche anfingen, von den Sprungbrettern ins Wasser zu springen. Einige waren so dick und groß, daß ihr Sprung ins Wasser einem Naturereignis ähnelte. Das Wasser im Becken schwappte in hohen Wellen, spritzte und schlug über den Schwimmenden zusammen. Cousin Michael aber wollte nicht springen. Er schwamm in eine Ecke und erntete von seinen Freunden nur Gelächter.

Die ersten Sprünge der Freunde waren noch vom niedrigsten Sprungbrett. Je höher hinauf es ging, um so weniger wurden die Konkurrenten, und auf dem Zehnmeterturm stand nur noch der Goldschmied Nabil. Er sprang hinunter und wurde als Held des Tages auf Schultern getragen. Mein Cousin bekam den Titel ›der Angsthase der Gasse‹. Dieser Nabil starb später bei einem Sprung von einem Balkon am Swimmingpool eines befreundeten Architekten, dessen Gäste Nabil so lange angestachelt hatten, bis er vom Balkon im dritten Stock sprang. Er traf nicht auf die Wasserfläche. Aber als Kind wurde er als der mutigste Junge bezeichnet.

Es gab damals viele unsinnige Mutproben, die ich später leider auch zum Teil mitmachte. Das schlimmste Spiel mit dem Tod war die Mutprobe vor der Schrotflinte. Ein guter Schütze stand auf freiem Feld mit einer Schrotflinte, und nun wetteten die Jugendlichen miteinander. Wer am nächsten vor den Lauf der Flinte kam und, die Augen mit der Hand schützend, dem Schuß standhielt, war der Held. Ein furchtbares Spiel. Oft fielen die Jungen vor dem Schuß in Ohnmacht, manchmal danach. Sie verloren dann die Wette. Cousin Michael ist fünfzehn Jahre älter als ich. Ich schämte mich damals für meinen Cousin, der als Feigling ausgelacht wurde und nichts dagegen tat, außer dazusitzen und den Kopf über seine Freunde zu schütteln. ›Ich hasse den Tod sogar im warmen, weichen Bett. Was für Idioten sind das, die den Tod mit solchem Schwachsinn suchen‹, war seine Antwort, als ich ihn später fragte, warum er nie mitspielen wollte.

Auch ich stellte mich später der Mutprobe mit der Flinte und bekam den Schuß in die Brust. Meine Mutter mußte dann in der Nacht, da ich vor Schmerz weder schlafen noch die Ursache verheimlichen konnte, alle Bleikügelchen mit einer Pinzette aus der Haut herausziehen. Die vielen kleinen Wunden heilten wegen der Bleivergiftung nur schwer.

Cousin Michael verließ jedenfalls die Hauptstadt Morgana mit dem Ruf eines Feiglings. Wer ihn aber in seinem Dorf im Süden besucht, hört von den Nachbarn immer wieder Geschichten über seinen Mut. Vierzehn Kindern hat er eines Nachmittags das Leben gerettet. Einen Besuch bei ihm im fernen Dorf an der Grenze zu Israel werde ich nie vergessen. Ich fuhr allein dorthin, und er freute sich sehr, mich zu sehen, und zeigte mir die Stellung der Israelis, die nicht einmal fünfhundert Meter von seinem Garten entfernt war.

Nach ein paar Stunden lernte ich seinen Nachbarn Hamad kennen, einen Bauernsohn aus dem Norden, der seit zwei Jahren seinen Militärdienst an der Front leistete. Er war einfältig, aber mutig und gerissen. Sein Haar war kurz geschoren. Hamad hatte zwei Tage zuvor Scherereien mit der Militärpolizei gehabt. Wie es dazu kam, ist eine kleine Geschichte.

Eine berühmte Tänzerin sollte in einem schäbigen Kino an der Front auftreten, um den Soldaten Mut zu machen. Was für eine Aufregung! Nun, Hamad hatte noch nie in seinem Leben eine Tänzerin gesehen und fand es gut, daß die Regierung zum Vergnügen der Soldaten so etwas organisierte.

Der Zuschauerraum war voll, doch die erste Reihe wurde für die hohen Offiziere freigehalten. Hinten aber saßen die Soldaten fast übereinander. Es war eng und roch ziemlich übel nach Schweißfüßen. Hamad ging wie selbstverständlich nach vorne und setzte sich in die erste Reihe. Der Militärpolizist, der für Ordnung zu sorgen hatte, kam und sagte ihm, er solle nach hinten gehen, aber Hamad verstand das nicht. Er fragte nach dem Grund, und der Polizist erwiderte ungeduldig, Hamad solle nach hinten gehen, da die Plätze für Offiziere reserviert seien. Hamad schrie: ›Wenn es an der Grenze knallt, dann bleiben die Offiziere hinten, und Hamad soll nach vorne rennen, und wenn das schöne Fleisch wackelt, sind die Offiziere vorn, und er soll nach hinten gehen?‹ und blieb. So brach eine Schlägerei zwischen Soldaten und Militärpolizisten aus. Die Tänzerin trat nicht mehr auf, sondern führte nur ein paar Offizieren ihre Künste vor und reiste in derselben Nacht nach Morgana zurück.

Zwei Nächte mußten Hamad und einige Soldaten im Gefängnis der Kaserne verbringen. Dann wurde er mit kurzgeschorenem Haar entlassen.

Hamad mochte meinen Cousin Michael. Täglich kam er vorbei und brachte Schmuggelware mit. Feinste Zigaretten, Schokolade, Hemden und Hosen. Unglaublich, was ich dort gesehen habe, könnt ihr euch hier in Morgana nicht vorstellen. Die Minenfelder sind das größte Geheimnis für alle Soldaten, aber nicht für die Schmuggler, die regelmäßig von Israel nach Morgana und zurück gehen. Cousin Michael erzählte, daß in den zehn Jahren, seit er dort lebe, noch keine einzige Mine hochgegangen sei. Die Schmuggler wußten auch genau, wo Kontrollpunkte waren und wann die Wachablösung stattfand. Unglaublich, nicht wahr?

Tränen lachten wir über die Geschichten, die Hamad mit unnachahmlicher Frische erzählte. Nicht nur Witze über Offiziere, sondern wahre Geschichten über alle offiziellen Besucher an der Front.

Michaels Frau Yasemin ist noch leiser als er und noch mutiger. Sie stammt aus diesem Dorf, das nun durch den Krieg in zwei Hälften geteilt ist. Das Dorf lag malerisch auf zwei Hügeln. Nun verlief die neue Grenze durch das Tal zwischen den beiden Hügeln und trennte Cousins, Schwestern und Brüder. Am zweiten Tag meines Besuches nahm Yasemin mich mit, und wir gingen bis zu einem Felsen, der etwa vier Meter aus der Erde ragte. Yasemin kletterte leichtfüßig wie eine Katze hinauf. Ich zog mich mühsam hinter ihr hoch. Oben angekommen, rief sie mit klarer Stimme über die Stacheldrähte und Minenfelder hinweg nach ihrer Schwester, und sofort stieg diese auf das flache Dach ihres Hauses, winkte mit einem weißen Tuch und grüßte. ›Ein lieber Cousin von Michael ist bei uns zu Besuch!‹ rief Yasemin. ›Schade, daß ihr nicht dabeisein könnt! Was macht Amira, ist sie noch krank?‹

›Nein, sie ist heute wieder in der Schule! Am Sonntag wird unser Sarkis getauft! Wie heißt der Cousin deines Mannes?‹ klang es herüber.

›Sadik heißt er. Wann ist die Taufe?‹

›Gesegneter Name! Sadik, sei willkommen bei uns! Wir werden ein Glas Wein auf dich trinken. Die Taufe ist am Sonntag um zehn Uhr vormittags. Gibt es noch was? Ich muß nach meiner Waschmaschine schauen!‹

›Nein, grüße die Deinen‹, erwiderte Yasemin und kletterte vom Felsen hinunter. Ich eilte hinter ihr her. So etwas hatte ich noch nie gesehen. Die Teilung war schon zehn Jahre her, und die Familie teilte sich immer noch jeden Besuch mit, feierte und trauerte miteinander.

Am Sonntag um zehn Uhr zündete Michael drei Kerzen an, für jeden von uns eine, und holte ein Buch aus der Schublade. Er las dieselben Stellen, die genau zu dieser Zeit in der Kirche auf der anderen Seite gelesen wurden, während der kleine Sarkis getauft wurde. Ein Jahr davor trug Yasemin sechs Monate Schwarz, weil eine Tante auf der anderen Seite gestorben war.

Einen Tag vor meiner Abfahrt erlebte ich dann etwas, was ich bis dahin für einen Witz gehalten hatte, denn Hamad hatte eine ähnliche Geschichte erzählt, die im Vorjahr geschehen war.

Die Regierung hatte mit Millionen-Aufwand und mit

Hilfe der Russen eine Aktion gestartet unter dem Motto: Programm für die Dörfer der Front, damit sie durchhalten. Es kamen aber nicht etwa Medikamente, Süßigkeiten oder Mehl, was in dieser Region fehlte, sondern es kam eine Theatergruppe, die in einem Spezialbus anreiste.

Sobald sie angekommen war, öffnete sie eine Seite des Busses, und es entstand schnell eine kleine Theaterbühne, denn mit ein paar Handgriffen waren die Sitze dieser Busse abmontiert, ein Vorhang wurde hochgezogen, und schon war der Bus ein kleines Theater. Die Truppe bestand aus drei Schauspielern, einem Regisseur und einer Schauspielerin.

An jenem Tag bekamen die Schüler zwei Stunden eher frei, damit sie Gasse für Gasse und Haus für Haus den Leuten berichten konnten, daß das Durchhaltetheater angekommen war. Andere Schüler fingen gleich an, das Gelände, das der Regisseur ausgewählt hatte, von Disteln und Steinen zu befreien, damit die Zuschauer auf dem Boden sitzen konnten, denn Stühle gab es in diesem ärmlichen Dorf kaum.

Schon am Nachmittag schlenderte ich mit meinem Cousin Michael zu dem Bus, wo sich eine große Anzahl von Menschen versammelt hatte, die die technischen Arbeiten an den Lautsprechern, Stromaggregaten und Halogenscheinwerfern bewunderten oder bereits im Kreis saßen und gespannt auf das Theaterstück warteten.

Solche Ehrfurcht vor dem Theater sah ich selten wie damals bei den Zuschauern auf jenem verlassenen Gelände. Langsam wurde der Platz voll. Plötzlich aber bebte die Erde in der Ferne. Der Regisseur riß den Bühnenvorhang zur Seite und schaute besorgt in den Himmel. ›Was ist das?‹ fragte er, als das Rattern von Maschinengewehren folgte.

›Die Israelis üben‹, antwortete ein Bauer ohne jede Regung.

›Üben! Was üben sie? Das kommt ja immer näher!‹

›Ja, heute ist Dienstag, und am Dienstag üben sie bis zum Fluß unten. Die Helikopter der dritten Armee probieren ihre Luft-Boden-Raketen, während die Panzer Stellungen der Artillerie zu stürmen versuchen. Dienstag ohne künstlichen Nebel, Donnerstag mit‹, erklärte der Pförtner der Schule ruhig, mit den Händen in die Richtung zeigend, aus der der Angriff kam. Während er aber erzählte, wurde das Geräusch der Hubschrauber und der Panzer immer lauter.

›Raketen, echte Raketen?‹ fragte einer der Schauspieler.

›Natürlich echte, manchmal fällt die eine oder andere auf unsere Felder‹, antwortete der Pförtner. ›Hassan, mein Schwager, hat bisher fünf eingesammelt.‹

Totenblässe überzog die Gesichter der Schauspieler. ›Bei Gott dem Allmächtigen, ich habe drei Kinder in Morgana!‹ sprach der Regisseur erregt. ›Was habe ich hier zu suchen?‹ fragte er aus trockener Kehle. Kurz darauf sprang er vom Bus ab, gab Befehl, die Bühne umzuklappen, die Scheinwerfer einzusammeln und abzufahren. Die Leute versuchten ihn zu beruhigen, daß die Israelis nie am Dienstag angreifen würden, wenn sie Manöver hätten. ›Denn wenn sie angreifen, tun sie das blitzschnell, ohne vorher Krach zu veranstalten‹, wollte einer der Bauern den Regisseur beruhigen.

›Blitzschnell! Ja? Meine Schauspielerin ist heute zweimal in Ohnmacht gefallen. Wie soll ich das ihrem Mann erklären?‹ antwortete der Regisseur, und obwohl sie drei Stunden für den Aufbau gebraucht hatten, packte die Truppe innerhalb einer halben Stunde ihre Sachen ein, und der Bus fuhr, Staub aufwirbelnd, in Richtung Morgana zurück. Mein Cousin Michael lebt bis heute in diesem Dorf im Süden, leise, bescheiden und voller Lust am Leben.«

Was ich aber aus Angst im Circus nicht erzählen konnte, war, daß dieser Besuch meine Augen für immer für die Scheußlichkeit des Krieges geöffnet hatte. Cousin Michael erzählte mir vom Leid des fortdauernden Krieges entlang der Grenze, von dem weder Israelis noch Araber je etwas erfuhren. Täglich starben junge Menschen auf beiden Seiten der Grenze, heimlich, als wären sie Verbrecher. In jenen Tagen reifte meine Abneigung gegen die Militärs zum Ekel, und ich schwor, niemals eine Waffe in die Hand zu nehmen. Bis heute habe ich diesen Schwur nicht gebrochen, obwohl er mich viel gekostet hat, aber das ist eine andere Geschichte.

31

Das Nasenohr
oder Warum man nicht immer zuhören soll

Morgana stand plötzlich kopf. Ein Bild in der amtlichen Zeitung löste ein Feuer aus, das sich in den nach Wundern hungernden Seelen der Hauptstadtbewohner weiterfraß. Und innerhalb von Stunden sprachen die Morganier nur noch über ein Thema: die Erscheinung der heiligen Maria.

Das Bild auf der ersten Seite stellte eine helle Fläche dar, die über dem Dach eines vierstöckigen Gebäudes schwebte. Die Fläche hatte die Form eines senkrecht stehenden Ovals, und mit viel gutem Willen konnte man die Andeutung des Körpers einer Frau in wallenden Kleidern ahnen. Aber man brauchte wirklich einen solchen guten Willen wie den, der in einer Regenpfütze einen Ozean mit Dampfschiffen zu sehen vermag, doch für diese Eigenschaft waren die Morganier bekannt.

Der Titel der Nachricht sagte ungewollt alles: Auch die heilige Maria steht Morgana gegen seine Feinde bei.

Das war neu, das hatte es seit Jahrtausenden nicht gegeben, daß Heilige nicht nur über den Dächern erscheinen, sondern Partei ergreifen in einem familiären Streit zwischen dem Präsidenten, seinem Schwager und seinem Neffen. Nein, Präsident Hadahek war tatsächlich ein Fuchs, und sein Machtinstinkt wurde von seinen Gegnern unterschätzt. Sein plumpes, dickliches Aussehen, seine unbeholfene Sprache und nicht zuletzt seine Liebe zum Spielzeug täuschten. Er spürte genau, wann er das Notwendige zur richtigen Zeit tun mußte.

Die weltweite Sommerflaute sorgte für größtmögliche Verbreitung der Nachricht. Das Auftauchen der heiligen Maria rangierte konkurrenzlos an erster Stelle in der Boulevardpresse der Welt. Raffinierter konnte keine Lüge gewoben werden. Wäre die heilige Maria in Italien oder Frankreich kurz vor Weihnachten erschienen, wäre nicht einmal die Boulevardpresse darauf reingefallen. Aber die heilige Maria erschien mitten im Sommer in einem muslimischen, von Bürgerkrieg erschütterten Land.

Nach ein paar Tagen wußten viele zu berichten, sie hätten die heilige Maria gesehen, und sie hätte ihnen gesagt, Präsident Hadahek werde seine Feinde besiegen, weil die heilige Maria Morgana in seine Hände gelegt habe. Als hätte die heilige Maria nichts Besseres zu tun, als in Morgana von Balkon zu Balkon und von Holzverschlag zu Kaninchenstall zu schweben und mit dem Gesindel von Morgana Versteck zu spielen. Aber ob man es glaubt oder nicht, die Menschen waren nach ein paar Tagen ungeheuer stolz auf ihre Stadt und auf ihren Hadahek, der sich am selben Tag in einer großen Moschee und in der größten Kirche beim Gebet fotografieren ließ.

Onkel Daniel, der den Präsidenten so gut kannte wie

kaum ein anderer, erzählte mir, Hadahek sei nur auf dem Papier ein Muslim. Er wisse aber nicht einmal, wie man betet. Ahnung hatte er nur von Spielzeug. Mit einem Blick konnte er die Firma und das Modelljahr sagen, und selten irrte er sich. Nun wurde er plötzlich so religiös, daß er Feind und Freund vollends verwirrte.

Plötzlich überschwemmten Touristen Morgana, obwohl die Stadt belagert war. Aus Amerika und allen europäischen Ländern kamen sie. Ein reger Handel mit Bildern einer Frau, die über den Dächern schwebte, mit sonderbaren Stoffstücken eines weißen Kleides brachte einigen Gaunern bares Geld in fremder Währung. Das Stück aus dem Kleid der heiligen Maria sollte an einer Fernsehantenne hängengeblieben sein. Erst war das Stück weiß, dann verkaufte man aber Fetzen in allen Farben. Meine Mutter witzelte, daß die heilige Maria mit einem solch riesigen Stoffballen gar nicht hätte fliegen können.

Währenddessen ging leise die Nachricht herum, die russischen Transporter hätten mit den modernsten Raketen Morgana erreicht und brauchten nur noch zehn Tage, bis sie die schwere Ladung an die Front gebracht hätten.

Meine Eltern zitterten am Radio bei dieser Nachricht, denn sie hatten von der BBC London gehört, daß die Israelis den Neffen des Präsidenten im Süden mit amerikanischen Waffen ausgerüstet haben sollten, die auf Millimeter genau ihre Ziele in fünfzig Kilometer Entfernung träfen. »Gnade uns, wenn sich russische und amerikanische Waffen über unseren Köpfen begegnen«, sagte mein Vater, der keine Sekunde an die Erscheinung der heiligen Maria geglaubt hatte, sondern genau wußte, daß der entscheidende Schlag bald geführt würde. Unauffällig und während die anderen Öle und Kleiderstücke der heiligen Maria kauften, hortete er Lebensmittel in Kisten und verstaute sie unter unseren Betten, da wir keinen Keller hatten.

Der Circus hatte immer mehr Erfolg, und der Circusdirektor Amal wurde selbstbewußter und zuversichtlicher. Alle seine Schulden und die Gehälter seiner Mitarbeiter zahlte er mit leichter Hand, als wäre kein Raub passiert. Als die Presse von nun an jeden Tag über den Circus berichtete, beschloß der indische Botschafter eines Tages, den Circus zu besuchen. Er kam mit seiner Frau und drei Söhnen. Er vergaß auch nicht, durch die Pressestelle der Botschaft die morganischen Zeitungen von seinem Besuch zu informieren. Direktor Amal ließ ihn beim Eintritt bezahlen und ignorierte ihn während der Vorstellung. Er bat aber seine Mitarbeiter, in den besten Kostümen zu erscheinen, und er ließ alle Tiere striegeln und waschen.

Amal hatte aber Angst, große Angst sogar vor der heranrollenden Katastrophe. Er hörte jeden Tag BBC London in englischer Sprache. Mala hatte mir berichtet, daß sie Alpträume hätte und daß Ashok, ihr Mann, oft in der Nacht weinte. Der Circus konnte aber die Stadt nicht verlassen. Doch alle im Circus hatten die wundersame Fähigkeit, schnell zu vergessen, in welcher Falle sie saßen, und strahlend traten sie auf. Es war ein notwendiger Selbstbetrug, um zu überleben. Die Tage entbehrten aber nicht lustiger Überraschungen. Mira, die große Mama und Anführerin der Elefanten, erkältete sich. Sie hüstelte immer häufiger, so daß Ganesh voller Sorge war. Nach einer Beratung mit Amal verpaßte er ihr einen Grog gegen die Erkältung, einen Eimer heißes Wasser gemischt mit einer Literflasche Rum. Die anderen Elefanten rochen das schnell und fingen alle an zu hüsteln.

Ich fragte mich laut, als ich neben Mala in der Hütte lag, ob Tiere lügen können. Mein Cousin Michael, der nun im Süden Bauer geworden war, meinte, alle Tiere lügen. Der geniale Denker der Griechen, Aristoteles, unterstellte den Tieren, daß sie träumen, und sagte, wer ein Gedächtnis hat, der kann träumen. Ich bin sicher, daß Tiere, die ein Gedächtnis haben, lügen können. Cousin Michael erzählte mir viel von seinem Esel, der mit ihm Spiele trieb und manchmal sogar Krankheit vortäuschte, um nicht arbeiten zu müssen. Cousin Michael ist religiös, und aus Achtung vor einem Geschöpf Gottes schlug er nicht nur seinen Esel nie, sondern zog ihn auch nicht zur Arbeit, solange dieser fraß. Als der Esel das merkte, stand er auf dem Feld oder lag herum und fraß nichts, bis Cousin Michael seine Pause beendet hatte und den Esel zur Arbeit holen wollte, da fing dieser Esel an zu fressen, und Cousin Michael konnte lange warten.

Manche Tiere tarnen sich, andere blähen sich auf, um Größe vorzutäuschen, wenn ein anderes Tier ihr Leben bedroht. Der Regenpfeifer und die Enten täuschen einen gebrochenen Flügel vor, um einen Fuchs oder eine Hyäne von ihren auf dem Boden liegenden Nestern, Eiern und Küken abzulenken. Der schlaue Fuchs fällt darauf rein und eilt mit hängender Zunge hinter dieser angeblich leichten Beute her. Sobald sie aber ihre Nester in Sicherheit wissen, fliegen sie schneller als der Pfeil davon, und der Fuchs verflucht sie bis zur dritten Generation.

Mala erzählte mir auch von vielen Tricks der Elefanten, die den erfahrenen Ganesh immer noch in Erstaunen versetzten. In Morgana spielte ihm sogar Mira einen Streich.

Täglich fehlten aus einer Kiste mit Kraftfutter mehrere Eimer Futter. Das Futter war ziemlich teuer. Ganesh hatte mehrere Mitarbeiter in Verdacht, doch er wagte nichts zu sagen. So versteckte er sich eines Tages im Tierzelt, wo alle Elefanten angekettet waren. Plötzlich löste Mira ihren Fuß aus der Kette, ging auf die Kiste zu, öffnete sie mit dem Rüssel und bediente sich, bis Ganesh Krach machte. Er blieb aber versteckt und beobachtete, wie Mira schnell zu ihrem Platz zurückkehrte, ihren Fuß in die Kette hineinschob und wie alle Elefanten still vor sich hin döste.

An diesem Abend konnte ich endlich von meinem empfindsamen Cousin Chalil erzählen. »Guten Abend, meine Damen und Herren«, fing ich meine Erzählung an. »In alter, längst vergessener Zeit lebte ein Tier namens Nasenohr, es war ein fabelhaftes Tier, klug wie ein Elefant und friedlich wie ein Schaf. Ein Mißverständnis führte zum Aussterben dieses sensiblen Tieres auf unserer Erde. Das Nasenohr hatte eine merkwürdige Gestalt. Sein ganzer Körper bestand, abgesehen von vier kleinen Beinen, nur aus einer trichterförmigen Nase. Das Nasenohr war blind. Sein Maul befand sich am unteren Ende des Trichters. Der Trichter war gleichzeitig sein Ohr und seine Nase. Das wurde ihm zum Verhängnis.

Das Nasenohr ernährte sich von den Blättern und Früchten, die in seinen Trichter hineinfielen. Immer wenn es an einen Baumstamm stieß, gab es im Trichter etwas zu fressen, und da das Nasenohr ausschließlich in den Wäldern lebte, mußte es keinen Hunger leiden. Das Nasenohr sah tatsächlich so aus, als wäre es ein wanderndes Ohr für jeden, der etwas zu klagen hatte. Das wäre nicht schlimm gewesen, wenn sich die Klagenden nicht am Trichterrand angeklammert und in den Trichter ihre Tränen, ihren Haß und ihren Speichel hinuntergeschleudert hätten, bis so manches Nasenohr daran erstickte. Schlimmer war es, wenn ein kräftiges Tier alle anderen vertrieb und seinen Kopf in den Trichter hineinsteckte, damit es dem Nasenohr alles vertraulich erzählen konnte. Das Nasenohr strampelte mit den Beinen und schrie. Doch vergebens, denn wer anderen etwas vorjammern und seinen Kummer loswerden will, der hört am schlechtesten. Je weniger die Nasenohren wurden, um so begehrter wurden sie, und die Tiere betrieben eine regelrechte Jagd nach ihnen.

Mein Cousin Chalil konnte vier Sprachen sprechen, doch er lernte es nie, nein zu sagen. Er war hilfsbereit und geduldig, deshalb suchten ihn die Leute mit ihren kaputten Radios, Bügeleisen und Waschmaschinen auf. Chalil beugte sich Stunde um Stunde geduldig über diese oft vorsintflutlichen Geräte und flößte Leben in ihre morschen Knochen. Die Radios plärrten danach lauter als früher, die Waschmaschinen wuschen sauberer als je zuvor, und die Bügeleisen verursachten keinen Kurzschluß mehr.

Als mehrere Menschen beim Stromzapfen aus der Leitung im Armenviertel umkamen, trauerte Chalil sehr um sie. Es war nichts zu machen mit dem Predigen, daß man Strom ordentlich anlegen sollte. Die Regierung erkannte ja das ganze Gebiet lange Jahre nicht an. In den Unterlagen der Behörden war das große Areal, wo zweihundertfünfundfünfzigtausend Menschen hausten, reinste Landwirtschaftsgegend, die weder Kanalisation noch Strom brauchte. Es half nichts. Und die Bewohner des Elendsviertels konnten nicht anders, als hier zu wohnen.

Um Strom zu bekommen, warfen sie ihre Kabel zur Starkstromleitung hinauf, und wenn das Kabel Strom fing, starben mehrere Menschen durch den Schlag. Cousin Chalil ging hin, beobachtete die Sache einen halben Tag lang und entwickelte den heute bekannten Zapfhaken, der sicher und jederzeit abnehmbar war, sobald Kontrollen oder Polizei vorbeifuhren.

Chalil, der all die Menschen und Geräte retten konnte, vermochte nicht, sich selbst zu helfen. Er starb an dem Kummer der anderen, denn es war bekannt, daß mein Cousin nicht nur ein Handwerker mit begnadeten Händen, sondern ein ausgezeichneter Zuhörer war, bei dem jedermann beim Erzählen die Hälfte seines Kummers verlieren konnte, und wenn man ihm die Geschichte dreimal erzählte, hatte man fast keinen Kummer mehr.

Ob man es glaubt oder nicht: Erzählten die Leute erst nur, während er ihre Geräte reparierte, so suchten sie ihn bald zu jeder Tageszeit auf. Es war ihnen gleichgültig, ob er frühstückte oder las, sie legten los und erzählten, und Cousin Chalil konnte das Wort ›nein‹ nicht aussprechen, als hätte es der Teufel erfunden. Er hörte mit all seinen Sinnen und weinte mit. Nicht daß er das so vorspielte wie die Klageweiber, die auf Wunsch traurig werden und von einer Beerdigung zur anderen eilen, nach dem Namen des Verstorbenen fragen, den sie vorher kaum kannten, und dann loslegen mit ihren klagenden Versen und Tränen.

Chalil aber war ein ehrlicher Mensch, der aus dem Herzen mit den Geschlagenen weinte. Und in der Tat fühlten sich die Leute erleichtert, wenn er ihren Kummer teilte, doch keiner von ihnen lud ihn je zu einer Feier oder Hochzeit ein. Ich kannte einen Nachbarn von ihm, der sich dauernd bei ihm über sein Pech mit seiner Frau ausweinte. Chalil hörte zu und gab dem Mann immer sanft und weise Ratschläge, und der Mann ging und versöhnte sich mit seiner Frau, feierte mit ihr und reiste in der Welt herum, bis er sich wieder mit ihr gestritten hatte. Dann rannte er zu Chalil und heulte, bis dieser über das Unglück des Mannes weinte. Niemals aber kam dieser lästige Nachbar auf die Idee, Cousin Chalil zu besuchen und einzuladen, wenn er glücklich war.

Der fröhliche Chalil, dessen Gang dem einer jungen Gazelle ähnelte, veränderte sich zunehmend. Er wurde trauriger und trauriger, schleppte sich kraftlos über die Straße, rauchte und trank Tag und Nacht. Manchmal hatte ich das Gefühl, er aß überhaupt nur noch, um danach noch mehr zu rauchen und zu trinken. Er wurde mißtrauisch bei so viel Boshaftigkeit der Menschen. Doch der Mensch ist weder gut noch böse. Kennt ihr die Geschichte von den zwei Weisen und ihrem Streit über den Charakter des Menschen?«

»Nein«, antworteten mehrere.

»So eine Geschichte! Da waren einst zwei weise Mönche, die auf zwei nahen Bergen zurückgezogen lebten. Sie führten das rauhe, entbehrungsreiche Leben der Einsiedler. Einmal im Jahr besuchten sie sich und sündigten einen ganzen Tag lang. Im Grunde war ihre Sünde harmlos, denn sie taten keiner Seele weh, sondern aßen an diesem Tag reichlich und tranken eine Unmenge Wein, sangen derbe Lieder und schimpften kräftig. Sie wollten jährlich in ihrer Erinnerung das wachrufen, worauf sie verzichteten. Vielleicht auch um Gott zu zeigen, wie sehr sie ihn an den übrigen dreihundertvierundsechzig Tagen liebten. Wie dem auch sei, eines Tages stritten sich die beiden, ob der Mensch im Grunde seiner Seele böse oder gut sei. Nun, das war nicht das erste Mal, daß sie sich stritten. Ein Jahr davor stritten sie, ob Glück oder Vernunft dem Menschen nützlicher wäre, aber das ist eine andere Geschichte. Wie gesagt, sie stritten, ob der Mensch in den tiefsten Tiefen seiner Seele böse oder gut sei. Der Streit ging lange, und anders als bei der Frage nach Vernunft und Glück konnten die Bücher der Gelehrten, Propheten und Weisen hier wenig helfen. Und da in ihrer Einöde selten Menschen vorbeikamen, beschlossen sie, in die Welt hinauszugehen und zu prüfen, ob der Mensch ein gutes oder böses Wesen sei. Sie vereinbarten, sich zur selben Zeit am selben Ort im nächsten Jahr wiederzutreffen.

Die Mönche trennten sich. – Soll ich weitererzählen?« fragte ich, da die Geschichte doch länger wurde, als ich sie in Erinnerung hatte.

»Aber sicher, dein Cousin Chalil kann doch etwas warten. Was ist nun mit den beiden passiert?« fragte ein beleibter alter Herr mit tiefer Stimme.

»Nun, der Mönch, der die Menschen für gute Wesen hielt«, setzte ich die Geschichte fort, als das Publikum dem alten Mann mit Beifall zustimmte, »ging gen Osten und predigte Menschenliebe. Doch die Menschen bespuckten ihn und brachten ihn ins Gefängnis, wo er den bestialischsten Qualen unterworfen wurde, doch er gab nicht auf, weil er in seinem Herzen die Menschen liebte. Sobald er freigelassen wurde, predigte er Liebe und Aufrichtigkeit und erntete Gelächter und Ohrfeigen. Nach drei Verhaftungen warf man ihn in die Irrenanstalt, wo er fast ein halbes, qualvolles Jahr verbrachte. Er war froh, eine Woche vor der besagten Verabredung entlassen zu werden, und eilte in die Berge.

Wie groß die Freude der beiden Mönche über das Wiedersehen war, kann ich nicht beschreiben. Der Mönch, der die Menschen für böse, zweibeinige Bestien hielt, strahlte vor Gesundheit, öffnete einen großen Sack und stellte Wein, luftgetrockneten Schinken und einen großen Käselaib auf den Tisch. Zwei herrliche Brote, Tomaten und Gurken gesellten sich aus einem zweiten Sack dazu. ›Du hast recht gehabt‹, fing er an, während sein Freund, vom Hunger überwältigt, große Stücke vom Käselaib und Schinken in sich hineinstopfte, ›wie sehr mußte ich mich dafür schämen, daß ich die Menschen für so böse hielt. Als wir uns trennten, eilte ich gen Westen. Ich wanderte durch viele Länder und beschimpfte die Menschen, damit sie ihr wahres böses Gesicht zeigten, doch ich wurde immer warmherzig empfangen oder ängstlich gemieden. Eines Tages trat ich durch das Tor einer Stadt und schrie den Passanten ins Gesicht: ›Verbrecher, Nichtsnutze, elende Hunde!‹ Statt Ohrfeigen und Tritte erntete ich Jubel. ›Endlich kommt einer, der die Wahrheit ungeschminkt sagt‹, antworteten sie und führten mich zum König.

›Was hältst du von mir, großer Prophet?‹ fragte er mich.

›Von dir halte ich soviel wie von einem Esel!‹ sagte ich. Ich wußte nicht, daß die Leute in jener Stadt den Esel anbeteten.

›Wirklich?‹ fragte der König gerührt.

›Ein Esel und Sohn eines Esels bist du!‹ rief ich, weil

ich den letzten Zorn des Menschen herausfordern wollte.

›Mein Gott! Wiegt ihn in Gold!‹ rief der König. ›Und wo finde ich mein Glück?‹ fragte er mich hoffnungsvoll.

›Am Arsch der Welt!‹ antwortete ich, ohne zu wissen, daß in jenem Land eine ferne Gegend diesen Namen trug. Es gibt ja, wie du weißt, die verrücktesten Namen auf dieser Welt.

Nun schickte der König seine Leute aus, und sie gruben die Erde um auf der Suche nach dem Glück des Königs und fanden einen großen Schatz aus Gold und Juwelen. Ich wurde auf Händen getragen, doch meine Seele gehört den Bergen, und hier bin ich, um dir zu sagen, daß du recht hattest.‹

›Recht?‹ entsetzte sich der andere und nahm einen kräftigen Schluck Wein. ›Der Mensch ist das böseste, abtrünnigste, verfluchteste und undankbarste Wesen dieser Erde‹, schimpfte er, und beide Mönche konnten sich wieder nicht einigen. Sie sündigten aber den Tag und trennten sich in der Hoffnung, sich ein Jahr danach wiederzutreffen.«

»Bravo!« rief einer aus den hinteren Reihen und klatschte in die Hände, doch die anderen herrschten ihn an. »Warte doch, bis er die Geschichte seines Cousins zu Ende erzählt hat, dann kannst du klatschen!« hörte ich und lachte.

»Cousin Chalil glaubte nach einer Weile, die Welt bestünde aus bösen Menschen und denen, die ihren Kummer bei ihm abluden. Als ich ihn das letzte Mal sah, staunte ich über ihn. Er war nicht einmal siebenunddreißig Jahre alt, aber sah aus wie ein achtzigjähriger Mann. Im Alter von achtunddreißig Jahren starb er. Der Arzt, der die Ursache seines Todes untersuchte, fand heraus, daß Chalil über vierzig Narben im Herzen hatte. Jede Narbe gleicht in der Medizin einem kleinen Herzinfarkt. Gott schütze euch vor solchen Krankheiten, die wir in Morgana nicht kannten, bevor die Ziegen aus den Straßen verschwanden, und danach hier die Menschen hinraffen, als wären wir Europäer. Warum aber die Araber früher die Herzkrankheiten nicht kannten, ist eine andere Geschichte, doch spannender als sie ist die Geschichte meines Cousins Nasib, der sich nach mehr als zehn Jahren an dem Mörder seiner Eltern rächte und deshalb der Elefant der Familie genannt wurde.«

Die Leute klatschten stürmisch, und ich verbeugte mich und wollte aus der Manege zum Sattelgang gehen, als ein Mann mich aufhielt. »Ich kenne doch deinen Cousin Chalil. Er lebt noch und wohnt nahe beim Jerusalemtor. Ist er nicht dein Cousin?«

»Doch«, antwortete ich, »aber ich habe noch elf andere Cousins mit dem Namen Chalil. Der verstorbene war der zwölfte.«

»So viele Chalils«, staunte der Mann, »und warum, wenn ich fragen darf?«

»Ja, das ist eine andere Geschichte«, lachte ich und verschwand hinter dem Vorhang.

32

Der Elefant oder Vom mörderischen Gedächtnis

Ganesh, der Elefantenführer, war ein weiser alter Mann. Das Leben auf den Straßen der Welt hatte sein Gesicht ein für allemal gezeichnet. Und jede Straße, in der er etwas Besonderes erlebt hatte, grub sich mit all ihren Winkeln und Kurven in seine Haut ein, um zu verhindern, daß er sie vergaß, und auch, um ihn seinen Elefanten im Aussehen verwandter zu machen.

Die Kenntnisse über Elefanten wurden seit Jahrhunderten in seiner Familie wie ein Geheimnis gehütet und vererbt.

Ganesh trat in schwarzen Kleidern und mit weißem Turban auf, das strahlte eine gewisse Strenge aus, die er in der Tat auch hatte. Von der Mitte der Manege aus verbeugte er sich würdevoll.

Mit seinen weißen Handschuhen erschien er eher wie ein Zauberer, der mit Federleichtem und nicht mit diesen grauen Kolossen hantieren wollte. Er ließ die Peitsche knallen, und in diesem Moment begann das kleine Orchester indische Musik zu spielen. Der Vorhang ging auf, und Mira, die Elefantenkuh, führte ihre Familie, drei erwachsene und zwei junge Elefanten, in die Manege. Auch im Schmuck, den die Elefanten auf der Stirn trugen, triumphierte Mira mit Glasperlen, glänzendem Metall und Leder prachtvoll über die anderen.

Die Elefanten trotteten einer nach dem anderen in die Manege. Jeder hielt mit seinem Rüssel den Schwanz des Vordermannes.

Mit leisen Zurufen und behenden Bewegungen dirigierte der Elefantenführer seine Riesen zu bunten Spielen. Er brachte sie in Trab, ließ sie im Kreis tanzen, Pyramiden bauen, auf Tonnen sitzen und sich auf Vorder- und Hinterbeine erheben.

Der schönste Trick, der auch nach der zehnten Wiederholung die Leute noch den Atem anhalten ließ, war die Nummer mit dem tolpatschigen Zuschauer und seiner Frau. Eine Frau verfolgte ihren Mann auf der Umrandung der Manege, die die Circusleute Piste nennen. Die Frau schlug mit der Tasche auf ihren Mann ein, und der stolperte in die Manege. Rückwärts, immer noch seine fuchtelnde Frau im Auge behaltend, versuchte er ihr zu entkommen. Die Frau sah plötzlich die Elefanten und versuchte von der Piste aus, ihren Mann mit übertriebener Mimik und Gestik zu warnen und aus der Manege zu locken. Der Mann verstand aber nichts und ging immer weiter rückwärts. Plötzlich stolperte er und lag vor den Füßen der Elefanten, die elegant über ihn hinwegstiegen. Der Mann erstarrte, doch als der letzte Elefant vorbei war, stand er auf, schüttelte die Holzspäne von sich und ging stolz und breitbeinig auf seine Frau zu. Ein Elefant folgte ihm lautlos, und die Frau wurde immer heftiger in ihrer Pantomime, doch der Mann erzählte ihr gestikulierend, daß er jeden Elefanten am Rüssel packen, im Kreis schleudern und über den Haufen werfen konnte. Gerade als er ihr erklären wollte, wie er den Elefanten am Rüssel packen würde, streckte ihm der Elefant seinen Rüssel über die Schulter. Der Mann erschrak und stolperte tolpatschig mit seiner Frau über die Piste ins Publikum.

Eine andere Sensation, die Ganesh in Morgana berühmt machte, war ihm zufällig in den Schoß gefallen. Ein Circusarbeiter, der vor dem Tierzelt den Boden kehrte, hörte dabei laute arabische Tanzmusik. Ganesh ging in das Zelt, um seine Elefanten zur Dressur zu bringen, da sah er, wie Nelly, die zweitjüngste Elefantenkuh, auf den Hinterbeinen stehend mit dem Bauch wackelte, genau bei jedem Schlag der Trommel, die der Musik den Takt gab.

Er ließ den Araber ein paar Kassetten besorgen, und Nelly führte zum ersten Mal in der Geschichte Arabiens einen Elefantenbauchtanz vor. Das Publikum jubelte und tanzte auf den Rängen mit. Es war die Sensation. Dagegen verblaßte die lange und mit großer Mühsal errungene Dressur mit Mira und dem Tiger auf ihrem Rücken dermaßen, daß Ganesh sie aus seinem Repertoire herausnehmen mußte, um die Tanznummer, die das Publikum so in Rausch versetzte, etwas auszubauen.

Oft genoß ich es, dem alten Ganesh zuzuschauen, während er mit den Elefanten übte, und vor allem ihm zuzuhören, wenn er von seinen Lieblingen erzählte, und das konnte er stundenlang.

Von ihm erfuhr ich, daß Elefanten im Circus Nacht für Nacht Wache halten. Einer bleibt wach, während die anderen schlafen, und dann wacht der nächste, und der erste legt sich schlafen, und sobald irgend etwas passiert, quiekt der Wache haltende Elefant laut, und in nur wenigen Augenblicken sind alle Elefanten auf den Beinen.

Als ich Ganesh fragte, welche Eigenschaft des Elefanten er für die beste halte, antwortete der weise Mann: »Sein Gedächtnis, aber das ist gleichzeitig auch seine schlechteste, da es ihn Unrecht und Haß ebenfalls nicht vergessen läßt, so daß er manchmal nach fünf Jahren Rache an einem Peiniger nimmt.«

Das gab für mich den Ausschlag, welche Geschichte ich am Abend in der Manege erzählen wollte. Nicht mehr von Faride, der Frau des Postbeamten, sondern von meinem Cousin Nasib. Faride war ein Koloß wie ein Elefant und teilte mit diesem die Ahnungslosigkeit über die eigene Kraft, aber ihr Gedächtnis war sehr schlecht.

Mala war begeistert von der Geschichte über Nasib. Sie fragte aber, ob ich keine Angst hätte, so schlecht über einen früheren Präsidenten zu sprechen. Ich beruhigte sie, da die Hadaheks nicht besonders auf den Ruf ihrer Vorgänger achteten.

An jenem Tag aber fiel mir auf, daß die Inder nach und nach sehr ängstlich vor der Polizei geworden waren. Wie sehr sich die herrschende Angst im Land auf sie übertragen hatte, zeigte nicht nur die Sorge Malas, selbst der mutige Amal begann um sich zu schauen, bevor er sprach.

Ich ging zum Circusplatz und hatte Lust, ein Kartoffelgericht aus dem Norden zu essen. Ich bestellte einen Teller und stand neben einem Ehepaar, das gerade einen vollen dampfenden und duftenden Teller entgegennahm. Der Mann hetzte seine Frau, sie solle sich beeilen, da er noch vor der Vorstellung die Tiere im Tierzelt anschauen wollte. Die Frau nahm einen Löffel und verbrannte sich mit den heißen Kartoffelstücken den Mund. Sie bekam Tränen in die Augen.

»Was ist denn los?« fragte ihr Mann und schaute beschämt um sich.

»Ich dachte gerade an meine Mutter, die ein solches Gericht hätte mit genießen können, wenn sie nicht vor einem Jahr gestorben wäre«, antwortete die Frau, heulte und schob ihrem Mann den Teller zu. Der Mann nahm hastig einen vollen Löffel und stopfte ihn in den Mund. Da verbrannte auch er sich und fing an zu schreien.

»Was hast du denn?« fragte die Frau.

»Ich weine über deine Mutter, die dich leider nicht mitgenommen hat«, antwortete der Mann und schob den Teller von sich. Ich lachte und aß vorsichtig.

Mein Auftritt an diesem Abend begann mit einem herzlichen Empfang, den mir das Publikum bereitete. Ich hieß meine Mutter willkommen, die an diesem Tag die Vorstellung noch einmal sehen wollte, und bedankte mich bei den Zuschauern für den freundlichen Beifall.

»Ihr kennt alle die Geschichte des früheren Präsidenten Hadahek«, fing ich an. »Man darf ihn heute sogar laut als Mörder bezeichnen. Er regierte nur kurz in Morgana, doch er ermordete viele Gegner. Vor allem beging er grausame Verbrechen gegen die Drusen im Süden des Landes. Er bombardierte ihre Dörfer. Als aber seine Hände zu tief im Blut steckten, putschte sein Cousin, ein damals unbekannter Offizier der Luftwaffe. Nach ein paar Tagen hatte er das ganze Land unter Kontrolle, nur die Garnison der Hauptstadt weigerte sich, die Waffen zu strecken.

Um Morgana Blutvergießen und Zerstörung zu ersparen, machte der putschende Offizier seinem noch in der Hauptstadt regierenden Cousin ein kluges Angebot. Er sollte so viel Geld nehmen, wie er in zwei Koffern tragen konnte, und das Land unbehelligt verlassen. Der Diktator stimmte zu, nahm zwei Koffer mit achtzig Kilo Goldbarren und verließ Morgana. Die Menschen jubelten erleichtert.

Bevor sie über den Sieg des sympathischen Offiziers der Luftwaffe zu Ende jubeln konnten, war ein Heer von Detektiven, Killern und Abenteurern hinter dem abgesetzten Präsidenten her. Die einen im Auftrag des neuen Präsidenten, um das Gold wieder zurückzuholen, die anderen im Auftrag der reichen Familien, die ihre ermordeten Söhne und Töchter an dem nun schutzlos gewordenen Exdiktator rächen wollten, und die dritten in der Hoffnung, selbst in den Besitz des Schatzes zu kommen. Man wußte, daß Hadahek nach Lateinamerika geflüchtet war. Niemand konnte aber herausfinden, wo er sich versteckte.

Auch die Bemühungen der Geheimdienste Lateinamerikas, denen der sympathische Präsident Hadahek eine große Belohnung versprochen hatte, blieben erfolglos. Man wußte nur, daß der Exdiktator Hadahek in Bogotá, der Hauptstadt Kolumbiens, gelandet und nach drei Tagen weiter nach Barranquilla geflogen war, der Hafenstadt am Rio Magdalena im Norden. Dort war er nach Berichten der dortigen Polizei eine Woche lang in Begleitung eines alten Oberst täglich zum Hafen gegangen und hatte anscheinend auf ein besonderes Schiff gewartet. Als aber die Kriminalisten aus Bogotá in Barranquilla ankamen und herausfanden, wer der Oberst war und wo er wohnte, war dieser schon tot. Von Barranquilla aus führten tausend Wege ins Nichts. Der Exdiktator war seinen Häschern spurlos entkommen.

Mein Cousin Nasib war nicht einmal elf Jahre alt gewesen, als dieser Diktator seine Eltern hatte umbringen lassen. Nasib wuchs bei seinen Großeltern väterlicherseits auf, die im Süden des Landes lebten. Er lernte neben Schreiben und Lesen nur noch eins, daß seine Lebensaufgabe darin bestand, den Mörder seiner Eltern zu finden und Rache zu nehmen. Er wuchs zu einem jungen Mann heran und beschäftigte sich nur noch mit dem Expräsidenten Hadahek, obwohl bereits dessen fünfter Nachfolger an die Macht gekommen war. In allen alten Zeitschriften suchte er nach Bildern und Berichten über die Gewohnheiten des Mörders seiner Eltern.

Mit wenig Geld reiste er nach Lateinamerika und arbeitete in verschiedenen Nachtlokalen. Er zog von Stadt zu Stadt, bis er schließlich in Goias, einem zentralbrasilianischen Bundesland, den Expräsidenten aufspürte. Er lebte dort als reicher Farmer, natürlich unter falschem Namen, und wähnte sich in Sicherheit, da er nun schon mehr als zehn Jahre unbehelligt in Brasilien lebte.

Ein Jahr lang näherte sich der Rächer zielstrebig und geduldig dem Mörder seiner Eltern, der mißtrauischer als ein Fuchs war. Nicht einmal seine französische Frau wußte, wer er in Wahrheit gewesen war.

Nur langsam und alles prüfend vertraute der Expräsident meinem Cousin Nasib. Er ließ alle Daten und Aussagen meines Cousins prüfen. Und als alles sich als richtig erwies, gewann er langsam Nasib als Freund. Alles verlief also so, wie mein Cousin es vorbereitet hatte. Der Diktator lud seinen Rächer immer öfter zu sich, ohne den Todesengel auf dessen Schultern zu sehen. Von da an brauchte mein Cousin noch ein weiteres halbes Jahr, bis er hundertprozentig sicher sein konnte, daß dieser Farmer wirklich der gesuchte Exdiktator war. Er wollte nach all den Jahren keinen Fehler machen und einen Doppelgänger oder Aufschneider umbringen. Der Exdiktator eröffnete ihm zwar nach Jahren der Freundschaft, daß er mit Nachnamen nicht Siman, sondern Hadahek hieß und daß er einer der früheren Präsidenten von Morgana war. Cousin Nasib aber lachte seinen Freund aus, um ihn zu zwingen, Beweise zu bringen. Tatsächlich lebten damals viele Exdiktatoren in Lateinamerika, aber in den Nachtlokalen wimmelte es auch von gescheiterten Nichtsnutzen aus Arabien, die alle angeblich Präsidenten und wichtige Minister gewesen waren.

Der Exdiktator fühlte sich durch Nasibs Zweifel gekränkt. Er stand auf und holte ein Fotoalbum, in dem er frühere Fotos aufbewahrt hatte. Beim Anblick der Bilder war Nasib sofort sicher, den Mörder seiner Eltern vor sich zu haben. Er zog seine Pistole und erschoß den Exdiktator.

Kurz darauf stellte er sich den brasilianischen Behörden. Eine Woge der Sympathie erhob sich in Morgana für den einfachen Mann, der in seinem Leben nichts anderes gelernt hatte, als nach dem Mörder seiner Eltern zu suchen, und damit eine Meisterleistung vollbrachte, an der ein Heer von Detektiven, Killern und Geheimdienstlern gescheitert war.

Die Regierung Morganas bat die brasilianische Regierung, den Nationalhelden Nasib auszuliefern. Die Brasilianer, die traditionell gute Beziehungen zu Morgana unterhielten, schoben den Mörder leise nach Morgana ab. Nasib wurde vom Flughafen bis zum Haus seiner Großeltern im Süden auf Schultern getragen. Er küßte die Hände seiner Großeltern, und diese gaben ihm ihren Segen. Sie waren bereits über neunzig und umarmten ihren Enkel mit Tränen des Stolzes. Wenig später starben beide in kurzem Abstand.

Die Presse stürzte sich auf Nasib, vermengte die Geschichte seiner Rache mit der Würze von Geheimdiensten und Nachtlokalen und streute darauf eine Prise nationalen Stolz. Doch mein Cousin Nasib war ein einfacher Mensch, der weder gut noch spannend erzählen konnte, sondern plumpe und knappe Antworten auf die Fragen der Journalisten gab. Das entzog der Sensation jede Spitze. Von da an lebte er ohne Ziel im kleinen Haus seiner Großeltern. Er wurde immer einsamer und trank immer mehr, bis er zwei Jahre nach seiner Rückkehr völlig heruntergekommen und einsam starb.«

Nachdem ich meine Geschichte beendet hatte, ging ich zu Amal neben dem Zeltausgang. Meine Mutter gab mir beim Hinausgehen einen Stoß in die Seite. »So einen einfältigen Neffen hast du mir angedreht, du Aufschneider!« sagte sie und eilte nach Hause.

Mehrere Zuschauer fragten mich, ob je ein Buch über meinen Cousin Nasib geschrieben worden sei und warum ihm die Regierung kein Denkmal errichtet habe. Doch einer fragte nach einer Weile nachdenklich: »Du sagtest doch, Nasib sei dein Cousin, aber wie ich damals hörte, war der Mörder von Hadahek Druse. Wie kommt es, daß du Christ bist, dein Cousin aber Druse ist?«

»Das stimmt«, antwortete ich, »aber wie das zustande kam, ist eine lange Geschichte, lieber Cousin!«

Der Mann lachte, schlug sich mit der flachen Hand vor die Stirn. »Ach, so ist das!« rief er. »Und ich Idiot habe fast die Hälfte der Geschichte mit den irrsinnigsten Mutmaßungen über deine Familie versäumt. Jetzt wird mir alles klar, ja genau, dann bis morgen, Cousin«, rief er, schlug mir sanft auf die Schulter und eilte laut lachend in die Dunkelheit davon.

33

Das Tunk oder Was ein neugieriger Rüssel alles anrichten kann

Wenn sich Gier und Neugier vermählen könnten, so hätten sie nichts anderes als das Tunk zur Welt gebracht. Was für ein Glück, daß dieses Tier nicht mehr unter uns weilt. Das lästige Tunk war nämlich das einzige Tier auf der Erde, das in allen Größen vertreten war. Das kleinste Ungeheuer dieser Gattung war nicht größer als eine Mücke. Das zeigen Abdrücke im Schiefergestein Südenglands. Das größte Exemplar war so groß wie zwei Elefanten zusammen. Seine Überreste entdeckte man in Südbrasilien. Man fand dort Abdrücke seines Rüssels und die Hälfte der dritten linken Rippe, und die Wissenschaftler waren absolut sicher, daß diese Reste nur von einem Tunk stammen konnten. Die Todesursache war typisch, ihre Merkmale wurden bei Tausenden von Tunkskeletten gefunden: eingeklemmter Rüssel zwischen zwei Felsen oder Ästen mittels eines von fremder Hand herbeigeführten Knotens.

Diesen typischen Knoten, der am Ende eines Rüssels immer wieder und in allen Größen gefunden wurde, nennen Paläontologen bis heute Tunkknoten. Prachtvolle Exemplare dieses Tunkknotens wurden in Sibirien unter einer zehn Meter dicken Eisschicht so frisch aufbewahrt, als wäre das Tunk gerade gefangen worden. In der südlichen Sahara hat die Hitze ein paar Exemplare so gut konserviert, daß keine einzige Falte verlorenging.

Das Tunk starb fast immer eingeklemmt zwischen Felsen und Steinbrocken oder an mächtigen Bäumen, in deren Geäst es sich verfing.

Das Tier bekam seinen bezeichnenden Namen von seiner lästigen Eigenschaft, seinen Rüssel aus Gier und Neugier überall hineinzutunken. Es wollte alles beschnüffeln und probieren. Man konnte sich vor ihm nicht schützen, denn das Tunk war überall. Die Tiere und später die Menschen konnten sich nur wehren, indem sie das Tunk erlegten oder es verführten, seinen Rüssel durch einen schmalen Spalt zu stecken. Das erreichte man durch Geflüster und Gekicher hinter einem Felsen oder in einem Baum, und schon nach kurzer Zeit war ein Rüssel da. Manchmal lockte man das Tunk auch durch Rösten von neuen Kräutermischungen, die das Tunk noch nicht kannte, und auch da dauerte es nicht lange, bis sich der erste Rüssel meldete. Die Neugier des Tunks wurde ihm also zum Verhängnis.

Da Menschen keinen Rüssel haben, überlebten die Neugierigen unter ihnen und vermehrten sich ungehindert. Meine Nachbarin Afifa war ein rüsselloses Tunk. Sie war äußerst neugierig und wollte alles probieren, was ihr in die Finger kam. Augen hatte sie wie ein Adler. Mit ihren Ohren konnte sie die Ameisen husten hören, doch eines konnte Afifa nicht: riechen. Ihren Geruchssinn hatte sie nach einer schweren Erkrankung schon als Kind verloren.

Afifas Gebiß war gefürchtet. Seine Leistung grenzte ans Wunderbare. Sie schreckte nicht davor zurück, auch auf ungewaschene Karotten, Tomaten oder Zucchini loszubeißen. Die härteste Nuß gab jeden Widerstand unter den stählernen Zähnen Afifas auf, und wenn Afifa irgendwo erschien, so beeilten sich die Leute, alles Eßbare wegzuräumen, bevor es ihr zum Opfer fiel.

Auch Geheimnisse konnten kaum vor ihr verborgen werden. Auf lautlosen Füßen schlich sie daher, und bevor man sich's versah, war man von ihr vor aller Nachbarschaft nackt ausgezogen. Ihre Neugier auf Nachrichten, mit denen sie sich wichtig tun konnte, war unersättlich.

Eines Tages überfiel sie meine Mutter, die an jenem Tag sehr beschäftigt war. Sie mußte mehrere Gerichte kochen, da eine entfernte Tante, die aus Amerika zu Besuch in Morgana weilte, uns die Ehre geben wollte und sich selbst eingeladen hatte. Die Tante ließ auch gleich wissen, welche Gerichte sie bevorzugte. Angeblich verhielten sich alle Amerikaner so. Aber das nahm ihr keiner der geplagten Verwandten ab, denn die Tante protzte sprühend wie eine offene Brause, und wenn jemand widersprach, antwortete sie ungeniert: »Bei uns in Amerika lebt man so.« Als wären die Amerikaner grundsätzlich primitive Menschen, die einem dauernd ihre Füße vor das Gesicht stellen, Kaugummi kauen, rülpsen, über alles Ketchup schütten, jeden auf englisch ansprechen und ihm überlassen, damit fertig zu werden.

Nein, die Verwandten nahmen die Amerikaner in

Schutz und sagten, nur die Tante sei unverschämt und unerträglich. Und wenn sie nicht nach einem Monat wieder nach Amerika zurückgefahren wäre, hätten drei Onkel, zwei Tanten und vier Cousins Morgana verlassen. Aber das ist eine andere Geschichte, ich wollte nur sagen, daß meine Mutter an diesem Tag sehr beschäftigt war.

Als ob die notwendige Kocherei nicht genügte, mußte sie am Nachmittag auch noch eine Urinprobe meines Vaters zum Arzt bringen. Die kleine Flasche stand auf der Fensterbank im Wohnzimmer, und meine Mutter formte in der Küche noch die letzten Fleischbällchen, die dann in Joghurt gekocht ein leckeres Gericht ergeben, als Afifa unerwartet auftauchte.

»Was machst du da für schöne Bällchen, auch noch mit Pinienkernen? Hm, lecker! Laß mal probieren, ob das Salz stimmt. Salz ist Leben und Tod der Gerichte.«

Meine Mutter gab ihr schweigend ein Bällchen, das Afifa sofort verschlang. »Laß dich nicht stören, ich setze mich schon mal ins Wohnzimmer«, sagte sie dann. Meine Mutter verdrehte die Augen, da die Zeit knapp wurde. Es war bereits Mittag, aber einen Gast ohne Kaffee gehen zu lassen, das war für meine Mutter die einzige unverzeihliche Sünde auf Erden, also kochte sie schnell einen Kaffee mit Kardamom, nahm das Joghurtgericht vom Feuer und eilte zu Afifa.

Als sie das Wohnzimmer betrat, sah meine Mutter, daß sich Afifa der Urinflasche meines Vaters bemächtigt hatte und die gelbe Flüssigkeit neugierig prüfte.

»Was ist das?« fragte sie.

»Parfüm«, scherzte meine Mutter. »Es muß noch einen Tag und eine Nacht unterm freien Himmel stehen, damit Sonne und Sterne in seinen Geruch eingehen und es seine Frische entfalten kann!«

»Von wegen«, empörte sich Afifa, »das ist bloß eine Lüge der Parfümhersteller, damit sie ihre unverschämten Gewinne begründen können. Auch so muß es schon duften. Es sieht ja gelb aus wie Zitronen. Hast du auch Zitronenschale mitdestilliert?«

»Ja, Zitronen hat er gerne, vor allem bei Fisch!« antwortete meine Mutter, wohl wissend, daß Afifa nicht mehr zuhörte.

Afifa schüttete eine Handvoll aus der Flasche über ihr Haar, tupfte sich ein bißchen mit den Fingern hinter die Ohren, und da meine Mutter sie nicht hinderte, goß sie sich noch eine Portion in die Hand und rieb sich genußvoll das Gesicht damit ein. Sie atmete tief ein, da sie dachte, es müßte erfrischend sein.

Hastig trank meine Mutter ihren Kaffee und entschuldigte sich bei Afifa, daß sie sehr beschäftigt sei. Afifa wollte ohnehin nun auch andere Opfer aufsuchen. Sie wußte, daß Elias, der Postbeamte, Urlaub hatte und sich immer nach dem Mittagessen bei ihm im Schatten des Orangenbaumes eine Kaffeerunde aller Nachbarn traf.

Unglaublich, wie ein paar Tage Urlaub diesen Elias verwandelten. Er wurde seiner Frau gegenüber rücksichtsvoll und hilfsbereit.

Es war ein heißer Sommertag, und die große Runde

unter dem alten Orangenbaum schwitzte selbst im Schatten. Mehrere Frauen versuchten verzweifelt, ihre ermüdeten Gesichter mit einem Fächer etwas zu erfrischen. Afifa setzte sich in die Runde. Bereits nach kurzer Zeit begannen ihre Nachbarinnen, prüfend um sich zu schauen, um den plötzlich aufgetretenen penetranten Geruch zu orten. Es vergingen keine fünf Minuten, bis sie die Geruchsquelle erkannten. Mit Augenzwinkern und verschwörerischem Lächeln setzten die Wissenden die immer noch suchend Herumschnuppernden in Kenntnis. Aus ihrem Lächeln wurde bald ein lautes Gelächter.

»Hast du in die Hose gemacht?« fragte Faride, die Frau des Postbeamten, geradeheraus, da sie sich den Kaffee, dessen starker Geruch bereits aus der Küche strömte, nicht verderben wollte. Verwirrt schaute Afifa in die Runde, die mit eindeutigem Nicken die Frage Farides bestätigte.

»Was ist denn mit euch los? Ich habe mich extra für eure Runde parfümiert«, sagte sie und streckte ihren Kopf unter die Nase ihrer Nachbarin. Diese rief angewidert: »Du pinkelst ja aus dem Kopf!«

Erst langsam begriff Afifa, daß sie von meiner Mutter an der Nase herumgeführt worden war, und sie eilte fluchend nach Hause.

Als Elias mit dem Kaffee aus der Küche kam, trug er meiner Mutter ein Extra-Täßchen als Dank nach oben. »So schnell sind wir Afifa noch nie losgeworden, jetzt können wir in aller Ruhe tratschen«, sagte er und eilte fröhlich zur Kaffeerunde seiner Frau zurück.

Nun mußte aber meine Mutter, da Afifa fast ein Drittel des Urins verbraucht hatte, die Flasche wieder nachfüllen, denn mein Vater hatte sie zuvor ausdrücklich ermahnt, ja nichts zu verschütten. So war meine Mutter gezwungen, die fehlende Menge mit ihrem eigenen Urin zu ergänzen. Sie tat das auch ruhigen Gewissens, da sie den Humbug der Ärzte sowieso nicht glaubte. So nahm sie die Flasche und eilte zum Doktor.

Dort angekommen, merkte sie, daß ihr die Zeit davonrannte, und hastete die Treppen zur Arztpraxis hinauf. Sie grüßte und stellte die Flasche auf den Tisch der Mitarbeiterin. Dies schrieb routiniert den Familiennamen auf und fragte, was untersucht werden sollte, meine Mutter antwortete außer Atem: »Alles!« und eilte davon.

Gerade konnte sie noch den Tisch decken, bevor die schnatternde Tante wie eine Naturgewalt hereinbrach.

Zwei Tage später kam mein Vater wütend nach Hause. Er schimpfte auf alle Ärzte, die in Europa westliche Medizin studiert haben.

»Was hat er denn gesagt?« fragte meine Mutter besorgt.

»Der Schamlose, erst kassiert er das Geld, und, stell dir vor, dann sagt er mir, er muß noch einmal eine Urinprobe haben, da ich nach diesem Ergebnis schwanger sei!«

Von nun an ging Vater nur noch zu arabischen Medizinern, die es in Morgana in Hülle und Fülle gab, bevor die Ziegen aus den Straßen verschwanden. Und Mutter hatte noch genug Zeit, um ihm von ihrer Schwangerschaft zu berichten.

Aber wer damals dachte, Afifa hätte nach der listigen Lehre meiner Mutter ihren unsichtbaren Rüssel eingezogen, der irrte sich ganz gründlich. Sie schnüffelte und berichtete über geheimgehaltene Gebrechen der Nachbarn, Grobheiten und gegenseitige Verletzungen von Eheleuten, die sich hinter verschlossenen Türen, schweren Vorhängen und dicken Wänden sicher fühlten, nicht ahnend, daß keine Verriegelung Afifa daran hindern konnte, tatsächlich durch Vorhänge zu sehen und durch Wände zu hören.

Das wäre im Grunde lästig genug gewesen, solange Afifa mit ihrem Rüssel den Nachbarn nur auf die Nerven fiel, aber sie steigerte sich immer mehr, je älter sie wurde.

Afifa bewohnte nach dem frühen Tod ihres Mannes zwei Zimmer im zweiten Stock eines großen Mietshauses, in dem fünf Familien lebten. Von ihrem Wohnzimmer aus konnte sie genau in das Haus eines jüdischen Goldschmieds namens Zaki schauen. Eines Tages entdeckte Afifa aus ihrem Fenster einen Spion im Kinderzimmer des jüdischen Nachbarn. Sie eilte zu einem im Viertel bekannten Geheimdienstler und teilte ihm die Neuigkeit brühwarm mit. Dieser Mann war übrigens der einzige Bewohner meiner Straße, der Afifa bis zu jenem Tag gerne empfing, weil er für einen Kaffee alles von ihr hören konnte, was im Viertel passiert war.

Kaum hatte er den Namen Zaki gehört, eilte er mit

Afifa zu ihrem Haus. Von da beobachteten beide das verdunkelte Kinderzimmer. Sie erkannten die Silhouette von Zakis Sohn Simon, der hinter vorgezogenen Vorhängen im verdunkelten Zimmer vor einer grün und rot leuchtenden Tafel saß. Deutlich vernahmen sie seine Stimme: »Hallo, hier ist Simon. Ich will nach Israel. Hier ist Simon, bitte kommen!«

Das leuchtende Gerät konnten Afifa und der Geheimdienstler nicht genau erkennen, aber die Sätze Simons Wort für Wort verstehen, da die Gasse zwischen beiden Häusern nicht breiter als drei Meter war. Der Geheimdienstler dachte, er würde nun den Fang seines Lebens machen, und rief sofort die Spionageabteilung. Die ließ nie lange auf sich warten. Innerhalb von Minuten besetzten Soldaten dieser Spezialeinheit die umliegenden Dächer.

Von der ganzen Aktion hatten die Nachbarn nichts erfahren, denn sie verlief blitzschnell und lautlos.

Ahnungslos saß die jüdische Familie im Wohnzimmer beim Fernsehen, als sie plötzlich in Gewehrläufe schaute. Mit einem Handzeichen befahl der Offizier der Familie wortlos, keinen Ton von sich zu geben. Plötzlich sahen die erstarrten Eltern und Geschwister von Simon, wie fünf Soldaten in ihren Sicherheitsanzügen, Raumfahrern ähnlich, durch die gegenüberliegende Kinderzimmertür sprangen, deren Glas in tausend Splitter auseinanderbarst. Mit schreckgeweiteten Augen sprang Simon hoch, und niemand auf der Welt konnte ihn davon abbringen, daß diese Raumfahrer aufgrund seiner

Meldung aus Israel durch das Weltall geflogen waren, um ihn zu retten. Er schrie auf, als er durch die Wucht eines Schlages gegen die Wand taumelte. Alles geschah im Dunkeln und in Sekunden. Der Soldat warf Simon zu Boden und drehte ihm die Arme auf den Rücken. Erst als plötzlich das Licht anging, begriff der Soldat, daß dieser gefährliche Spion ein Kind, ein zwölfjähriger Junge war, der mit einem selbstgebastelten Gerät gespielt hatte.

Überrascht und fast beschämt standen die Offiziere und ihre schwerbewaffneten Soldaten vor dem dicklichen Sohn des jüdischen Goldschmieds und seinem Brett mit den bunten Lämpchen, die durch einen primitiven Schalter betätigt werden konnten. Simon hatte einen alten Kopfhörer getragen und in eine leere Coladose gesprochen, die er am Brett befestigt hatte. Die beiden Offiziere drehten das Brett hin und her und musterten, immer noch blaß im Gesicht, den am Kopf blutenden Jungen. Als der herbeieilende Vater Simon auch noch vor den Augen der Soldaten demonstrativ ohrfeigte, fiel der Junge zu Boden. Nur verschwommen nahm er noch die Schatten der Erwachsenen wahr, die, da die Glühbirne immer noch schaukelte, diabolisch hin und her tanzten. »Wir fliegen!« rief er und verlor das Bewußtsein.

In Morgana war es manchmal sogar möglich, daß sich ein Ministerpräsident öffentlich zu einem Irrtum bekannte, aber niemals war es geschehen, daß Geheimdienstler das taten. Schimpfend verließen sie nach diesem

Fehlgriff das Haus der jüdischen Familie, nahmen den Geheimdienstler mit, verloren jedoch kein Wort der Erklärung oder Entschuldigung.

Später beschuldigte der Geheimdienstler Afifa, daß sie ihn aufgehetzt hätte, um sich an Zaki zu rächen. Zaki bestätigte, daß er Afifa am Tag zuvor aus seiner Goldschmiede hinausgeworfen hatte, weil sie dort alles anfassen wollte und seine Mitarbeiter entnervte.

Afifa bestritt dies unverfroren und behauptete nach wie vor, Zaki hätte wohl einen Spion beherbergt, diesem allerdings rechtzeitig zur Flucht verholfen und dann seinen eigenen Sohn das Ganze ausbaden lassen.

Mein Vater, der mit Zaki befreundet war, verfluchte Afifa und die Geheimdienstler. »Wenn Israel sich auf Spione wie Simon verlassen müßte, stünden die Araber längst vor Tel Aviv«, sagte er bissig.

Der Circusplatz war inzwischen von Buden und Ständen so dicht belagert, daß man höllisch aufpassen mußte, um nicht sein Hemd für all die Leckereien und Attraktionen zu verkaufen. Am Nachmittag zogen Wolken auf, und endlich ließ die Hitze etwas nach.

Mala konnte ich an diesem Tag nur aus der Ferne sehen, da sie wieder einmal Streit mit ihrem Mann hatte. Ich schlenderte also allein zwischen den Buden umher und entdeckte einen Mann, der konnte nicht aus Fleisch und Blut sein, sondern mußte wohl aus Stahl bestehen. Er hing frei zwischen zwei Stühlen, mit dem Hinterkopf auf dem einen und mit den Fersen auf dem anderen. Nun stiegen sechs Männer auf seinen durchgestreckten Körper. Für einen Piaster konnte man ein paar Minuten auf ihm sitzen.

Später setzte er sich einen großen Amboß auf die Brust. Ein kräftiger Zuschauer schlug darauf eine Eisenstange in zwei Teile. Und wenn dieser Herkules nichts anderes zu tun hatte, drehte er dicke Nägel zwischen den Fingern zu Korkenziehern und verkaufte sie für einen Piaster.

An jenem Abend habe ich im Circus vom Tunk und von Afifa erzählt. Als Helden für die Geschichte mit der Urinflasche nahm ich einen erfundenen Nachbarn und seine Frau, da ich nicht wollte, daß sich jemand über meine Eltern lustig machte.

Auch von Simon und seinem Vater Zaki erzählte ich, sagte aber nicht, daß sie Juden waren. Es war nämlich verboten und strafbar, auch nur anzudeuten, daß die Mehrheit der morganischen Juden am liebsten nach Israel geflohen wäre.

Araber und Juden haben zwar die einmalige historische Leistung vollbracht, vierzig Jahre lang einen dummen Krieg zu führen, ohne über die Angehörigen der anderen Seite im eigenen Land herzufallen. Aber weder die Araber in Israel noch die Juden in Arabien fühlten sich mit den jeweiligen Regierungen der Länder, in denen sie lebten, verbunden, sondern sympathisierten offen oder heimlich mit dem offiziellen Staatsfeind. Doch es war eine beliebte und gebräuchliche Lüge und Selbstlüge bei den Israelis, zufriedene Araber vorzuführen. Die arabischen Regierungen standen ihnen in nichts nach. Sie schützten die jüdische Minderheit zum Beweis für die berühmte arabische Toleranz und zeigten jedem ausländischen Gast die blühenden Geschäfte der Juden.

Offiziell hieß es, daß sich die jüdische Minderheit in Morgana wohl fühlte und natürlich für immer dableiben wollte. Komischerweise war sogar die Opposition in diesem Punkt derselben Meinung wie die Machthaber. Der bekannte Regisseur Yussef Schahin ließ noch im Jahre 1978 in seinem umjubelten, angeblich kritischen Film »Alexandria, warum?« eine jüdische Familie aus Ägypten nach Israel flüchten und dann freiwillig und reumütig wieder zurückkehren. Diese Lüge war so komisch, daß die Israelis darüber mehr lachten als über die Witze Woody Allens. Yussef Schahin aber hatte das ernst gemeint und wie viele naive Araber gehofft, daß die orientalischen Juden sich mit den Arabern verbinden und gemeinsam mit ihnen erheben würden. In Wahrheit versuchte sich jedoch niemand in Israel verbissener von den Arabern abzugrenzen als die orientalischen Juden, eben weil sie ihnen tatsächlich zum Verwechseln ähnlich waren und um Gottes willen nicht mit ihnen verwechselt werden wollten. Warum das so war, ist und für immer so bleiben wird, ist eine lange Geschichte. Ich wollte nur erzählen, daß es damals verboten war zu sagen, daß arabische Juden nach Israel gehen wollten.

Ich erzählte aber ausführlich an jenem Abend, wie Afifa den Nachbarn von gegenüber durch ihre Schnüffelei in Schwierigkeiten gebracht hatte. Dann schloß ich den Abend mit der Geschichte, wie sich dieser Nachbar an Afifa rächte, und das kam beim Publikum phantastisch an. Die Geschichte ist kurz, deshalb kann ich sie schnell erzählen.

Zaki, dessen Sohn durch Afifa in Verdacht geraten war, ein Spion für Israel zu sein, beschloß mit drei Freunden, Afifa einen entsprechenden Gegenschlag zu versetzen. Die drei wohnten alle im selben Haus wie Afifa und konnten sie nicht ausstehen, da sie jedes Bettgeflüster belauschte und in die Gasse hinausposaunte.

Zaki besorgte sich einen Pferdefuß, säuberte ihn und legte sich gut sichtbar ins Bett genau gegenüber Afifas Fenster. Es war Sommer, und Zaki ließ den Pferdefuß unter der leichten Decke hervorschauen. Er tat so, als schliefe er.

Afifa traute ihren Augen nicht. Sie rief einen der Nachbarn zu sich ans Fenster, und der Eingeweihte eilte zu ihr.

»Schau dir das an«, sagte sie mit vor Schreck geweiteten Augen.

»Was denn?« fragte der Nachbar ganz ungerührt.

»Der Teufelsfuß da, unter der Decke«, stotterte sie und zeigte auf den Pferdefuß. Der Nachbar schaute in die Richtung. »Was hast du denn? Das ist ein ganz normaler Fuß. Es ist heiß, und der Nachbar Zaki macht sein Mittagsschläfchen.« Afifa schimpfte über die Blindheit des Nachbarn und wollte ihn hinausschmeißen, doch dieser rief schnell nach dem zweiten Freund. »Du wirst sehen, Afifa, du bist verrückt geworden«, sagte er. Der zweite Nachbar eilte hinauf. »Du bist bestimmt nicht so blind wie Salih. Komm näher ans Fenster und schau in das Zimmer da drüben, was siehst du dort?« fragte Afifa ungeduldig, fast herrisch.

»Zaki schläft. Das sieht doch jeder Blinde, und deshalb bemüht ihr mich diese steilen Treppen hinauf?« fragte er empört.

»Nein, das meine ich nicht. Was lugt da unter der Decke hervor?« fauchte Afifa den zweiten Nachbarn an.

»Zakis Fuß, falls du das meinst«, rief der Nachbar übertrieben laut, damit auch der dritte Freund, der Wand an Wand mit Afifa wohnte, herbeieilte. Afifa war mittlerweile blaß vor Zorn.

»Was ist das hier für ein Krach? Man kann sich nicht einmal fünf Minuten hinlegen«, meldete sich der Nachbar und näherte sich unaufgefordert dem Fenster.

»Ich werde verrückt«, schrie Afifa, »die beiden sagen, das ist ein normaler Fuß, obwohl man doch deutlich sieht, daß es ein Pferdefuß ist. Das Fenster ist ja nicht einmal drei Meter entfernt.«

»Aber es ist ein ganz normaler Fuß!« rief der dritte Nachbar so laut, daß die ganze Gasse unter dem Fenster zusammenlief. Afifa rief den Leuten zu, sie sollten doch alle hinaufkommen und Zeuge sein für die Unverschämtheit und Blindheit ihrer Nachbarn. Doch die Haustür war versperrt, und Afifa mußte zum Öffnen hinuntergehen. So hatte Zaki, der alles Wort für Wort verfolgt hatte, genug Zeit, den Pferdefuß wegzuschaffen und sich so hinzulegen, daß jeder seine nackten Beine sehen konnte. Afifa war ihrer Sache sicher und ließ die Leute von der Gasse ans Fenster treten. »Seht selbst, was für blinde Nachbarn ich hier im Haus habe. Was seht ihr dort beim Juden?«

»Die nackten Beine von Zaki«, antworteten viele, und Afifa drehte vollends durch, sie fing an, um sich zu schlagen. Die Leute lachten über sie und liefen davon. Zwei Tage darauf mußte Afifa in die Irrenanstalt eingeliefert werden, weil sie immer wieder Nachbarn mit Teufelsfüßen gesehen haben wollte.

Leider, leider hatte ich diese Geschichte nur erfunden. Afifa konnte ungestraft bis zum Ende ihrer Tage ihren unsichtbaren Rüssel in die Angelegenheiten der Nachbarn stecken, und Zaki blieb nach dem Überfall der Geheimdienstler zeitlebens ängstlich und mißtrauisch.

34

Noch einmal Mala oder Wie man vom Glück leben kann, ohne daß es weniger wird

Damals wußte ich es nicht, aber heute bin ich sicher, Mala war meine erste und einzige Liebe, die wie ein Traum plötzlich anfing und genauso unvermittelt aufhörte, eben wie ein Traum. Und doch bin ich sicher, daß die Frau, die vor ein paar Tagen die Hochseilnummer vorführte, Mala war. Mala, nie konnte ich sie vergessen, und doch lähmte die Erinnerung mein Leben nicht. Sie war einfach da, tief in meinem Herzen. Als wäre es erst gestern gewesen, weiß ich noch von unserem Spaziergang, Schritt für Schritt. Auf diesem Spaziergang sagte sie mir zum ersten Mal, daß sie mich sehr liebe und daß sie nicht mehr leben könne, ohne mich zu lieben.

Der Spaziergang war auch ein Traum. »Warte auf mich morgen mittag neben der Moschee am Märtyrerplatz«, sagte mir Mala im Sattelgang im Vorbeigehen. Mein Herz flatterte wie ein gefangener Vogel.

In der Mittagshitze auf einem kleinen Platz zu stehen war in Morgana nur eine Tat von Verrückten, aber meine Großmutter, die Tigerin, sagte immer, der Abstand zwischen Verliebtheit und Verrücktheit sei nicht größer als die Breite eines Haares.

Mala kam langsamen Schritts und lachte zufrieden, als sie mich sah. Sie durfte an diesem Tag allein zum Basar gehen, da sie Stoff für die Bekleidung ihrer drei Kinder kaufen wollte. Ashok, ihr Mann, hatte keine Geduld für solche langweiligen Dinge, obwohl er den Handel liebte und jeden Sonntag, ohne die Sprache zu beherrschen, auf dem Markt kaufte und verkaufte wie jeder Morganier.

Mala hatte sich besonders schön geschminkt und sehr bunt angezogen. Aus einem Kilometer Entfernung rochen die Touristenjäger das Fremde an ihr und eilten wie von einem Magneten angezogen zu uns. Frech und als ob ich Luft wäre, säuselten sie Mala zu. Sie wollten sie angeblich vor Lügnern und Aufschneidern schützen und ihre Dienste aus reinster Menschenliebe anbieten. Ich knurrte sie an, sie sollten verschwinden, sonst würde ich die Polizei rufen, und Mala lachte über mich, denn sie fand die Jungen sehr lustig.

Die Gassen von Morgana haben Geschichte und Geschichten erlebt. Die alten Viertel wuchsen organisch langsam wie Olivenbäume. Wie bei den Olivenbäumen gehörten Wucherungen, Einbuchtungen und morsche Zweige auch zum lebendigen Stamm dieser Stadt. Die Häuser in Morgana sahen unauffällig aus. Oft waren sie aus Lehm und nicht höher als zwei Stockwerke gebaut und wirkten eher etwas düster. Aber das ist die Lüge der Bescheidenheit, denn die Araber leben ja mit dem Rükken zur Straße und mit dem Gesicht zum Innenhof, der im krassen Gegensatz zu den eintönigen Außenmauern oft ein wunderschönes Spiel von Licht, Schatten und Farbe ist. Orangenbäume, Jasmin und Rosen schmücken die Innenhöfe. Springbrunnen befeuchten die Luft mitten in einem mit bunten Steinen, Marmor und Keramikfliesen ausgeschmückten Hof unter dem blauen Himmel.

Damals standen die Haustüren noch offen, und Mala durfte einen Blick in die Innenhöfe werfen. Erst als die Ziegen aus den Straßen der Stadt verschwanden, bekamen die Menschen Angst und fingen an, ihre Türen zu schließen.

Mala wurde höflich begrüßt und zum Kaffee oder zur Limonade eingeladen. Wir nahmen an jenem Tag dreimal die Einladung an und ruhten uns aus im Schatten der Innenhöfe bei fremden, aber friedlich lächelnden Menschen, die eine Freude daran hatten, einem Passanten Ruhe zu schenken. Keiner soll mir irgendwelche Geschichten vom Reichtum unserer Länder nach dem Erdölboom erzählen. Wir sind in Wirklichkeit viel ärmer geworden. Die Menschen geben einem Verwandten nichts mehr, geschweige denn einem Fremden.

Manchmal mußte ich lachen, da die Gastgeber vor Aufregung über die Besucherin aus Indien anfingen, gebrochen Französisch zu sprechen, obwohl Mala Arabisch mit ihnen sprach.

Wir gingen an einem Palast vorbei, und ich wollte nicht hineingehen. Ich haßte diese Attraktion für Touristen und erzählte Mala, wie der Pascha, der diesen Palast erbaut hatte, viele Kunstwerke, Säulen, geschnitzte Balken, ja Zypressen aus den Häusern, Basaren und sogar Moscheen der Stadt hatte ausreißen und in sein Haus bringen lassen. Manchmal brachen ganze Gassen zusammen, weil der Pascha zu viele Säulen rauben ließ, und die Bewohner der Stadt konnten nichts dagegen tun. Ich fand im Gegensatz zu vielen Freunden diesen Palast widerlich protzig, und er hatte nach meiner Meinung zu viele Gesichter, das heißt kein Gesicht. Er war einer der wenigen Bauten, die in Stein lügen konnten.

Ein paar Häuser weiter blieb Mala vor einer Tür stehen und fragte mich unvermittelt, wer in diesem kleinen Haus wohnte. Ich wunderte mich darüber, denn nur Eingeweihte kannten das unauffällige Haus, dessen Tür kein besonderes Schild auszeichnete. Der Bewohner dieses Hauses war der Ururenkel eines großen Gelehrten. Man erzählte die wundersamsten Geschichten von diesem Philosophen, der schon im zwölften Jahrhundert viel mehr gewußt hatte als die heutigen Wissenschaftler in Morgana. Er soll gerade dabeigewesen sein, eine seiner wichtigsten Abhandlungen zu schreiben, als die Mongolen unter Timur Leng wie ein Todeswind durch Arabien stürmten und alles niederrissen. Timur Leng hatte einen besonderen Haß auf Bücher und Gelehrte, deshalb verbrannte er alle Bibliotheken und ließ die Bücher, die nicht so leicht und schnell brannten, ins Wasser werfen. Da die Bücher damals mit Tinte geschrieben wurden, wurde das Wasser schwarz, als trügen die Flüsse Trauer über die zerstörten Schätze jahrhundertelangen Nachdenkens und Erprobens von klugen Frauen und Männern Arabiens. Kurz nach seiner Ankunft in einer Stadt ließ sich der Mongolenfürst alle Adressen der Gelehrten geben und sandte sofort seine Soldaten mit dem Auftrag aus, die Träger der Wissenschaft und Literatur zu töten.

Als ein Soldat die Haustür mit dem Fuß eintrat und den Gelehrten töten wollte, sagte dieser: »Das geht noch nicht, Junge, mein Kopf ist noch voller Ideen. Du mußt dich gedulden, bis ich diese letzten Ideen aufgeschrieben habe.« Der Soldat lachte den Gelehrten aus und köpfte ihn, doch der Gelehrte nahm seinen Kopf vom Boden, trug ihn in der einen Hand und schrieb die Abhandlung mit der anderen, bis er fertig war und seinen berühmt gewordenen Satz geschrieben hatte: »Diese Abhandlung über die Gründe, die eher dafür sprechen, daß die Erde keine Scheibe, sondern eine Kugel darstellt, ist hiermit beendet. Mögen die Leser dieser Schrift zu genaueren Ergebnissen gelangen.« Dann schrieb er mit geschwungener Schrift seinen Namen und das Datum darunter, und plötzlich fiel die Hand leblos zur Seite, und der Kopf rollte auf den Boden. Der Soldat wurde verrückt und verlor seine Stimme.

Beim Eisverkäufer wollte der Besitzer von uns kein Geld. Ich hatte mich schon über die Größe der Portionen und die reichlichen Pistazien, die unsere Eisschalen zierten, gewundert. Der Besitzer lachte freundlich. »Es ist eine Freude für mich, euch beide zu bewirten. Viermal war ich mit meinen Kindern im Circus. Was für eine Gazelle ist diese Frau! Übersetze ihr das aber bitte nicht«, sagte er und errötete, als er sich daran erinnerte, daß Mala Nacht für Nacht die Ansage in arabischer Sprache machte.

Dieser Mann war einer der letzten Eisverkäufer, die das Eis noch mit der Hand schlugen. Sein Eis schmeckte nicht nur besser, sondern war auch wie aus feinen Fäden gewoben. Heute kennt kaum jemand mehr diese alte Kunst.

Wir bedankten uns und eilten zu meinem Cousin Sarkis, der mit Textilien handelte. Dieser Cousin war vielleicht der ehrlichste Händler des Basars, aber er war als Erzähler der miserabelste Lügner, den ich je kannte. Wenn er anfing zu erzählen, lachten die Leute nur noch über ihn. Er aber war ganz überzeugt, daß er seine Geschichten gut erzählen konnte, wenn er nur eine todernste Miene machte. Und das war das allerkomischste an seinen Geschichten.

Obwohl die Araber als Zuhörer wunderbare Fähigkeiten hatten, das Gehörte zu sehen, konnten sie bei meinem Cousin Sarkis nichts sehen. Warum nicht?

Diese Frage konnte ich lange nicht beantworten, bis wir, Mala und ich, an einer Teppichwerkstatt vorbeigingen. Wir schauten den Frauen zu, wie sie gerade anfingen, einen Teppich zu knüpfen. Mit welcher Sorgfalt sie den Anfang machten!

»Wenn der Anfang bei einem Teppich nicht gelingt, stimmt der ganze Teppich nicht mehr«, sagte Mala, und plötzlich ging mir ein Licht auf, denn genau das war es, weshalb die Geschichten meines Cousins Sarkis nicht angenommen wurden. Ihre Anfänge waren so miserabel, daß die Zuhörer gar nicht den Eingang in die Welt seiner Geschichten fanden. Sie blieben draußen und lachten über seine schiefen Anstrengungen, aus dem Durcheinander noch ein Gemälde hervorzaubern zu wollen. Ich erzählte Mala aber nichts. Ich wollte prüfen, was sie von ihm hielt, denn Sarkis erzählte jedem ungefragt seine Geschichten. Das war ein weiterer Fehler. Geschichten sind wie die Früchte, die es früher nur zu bestimmten Jahreszeiten gab. Man liebte sie, weil man sie bald vermißte und sehnsüchtig auf sie wartete. Ob Feigen, Trauben oder Melonen, alle tauchten viel zu kurz auf und verschwanden für eine ewig lange Zeit. Das war so, solange die Ziegen noch nicht aus den Straßen Morganas verschwunden waren. Danach gab es jede Frucht zu jeder Zeit. Man konnte Trauben im Winter und Orangen im Sommer in sich hineinstopfen, und beide schmeckten gleich: nach gar nichts.

Als wir seinen Laden erreichten, strahlte Cousin Sarkis. »Was für eine Freude«, rief er und breitete seine Arme aus. Wir umarmten uns, und er grüßte Mala sehr freundlich. Er kannte sie gut vom Circus, und ich glaube heute, er durchblickte damals alles, was zwischen ihr und mir war.

Mala suchte sich in aller Ruhe Stoffe aus, und Sarkis erzählte mir leise von seiner Angst. Er hatte drei Kinder, und seine Frau stammte aus dem Süden. Ihre Eltern lebten nun unter der Herrschaft des rebellierenden Neffen des Präsidenten, und Sarkis hatte gehört, daß Präsident Hadahek von den Russen verlangte, sie sollten die Waffen schnell aufbauen und selbst bedienen, da die morganischen Techniker und Offiziere mindestens drei Monate brauchen würden, um mit der komplizierten Technik zurechtzukommen. Der Präsident hatte es aber eilig. Er wollte in den nächsten zwei Wochen mit beiden abtrünnigen Verwandten aufräumen. »Machen die Russen das mit? Werden sie ihre Hände mit unserem Blut besudeln? Was geht das sie an?« fragte Sarkis.

»Ich weiß es nicht«, sagte ich und drückte ihm die Hand. Dann half er Mala und zeigte ihr noch mehr Stoffballen, die er für besondere Kunden aufgehoben hatte. Mala war sehr zufrieden und wählte schöne Stoffe, die noch dazu preiswert waren, da sie in der morganischen Textilindustrie hergestellt wurden. Schon nach kurzer Zeit wirkte Sarkis wieder entspannter und lustiger. Die Russen waren weit weg, und seine Sorge um die Schwiegereltern auch.

Sarkis bestellte Kaffee und Limonade. Mala hatte alles bei ihm gefunden, und wir hatten viel Zeit gespart.

»Als ich noch jung war, war ich der Chef der Kriminalpolizei«, fing er an. Mala lachte, und ich sah den ersten Knoten im Teppich meines Cousins falsch angelegt. »Ich wurde nach Kairo gerufen, um einen berühmten Dieb zu fangen. Die ägyptische Polizei war schier verzweifelt. Ich eilte hin und ließ mir die Orte zeigen, wo dieser Dieb sein Unwesen trieb. Drei Banken waren wie leer gefegt, sogar Notizblöcke, Kugelschreiber und Radiergummis ließ er nicht zurück. Ich schwöre es«, bemühte er sich. Mala lachte nur herzlich, und ich hörte auf, die falschen Knoten zu zählen.

»Im selben Viertel«, setzte er seine Geschichte fort,

»waren vier Kaufhäuser, zwei Metzger, ja sogar die Särge eines Sargschreiners von diesem Dieb heimgesucht worden, und nichts ließ er zurück außer offenen Mündern. Furchtbar sah das aus.

Dieser Dieb war so geschickt, daß er bereits bei seiner Geburt die Armbanduhr der Hebamme gestohlen hatte.

Nun bat ich darum, mir sein Haus zu zeigen. Ein wahrlich großer Palast südlich von Kairo, bewohnt von den vier Frauen des Diebes mit seinen dreiunddreißig Kindern.

›Gut‹, sagte ich zu meinen ägyptischen Helfern, ›mir gefällt das Haus. Ich bleibe hier und komme nur mit dem Dieb zusammen wieder.‹ Sie lachten und dachten, ich scherzte, doch das hatte ich in meiner Zeit als Kommissar bei Scotland Yard gelernt, Kriminalisten scherzen nicht, auch wenn es danach ausschaut. Ich blieb und ließ mir von den Frauen die Vorräte holen, über die ich mich gleich hermachte. Nach einer Woche konnten die Bewohner des Palastes nur noch ihre Tische und Vorhänge essen.

Weinend kamen die Frauen zu mir. ›Sei uns gnädig und erbarme dich unserer Kinder‹, bettelten sie.

›Gut‹, erwiderte ich, ›zeigt mir das Versteck eures Mannes, und ich bin im Nu hier weg.‹ Die jüngste Frau, die mich genau verstand und wußte, daß ich es ernst meinte, zeigte mir einen Tunnel und sagte, am Ende des Tunnels sei eine Tür, und wenn ich dreimal klopfte, würde ihr Mann aufmachen.

Ich rief zwei Soldaten zu mir, und wir gingen mit aufgepflanzten Bajonetten durch den Tunnel. Ich klopfte dreimal, wie die Frau es gesagt hatte, und in der Tat öffnete der Dieb die Tür. Er war noch im Schlafanzug. ›Das hast du nicht gedacht, was?‹ sagte ich. ›Wer? Sarkis?‹ rief er entsetzt und fiel in Ohnmacht. Ich ließ ihn abführen und wanderte in dem herrlichen Garten umher, den der Gauner angelegt hatte und zu dem bis dahin niemand gelangen konnte, denn nur die jüngste Frau wußte vom Tunnel, und ihr hatte der Dieb nicht erlaubt hineinzugehen.

In diesem Garten liefen Kaninchen herum, die so groß wie Schäferhunde waren. Ich wunderte mich darüber, daß manche Kaninchen keine Ohren hatten. Ich wollte ein paar mitnehmen, um eine Kaninchenzucht zu gründen. Die Kaninchen waren zutraulich, aber als ich sie an den Ohren faßte, rannten sie weg, und die Ohren blieben in meiner Hand. Ich probierte es wieder und wieder, und immer blieben nur die Ohren zurück. Nun verstand ich, weshalb manche Kaninchen ohne Ohren herumliefen. Ich sammelte die Ohren und verkaufte sie in Kairo an einen Eskimo, der die Welt bereiste und auf der Suche nach gutem Fell gegen die Kälte war. Bis heute fragt er bei mir nach, ob ich nicht noch ein paar hundert dieser warmen Ohren hätte. Ehrlich!« erzählte Sarkis mit ernstem Gesicht, während sich Mala kaum noch halten konnte.

Wir verabschiedeten uns und eilten hinaus. Mala wäre draußen beinahe umgefallen vor Lachen. »Ist dein Cousin nicht ganz dicht da oben?« fragte sie, und ohne meine Antwort abzuwarten, fuhr sie fort: »Hasen ohne Ohren! Hasen ohne Ohren! Der spinnt doch!«, und sie lachte.

Wir gingen weiter bis zum Kaffeehaus am Brunnen, wo ein Hakawati Abend für Abend seine Geschichten in Fortsetzungen erzählte. Er war aber noch nicht da, weil es noch früh am Nachmittag war. Ein Lautenspieler saß vor dem Café im Schatten. Wir hörten eine Weile zu, und ich merkte, wie ich langsam traurig wurde. Mala blieb wie angewurzelt stehen, bis ich sie bat, mit mir weiterzugehen. Wenn ich damals einen Lautenspieler sah, mußte ich an meinen Nachbarn Josef denken, der zufrieden und bescheiden als Fliesenleger tätig gewesen war und Abend für Abend Laute für seine Kinder, für die Nachbarn oder für sich selbst gespielt hatte. Er war in seine Laute verliebt und beugte sich über sie mit einer Zärtlichkeit, als wäre sie ein Kind, und flüsterte ihr seine Beschwichtigungen, Mahnungen und sein Lob zu. Mit den Fingern auf den Saiten seiner Laute konnte er Menschen so verzaubern, daß manchmal Passanten mitten auf der Gasse stehenblieben und den berauschenden Klängen vom Hof lauschten.

Josef war bettelarm. Eines Tages kam ein reicher Emigrant aus Amerika zu Besuch, hörte ihn und engagierte ihn für viel Geld. Josef sollte in einem Lokal vor reichen arabischen Emigranten spielen. Er wollte nur für ein Jahr weggehen und dann reich zurückkommen. Dieser verdammte Selbstbetrug aller Emigranten! Noch nie sagte ein Emigrant: »Vergeßt mich, Leute! Ich komme nie wieder!«, sondern alle wiederholten unermüdlich diese eine gottverfluchte Lüge: »Nur ein Jahr, Mutter, und du wirst sehen, ich komme zurück und werde dich mit meinem Reichtum verwöhnen.« Josef kam nie wieder zurück, und keine Seele wußte, wo er geblieben war.

Nun, das habe ich Mala nicht erzählt, denn wir waren in bester Stimmung und lachten herzlich, und ich vergaß bald Josef und seine Laute.

Mala sprach nie viel von sich. Sie handelte oft viel mutiger und schneller als ich, doch sie hatte große Angst, von all dem zu erzählen, was sie bewegte. Warum das so war, habe ich nie begriffen, aber ich war bei aller Beredsamkeit viel zu schüchtern, um sie zu fragen, woran das lag.

35

Die Lachhornelle oder Wer kann den Clown aufheitern?

Tagelang plärrten Radio und Fernsehen von der bevorstehenden Schlacht und vom richtigen Weg des Staatspräsidenten Hadahek. Plötzlich verkündete der Nachrichtensprecher, daß eine Volksabstimmung durchgeführt werden müsse, weil Präsident Hadahek nur im Namen des ganzen Volkes handeln wolle. Da die Mehrheit der Bevölkerung damals nicht lesen und schreiben konnte, erklärte eine junge Ansagerin tagelang im Fernsehen nach den Nachrichten, wie die Bürger wählen müßten. Morgana verfügte damals nur über Schwarzweißfernseher, deshalb mußte die Ansagerin ihre Stimme bemühen und zeigte den großen roten Zettel für die Ja-Stimme in ihrer rechten Hand, und dabei lächelte sie sehr freundlich, dann zeigte sie den grünen Zettel in ihrer linken Hand, nuschelte fast schlecht gelaunt: »Das ist für die wenigen Nein-Stimmen« und warf das Zettelchen fast abfällig aus der Hand. Mein Vater lachte. »Die Wahlzettel in Morgana sind wie Henna, am Vorabend sind sie grün und am nächsten Tag rot.«

In der Tat wurden die Wahllokale schon um sechs Uhr geöffnet, und die Bevölkerung von Morgana freute sich über den freien Tag, den der Präsident ihr geschenkt hatte, denn diese lächerlichen Wahlen wurden nur in

Morgana durchgeführt, als gehörten die anderen Städte nicht zum Land.

Doch bevor es Mittag wurde, war schon der erste Witz geboren. »Die Amerikaner«, hieß es damals, »können die Wahlergebnisse fünf Stunden nach Schließung der Wahllokale ermitteln, die Franzosen nach vier, und die Deutschen geben schon eine Stunde danach präzise Prognosen. In Morgana aber weiß man die Ergebnisse fünf Tage davor.«

Mittags kehrte mein Vater zurück und lachte noch mehr über die Wahllokale und das billige Theater, das dort produziert wurde. Mein Vater hatte sich mit ein paar Freunden dort eine Weile amüsiert und sagte, es hätte sich allein dafür gelohnt zu wählen.

Schon von Anfang an fehlten die grünen Zettel. Ein alter Bürger fragte höflich, nur aus Neugierde, wie er sich ausdrückte, nach den grünen Nein-Zetteln. Plötzlich stürzte ein Boxertyp aus dem Nebenzimmer in die überfüllte Halle der Schule, die an diesem Tag als Wahllokal fungierte. »Wer hat hier grüne Zettel verlangt?« brüllte er. Kein einziger von den über vierhundert Leuten wagte es, »ich« zu sagen. Dann wurden doch ein paar grüne Zettel gebracht, und im Nu waren sie verbraucht. Am nächsten Tag hieß es, die drei Millionen Bewohner von Morgana hätten mit 99,99 Prozent der Stimmen Präsident Hadahek das Vertrauen und die Zustimmung ausgesprochen. Mein Vater hatte recht behalten. Die grünen Zettel hatten sich wie Henna über Nacht in rote Ja-Zettel verwandelt. Es war seine bittere Weisheit, die er wie viele

Orientalen mit einer witzigen Schale umhüllte. Überhaupt bin ich fest davon überzeugt, daß nichts auf der Welt mehr unterschätzt wird als das leicht, witzig und virtuos Daherschwebende, und nichts auf der Welt wird mehr überschätzt als aufgeblasene, von Belehrung triefende Worte, die zudem todernst vorgetragen werden.

Das Witzige, Leichte und nicht Seichte, das die Herzen kitzelt und vor den Augen der Kenner Abgründe aufschlägt, in die hineinzuschauen einen schwindlig macht, liebe ich. Deshalb ziehen mich auch Karikaturen und Clowns sehr stark an. Gute Clowns wie Circusdirektor Amal, Charlie Chaplin oder Woody Allen sind für mich Genies genau wie Einstein, Gaber, der Vater der Algebra, und Edison.

Meine Achtung vor Amal wuchs von Tag zu Tag, denn er hatte alles dafür getan, daß sein Circus eine Augenweide wurde. Trotz seiner täglichen Sorge um Artisten und Tiere konnte er Abend für Abend das Publikum mit seinen Clownerien erfreuen.

Weinend vor Schmerzen wegen einer Blasenentzündung mußte er vor seinem Publikum lachen, und er achtete darauf, daß seine Nummer leicht und verspielt erschien. So übte er täglich hart, und ich beobachtete ihn, wie er Kindern immer neugierig zuschaute, und manchmal erkannte ich Neuerungen in seinen Nummern, die er von den Kindern abgeschaut hatte.

Weder Bauchschmerzen noch Traurigkeit zählten für ihn. Als Clown durfte er nicht klagen. Er mußte lachen, auch wenn ihm das Herz vor Kummer zersprang und auch wenn er hungerte. Nicht die Trauer war sein Feind, sondern die Sorge, die ihm die Kraft auffraß, wie er mir erzählte.

Ich wollte an diesem Abend von meinem Nachbarn Salah, einem ewig einsamen Menschen, erzählen. Er war von Kind auf ein heller Kopf gewesen, doch war er vom Aussehen das, was man landläufig häßlich nennt.

Im Viertel genierte sich bald kein Schwachsinniger, laut zu rufen: »Mein Gott, der war häßlicher als Salah!«, und dies, obwohl Salah anwesend war.

Ich liebte ihn. Er war dreißig Jahre älter als ich, doch er behandelte mich wie einen gleichberechtigten Freund. Er hatte das gütigste Herz Arabiens, und ich ging ihn oft besuchen, trank Tee mit ihm und bekämpfte dauernd das Mitleid in mir; denn es war ein heuchlerisches Mitleid mit einem großartigen Menschen, der es nicht nötig hatte.

Wären die Menschen in meinem Viertel nur nicht so dumm gewesen, wegen ein paar Fettschichten an der falschen Stelle den ganzen Menschen schlecht zu beurteilen! Die Zeit der fähigen Sängerinnen war zu Ende, in der eine stolze Frau mit ihrer Würde und durch die Gnade ihres Kehlkopfes und harte Schulung den Menschen Freude schenken konnte, und die Zeit der wakkelnden Sängerinnen und Sänger war gekommen. Man kann es kaum glauben, Fett im Hintern kam bei den Bewohnern meines Viertels schneller an als Juwelen im Hirn und Gold im Kehlkopf.

Salah war ein begnadeter Geographielehrer. Seine

Schüler schwärmten von seinem Unterricht, der spannender als eine Abenteuergeschichte verlief, denn Salah studierte dauernd die neuesten Ergebnisse der geographischen Forschung und Reiseberichte. Aber hinter vorgehaltener Hand lachten die Schüler über seine große Nase und seine kleinen Augen.

Er lebte sehr einsam, doch drei Jahre vor seinem Tod flatterten auf einmal Liebesbriefe in sein Leben hinein. Täglich bekam er einen Brief von einer Rita. Der Postbote rief laut nach ihm und kommentierte bedeutungsvoll die parfümierten Briefumschläge, und schon streckten sich die Köpfe aus den Fenstern, und die Ohren fuhren ihre Antennen aus. Die Nachricht wühlte die Straße auf, als hätte jemand das Mittelmeer ausgetrunken. Salah bekam Liebesbriefe, und man sah ihn durch das Fenster, wie er bis spät in der Nacht an den Antworten saß.

Von diesem Tag an war er wie verändert. Er zog sich anders an und ließ sich die Haare so schneiden, daß die Nachbarn anfingen, ihn als elegant und männlich zu bezeichnen. Doch Salah widmete ihnen keine Aufmerksamkeit, denn Tag für Tag bekam er einen Brief. Die Nachbarn wußten bald, daß es eine reiche junge Witwe war, nicht größer als er und etwas hinkend, hieß es, dafür hätte sie aber die schönsten blauen Augen der Welt und einen Rolls Royce vor ihrer Villa. Sie entstammte der Ehe zwischen einem Araber und einer Holländerin. Man erzählte, daß einer der Briefe über die Putzfrau, die Salahs Wohnung einmal in der Woche säuberte, nach draußen gelangt war. Mehrere Frauen hätten die arme Putzfrau mit Geld verführt, und so schmuggelte sie ihnen einen der Briefe aus der Schachtel, in der sie aufbewahrt wurden, hinaus. Die Frauen erzählten mit glänzenden Augen von den leidenschaftlichen Worten besagter Rita, die im Brief von der Liebesnacht mit Salah schwärmte und keinen einzigen Kuß unerwähnt ließ. Sie flehte ihn an, am selben Abend noch zu ihr zu eilen, da sie ihre Sehnsucht nicht länger aushalten könnte.

Tag für Tag bekam Salah einen Brief, und am späten Nachmittag zog er sich an und eilte davon. Die Männer schauten ihm neidisch nach. Das ging drei Jahre lang, bis Salah plötzlich einen heftigen Druck im Magen fühlte. Er ließ sich untersuchen, und der Arzt entdeckte einen wuchernden Krebs. Die Operation überlebte Salah nicht.

Als seine Hauswirtin die Habseligkeiten des Lehrers in Kartons packte, um sie, dem letzten Willen des Verstorbenen folgend, dem Waisenhaus zu schenken, entdeckte sie, daß Salah keine Rita gekannt hatte, sondern sich die Liebesbriefe selbst geschrieben hatte. Die Entwürfe seiner Briefe hielt er ordentlich verschlossen in einer Mappe.

Ich wollte, wie gesagt, diese Geschichte erzählen, doch ich konnte weder auf der Erde noch im Fabelwald der Tiere ein einziges Wesen finden, das sich selbst belügt, um der Not der Einsamkeit zu entfliehen. Nur der Mensch ist dazu fähig.

Ich schlenderte durch den Circus und schaute den Artisten bei ihren Übungen zu. Jeden Tag trainierten die

Künstler mehrere Stunden, und sie erreichten in der Übung mehr, als sie dem Publikum zeigten. Sparsamkeit ist ein goldenes Prinzip im Circus.

So wie bei jeder Kunst wollen auch die Besucher des Circus nichts von den Anstrengungen spüren, die eine Nummer gekostet hat, bis sie dann so leicht zu gelingen scheint. Das Leichte, das lächelnd daherkommt, obwohl der Tod nicht mehr als einen Wimpernschlag, ein paar Schweißtropfen oder einen Fingerbreit entfernt ist, das ist die unsterbliche Kunst des Circus!

Mala verbrachte Stunden damit, das genaue zeitliche Einschätzen der Seilbewegung, das Wenden, die Kreuzschritte und die Sprünge zu vervollkommnen. Und als ich sie tadelte wegen einer gewagten Übung, sagte sie mir: »Es ist immer ein Augenblick, in dem der in mir wohnende Dämon sich nicht mehr mit dem bisher Erreichten zufriedengibt, sondern mich antreibt, das bisher Unmögliche zu wagen.« Ich hatte fürchterliche Angst um sie.

»Wenn ich sterbe, komme ich weder in den Himmel noch in die Hölle. So wie alle Seiltänzer laufe ich bis ans Ende der Ewigkeit auf der scharfen Kante des Regenbogens.«

Nur in der Phantasie der Zuschauer überwand Mala leicht wie ein Schmetterling die Schwerkraft, wenn sie abends mit einem kleinen Schirm in der Hand auf dem Hochseil tänzelte. Sie ging vorwärts bis zum Ende und kehrte dann rückwärts zurück. Mala, das habe ich von ihr gelernt, dachte nicht im Traum daran, die Schwerkraft zu überwinden, sie spielte mit ihr und dem Publikum. Manchmal tat sie so, als stürze sie ab. Viele schrien dann entsetzt auf.

Vom großen Zelt machte ich in der Mittagshitze den Weg im Schatten zu meinem Freund Nirmal, dem Krokodil, und da stand Amal bei ihm, und beide unterhielten sich, und zum ersten Mal hörte ich das Krokodil zufrieden raunzen.

Amal lachte zufrieden. »Gut, daß ich dich sehe«, sagte er, »ich kann hier nicht weg, der Teufel ist los. Könntest du mir einen Gefallen tun? Ich brauche dringend siebzig Glühbirnen. Der Wind riß gestern nacht ein Kabel entzwei, und die Glühbirnen sind hin. Ich wollte Nirmal, meinen Bruder, damit beauftragen, aber ich habe Sorge um die Morganier«, scherzte er. Das Krokodil nickte zustimmend und warf sich gegen die Tür seines Käfigs.

»Komm, ich gebe dir das Geld«, sagte Amal und eilte mir in Richtung Wohnwagen voraus. In diesem Augenblick wußte ich, daß ich am Abend Amal zu Ehren von einem Clown erzählen wollte. Ich kannte durch meinen Onkel Said, den Schauspieler, Amals Kollegen, den morganischen Clown und Komiker, der sich Abu Yassin nannte.

Ich eilte in der Hitze durch die Straßen. Wäre ich doch dem Ratschlag meiner Mutter gefolgt und hätte in dieser Hitze in einem kühlen Zimmer eine genußvolle Siesta gehalten. Statt dessen lief ich auf den glühenden Straßen, deren Geruch vor der Hitze verschwunden war. Nur in diesen Mittagsstunden verschwindet der aromatische Geruch der Gewürze und Gemüse aus der belebten Geschäftsstraße.

Der Händler war schlecht gelaunt, weil ich ihn aus seinem Mittagsschlaf geweckt hatte. »Jetzt wollen die Leute Glühbirnen. Können sie nicht bis zum Nachmittag warten? Als ob Glühbirnen Obst wären, das am Nachmittag schon verschrumpelt aussieht. Aber wer weiß, vielleicht wollen Blinde das Licht am Mittag andrehen«, brummelte er, während er die siebzig Glühbirnen Stück für Stück aus der Schachtel herausnahm und prüfte, ob sie funktionierten. Siebzigmal stöhnte er.

Ich nahm die Glühbirnen und eilte davon, doch bevor ich den Circus erreichte, lief ich, halb geblendet durch das gleißende Licht, in die Arme meiner Tante Rahme. Sie war berühmt für ihre Fangarme. Ihre Opfer schätzten sich glücklich, wenn sie nach einer halben Stunde daraus entlassen wurden. Es half nichts, wenn man ihr sagte, man sei in Eile und die Hitze am Mittag würde jeden Esel auf der Straße töten. Sie antwortete dann gnadenlos: »Es dauert ja nur eine Minute«, und die Minute gebar eine Stunde, und wenn man ihr nicht entkam, konnte die Stunde leicht einen halben Tag gebären. Tante Rahme schien keinen Bezug zur Zeit zu haben.

Sogar meinen ungeduldigen Vater hatte sie einmal erwischt. Er wollte kurz auf den Markt gehen und für meine Mutter frischen Koriander kaufen. Drei Stunden danach kam er ohne Koriander zurück. Mit letzter Kraft taumelte er die Treppe hoch, sackte auf dem Sofa zusammen und konnte nur mit der Hand andeuten, daß er einen Schluck Wasser brauchte. Wir eilten mit einem Glas zu ihm. »Was ist passiert?« fragte meine Mutter besorgt. Vater trank das Glas aus und sah uns wie benommen an. »Rahme«, flüsterte er nur und legte sich auf das Sofa. Mutter trieb uns hinaus, schloß die Tür und bat die Nachbarn im Hof, etwas leise zu sein, da sich mein Vater nicht wohl fühle und absolute Ruhe brauche.

Ich mochte weder Tante Rahme noch ihren Mann. Er war ein Frömmler und streckte den Kaffee mit gebranntem Brot und gerösteten Bohnen, die Milch und den Wein mit Wasser, und wenn er damit fertig war, betete er eine halbe Stunde lang einen Rosenkranz, bevor er seinen Laden aufschloß.

Seine Kunden waren übrigens nicht besser als er. Sie stahlen, betasteten alles mit ihren dreckigen Fingern, naschten und knabberten an allem und steckten Hülsen und Kerne der Früchte irgendwo zwischen die angebotenen Waren. Oft zahlten sie ihre Schulden nicht. Händler, die die Schulden nicht doppelt und dreifach aufschrieben, zerbrachen an ihrer Ehrlichkeit. Ich könnte bis zum frühen Morgen vom Händler Abdulkarim erzählen, der mit gebrochenem ehrlichen Herzen hochverschuldet starb, aber das ist eine andere Geschichte.

Gerade wollte ich, wie gesagt, Amal die Glühbirnen bringen und mich dann eine halbe Stunde hinlegen, da klappte die Falle meiner Tante zu, und ich saß drin. Ich mußte eine Geschichte über ihren verwöhnten Sohn Barakat anhören, wie toll er sei und was er alles fertigbringe.

Der Sohn war mißraten und ruinierte später seinen Vater, aber damals war er erst achtzehn. Er war ein Schönling. Und für mich war er ein langweiliger Aufschneider, der nicht einmal soviel Hirn hatte, zwischen genießbaren und ungenießbaren Lügen zu unterscheiden. »Gestern habe ich nach dem Tennismatch mit dem Sohn des Staatspräsidenten diniert, und wie der Zufall es wollte, kam der Kronprinz Saudiarabiens in dieses berühmte Lokal. Er machte große Augen. ›Wer? Barakat? Was für ein Glück habe ich heute. Ich wollte dich schon anrufen! Wie geht es dir, alter Freund? Hast du Lust auf ein Shopping in London?‹ Ich mußte mich entschuldigen, weil ich dem Sohn von Hadahek eine Minute zuvor versprochen hatte, mit ihm nach Paris zu fliegen.« Unerträglich! Man konnte beim ersten Mal noch lächeln, aber wenn man mit Barakat verwandt war und ihn bei jeder Hochzeit, Verlobung oder Beerdigung treffen mußte, so wurde einem übel dabei.

»Mein Barakat wollte sich baden«, fing Tante Rahme an diesem Tag an, und ich hüpfte von einem Bein auf das andere. »Er bat seine beiden Freunde vom Nachbarhaus barsch zu gehen und ließ heißes Wasser in die Badewanne laufen, klemmte sich jedoch sofort ans Telefon. Er sprach eine Viertelstunde lang. Die Badewanne wurde voll, und da er mit seiner Freundin, der Tochter des französischen Botschafters, telefonierte, wußte ich, daß es ewig dauern würde. Ich fragte ihn, ob er etwas dagegen hätte, wenn ich erst badete. Bis er telefoniert hätte, wäre ich längst fertig und würde ihm die Badewanne neu füllen. Barakat, mein Herzzipfelchen, stimmte zu, und ich stieg in die Badewanne, legte mich eine gute Weile mit geschlossenen Augen hinein und genoß die Wärme, als plötzlich der Himmel ein Faß kaltes Wasser auf mich schüttete. Ich schaute erschrocken hinauf und erstarrte, da das Dachfenster zu und die Decke trocken war. Vor Angst konnte ich nicht einmal schreien. Es war keine Einbildung, die Badewanne war übergelaufen, und das Wasser bedeckte den Boden drei Finger hoch. Ich bekreuzigte mich und konnte mich nur langsam und zittrig erheben. Ich dachte wirklich, daß die Kobolde ihren Schabernack mit mir trieben.

Erst später erfuhr ich, daß das eiskalte Wasser nicht mir, sondern meinem Barakat gegolten hatte. Seine beiden Freunde, die er barsch nach Hause geschickt hatte, hatten ein Faß voll mit kaltem Wasser gefüllt und über das Flachdach geschleppt, das Dachfenster aufgerissen, das Wasser hineingekippt und das Fenster wieder zugemacht, ohne richtig hinunterzuschauen. Das Fenster war ja auch beschlagen.«

»Sehr lustig!« log ich und eilte davon, bevor Tante Rahme begriff, was ich lustig an ihrem Schreck fand.

Amal freute sich über die Glühbirnen und noch mehr, als er erfuhr, daß ich ihm den Abend widmen wollte.

Bei jeder Vorstellung hatte Amal mehrere Auftritte. Immer nach spannenden Raubtiernummern oder gefährlichen Seiltanzdarbietungen oder Trapezsprüngen entspannte er das Publikum, um es wieder bereit zu machen für die nächste Aufregung. Ob Zahnziehen mit überdimensionaler Zange oder Straucheln auf dem Seil, die Zuschauer, und darunter vor allem die Kinder, lachten Tränen, wenn er sich oder seinen dummen Mitspieler ganz mit Wasser bespritzte. Im Gegensatz zu seinen Auftritten in Indien sprach er dabei wenig. »In Indien«, erzählte er mir eines Tages, »konnte ich unter der Schminke den Zuschauern die ungeschminkte Wahrheit sagen. Sie nahmen mir das auch nicht übel.« Hier in Morgana war er fremd und sicher deshalb zurückhaltend.

Seine schönste Nummer war das Duell. Er marschierte mit O-Beinen wie ein Westernheld herein, kaute übertrieben Kaugummi und stritt mit einem unsichtbaren Gegner. Trommelwirbel steigerte die Spannung und gipfelte in einem Paukenschlag. Der Clown wurde ins Herz getroffen. Er taumelte ein paar Schritte und fiel zu Boden. Zwei Krankenpfleger in Weiß mit sonderbaren Hüten, auf denen ein blinkendes Licht den Rettungswagen simulieren sollte, eilten mit einer Bahre herein und schrien: »Tatitatu! Lalilalu!«

Einer kniete sich vor den Clown. »Meine Gott, meine Gott. Die Mann ist tot«, sprach er in akzentreichem Arabisch.

»Nix tot«, erwiderte der andere, »viellei nur schilafe? Frage mol!«

»Biste toti, toti?« fragte der erste, und das Publikum lachte. Amal nickte eindeutig, er sei tot. Die Krankenpfleger legten ihn auf die Bahre, knipsten die Lichter der Lampen auf ihrem Kopf aus, und die Kapelle spielte einen Trauermarsch. Einige Mitarbeiter kamen in die Manege und gingen laut weinend hinter der Bahre her, die nun wie ein Sarg auf der Schulter getragen wurde. Sie liefen eine Runde, der Clown richtete sich auf, schaute verwundert die Trauernden an und sprang dann ab, aber die Trauergemeinde bemerkte ihn nicht, und er lief weinend hinter der leeren Bahre im Kreis her.

»Meine Damen und Herren«, fing ich nach der Begrüßung an, »heute abend möchte ich mit einer kleinen Geschichte von Abu Yassin, dem Clown und Komiker, beginnen. Er war ein guter Freund meines Onkels Halim Said. Doch bevor ich damit anfange, möchte ich diesen Abend dem großen Clown und Circusdirektor Amal widmen, der in den letzten Monaten unserer Stadt Morgana Lachen und Träume schenkte.«

Das Publikum applaudierte rasend. Amal kam in die Manege, umarmte mich und verbeugte sich vor den Zuschauern. Dann zog er sich wieder in den Sattelgang hinter der Manege zurück, den Vorhang hielten ihm zwei Mitarbeiter auf, und für einen Augenblick sah ich Shanti ihre Tränen abwischen.

Sosehr ich mich manchmal über die Dummheit der Morganier ärgerte, so sehr liebte ich sie an jenem Abend, da sie ohne den mir verhaßten Befehl: »Applaus, bitte Applaus!« von allein diesem kleinen, tapferen Circusdirektor einen solch stürmischen Beifall schenkten, von dem er über fünfzehn Jahre nur geträumt hatte. Stehend klatschten viele ununterbrochen, und ich bekam zum ersten Mal eine Gänsehaut von einem Beifall. Amal mußte in die Manege zurückkommen. Er kam aber mit Shanti, und beide verbeugten sich voller Freude. Erst in diesem kurzen Augenblick merkte ich, was es bedeutete, einen Traum realisiert zu haben. Und Morgana war die Wiege dieses Traumes eines klugen und sanften Menschen aus Indien.

»Meine Damen und Herren«, fing ich erneut an, als wieder Ruhe eintrat, »von Abu Yassin wollte ich erzählen, aber welches Tier käme hier wohl in Frage? Tiere können lachen wie wir Menschen. Die Wissenschaftler behaupteten jahrhundertelang, daß nur die Menschen lachen könnten, und die Tiere lachten sich krumm über diesen Irrtum. Nur zwei Sachen können die Tiere wirklich nicht: sich selbst betrügen und eine Bank gründen, sonst sind sie zu allem fähig.

Wie gesagt, alle Wesen können lachen, doch nicht jeder ist mit der Gabe begnadet, andere zum Lachen zu bringen. Nur wenige vermögen das auf Dauer. Es sind diejenigen Tiere und Menschen, die von der Bakterie Lachhornelle befallen werden. Diese Lachhornelle war jahrtausendelang ein Geheimnis mit sieben Siegeln. Die alten Ägypter waren die ersten, die die Vermutung aussprachen, es müsse ein Wesen sein, das in der Gegend des Magens wohne, doch es vergingen Jahrtausende, bis die geniale finnische Forscherin Emily Beeltur nach jahrelanger Mühsal die Lachhornelle im Jahre 1955 entdeckte. Wie sie das erreichte, ist eine lange Geschichte, aber sie war auf jeden Fall die erste, die den Geheimnisschleier lüftete, der die Antwort auf die Frage verborgen hielt, weshalb nur wenige auf der Welt Menschen zum Lachen bringen können.

Die Lachhornelle, so Beeltur, ist nicht größer als einen Millimeter und hat die Form eines Hornes. Daher auch der Name. Am spitzen Ende des Hornes befindet sich ein scharfer Haken, mit dem sich die Lachhornelle in der Bauchhöhle an der äußeren Magenwand festhält. Sie gehört zur Gruppe der Bakterien, die an der Luft innerhalb von Sekunden sterben. Sauerstoff verbrennt sie, daher war ihre Entdeckung sehr schwer. Aber wie gesagt, dort an der Magenwand befestigt, reizt die Lachhornelle auf bis heute nicht bekannte Weise den Menschen, andere zum Lachen zu bringen, verursacht ihm selbst aber oft ein Magengeschwür. Das haben alle Komiker der Welt gemeinsam.

Abu Yassin war einer derjenigen, die von einer ganzen Kolonie von Lachhornellen befallen waren. Er konnte, sooft er wollte, Menschen zum Lachen bringen. Ich habe ihn bei meinem Onkel Halim kennengelernt.

Seine Geschichte war noch seltsamer als seine Fähigkeit, Menschen zum Lachen zu bringen. Er war ein bekannter Kinderarzt gewesen. Eines Tages besuchte er ein todkrankes Kind. Ein hoffnungsloser Fall, zu dem kein Arzt gerne ging, da Eltern und Nachbarn in Morgana an dem Aberglauben festhielten, der letzte Arzt, der den todkranken Patienten besuchte, trüge die Schuld an dessen Tod, als hätte er und nicht der Todesengel seine Seele abgeholt. Wie oft habe ich Ärzte gesehen, die ohne ihre Tasche das Weite suchten, während Eltern und

Nachbarn des Toten mit Steinen nach ihnen warfen. Dieser Arzt aber besuchte das Kind noch täglich und versuchte, es durch irgendeinen Blödsinn zum Lachen zu bringen. Und er hatte Erfolg, das Kind lachte Tränen. Nun wartete es sehnsüchtig auf den Arzt, und das rettete ihm das Leben. Von Tag zu Tag wurde es gesünder. Abu Yassin, der damals den Namen Doktor Hassan Magrebi trug, schloß seine Praxis und wurde Clown. Und bald darauf wurde er zum besten Clown des Theaters und Films.

Zu Hause war er oft so traurig, daß seine Frau ihm empfahl, zu einem Spezialisten zu gehen, der gerade aus Frankreich gekommen war. Abu Yassin, der zu jener Zeit schon sehr berühmt war, folgte dem Rat seiner Frau und besuchte den Arzt. Er beklagte sich bei ihm über Beklemmungen, Trauer und Schmerzen in allen Gliedern. Er fände kein Lachen mehr und an nichts eine Freude. Der Arzt untersuchte den Mann und fand nichts Beunruhigendes außer dieser tiefen Traurigkeit. Er empfahl dem düster dreinblickenden Patienten, öfter spazierenzugehen, gut zu essen und, wenn alles nicht half, einer Vorstellung Abu Yassins beizuwohnen, damit seine Seele erleichtert würde. Der Mann lachte bitter. ›Ich bin Abu Yassin‹, sagte er.

Eines Tages saß ich bei meinem Onkel. Abu Yassin war bei ihm zu Besuch, und wir tranken Tee im kleinen Hof des Hauses, als ein Nachbar, ein äußerst naiver Finanzbeamter, dazukam. ›Deinen Beruf möchte ich haben.

Witze reißen und dabei Geld verdienen!‹ eröffnete er sein Gespräch. ›Ich beneide dich, mit welcher Leichtigkeit du dein Leben finanzierst.‹

Abu Yassin schaute den Mann verächtlich an. ›Du hast keine Ahnung, was dieses bißchen Lachen mich kostet. Halim, mein lieber Freund, hast du ein Stück Papier für diesen Einfaltspinsel und einen Stift?‹ Onkel Halim beeilte sich, in sein Wohnzimmer zu laufen, kam mit einem großen Blatt Papier und einem Kugelschreiber zurück und händigte beides dem verdutzten Nachbarn aus.

›Schreib auf!‹ befahl Abu Yassin. ›Das bißchen Lachen hat mich in zwanzig Jahren Arbeit folgende Kleinigkeiten gekostet:

11200 Ohrfeigen
8700 Tritte, die Hälfte davon ohne schützendes Kissen.
6600 mal wurde mir der Stuhl unter dem Hintern weggezogen.
5000 mal brach ein Stuhl unter mir zusammen.
4900 mal tapste ich in einen Wassereimer.
4200 mal schlug mir ein Partner mit einem präparierten Brett auf den Kopf. Über hundertmal war das Brett echt, da irgendeiner die Bretter ausgetauscht hatte.
3900 Eier landete und platzten auf meinem Kopf. 2000 Eier mußten mir ein zweites Mal noch kräftiger an den Kopf geworfen werden, damit sie platzten.

Über 500 zum dritten Mal und fast hundert zum vierten Mal. Ein einziges Ei brach auch nach dem zehnten Mal noch nicht. Es war aus Gips. Irgendein Witzbold hatte die Eier vertauscht.

3000 mal hat mich mein Witz im Stich gelassen. Der Humor ist von Natur aus ein Verräter, der einen gerade dann verläßt, wenn man ihn dringend benötigt. Der Witz ist von Natur aus scheu, und je mehr man ihn herauskitzeln will, um so besser versteckt er sich.

2600 Ballons, 1000 Schnürsenkel, 3000 Kerzen mußte ich schlucken.

300 mal bin ich aufgetreten, obwohl ich mich müde, schwach, traurig, mißmutig, einsam und verloren fühlte.

Hast du das alles aufgeschrieben und verstanden, dann weißt du, welche Gnade dir widerfahren ist, daß du kein Komiker geworden bist.‹

›Meine Güte, das ist ja wie schwerste Lagerarbeit!‹ stöhnte der Mann. ›Da bleibe ich lieber bei meinen Tabellen.‹

›Eben!‹ antwortete Abu Yassin. ›Doch ich wollte es nicht anders‹, fügte er hinzu, und seine Augen leuchteten.

Abu Yassin war nicht nur auf der Bühne witzig. Er wurde eines Tages von einem Heuchler angezeigt, da er im Fastenmonat Ramadan mitten auf der Straße eine Pistazienrolle gegessen hatte. Der damalige Präsident Hadahek tat sehr gläubig und ließ die Fastenbrecher fünfzehnmal vor der großen Moschee auspeitschen.

Abu Yassin wurde also zum Kadi gebracht, und dieser erkannte den guten Schauspieler, den er sehr mochte, mußte ihn aber trotzdem streng verhören. ›Warum hast du im Fastenmonat Ramadan gegessen? Bist du krank oder auf Reisen?‹ fragte er und wollte ihm so einen Ausweg anbieten, da, wie ihr wißt, in diesen beiden Fällen das Fasten unterlassen werden darf, doch Abu Yassin wollte von keiner Erleichterung wissen.

›Euer Ehren, ich bin weder auf Reisen noch krank. Ich weiß selbst nicht, wie das immer wieder passiert. Wenn meine Hand eine Pistazienrolle sieht, wundere ich mich, wie sie sich aus meiner Hosentasche herausschleicht, und ich beobachte erstaunt und mit offenem Mund, wie sie die kleine leckere Rolle anfaßt und in meinen Mund hineinschiebt, ohne meinen Willen. Peinlich ist das. Und ich muß das dann noch bezahlen.‹ Der ganze Saal lachte, auch der Heuchler konnte sich nicht mehr halten, und der Richter schickte beide ohne Urteil hinaus.«

36

April
oder Wie ein Kopf seinen Besitzer wechselt

Das Leben in der arabischen Wüste war immer schon sehr hart. Es zwang zur Lüge. Nur durch die Gabe der Lüge konnten Lachen und Träume in die Einöde gebracht werden. Sogar die Natur ist dort eine Meisterin der Lüge. Weder Schneegipfel noch Wälder, weder Seen noch grüne Täler oder Dschungel können mit all ihren Reichtümern eine Fata Morgana hervorbringen, aber die karge Wüste ist darin eine Meisterin. Fata Morgana, die Fee aus dem Morgenland, im Arabischen Sarab genannt, war die Tochter eines Dämonenkönigs der Wüste. Sie liebte ihren Cousin, doch der Dämonenkönig haßte seinen Bruder und dessen Kinder. Er verbot seiner Tochter, den Neffen zu treffen, als aber Fata Morgana den Befehl ihres Vaters mißachtete und ihren Cousin immer wieder an der Wasserquelle traf, bestrafte sie der Vater mit Verbannung in einen großen Glaspalast. Dieser Palast war ein einziger, unendlich großer Irrgarten aus Glas und Spiegeln, und Fata Morgana suchte verzweifelt den Weg hinaus, doch sie irrte lange Jahrhunderte durch die Gänge und Zimmer dieses großen Gefängnisses. Fata Morgana wünschte sich den Tod, doch der ist den Dämonen nicht vergönnt.

Aus Rache ließ der Dämonenkönig mit seiner unendlichen Macht den Geliebten seiner Tochter für immer und ewig die Gestalt eines stummen, tauben und blinden Menschen annehmen. Auch er ein Dämon, muß ewig leben und irrt bis heute in der Welt umher.

Fata Morgana erfuhr eines Morgens von ihrem Vater, daß sie ihren Cousin nie wieder treffen könne, da er ihm Menschengestalt gegeben habe. Sie würde ihn nie wieder finden, auch wenn sie die Menschen einzeln prüfen würde. Fata Morgana schrie vor Schmerz so laut, daß der große Palast in Milliarden Splitter zerfiel, die dann durch Jahrmillionen von Regen, Sonne und Wind zu kleinen Sandkörnchen verwitterten.

Nun, Fata wußte, daß ihr Geliebter als Orientale nichts auf der Welt mehr liebte als Wasser, deshalb rannte sie sofort, wenn sie die Schritte von Menschen in weitester Entfernung vernahm, und spiegelte ihnen Wasser vor, in der Hoffnung, daß ihr Cousin die Wasserstelle aufsuchen und sie ihn erkennen würde. Immer wenn es heiß wurde, schöpfte Fata Morgana neue Hoffnung und erzeugte solch schöne Wasserbilder, daß viele Menschen tagelang hinter ihnen herirrten. Aber niemand außer dem Vater wußte, daß der Cousin blind, stumm und taub war.

Diese Geschichte hatte ich für Mala erfunden, weil sie mich fragte, woher der Name der Hauptstadt Morgana käme.

Da ich für den Abend eine Lügengeschichte vorbereitet hatte, wollte ich am Nachmittag beim Thema bleiben, als Shanti mich darum bat, den Kindern etwas zu erzählen. Ich hatte eine Geschichte sehr gerne, die mir meine

Großmutter, die Tigerin, erzählt hatte, doch als ich im Begriff war, sie den dreißig Circuskindern zu erzählen, sah ich, wie Amal seine Mitarbeiter von überall her zu mir getrieben hatte. Plötzlich waren sie alle da, und der Platz hinter dem großen Zelt wurde so eng, daß Shanti vorschlug, alle sollten in das große Zelt gehen und eine Privatvorstellung als Geschenk bekommen. Die Männer und Frauen lachten und eilten mir voraus.

»Sie sollen sich auch eine deiner Geschichten gönnen, denn sie verstehen kaum Arabisch«, sprach Amal verschmitzt zu mir. Bis dahin hatte ich nur im kleinen Kreis der Kinder auf englisch erzählt. Das war mein erster Auftritt in fremder Sprache vor einem großen Publikum.

»Dann laß auch Nirmal im Käfig bringen!« verlangte ich, weil ich wußte, daß das Krokodil jedes Wort verstand.

Das Krokodil wurde geholt, und es saß in seinem Käfig und schaute mich aufmerksam an.

»Liebe Kinder, liebe Freunde, ich will euch heute eine Erzählstunde schenken, weil ihr meiner Stadt so viel Freude gebracht habt. Gott segne den, der gut zuhört.

Wir Orientalen sind sehr vorsichtig mit der Wahrheit. Wir sagen nie: ›Es war einmal‹. Das ist zu wahrhaftig und ist, wenn man unhöflich sein will, eine dicke Lüge, denn nichts auf der Welt war so, wie wir später davon erzählen. Kan ya ma kan, sagen wir am Anfang unserer Geschichten, und was dieser Satz bedeutet, darüber streiten sich die Geister bis heute. Eine Bedeutung ist: ›Es war oder es war nicht‹, und damit fange ich meine Geschichten an.

Es war oder es war nicht ein König, der am liebsten Geschichten hörte. Er konnte sogar einen Tag lang auf Essen verzichten, aber kein einziges Mal ist er zu Bett gegangen, ohne eine Geschichte zu hören. Mit den Jahren kannte er alle Geschichten aus Tausendundeiner Nacht und noch tausend andere Geschichten. Die Leute bemühten sich redlich, dem König immer neue wahrhaftige Geschichten zu erzählen.

Eines Tages hatte er genug von den wahren und wahrsten Geschichten und sehnte sich nach einer Erzählung, in der kein Wort der Wahrheit Platz fände. Der König ließ im ganzen Land verkünden, daß er nur noch Lügengeschichten hören wollte und daß er den Erzähler mit viel Gold belohnen würde, der eine ganze Geschichte an der Wahrheit vorbei erzählen konnte. Aus allen Ecken des Landes kamen Erzähler, doch sobald sie mit den Höflichkeitsfloskeln ›O mächtiger König‹ oder ›O glücklicher König‹ anfingen, sagte der König: ›Schweig, o Erzähler, denn du hast schon ein wahres Wort gesprochen, ich bin wahrhaftig ein König, ob glücklich oder mächtig, das ist eine andere Sache. Ich will aber kein wahres Wort hören. Du kannst leider keine reine Lügengeschichte erzählen.‹

Enttäuscht erhöhte der König den Preis für den Erzähler, der es schaffte, ihm eine Lügengeschichte ohne ein Wort der Wahrheit zu erzählen, doch bereits nach wenigen Worten wurden die Erzähler immer hinausgeworfen. Es genügten Sätze wie: ›Es war einmal‹, ›Ich habe gehört‹ oder ›Man hat mir erzählt‹, und schon schrie der König wütend: ›Schluß, du hast schon die Wahrheit gesagt!‹

Es half nichts, daß der König versprach, wer ihm eine Lügengeschichte erzählen könnte, in der alles, aber auch alles auf Lügen gebaut war, würde mit Gold aufgewogen. Der König verbitterte und konnte kaum noch schlafen.

Eines Morgens wachte er auf und zog sein rotes Gewand an. Das war ein Zeichen, daß er zornig war. An solchen Tagen gingen ihm seine Diener und sein Wesir lieber aus dem Weg; denn allzuleicht ließ er Leute hinrichten, wenn sie an solchen Tagen einen kleinen Fehler begingen. Trug er ein weißes Gewand, so bedeutete das, er war glücklich, und da konnten die Diener ihm die Soße über den Kopf gießen, er sagte nichts. Aber an jenem Tag trug er sein rotes Gewand. Er schickte schlecht gelaunt nach seinem Wesir. Der grüßte den König und fragte höflich, was seine Majestät wünsche.

›Was ich wünsche?‹ schrie der König. ›Ich kann nicht mehr schlafen. Wie ist das möglich, daß die Leute mich Tag und Nacht belügen, und wenn man sie um eine Lüge bittet, lassen sie ihre Wahrheit langweilig durch die Zähne stolpern. Dabei ist die Lüge die einfachste Sache der Welt!‹

›Majestät, für Könige mag sie leicht sein, aber auch wenn man sich vornimmt, nur Lügen zu erzählen, rutscht einem die Zunge aus, und man spricht die Wahrheit‹, erwiderte der Wesir.

›Nein, das liegt wahrscheinlich an der geizigen Belohnung. Gehe und verkünde, wer mir eine Geschichte reinster Lüge erzählt, der kann meine einzige Tochter heiraten und das Königreich erben, rutscht ihm jedoch die Zunge aus und spricht Wahres, so muß er dafür sterben.‹

Der Wesir ließ überall diese Nachricht verkünden, und schon stand ein Heer von Abenteurern und gierigen Hochstaplern vor der Tür. Alle wollten die Tochter und hielten den König für einen Schwachsinnigen, der ganz einfach belogen werden konnte, doch auch die klügsten unter ihnen verließen den Palast, nachdem ihre Seele den Leib längst verlassen hatte.

Nach den ersten hundert Opfern verbreitete sich die Kunde, der König wolle seine Tochter gar nicht verheiraten, deshalb habe er diese gemeine List ausgedacht, um die Bewerber zu töten. Die Reihen der Männer lichteten sich nun schon vor der Tür, und nur ein paar der erfahrensten Erzähler wagten es noch, ihre Künste auf die Probe zu stellen. Doch auch auf sie mußte das Land bald verzichten; denn sie erzählten von nun an ihre Geschichten nur noch im Totenreich.

Zorn und Verbitterung stiegen in diesem König auf. Eines Morgens zog er wieder sein rotes Gewand an und schickte nach seinem Wesir.

›Wozu habe ich einen klugen Minister, wenn er nicht fähig ist, mir einen Lügner zu besorgen, der mir eine

Geschichte erzählen kann, bei der die Wahrheit nichts verloren hat. Ich gebe dir drei Tage Zeit, entweder holst du mir den Lügner, oder du bist ein toter Mann‹, sprach der König, und der Wesir wurde blaß.

Voller Kummer stieg er auf sein Pferd und eilte nach Hause. Dort nahm er das herrliche Sattelzeug vom Pferd, legte ihm ein altes Seil als Zügel und ein altes Stück Teppich als Sattel um. Als Händler verkleidet, machte er sich auf die Suche nach einem Lügner und ritt schneller als der Wind davon. Das Pferd des Wesirs war im ganzen Land berühmt. Es hatte mehrere Besitzer das Leben gekostet, bevor der Wesir es für viel Gold gekauft hatte. Damals war es nicht selten, daß Verbrecher den Besitzer eines edlen Pferdes töteten, um an sein Pferd zu kommen. Das ist aber eine andere Geschichte.

Der Wesir ritt, wie gesagt, los, um einen Lügner zu finden, der dem König Erlösung von seiner Verbitterung schenken und ihm, dem Wesir, das Leben retten sollte. Von Dorf zu Dorf ritt er und fragte nach Erzählern, doch wenn noch einer geblieben war und zu erzählen begann, so unterbrach ihn der Wesir: ›Bleib lieber in deinem Dorf und behalte deinen Kopf.‹ Dann eilte er davon, und der Erzähler war verwirrt durch die Worte des angeblichen Händlers, der nicht einmal eine Geschichte zu Ende hören wollte.

Auch die Beduinenlager suchte der Wesir eins nach dem anderen auf, doch so lustig oder traurig die Leute erzählen konnten, erkannte der Wesir bald, daß sie nicht seine gesuchten Erzähler waren. Die erste Nacht schlief er kaum, obwohl ihn der Beduinenscheich köstlich bewirtet hatte. In der Morgendämmerung des zweiten Tages ritt der Wesir weiter. Es wurde Mittag, und der Wesir wurde müde, als er in der Ferne einen Baum sah, unter dem drei Männer um eine Feuerstelle saßen. Er eilte zu ihnen, da ihn Durst und Hunger plagten.

Die drei Männer hatten gerade einige Steinhühner gegrillt, die sie erlegt hatten. Der Wesir grüßte sie und stellte sich vor als Händler, der von Dorf zu Dorf ritt auf der Suche nach Gewürzen. Die drei Jäger luden ihn zum Essen ein, da sie reichlich Speisen hatten.

Nachdem sie gegessen hatten, fragte der Wesir, wer sie wären und was sie täten. Da antwortete der jüngste: ›Exzellenz, wir sind drei Brüder, mein ältester Bruder heißt Gibril, mein zweitältester Bruder Derfil, und meine Wenigkeit heißt April. Wir leben von der Jagd und tun keiner Seele unrecht.‹ Die anderen beiden lachten über ihren vorlauten Bruder.

›Welche Exzellenz?‹ herrschte ihn Gibril, der älteste, an. ›Der Mann sagt doch, er sei unterwegs als Gewürzhändler.‹

›Das lügt seine Zunge‹, antwortete April, der jüngste Jäger, ›er ist kein Gewürzhändler, denn die riechen immer nach Kardamom und Kumin aus drei Meter Entfernung, und auch wenn Exzellenz sich so gut getarnt und sein Pferd so schäbig gesattelt hat, der Ring an seiner Hand trägt den Juwel, den seine Majestät ihm vor zwei Jahren geschenkt hat. Im ganzen Land sprach man damals darüber. Und das Pferd hat einen Gang leichter als der Wind, aus dem Gott die edlen Pferde schuf. Das Pferd heißt Morgenröte, und so eines gibt es in unserem Land nicht zweimal. Ihr habt auch übersehen, daß sein Abstieg vom Pferd vor Höflichkeit trieft, so steigt kein Händler ab. Durch euer hastiges Essen habt ihr übersehen, wie er sein Steinhuhn unbeholfen und umständlich angenagt hat. Ein Händler, der dauernd mit Bauern speist, hätte genau wie wir nur blanke Knochen zurückgelassen, aber ein Wesir bekommt alles von seinen Dienern serviert. Auf staubigem Boden hat er selten gegessen.‹

›Gott segne deine Augen‹, sprach der Wesir.

›Was für ein Kummer bedrückt dein Herz, Exzellenz?‹ fragte April, vom Lob des Wesirs ungerührt, und dieser erzählte von seiner Verzweiflung.

›Erleichtere dein Herz. Ich bin der Lügner, der seine Majestät endlich befriedigen und dein Leben retten kann. Jäger lügen oft und machen aus einem Spatzen, den sie treffen, einen Adler und aus einem Hasen einen Löwen‹, sprach April. Der Wesir lachte erleichtert, die Brüder stimmten in das Lachen ein, wenn auch etwas verlegen. Sie versuchten vergebens, ihren Bruder davon abzubringen, diese gefährliche Reise anzutreten, der hörte nicht auf sie. Noch bevor der Wesir sich erhob, sprang April auf seinen Maulesel. ›Exzellenz, wir müssen uns beeilen, wenn du die Frist einhalten willst.‹

April verabschiedete sich von seinen Brüdern, die ihm mit Tränen in den Augen noch lange winkten. Einen Tag lang ritten Wesir und Jäger bis zur Hauptstadt, und als sie ankamen, lud der Wesir April zu sich, befahl seinen Dienern, den edlen Gast in Rosenwasser zu baden und ihm die besten Gewänder zu geben. Als April danach beim Wesir erschien, konnte ihn dieser kaum erkennen.

Der König wartete ungeduldig, und als der Wesir in den Audienzsaal trat, erstarrten alle Anwesenden.

›Mein König‹, rief der Wesir und verbeugte sich, ›ich habe den größten Lügner aller Zeiten gefunden. Er heißt April, aber nicht einmal das ist sicher. Doch ich bin sicher, er wird dir endlich die Freude machen, von der dein Herz all diese Nächte geträumt hat.‹

›Ich bin gespannt, laß deinen Lügner eintreten!‹ befahl der König, und April, der Jäger, stürmte in den Saal, stieg die Treppe zum großen Sitz des Königs hinauf und nahm, ohne sich zu verbeugen oder den König zu begrüßen, auf dessen Sitz Platz und musterte den König einen Augenblick lang.

›Endlich habe ich meinen Kopf gefunden. Gib mir meinen Kopf zurück!‹ schrie er den König an.

›Deinen Kopf? Was für einen Kopf?‹ fragte der König erstaunt.

›Das hier, was du auf deinen Schultern trägst, ist mein Kopf. Du hast ihn mir im Durcheinander beim Friseur genommen, während ich dem Mann mit den zwei Köpfen zugeschaut habe.‹

›Friseur! Mann mit zwei Köpfen! Was für ein Unsinn! Junge, Junge, hast du einen Sonnenstich?‹ Der König lachte.

›Nein, nein, das ist mein Kopf, und ich plage mich seit Jahr und Tag mit deinem Haupt und fühle mich unwohl mit so vielen königlichen Gedanken, mit denen ich als Jäger nichts anfangen kann. Und daß du in letzter Zeit so viele Menschen hingerichtet hast, das kam auch daher, daß du mit dem Kopf eines Jägers deinem Reich schlechte Dienste erwiesen hast. Wie es dazu kam, daß du meinen Kopf durch Unachtsamkeit des Friseurgehilfen bekommen hast, werde ich dir und den Anwesenden jetzt erzählen, danach will ich aber meinen Kopf zurückhaben.‹

Der König kam aus dem Staunen über so viel Frechheit nicht mehr heraus.

›Was ich jetzt auch immer sage, o Träger meines Kopfes, ist eine Lüge, denn alles, was auf einem Fundament der Lüge gebaut wird, kann nicht wahrhaftig sein, weder sind die Fenster Fenster, noch gehen die Türen in Wirklichkeit auf und zu. Sie sind Attrappen der Wirklichkeit. Nicht einmal die Sonne, die in mancher Geschichte strahlt, kann die Hände wärmen. Wenn du bei meinen Früchten zubeißt, wirst du nur Luft im Mund haben. Die Lüge ist wahrlich ein großes Land mit Seen und Bergen, und sie ist gemein wie das Leben, schön wie die Kinder und hinterhältiger als ein Fuchs, süß und sauer, grün und trocken, verdorben und frisch, alt und neugeboren zugleich. Eben eine Lüge, doch nichts auf der Welt kann das Herz mehr erfrischen als das Lachen der Lüge.

Wir waren drei glückliche Brüder. Eines Tages suchte uns der Tod auf, doch er war durstig und bat um einen

Schluck Wasser. Wir sagten ihm, wir sollten ein letztes Glas Wein zusammen trinken, bevor er unsere Seelen mitnehmen und zu ihrem Erschaffer bringen würde. Er fand die Idee nicht schlecht, da wir die letzten auf seiner Tagesliste waren. Er trank so viel, bis sein trockenes Gerippe weich wie Gummi wurde.

Nun, es herrscht der Glaube, der Todesengel ernte die Seelen mit einer Sichel oder einer Sense. Gut, das ist eine harmlose Lüge, um den Kindern den Tod bildlich zu erklären. In der Tat aber, und du kannst jeden Toten fragen, keiner wird dir eine andere Antwort geben, arbeitet der Todesengel nicht mit einer Sense oder Sichel, das wäre zu aufwendig, nein, er spricht eine geheime Formel, und das ist der letzte Satz, den jeder auf der Erde hört. Und dann wandert die genannte Seele in einen kleinen Sack. An jenem Abend aber trank der Todesengel so viel, daß er eine falsche Formel aussprach. Statt uns zu töten, verdoppelte er uns. Er flog davon und ließ in unserer Behausung zwei Aprils, zwei Gibrils und zwei Derfils zurück. Als er im Himmel ankam, war er durch den Flug wieder nüchtern und vermißte unsere Seelen. Er kehrte schneller als der Blitz zu uns zurück, doch wir hatten uns versteckt. Er kam in die Küche, nahm die Seelen unserer Abbilder mit, die immer noch bei Wein und Schmaus am Tisch saßen, und flog zufrieden zu seinem allmächtigen Meister. Uns strich er aus seinen Heften, deshalb können wir drei nicht sterben, auch wenn wir das wollten.

Mein Bruder Gibril stieg nach einem Streit mit seiner Frau eines Tages auf dem Rücken eines Adlers so hoch in den Himmel, daß die Hitze der Sonne anfing, die Federn des Adlers zu versengen, und Gibril sprang aus dieser Höhe auf die Erde. Er wollte sterben, doch er zertrümmerte nur das Gefängnis der Stadt. Die Gefangenen erholten sich schnell von dem Schreck und suchten das Weite. Mein Bruder schüttelte den Staub von seinen Kleidern und rief verzweifelt: ›Schon wieder daneben!‹, denn vorher hatte er es vergeblich von einem hohen Felsen versucht. Er ging also wieder zurück zu seiner Frau.

Mein Bruder Derfil, dessen Name nichts anderes bedeutet als Delphin, verliebte sich einst in eine Wassernixe und tauchte hinter ihr her. Drei Jahre lebte er unter Wasser, und als er herauskam, waren seine Finger und Zehen durch eine Schwimmhaut zusammengewachsen, aber er war enttäuscht, denn im Land unter Wasser herrschten noch strengere Gesetze als bei uns, deshalb lohnte sich die Anstrengung nicht, ohne Luft zu leben, sagte er und spuckte verärgert, und was aus seiner Spucke wurde, erzähle ich dir, o Träger meines Kopfes, ein anderes Mal.

Ich wollte weder fliegen noch schwimmen. Ich wanderte im Lande herum, und was ich mit den Augen, durch die du mich nun anschaust, alles sah, wirst du mir nicht glauben. Ich kam in eine Stadt mit Verrückten. Alle waren verrückt. Ihr Bürgermeister war am verrücktesten. Und weil sie verrückt waren, konnten sie keine Armee aufstellen, geschweige denn Krieg führen. Sie konnten nicht einmal in Reih und Glied stehen, und wenn einer irgendeinen Befehl gab, fingen die Verrückten an zu lachen, statt den Befehl auszuführen. Doch ihre Verrücktheit schützte sie besser als jede Waffe vor den herrschsüchtigen Königen der Nachbarreiche.

Wenn ein Eroberer kam, konnte er ungehindert in die Stadt einmarschieren und wurde mit Jubel empfangen. Er lächelte dann und wußte nicht, daß er längst in eine Falle gelaufen war, denn die Verrückten betrachteten das Heer des Eroberers als Narrenzug, und sie schenkten dem Eroberer Essen und Getränke, daß er sich bald wohl fühlte. Doch irgend etwas geschah mit seinen Soldaten. Manche vermuteten, daß die Zauberer der Stadt ihnen etwas ins Essen mischten, das jeden verrückt machte. So fingen die Soldaten nach spätestens drei Mahlzeiten an, vor ihren Vorgesetzten unrasiert und ungewaschen zu erscheinen. Mahnungen und Befehle halfen nichts, und je strenger der Befehl war, um so lauter lachten die Soldaten. Später verfielen auch die Offiziere in einen sonderbaren Wahn und philosophierten den ganzen Tag über den Sinn des Lebens. Jeder Eroberer, der länger als drei Wochen blieb, wurde selbst verrückt und lebte dann friedlich in dieser Stadt.

Die Stadt der Verrückten verehrte die Fremden, doch das Recht der Bürgerschaft konnte man in dieser Stadt nicht leicht erwerben. Eine harte Bedingung mußte der Fremde erfüllen. Er mußte so gut erzählen können, daß nicht nur jeder seiner Zuhörer, sondern auch die Nacht wach blieb, und wenn am nächsten Morgen die

Nacht über der Stadt einschlief, dann wurde der Erzähler als neuer Bürger gefeiert. Zwei schlaflose Nachtwächter erwarteten in der Morgendämmerung auf der Stadtmauer den Sonnenaufgang, und wenn dann die Sonne erschien und alles bis zu den Toren der Stadt in ihr Licht eintauchte, die Stadt selbst aber im Dunkeln blieb, so riefen die zwei von der Mauer: O Nacht, es ist Zeit zum Aufstehen! Die Nacht schreckte dann auf und verschwand, und die Stadt wurde vom Licht überflutet.

Seltsam waren die Menschen dieser Stadt, sie kannten keine Geheimnisse voreinander und schrieben alles auf den Asphalt der Straße und auf die Wände und Mauern ihrer Stadt. Ärgerte sich jemand über etwas, so ging er zu der Stelle, wo das Haus, das Geschäft oder das Amt stand, in dem die Menschen lebten oder arbeiteten, die ihn ärgerten, und schrieb sich an der Mauer gegenüber seine Seele frei. Oft waren aber auch Liebessprüche für Frauen und Männer zu lesen. Guten Morgen! und Ich liebe dich! und Hast du heute schon gelacht? waren die häufigsten. Auf die Straße schrieb man nur, wenn man sich bei Gott bedankte oder beschwerte; denn vom Himmel aus konnte Gott am besten die Schrift auf dem schwarzen Asphalt der Straße lesen.

Ich merkte langsam, wieviel bunter das Leben in meinen Augen wurde und wie schnell ich beim geringsten Anlaß anfing zu lachen. Ich beeilte mich, aus der Stadt zu flüchten, bevor die Süße ihrer Verrücktheit meine Nerven endgültig vergiftete.

Von der Stadt der Umständlichen will ich gar nicht anfangen zu erzählen. Die Bewohner dieser Stadt wunderten sich über meine Fähigkeiten und staunten mit offenem Mund, wenn ich einen Faden durch das Öhr einer Nadel einfädelte oder einen Nagel mit drei oder vier Hammerschlägen in ein Brett schlug; denn die Umständlichen lebten sehr kompliziert. Wenn sie Garn durch ein Nadelöhr fädeln wollten, so nahmen sie die Nadel in die linke Hand und den Garnanfang in die rechte, beugten sich nach vorne, indem sie beide Hände von hinten unter den gespreizten Beinen durchstreckten, und versuchten in dieser Haltung, den Faden durch das Öhr zu führen. Oft fielen sie dabei kopfüber in Ohnmacht, und manchen wurde schwindlig, wenn sie sich wieder aufrichteten, doch sie wollten es nicht anders.

Einen Nagel in eine bestimmte Stelle zu schlagen war bei ihnen ein Ding der Unmöglichkeit. Sie stellten die Nägel auf ihren Stempel und hauten mit dem Brett, Regal oder Schrank dagegen. Und obwohl sie meinen Hammer, den ich aus einem Stück Holz und einem Stück Eisen herstellte, bewunderten, wollten sie es nicht anders machen.

Die Umständlichen konnten nichts genießen, was einfach war. Wenn man ihnen zuschaute, wie sie tranken und aßen, bekam man Schluckauf. Essen und Trinken war bei den Umständlichen harte Knochenarbeit, die oft mit Verrenkungen und Schmerzen endete, aber um Gottes willen, ich will es gar nicht beschreiben, schon bekomme ich einen Schluckauf.‹

April nahm einen kräftigen Schluck Wasser und setzte seine Geschichte fort. ›Von ihren Spielen will ich gar nichts erzählen, denn die Spiele waren so kompliziert, daß ich meine Zunge beinahe gebrochen hätte, als ich sie einem Freund beschreiben wollte.

Auch sprachen die Eingeborenen sehr umständlich. Sie konnten nicht einmal über Krankheit oder Liebe direkt sprechen. Auch die einfachsten Dinge des Lebens und des Alltags wurden kompliziert ausgedrückt. Das wurde so weit gepflegt, daß es in dieser Stadt den Beruf des Gesprächsübersetzers gab, der manchmal von Familien, Nachbarn oder Firmen herbeigerufen wurde, wenn beide Seiten zwar dieselbe Sprache benutzten, aber einander nicht verstehen konnten.

Länger hielt ich es in der Stadt nicht mehr aus, weil ich merkte, wie Mißtrauen in mir aufstieg, wenn ich eine einfache Schönheit sah. Ich reiste weiter und geriet in die Stadt der Eiligen, und jetzt komme ich zu dem Tag, an dem du meinen Kopf genommen hast‹, sagte April.

›Da bin ich gespannt‹, erwiderte der König freundlich.

›Ich kam zu einer Stadt, und da hätte ich besser an ihrem Tor bleiben oder die ganze Stadt umgehen sollen, denn sobald ich einen Fußbreit durch das Tor gegangen war, geriet ich in ihren Strudel und hatte es selbst eilig. Nur langsam begriff ich, daß die Bewohner dieser Stadt alle genau wie ich den Tod überlistet hatten und ewig leben würden. Statt langsam und genüßlich zu leben, hasteten sie durch die Straßen. Oft ließen sie ihren Kopf an einem Ort verhandeln und eilten kopflos zu einem anderen Treffen, bei dem man den Kopf nicht so sehr benötigte.

Wie oft hatte ich mir geschworen: April, nun hast du den Tod überlistet und dir selbst ein neues Leben geschenkt. Also genieße es langsam, du lebst ja ewig! Nichts half, ich geriet in diese Stadt, und bald war ich einer von diesen Eiligen. Ich lernte neue Ängste kennen, die ich früher nie empfunden hatte. Ich eilte und erledigte dauernd etwas. Die Arbeit ist aber als Fluch Gottes geboren. Um nicht von der Erde zu verschwinden, verdoppelt sie sich, wenn man die Hälfte erledigt hat, und das immer so fort. Das habe ich zum ersten Mal in dieser Stadt erfahren. Bald brauchte ich dreißig Stunden, um meinen Tag zu erledigen. Als ich das dort einem Bekannten erzählte, lachte er mich aus und sprach: Ich bin seit drei Jahren bei achtundvierzig Stunden und habe es noch nicht geschafft. Mein Kopf und ich haben uns getrennt, damit wir doppelt arbeiten können, vierundzwanzig Stunden durch, aber die Arbeit wurde immer mehr.

Wer sollte noch Zeit zum Baden und Spazierengehen haben, wer für einen Abend am Kamin? Und welch eine Sünde war es in dieser Stadt, leise zu flüstern, wie schön es sei, die Zeit zu genießen. Da stockte der Verkehr fast, und alle Züge blieben stehen. Ich lernte mit der Zeit auch, mich zu teilen, erst in der späten Nacht meinen Kopf zu holen und mit ihm ein paar Stunden zu ruhen.

Eines Tages eilte ich zum Friseur, gab meinen Kopf ab, sagte dem Friseur, was er tun sollte, und eilte davon. Als ich zurückkam, sah ich zum ersten Mal das neue Modell eines Menschen mit zwei abnehmbaren Köpfen auf einem Körper. Er lief jedoch nur ein paar Schritte, dann, als er die nächste Kreuzung erreichte, fingen die Köpfe an zu streiten. Der eine wollte nach links, der andere nach rechts gehen. Der Körper brach unter ihnen zusammen, als hätte er zwei Liter Schnaps getrunken. Mit Mühe und Not richtete er sich wieder auf. Aber die Köpfe waren wütend und ohrfeigten einander so kräftig, daß der Träger taumelte und wieder zu Boden fiel. Eine eigenartige Angst erfaßte mich und die anderen, die das sahen, und wir rannten kopflos zu den Orten zurück, wo wir unsere Köpfe gelassen hatten. Als ich beim Friseur ankam, war der Laden ein einziges Tohuwabohu. Alle schrien und rissen die Köpfe aus den Händen der Gehilfen, die die Abgabezettel nicht mehr kontrollieren konnten. Ich habe mich noch nie vordrängen können, und als letzter fand ich nur noch diesen Kopf hier.

Seitdem ging es mir nicht mehr gut. Jetzt aber erkenne ich meinen Kopf an der besonders langen Nase und an der kleinen Narbe hinter dem Ohr. Die hat mir mein Bruder Derfil einst mit einem Stein zugefügt. Gib mir bitte meinen Kopf zurück, und sei sicher, du und ich, wir beide sind unsterblich, da du aber zum überwiegenden Teil deines Körpers ein König bist, gewähre ich dir in Achtung vor deiner Majestät den Vortritt. Laß dich köpfen, und ich lasse mich nach dir köpfen, und wir tauschen die Köpfe, und dann hat jeder seinen Frieden.‹

›Um Gottes willen!‹ rief der König belustigt und faßte sich an den Kopf. ›Du hast aber den Preis mit dem ersten Satz schon gewonnen und mein Herz mit deiner frechen Lüge erfrischt. Meine Tochter soll deine Frau werden, und dir steht so viel Gold zu, wie du brauchst. Du sollst mir nur einen Wunsch erfüllen. Da du so viele Städte gesehen hast, bitte ich dich, in unserem Land eine Stadt der Lüge zu bauen. Nichts in dieser Stadt soll wahr sein, hole dir die klügsten Lügner dafür, und du bist von jetzt bis zum Ende der Zeit zum Herrscher dieser Stadt bestimmt‹, sprach der König.

›Eine gute Idee!‹ rief April begeistert. ›Und wie soll diese Stadt heißen?‹ fragte er.

›April, selbstverständlich nach dir. Ja, April‹, erwiderte der König.

April heiratete die Tochter des Königs, die sehr klug und gescheit war, und sie freute sich, fern von ihrem launischen Vater mit dem witzigen April leben zu können. April nahm sich so viel Geld, wie er brauchte. Ein königliches Schreiben ermächtigte ihn, überall jeden Boden in Besitz zu nehmen, den er für die Errichtung seiner Stadt der Lüge benötigte.

Und was aus dieser falschen Stadt der Lügner wurde, werde ich heute abend erzählen.«

»Nein, jetzt!« rief Amal, die anderen klatschten, doch ich verbeugte mich und trat durch den Vorhang in den Sattelgang hinter der Manege zurück.

37

Der Semperpro oder Wie man sich auf nichts mehr verlassen kann

Unglaublich! Ich treffe einen Mann auf dem Korridor, der auf den Stationsarzt wartet, um sich zu verabschieden, und wir sprechen miteinander. Er hat die gleiche Operation an seinem rechten Auge hinter sich wie ich. Und ganz allmählich stellt sich heraus, daß er ein ferner Cousin von mir ist, den ich seit über sechzig Jahren nicht mehr gesehen habe. Er hatte es eilig, da sein Sohn mit einem Taxi vor der Tür wartete. Aber wir hatten einander auch nicht viel zu sagen. Die einzige Frage, die ich ihm stellen wollte, stellte er mir. »Erinnerst du dich an das Eis der Berge?« fragte er, und ich nickte. Wie sollte ich das je vergessen!

Lange bevor die Ziegen aus den Straßen Morganas verschwanden, lebte Onkel Josef, sein Vater, als kleiner Bauer in einem Dorf in den Bergen. Ich war noch ein Kind, als wir ihn einmal besuchten. Er mochte meinen Vater sehr und freute sich schon ewig vorher auf unseren Besuch.

Als wir mit dem Bus die Serpentinenstraße hinter uns gebracht hatten, öffnete sich vor unseren Augen das Panorama der schneebedeckten Gipfel der Berge. Das war ein Anblick, den ich mein Leben lang nie vergessen werde. Es war mitten im Sommer, und die Sonne arbeitete daran, Mensch und Tier dahinschmelzen zu lassen, als wären sie aus Margarine. Weit in der Ferne aber stiegen diese Gipfel mit den weißen Hauben gen Himmel.

Onkel Josef weinte vor Freude, als wir ankamen, da mein Vater ihn seit Jahren nicht besucht hatte, und freute sich über die mitgebrachten Geschenke. Warme Jacken und Hosen, die mein Vater eigenhändig für den Onkel im Basar ausgesucht hatte. Seine Frau freute sich über den guten Kaffee, den meine Mutter mitgebracht hatte, und seine zehn Kinder über die Pralinen, die wir ihnen neidvoll, aber lächelnd aushändigten. Wir selbst durften keine einzige Praline anfassen. Auch wenn die Kinder des Onkels uns welche angeboten hätten, mußten wir so tun, als würden die Bonbons uns schaden. Doch dazu kam es nicht, die Kinder des Onkels waren geiziger als der Himmel Arabiens mit Rosinen. Die ganze Schachtel verschwand innerhalb von Sekunden irgendwo und tauchte während unseres dreitägigen Besuches nicht mehr auf. Kein einziger der zehn Söhne kaute oder lutschte eine einzige Praline in unserer Anwesenheit. Sahar, meine unerträgliche Schwester, bombardierte die Cousins mit Anspielungen wie: »Die Pralinen schmecken lecker, oder?«, aber die Cousins waren hartgesottene Burschen aus den Bergen, sie ignorierten solche Fragen, und schweigsamer als die Felsen der Berge zuckten sie mit den Schultern. Das waren die einzigen Verwandten, die Sahar kleinkriegten. Sie platzte auch bald vor Wut und wollte nur noch nach Hause.

Bei diesem einen dreitägigen Besuch tauchten dann auch die Schwester des Onkels mit ihren acht Kindern und sein Schwager mit Frau und fünf Kindern auf. Die Männer und Frauen unterhielten sich, aber für uns Kinder war es ziemlich langweilig. Das Dorf hatte höchstens dreihundert Einwohner und war ziemlich karg. Nach einer Weile hingen wir alle im Hause herum und nörgelten, daß die Wände zitterten. Die Männer konnten ihre Kartenspiele nicht mehr genießen und die Frauen ihre Gespräche nicht mehr. Plötzlich stand Onkel Josef auf. »Kinder!« rief er. »Wenn ich euch den Traubensirup mit Eis vom Gipfel der Berge kühle, werdet ihr dann ruhig?«

»Ja«, brüllten wir, die Mehrheit unter uns verstand überhaupt nicht, was er damit meinte. Ich hörte an jenem Tag von diesem Getränk zum ersten Mal in meinem Leben.

Onkel Josef holte sein Pferd aus dem Stall, legte einen großen Sack aus Leder auf dessen Rücken und ritt wortlos in die Berge. Eine Stunde später war er wieder da. Seine Frau eilte ihm mit einer großen Holzwanne entgegen. Und zum ersten Mal in meinem Leben sah ich Eis aus den Bergen. Onkel Josef öffnete den Sack, und die Eiskörner, so groß wie Linsen, rasselten vor unseren Augen in die Wanne. Wir bekamen große Tontassen mit Traubensirup und saßen andächtig vor der Wanne mit diesem unfaßbaren Zauber. Wir schaufelten ein, zwei Löffel Eis in unsere Siruptassen und tranken, gierig mit der Zunge nach den Kügelchen jagend. Die Erwachsenen erfrischten sich mit Arrak, in den sie Wasser und Eis gaben.

Später, als die Ziegen aus den Straßen unserer Hauptstadt verschwanden, wurde die Luft so schmutzig, daß das Eis der Berge giftig wurde und keiner mehr davon essen konnte. Gott sei Dank erfuhr Onkel Josef davon nichts mehr, denn er starb ein Jahr zuvor. Er war mit einem dieser Teufelsgeräte unterwegs gewesen, die piepsen, wenn sie auf Metall stoßen. Man nannte sie Schatzsucher, und eine Epidemie erfaßte damals das ganze Land. Die Umstände seines Todes sind rätselhaft, aber das ist eine andere Geschichte, die ich bestimmt ein anderes Mal erzählen werde. Ich wollte nun vom nächsten Tag im Circus berichten.

Ich hatte wirklich eine Zeitlang geglaubt, daß der ganze Jahrmarkt auf dem Circusplatz Amal überhaupt nicht interessiere. Er aber ging immer wieder unauffällig herum und schaute die Darstellungen der Kraftmenschen und Zauberer, Taschenspieler und Gauner an. Plötzlich, wie mit einer Tigerpranke, schlug er dann zu und engagierte einen mutigen Mann aus dem Norden, der scharfe Messer auf einen großen, wuchtigen Balken warf, diesen hochstellte und über die Klingen der Messer bis zur Spitze des Balkens kletterte, als wären die Messer sanfte Sprossen einer Leiter. Amal bot dem Mann beste Bedingungen und erarbeitete mit ihm eine Nummer, bei der scharfe Säbel durch vorbereitete Löcher in zwei Latten geschoben wurden, daß sie mit ihr eine Leiter bildeten.

Es war eine der gefährlichsten Nummern, die der Circus zu bieten hatte. Die Klingen waren scharf wie Rasiermesser. Der Artist zeigte erst die Schärfe seiner Säbel, indem er ein kleines, segelndes Papierstück entzweite, dann steckte er die Klingen in ihre Löcher. Es war kein Trick dabei. Der Artist streifte seine leichten Schuhe ab. Die Musik verstummte. Eine Stufe nach der anderen ging er vorsichtig hinauf.

»Nun kommt der schwierigste Teil«, verkündete Mala, »der Abstieg.« Der Artist setzte seinen Fuß in Zeitlupentempo auf die Klinge. Eine Haaresbreite daneben, ein Ausrutscher, und er hätte sich entzweigeschnitten. Es dauerte eine Ewigkeit, bis er von der letzten Stufe stieg, sich schweißgebadet verneigte und tief aufatmete.

Die Leute klatschten nur halbherzig. Amal aber schätzte und liebte die Nummer und lobte den Mut des Mannes fast jeden Tag, doch ich hatte das Gefühl, daß die Zuschauer ihm nicht glaubten, daß die Klingen scharf waren. Das ärgerte mich damals. Mir begegnete diese Stumpfheit der Menschen oft auf meinen verwickelten Wegen durch Länder und Kulturen. Überall wurden Menschen, die wundersame Leistungen ihrer Kraft oder ihres Geistes vollbrachten, zunächst als Lügner geschmäht, bis sie Erfolg hatten, dann wollte jeder längst erkannt haben, was in diesen Erneuerern steckte.

»Guten Abend, meine Damen und Herren«, begrüßte ich das Publikum, als ich zum Abschluß an die Reihe kam, »heute erzähle ich von der Stadt der Lüge.«

»Ach, von Morgana willst du erzählen!« lachte ein Mann.

»Nein, mein Herr, die Stadt der Lüge heißt April nach ihrem Gründer. In Morgana wird vielleicht oft gelogen, dort aber, in April, ist alles Lüge, und nichts ist wahr, nicht die Häuser und nicht die Bürger, nicht die Zeit und nicht die Lichter. Nichts. Es ist so unfaßbar wie das Quecksilber. Ich fragte mich, welches Tier ich für so eine unfaßbare Stadt nehmen sollte. Lange fand ich keines, bis ich auf mehrere alte Hefte meines Großvaters stieß. Mein Großvater reiste sein Leben lang gerne, manchmal mit der Kutsche und manchmal mit Hilfe der Bücher. Meine jungen Jahre erlaubten mir noch nicht, mir solch ein Wissen anzueignen, doch mein Gedächtnis wird mir hoffentlich helfen, euch Wort für Wort zu berichten, was mein Großvater in seinen Heften über ein seltsames Tier schrieb, das am besten der Stadt der Lügner entspricht: der Semperpro.

Unter dem Titel ›Von unfaßbaren Tieren‹ schrieb er kurz nach seiner Rückkehr aus Honolulu im Jahre 1910: Der Semperpro ist ein sonderbares Tier. Es lebt und gedeiht auf unserer Erde, und keiner kann genau sagen, was ein Semperpro ist, geschweige denn, wie es genau aussieht. Es liegt nicht an den Meßgeräten oder Methoden der Forschung, sondern vielmehr an der ungeheuren Fähigkeit dieses Tieres zu überleben. Sein ganzes Leben ist der Semperpro nur damit beschäftigt, zu überleben, und dies seit Millionen von Jahren. Kein Wunder, daß dieses Tier wahrlich wundersame Kräfte entwickelte, mit denen es sich bis in unsere Tage tarnen konnte. Ein Semperpro kann in einem Augenblick ein Tiger sein, und wenn es ihm gefällt, im nächsten eine Mücke, um danach ein Krokodil zu werden, je nachdem, ob sein Überleben als Tiger, als Mücke oder als Krokodil am sichersten ist. Kein Wesen kann sagen, was ein Semperpro ist. Ich habe dafür ein Jahr lang Berichte und kuriose Erlebnisse von Jägern aus mehreren Jahrhunderten in einer uralten Bibliothek zusammengestellt. Resultat: Keiner der berichtenden und belächelten Jäger hat gelogen. Sie alle haben den Semperpro gejagt, und keiner von ihnen hat phantasiert. Einer der ältesten Berichte stammt von dem arabischen Gelehrten Almawardi. Er berichtete, was im Sommer 1124 auf einer Jagd in der Nähe der Stadt Basra geschehen war: ›Ich war dabei. Mein Freund, der Dichter Abdulrahman, traf eine Gazelle mit dem Pfeil am linken Bein. Die Gazelle fiel zu Boden. Sie wälzte sich vor Schmerz und wirbelte Staub auf. Plötzlich sahen wir, mein Freund, sein Diener und ich, Gott steh' mir bei, wie aus dem Staub ein junger Mann auftauchte, den Pfeil aus dem blutenden Bein herauszog und den Jäger verfluchte. Der Dichter Abdulrahman entschuldigte sich tausendmal für sein Ungeschick und behandelte den Mann mit einer Salbe, die er in seiner Satteltasche mitgenommen hatte. Als er damit fertig war, wollte er dem Mann Geld geben, doch dieser lehnte ab und wollte nur etwas Wasser trinken. Der Diener eilte mit gekühltem Wasser herbei, der Fremde trank, bedankte sich, machte ein paar Schritte und schrie wie ein Adler, um danach in den

Himmel zu steigen. Abdulrahman war geistesgegenwärtig, nahm einen Pfeil und zielte auf den Teufelsadler, doch bevor noch der Pfeil seine Finger verlassen hatte, flatterte ein Schmetterling davon.‹

Andere Jäger und Wanderer berichten aus Sibirien, Bayern, Australien, Tansania, Portugal und Brasilien wie Almawardi von seltsamen Tieren, die sie geschossen oder gefangen hatten, und wie diese dann verschwanden, als wären sie von der Erde verschluckt. Am eindrucksvollsten ist der Bericht von Sir Richard Wilson, dem legendären Gründer des berühmten Komitees ›Rettet die Wale‹. Sir Wilson war einer der erfahrensten Elefantenjäger. Allein seine prächtige Sammlung von über zweitausend Stoßzähnen eigenhändig erlegter Elefanten fegt jeden Zweifel über seine wertvollen Erfahrungen hinweg. Im Sommer 1876 hatte er in einer flachen, verhältnismäßig kargen Ebene im Osten Tansanias einen Elefanten angeschossen. Der Elefant taumelte und fiel dann seitlich um, dabei riß er einen Baum mit zu Boden. Als Sir Wilson die Stelle mit seinen Sklaven und Dienern erreichte, war der Abdruck des Elefantenleibes noch frisch im Gras zu sehen. Das Blut und der gebrochene Baumstamm waren sichere Beweise dafür, daß der Elefant verletzt war, aber es war weit und breit keine Spur von ihm in der offenen Savanne zu sehen. ›Die Neger‹, hieß es in seinem Bericht, ›sind sehr abergläubisch, Semperpro! Semperpro! riefen sie in größter Erregung, warfen alles um, schlugen mich zu Boden und suchten das Weite. Sie nahmen Gewehre, Proviant und sogar meine

Kleider mit. Ich mußte nackt nach Hause zurückkehren.‹

Wenn man mich fragt, welches Tier die Menschheit überleben wird, dann sage ich, die Kakerlaken und der Semperpro. Die Kakerlaken wegen ihrer Chitinhaut, und der Semperpro, weil er keine Haut hat. Er schlüpft in jede Haut, die ihn rettet.

Jeder von euch kennt in seiner Verwandtschaft einen Semperpro. Als ich heute meiner Mutter beim Mittagessen berichtete, daß ich vom Semperpro erzählen würde, lachte sie und sagte, sie habe einen Menschen gekannt, der wie ein Semperpro lebte.

In der Nähe von Morgana war einst ein christliches Dorf. Der Dorfpfarrer war streng und unbarmherzig, und er tadelte die Bauern Tag und Nacht und klagte über ihr gleichgültiges Leben. Das Dorfleben wurde bald zur Hölle, denn man konnte keine Flasche Wein öffnen, kein Kartenspiel auf dem Tisch ausbreiten oder einen deftigen Witz erzählen, ohne daß der Pfarrer erschien und alles mit seinen frommen Worten verdarb.

Ein Besucher dieses Dorfes hörte die Beschwerden der Bauern an und erklärte ihnen, daß der Islam viel liberaler als das Christentum sei und die Scheichs keine große Macht über die Gläubigen hätten. Also beschlossen die Bauern, eintausend an der Zahl, am nächsten Tag heimlich in die Hauptstadt zu gehen und beim ersten Scheich gemeinsam zum Islam überzutreten. Gesagt, getan, die Dorfleute gingen heimlich los, und bei der ersten Moschee machten sie halt und riefen, Kind wie Greis, den

Bekenntnisspruch: ›Aschhadu anna la Ilaha illa Allah wa anna Muhammadan Rasulu Allah!‹

Der Scheich der Moschee freute sich über so viele neue Gläubige, bewirtete sie den ganzen Tag und verabschiedete sich höflichst von ihnen. Die Bauern machten sich auf den Weg nach Hause. Das Dorf war eine halbe Stunde zu Fuß von Morgana entfernt. Als sie die Felder des Dorfes erreichten, hörten sie die Rufe des Muezzins aus dem Dorf, der sie zum islamischen Abendgebet aufrief. Sie beeilten sich, und wie bitter war ihre Enttäuschung, als sie den Muezzin sahen. Es war niemand anderer als ihr verhaßter Pfarrer, der auch zum Islam übergetreten war und sich zum Scheich ernannt hatte.

›Und wenn ihr Juden werdet, sagt mir rechtzeitig Bescheid, damit ich euer Rabbi werde‹, sagte er und setzte das Gebet fort.

Das hat mir meine Mutter erzählt. Ich wollte aber weder vom Pfarrer noch vom Scheich, sondern von der Stadt der Lüge erzählen.

Es war oder es war nicht ein König, der die Lüge über alles liebte und schätzte. Er wollte eines Tages eine Lügengeschichte hören, in der die Wahrheit keinen Platz mehr finden konnte. Viele versuchten es vergebens, doch ein kluger Jäger namens April konnte eine Lügengeschichte erzählen, die das königliche Herz erfreute. Das ist aber eine andere Geschichte.«

»Und könntest du diese andere Geschichte erzählen, wenn du Zeit hättest, oder sagst du das immer nur so?« wollte eine alte Frau wissen.

»Das kann er natürlich nicht. Das sagt er nur so, und wenn man dir erzählt, der Esel hat Feuer gefurzt, dann sollst du keine Sorge haben, daß sein Schwanz brennt! Erzähltes Feuer sengt nicht«, erwiderte ein Nachbar von ihr.

»Wetten, daß ich dir diese Lügengeschichte, die ich jetzt aus Zeitgründen überspringen muß, ohne Vorbereitung erzählen könnte!« sagte ich dem Mann ruhig.

»Das würde ich dir nicht empfehlen, mein Herr, gegen Sadik zu wetten«, hörte man die Stimme Malas durch den Lautsprecher, »er hat diese Lügengeschichte heute nachmittag den Circuskindern und allen Mitarbeitern auf englisch erzählt.«

»Ogottogott!« stöhnte der Mann, und die Leute lachten.

»Nun, wie dem auch sei«, setzte ich meine Geschichte fort, »der Jäger April, der zur Belohnung für seine Geschichte die Königstochter heiraten durfte, sollte im Auftrag des Königs eine Stadt der Lüge aufbauen. April sollte sie heißen, nach dem Jäger. April bekam ein königliches Schreiben, das ihn ermächtigte, jeden Boden, den er für den Aufbau der Stadt für geeignet hielt, im Namen des Königs zu beschlagnahmen und darauf die Stadt der Lüge aufzubauen.

April zog mit seiner jungen Frau und einem Heer von Handwerkern, Architekten und Baumeistern durchs Land. Er schickte seine Boten durch alle Länder, und sie verführten alle Meister der Lüge, in die neugegründete Stadt einzuziehen und dort als geachtete Bürger zu leben.

Tausende kluge und witzige Lügner, ob Meister oder Gesellen, vereinigten sich in April.

Was soll ich euch erzählen von dieser Lügenstadt? Nichts in ihr stimmte. Die Bettler waren keine Bettler, sondern eine gut organisierte Bande, die in einem Vorort wohnte und mit Prachtkutschen bis zu einem Tor der Stadt gefahren wurden, nachdem sie sich verkleidet hatten, und sie liefen durch die Straßen und bettelten mit Hungergesichtern und Leidstimmen, daß sie abends vollbeladen zum Sammelpunkt zurückkehrten und nach Hause gefahren wurden. Kein richtiger Bettler auf der Welt konnte es mit ihnen aufnehmen, denn sie machten ihre Arbeit gerne und betrachteten sie als Kunst.

Im Theater für volkstümliche Musik gab es Abend für Abend Folkloretänze und Lieder, die Sänger in Trachtenkostümen darboten mit Lämmern aus Holz und Wolle, mechanischen Wasserfällen und rauschendem Wald. Alles sah so gut aus, daß die Zuschauer oft Tränen in den Augen hatten, doch nichts stimmte. Die Schauspieler hatten keine Ahnung, welche Tradition oder welches Volkstum das war, wenn es überhaupt eines war, denn sie lernten die Stücke und Lieder auswendig, die ein anderer geschrieben hatte, der aber seinerseits alles aus einem Buch abgeschrieben hatte, dessen Verfasser der größte Lügner war. Unglaublich, nicht wahr?

Auch Dichterlesungen waren beliebt, vor allem Lesungen von leidenden, sensiblen Dichtern. Diese Lügner waren besonders dreist, denn in Wirklichkeit waren sie grobe, unerträgliche Leute. Sie rasten mit vergoldeten

Kutschen zum Theater, sprangen ab, eilten in ihre Maskenzimmer, legten ihre feinen Kleider ab, zogen verschlissene Kostüme an, und ohne Puder und Schminke konnten sie nach fünf Minuten Konzentration ihre Miene so verändern, daß jeder, der sie anblickte, weinen oder den Hungernden der Welt spenden mußte. Wenn sie sprachen, kam ihre Stimme nicht aus dem Kehlkopf, sondern aus dem tiefen Abgrund ihrer Schmerzen, jedenfalls hörte sich die Stimme so an.

Nichts, aber wirklich nichts in dieser Stadt, nicht die Händler und nicht der Richter waren echt. Die Stadt war eine einzige Lüge. Die Lügner selbst wohnten in kleinen, unscheinbaren Dörfern um die Stadt herum, kamen täglich, um das Leben in April zu belügen, und kehrten abends heim. Weder waren die Nahrungsmittel genießbar noch die strahlenden und preisgünstig angebotenen Möbel brauchbar. Fremde wurden oft bitter enttäuscht, wenn sie übereilt etwas kauften und, in ihre Städte zurückgekehrt, die Kisten öffneten und entdeckten, daß sie nur Attrappen gekauft hatten.

Die Stadt der Lügner strahlte mit ihren Lichtern und Farben so weit, daß sie immer mehr Fremde anzog, die begeistert und gierig Raritäten, Gemälde und Schmuck kauften, die in den Werkstätten der Fälscher hergestellt wurden.

Als April einen Sohn bekam, nannte er ihn ›April, der Zweite‹, denn der erste April war er selbst. Jährlich gab es eine Feier zu seinem Geburtstag. Man feierte den ersten April, indem man von Sonnenaufgang bis Sonnenuntergang nur die Wahrheit sagte. Da hatten die Leute etwas zu lachen. Viele beschimpften von der Bühne aus April den Ersten für all die Lügen, die er so geschickt gewebt hatte, daß sogar sie, die Meister und Gesellen der Lüge, darauf hereinfielen und manchmal den Bettlern etwas spendeten.

Statt zornig über die Beschimpfungen zu sein, lachte April vergnügt mit seiner Frau, und die Leute wunderten sich darüber, bis sie Jahre später entdeckten, daß der echte April nie dagewesen war. Ein Schauspieler hatte den Auftrag bekommen, seine Rolle zu spielen. Doch auch als das entdeckt wurde, wollte niemand auf die Feier zum ersten April verzichten.

Fünf Jahre wollte der König warten, bevor er die Lügenstadt besuchte, doch plötzlich fiel ihm ein, daß er bis zu dem Tag nicht wußte, wo diese Stadt gegründet worden war. Er schickte seine Boten aus auf die Suche nach der Lügnerstadt April, doch die verzweifelten unterwegs und kehrten erschöpft zurück; denn wenn sie eine Stadt erreichten und fragten, ob dort April sei, lachten die Leute und antworteten: ›Habt ihr all diese Monate geschlafen? Es ist schon Juli!‹ oder ›Nein, tut uns leid, bei uns ist immer noch März, aber in ein paar Tagen wird es April!‹, doch am schlimmsten war es, wenn die Boten erfuhren, daß dort April sei, denn bald mußten sie feststellen, daß April in allen umliegenden Dörfern und Städten war.

Der König lachte über die Berichte der Boten, denn er wußte nun, daß auch er einen Fehler begangen hatte. Das königliche Schreiben ermächtigte ja April, nicht nur eine, sondern unzählige Städte der Lüge dort zu gründen, wo er das für geeignet hielt.

Das macht es auch bis heute schwer, diese Städte zu finden; denn ihre Häuser, Läden, Bettler, Bürgermeister und Dichter sehen ganz normal aus, wie eben Häuser, Läden, Bettler, Bürgermeister und Dichter auszusehen haben.«

Ich weiß noch, es war Sonntag nachts. Ich verließ den Circus und ging noch ein paar Schritte durch das Viertel spazieren. Plötzlich tauchte die Stadt in ein dunkles Meer. Ich erstarrte und hörte Hilferufe von Kindern aus den Häusern, die die Straße säumten. Irgend etwas in mir sagte, daß nun, in diesem Augenblick, etwas Furchtbares passieren würde.

Voller Sorge eilte ich nach Hause.

38

Elias
oder Wie Grobiane bisweilen in Ohnmacht fallen

Die ganze Nacht konnten wir, meine Mutter, mein Vater und ich, nicht schlafen. Wir saßen im Dunkeln und hörten dumpfe Explosionen in der Ferne. Zweimal schlugen Raketen in den Vororten von Morgana ein, und ihre Blitze erhellten den Himmel. Wir sahen aus unserem Fenster die Silhouetten vieler Nachbarn, die auf ihren flachen Dächern standen, rauchten und sich über den Krieg unterhielten. Der Rundfunk sendete ununterbrochen patriotische Lieder.

»Die heilige Maria soll uns schützen, wenn der Krieg nach Morgana kommt«, flüsterte mein Vater bei der zweiten Explosion.

»Uns Christen werden sie sofort umbringen«, sorgte sich meine Mutter.

»Nein, das dürfen sie nicht, das erlauben die Franzosen nicht, die schützen die Christen im Orient«, antwortete mein Vater, und meine Mutter beruhigte sich und legte ihre zitternde Seele in die Hände Frankreichs. Gott sei Dank starb sie, bevor sie erfahren mußte, daß Frankreich die ganze Christenheit des Orients nicht gegen einen einzigen dummen Ölscheich schützen würde. Aber das ist eine andere Geschichte.

In jener Nacht erfuhr ich zum ersten Mal ein Gefühl

des Ausgeliefertseins. Die ganze Erde wurde beengend klein. Scharif, der jüngste Sohn des Postbeamten Elias, fing an weinend zu schreien: »Ich will fliegen, ich will fliegen. Einen Vogel in der Nacht kann keine Rakete treffen!«

Gegen vier Uhr morgens mußte mein Vater in die Bäckerei gehen. Meine Mutter hatte Angst um ihn und beruhigte sich erstaunlicherweise, als ich ihr sagte, daß ich meinem Vater in der Bäckerei helfen wollte. Ich hoffte natürlich, in der Bäckerei mehr über das Kriegsgeschehen zu erfahren. Mein Vater wollte nicht so recht, aber am Ende stimmte er zu, und wir eilten im Schutz der Dunkelheit in die Bäckerei.

Die Arbeiter waren schon da, auch sie hatten kaum geschlafen und erzählten die irrsinnigsten Geschichten über die Kämpfe im Norden und Süden Morganas, und bald schien mir, als würden nicht nur Israelis, sondern Russen, Amerikaner, Ostdeutsche, Kubaner und andere Experten mehr auf beiden Seiten den Krieg in die Hand nehmen und die Hadaheks nur noch zuschauen.

Schon um fünf Uhr morgens standen die Menschen vor der Bäckerei Schlange. Ich war froh über meine Entscheidung, meinem Vater an einem solchen Tag zu helfen. Die Brote wurden uns aus der Hand gerissen. Gegen elf Uhr vormittags war das letzte Stück Brot verkauft. Noch nie war mein Vater so früh fertig gewesen. Halb betäubt vor Müdigkeit schleppten wir uns nach Hause, und uns war gleichgültig, welcher Hadahek den anderen besiegt hatte. Nur eine kühle ruhige Ecke suchten wir an jenem heißen Vormittag.

Als ich am Nachmittag gegen vier Uhr aufwachte, war mein Vater längst aufgestanden, und wie ich von meiner Mutter erfuhr, war er sofort zum Friseur gegangen, um die neuesten Nachrichten zu hören. Meine Mutter sagte mir auch, daß in der Nacht Präsident Hadahek seinen Schwager und seinen Neffen besiegt hatte.

In der Tat sendete das Radio pausenlos Telegramme, in denen Präsident Hadahek zum Sieg über die Feinde des Vaterlandes gratuliert wurde. Es waren lächerliche Speichelleckereien. Manche Gratulanten waren sich nicht zu dumm, den Sieg Hadaheks über seine Verwandten als Sieg der Araber gegen Israel und Amerika zu bezeichnen. Für sechs Uhr abends war eine Pressekonferenz mit Präsident Hadahek angekündigt.

Nach diesen Nachrichten eilte ich zum Circus, um zu sehen, wie es den Leuten ging. Mala tadelte mich, weil ich vergessen hatte, daß wir uns an jenem Mittag treffen sollten, und sie wollte nicht verstehen, daß ich in der Bäckerei war. Sie schrie mich an, ich hätte kein Interesse an ihr und ich sei schlimmer als ihr Mann Ashok. Das verletzte mich sehr, weil ich sie liebte, doch sie ließ mich einfach stehen, noch bevor ich etwas erwidern konnte, und verschwand.

Amal war guter Stimmung. Er drückte mir die Hand und sagte fröhlich: »Heute ist Montag, nächsten Montag werden wir hier abbauen!«

Irgendwie konnte ich seine Freude nicht teilen. Ich

eilte zu Nirmal, dem Krokodil. Ich erzählte ihm von meinem Kummer und hatte das Gefühl, daß Nirmal mich verstand. Das Krokodil stieß diese seltsamen Laute hervor, die es bis dahin nur bei seinem Bruder Amal geäußert hatte. Ich setzte mich neben seinen Käfig und weinte, warum, wußte ich nicht genau. Vielleicht wollte ich am liebsten mit Mala fliehen, vielleicht weinte ich, weil sie mich mit diesen Beschimpfungen im Ohr allein hatte stehenlassen, vielleicht spürte ich aber auch in diesem Augenblick, daß der Circus ein Stück von mir geworden war. Gleichzeitig hatte ich fürchterliche Angst um die Circusleute. Sie waren als Fremde in einem Bürgerkrieg Freiwild für jeden, der schießen konnte, und es gab nichts Schlimmeres als fliehende, versprengte Truppen, die, bevor sie selbst untergingen, alles, was sie trafen, in den Tod mitrissen. Man erzählte Schauergeschichten von vergangenen Bürgerkriegen. Die Truppen des Präsidenten hatten gesiegt, aber keiner wußte Genaueres und ob sie die großen Gebiete im Norden und Süden Morganas tatsächlich unter Kontrolle hatten.

Ich mußte noch einmal nach Hause und beruhigte Amal, daß ich rechtzeitig zu meinem Auftritt zurückkommen würde. Ich wollte unbedingt im Fernsehen die Pressekonferenz des Präsidenten sehen. Die Menschen in meinem Viertel wirkten fröhlich. Sie waren erleichtert, dem Alptraum von der Zerstörung der Hauptstadt entronnen zu sein.

Mein Vater saß bereits vor dem Fernseher. Kurz nach sechs erschien Präsident Hadahek im Pressesaal seines

Palastes. Er war im Kampfanzug. Der Beifall der Journalisten wollte nicht aufhören.

Seine Rede war kurz, voller Kraftsprüche und nichtssagend. Keinerlei Information gab er, und das wenige, was er sagte, war gelogen, wie wir später erst erfuhren, doch die Journalisten stenographierten alles mit, was er erzählte, um es später im Wortlaut abzudrucken. Hätte Präsident Hadahek dies alles Mauleseln erzählt, sie hätten ihn mit ihrem Gefühl für Wahrheit zu Tode getrampelt.

Ein Journalist fragte, ob alles so liefe, wie er es sich wünsche. »Die Politik und die Wurst«, antwortete Präsident Hadahek und lachte über seinen eigenen Einfall, »sind sehr ähnlich, wenn man ihnen bei der Zubereitung zuschaut, ekelt man sich davor.«

Mein Vater hörte das und schüttelte den Kopf, zwischendurch verfluchte er Hadahek. Dann kam auch mein Bruder Fadi ins Wohnzimmer und wollte unbedingt ein Märchen hören. Fadi wollte schon damals vom Krieg nichts wissen, und das blieb so sein Leben lang. Es gab bis zur Versöhnung mit Israel noch mehrere Kriege, doch Fadi nahm sie alle nicht zur Kenntnis. Als der Oktoberkrieg ausbrach, war Fadi bereits ein junger Mann. Er besuchte mich, witzelte und sprach von einem lustigen Film, den er gesehen hatte, als ob er in Schweden lebte und nicht im Orient, in unmittelbarer Gefahr eines Atomkrieges. Und wie gesagt, so blieb er sein ganzes Leben.

Nachbar Elias führte an diesem Tag unten im Hof

seinen eigenen Krieg. Er trank wieder einmal ohne Maß und wuchs von Glas zu Glas zu einem Ungeheuer, das nicht mehr zu bändigen war. Er brüllte und stritt mit Muhssin, dem Verkehrspolizisten, weil dieser dauernd Lieder und Melodien falsch pfiff und angeblich seine edlen Kanarienvögel bereits verdorben hatte. Elias fing an, laut zu schreien, er wisse genau, daß Muhssin, der Verkehrspolizist, ein Anhänger des Präsidentenschwagers wäre und für ihn spioniert hätte. Das war gefährlich, es konnte Muhssin in jenen wirren Tagen das Leben kosten. Mein Vater ließ einen Augenblick das Fernsehen sein und mahnte Elias durch das Fenster zur Vernunft, aber wie sollte der Postbeamte den Weg zu dieser Göttin finden, wo er nicht einmal gerade zur Toilette gehen konnte.

Elias wurde sogar noch lauter nach den Mahnungen meines Vaters, ja, er wisse es genau, weil Muhssin durch diesen Hadahek zum Verkehrspolizisten degradiert worden sei. Nachdem er seinem Vorgänger als Doppelgänger gedient habe und mit Geld um sich werfen konnte, müsse er nun den Gestank der Autos ertragen. Erstaunlicherweise stimmte genau, was Elias über den Polizisten lallte, so daß dieser wie versteinert an der Tür seines Zimmers stand und schwieg.

Doch die Frau des Polizisten hörte plötzlich auf, die leise Nachbarin zu sein, die sich vor jedem Streit versteckte. Sie spürte, in welche Gefahr der Trunkenbold ihren Mann langsam brachte. »Hör auf, du Karotte!« rief sie laut und stürzte in den Hof. »Wenn du nicht so klein und mickrig wärst, würde ich dir deinen Mund polieren!«

Elias, erschrocken über diesen unerwarteten Angriff, verstummte und starrte die Nachbarin an.

»Genug jetzt, wenn du noch ein einziges Wort sagst, kannst du meinen Besen auf deinem häßlichen Gesicht spüren, Karotte!«

»Frau ... geh ... ich ... Karotte, am besten ...«, stotterte Elias und schüttelte den Kopf. »Karotte, sagt sie ... hört euch an!« lallte er und lachte, um sich Mut zu machen.

»Ja hältst du dich vielleicht für einen Mann? Du halber Meter, du! Eine Karotte hat mehr Verstand als du!« rief sie, packte ihren Mann am Arm, ging ins Zimmer und schlug die Tür zum Hof hinter sich zu. Elias verstummte eine Weile und fing dann an zu weinen. »O Gott, warum hast du mich so klein geschaffen? Damit dieses unverschämte Weib mich so beschimpft. Karotte, sagt sie. O Gott«, klagte er laut und bitter.

Tagelang kränkelte er im Bett, und wir sahen ihn nur, wenn er im Pyjama auf die Toilette rannte und zurückkehrte. Seine Frau Faride verbreitete die Nachricht, die Frau von Muhssin hätte einen bösen Zauber gegen ihren Mann gesprochen, so daß er sich die ganze Nacht erbrechen müßte, doch wir hatten wochenlang Ruhe.

Ein merkwürdiger Mensch war dieser Elias. Niemanden verschonte er, sobald er zwei Gläser Arrak getrunken hatte, doch war er selbst wie eine Mimose und wurde krank, wenn man ihn daran erinnerte, daß er klein war. Auch seine Ohnmachtsanfälle waren berühmt im Viertel.

Eines Tages kochte er, der ein leidenschaftlicher Koch war, zusammen mit seiner Frau die begehrten kleinen gefüllten Zucchini. Das tat er oft zum Ärger aller Männer im Hof. Auch wenn seine Frau Besuch hatte, bat er sie sitzenzubleiben, kochte und servierte den Kaffee, als wäre er ihr Butler. Wie gesagt, eines Tages kochte er Zucchini in Joghurt, ein schwieriges Gericht, doch er kochte es so sorgfältig, daß die Nachbarn davon schwärmten. Nun, als er fertig war, servierte er die nicht so gut gelungenen und geplatzten Zucchini seinen Kindern, und erst als sie gegessen hatten und zum Spielplatz hinausgerannt waren, spritzte er eine Ecke im Hof mit Wasser, ordnete ein paar Blumentöpfe und stellte einen kleinen Bistrotisch mit zwei Stühlen inmitten seiner Blumentöpfe. Die kleine Ecke verwandelte er mit ein paar Handgriffen zu einem Gartenrestaurant. Er bat dann seine Frau laut aus der Küche, sich fertigzumachen zum Mittagessen, und das hieß, sie sollte sich schminken und ein neues Kleid anziehen, als ob sie ausgehen wollten, und tafelte mit ihr festlich, bis er das dritte, vierte oder fünfte Glas Arrak getrunken hatte, mehrere Hustenanfälle bekam und sich anschließend in ein Ungeheuer verwandelte.

Eines Tages, wie gesagt, hatte er den Tisch und die Blumen hergerichtet, rief nach seiner Frau und erkundigte sich, wie lange sie noch brauchte. »Fünf Minuten!«

antwortete Faride aus dem Wohnzimmer. Elias kam aus der Küche und stellte eine Platte mit einer kleinen Pyramide aus winzigen Zucchini, die mit Fleisch und Pinienkernen gefüllt und in Joghurt gekocht waren, auf den Tisch. Die Platte dampfte, und er stolzierte singend unter den Blicken der neidischen Nachbarn in die Küche zurück, wo er den Eisblock zerkleinerte, um seinen Arrak mit den Eissplittern zu kühlen. Damals hatten nur wenige einen Kühlschrank, aber Eisblöcke konnte man für wenig Geld beim Getränkehändler kaufen, und sie hielten schon ein paar Stunden.

Plötzlich tauchten drei seiner Kinder auf. Es muß ein Komplott gewesen sein. Sie gingen auf Zehenspitzen und überfielen die Zucchiniplatte. Wir erstarrten am Fenster beim Anblick der schlingenden Jungen, die immer wieder den Dampf der Zucchini mit Tränen in den Augen auspusteten, um weiter geräuschlos schlingen zu können. Blitzschnell, wie sie gekommen waren, verschwanden sie auch wieder. Auf der Platte blieben nur eine oder zwei zermatschte Zucchini und ein paar Hackfleischkrümel.

Elias kam aus der Küche, sah den Teller und glaubte seinen Augen nicht. Er ging vorsichtig um den Tisch herum und nahm einen kräftigen Schluck Arrak direkt aus der Flasche, dann schrie er. Ich kann mich nicht erinnern, ob ich je ein menschliches Wesen so habe brüllen hören. Ich meine, das Gebrüll ähnelte etwa dem von Tarzan in alten Filmen, das ja bekanntlich nicht von den Schauspielern ausgestoßen wurde, sondern das Gebrüll einer Hyäne war, das man vom Recorder rückwärts laufen ließ.

Elias stellte die Arrakflasche und die Schüssel mit den Eissplittern auf den Tisch und fiel in Ohnmacht, gerade als seine Frau aus dem Zimmer herauskam.

Es gab in meinem Viertel Leute, die dauernd lachen konnten, welche, die nach jedem Wort in Tränen auszubrechen vermochten, mein Cousin Abu Fassue beherrschte die Wunderleistung, ohne Unterlaß und sooft er wollte nach Noten zu furzen, Ismail aß alles und ununterbrochen, wenn ihn seine Frau und seine drei Kinder nicht rechtzeitig vom Tisch wegzerrten. Aber Elias und seine Schwester Sofia waren die einzigen, die jederzeit und ohne Umstände in Ohnmacht fallen konnten.

Früher wunderte ich mich darüber, daß Helden und Heldinnen mancher Erzählung aus Tausendundeiner Nacht bei jedem Liebeskummer und nach jeder Ohrfeige in Ohnmacht fielen, als wären sie aus Marzipan. Ich hielt es für eine Lüge, doch Elias und seine Schwester Sofia überzeugten mich davon, daß es noch mehr Wunder auf unserer Erde gab, als man vermuten konnte.

Faride, die Frau von Elias, war ein geduldiger Mensch. Sie weckte ihren Mann an jenem Tag aus seiner Ohnmacht und tröstete ihn wegen der geraubten Zucchini. Sie teilte die Reste mit ihm und ertrug sein Nörgeln über die Unerzogenheit ihrer Kinder.

Sofia, die Schwester von Elias, hatte nicht soviel Glück. Sie heiratete und fiel wegen jeder Kleinigkeit in Ohnmacht. Ihr Mann wußte merkwürdigerweise nichts von dieser Eigenschaft, obwohl er fünf Jahre lang mit Sofia verlobt gewesen war. Täglich erschreckte er sich zu Tode, weil seine Frau bis zu fünfmal hintereinander in Ohnmacht fallen konnte.

Aus dem fröhlichen Mann, der in unsere Straße gezogen war, wurde nach kurzer Zeit ein gebeugter und grimmig dreinschauender. Aus Liebe zu seiner Frau verschwieg er ihr jeden Kummer und belog sie, daß es ihm gutginge. Er mußte sich verstellen, jegliche Schwierigkeiten verschweigen, weil Sofia nicht die Größe hatte, der Wahrheit zu begegnen und ihm dabei zur Seite zu stehen. Sie fiel in Ohnmacht. Ihr Mann verschloß seine Seele hinter sieben Türen. Sofia merkte zwar, daß irgend etwas nicht mehr stimmte, und fragte ab und zu nach, doch ihr Mann antwortete eintönig durch die unsichtbaren, verschlossenen Türen, daß es ihm gutginge.

Eines Tages dann ging Sofia zum Sterndeuter. Der Sterndeuter war sozusagen der Psychiater der alten Gesellschaft im Orient. Das Merkwürdigste an seiner Heilkunst aber war, daß er in der Regel nicht die Patienten behandelte, die ihn aufsuchten, sondern immer Mittel, Ratschläge und Gegengifte für die abwesende Person gab, derentwegen die Patienten zu ihm eilten. Eine merkwürdige Art, die auch einige Psychiater später übernommen haben. Nun, Sofia hörte vom Sterndeuter, daß ihr Mann unter dem Einfluß von drei Frauen mit dunklen Augen stünde. Sie bekam ein Mittel, das sie ihm ins Essen mischen sollte, und sie sollte immer fünfzehn Schritte lang hinter ihm herlaufen, wenn er aus dem Haus ging, und Wasser auf seinem Weg ausschütten. Mit diesem Wasser sollte sie den Einfluß vom Rücken ihres Mannes abschneiden, und wenn er von der Arbeit zurückkam, mußte sie fünfzehn Schritte lang vor ihm hergehend das Wasser ausschütten, damit der Einfluß von seinem Gesicht abgehalten wurde. Sieben Tage lang sollte diese Behandlung dauern, dann würde ihr Mann von jedem bösen Einfluß befreit sein, und sie würde nie mehr in Ohnmacht fallen. Aber dem Mann wurde diese Zeremonie am ersten Tag schon so peinlich, daß er seine Frau anflehte, sie sollte das seinlassen, doch Sofia war unbeirrbar und empfing ihn auch bei seiner Rückkehr von der Arbeit mit Wasser. Die Nachbarn lachten hämisch. Am fünften Tag ging der Mann wie immer zur Arbeit, aber kam nie wieder zurück. Wie man später erfuhr, war er nach Australien ausgewandert. Dort lebte er zufrieden.

Sofia aber lebte lange. In ihrem Wahn beschuldigte sie alle Frauen des Viertels, daß sie mit Zauberkräften ihrem Mann den Kopf verdreht hätten. Bis zum letzten Tag ihres Lebens stellte sie sich ungefragt immer auf die Seite der Männer, wenn diese ihre Frauen quälten. Sie war ein ständiger Gast bei ihrem Bruder Elias und unterstützte ihn gegen seine gutmütige Frau.

Für den Abend im Circus hatte ich Sorge, daß keiner unter den Zuhörern die Geschichte von Elias und Sofia glauben würde. Da fiel mir ein Trick ein. Ich suchte schnell eine Geschichte aus Tausendundeiner Nacht, die dazu paßte, und stieß zu meinem Glück bald auf eine Erzählung der Scheherazade, bei der die Helden reihenweise in Ohnmacht fielen, so daß die übertriebene Tragik zur Komik wurde. In diese Geschichte baute ich Elias und seine Schwester Sofia ein. Und nachdem ich mir selbst die Geschichte zweimal erzählt und weiter gefeilt hatte, fielen Elias und Sofia unter den anderen Helden überhaupt nicht mehr auf.

Ich eilte zum Circus und staunte über die große Zahl der Zuschauer, die vor dem Eingang auf Einlaß wartete. Die Menschen lachten und waren heiter, und langsam wich auch meine Traurigkeit. Mala zwickte mich heimlich beim Vorbeigehen, und mir wurde immer leichter ums Herz.

Amal ließ Mala verkünden, daß der Circus am darauffolgenden Montag die Abschiedsvorstellung geben und am Dienstag abreisen würde. Er ließ sie in seinem Namen allen Zuschauern für die Unterstützung während der letzten Monate danken.

Ich lachte und scherzte mit Ganesh im Sattelgang hinter der Manege. Der Elefantenführer freute sich sehr auf die Rückfahrt nach Indien.

Als Tier für diesen Abend wählte ich den merkwürdigen Dotterspieß. Er lebte bis vor zweitausend Jahren im Mittelmeerraum. Doch beim besten Willen weiß ich heute nur noch, daß dieses Tier die anderen gnadenlos verletzte und selbst bei geringster Berührung zu verbluten drohte.

Es war ziemlich kalt geworden, als ich spät das Zelt verließ, der kalte Nordwind schickte seine ersten Boten, um seinen Besuch anzukündigen.

39

Das Chamäleon
oder Wie man das Blatt zur rechten Zeit wendet

Immer wieder hörte man vereinzelt Explosionen in der Ferne. Auch in der Nacht flogen Hubschrauber tief über den Häusern gen Süden. Am Tage aber war der Himmel frei und friedlich.

Morgana hatte einen eigenartigen Himmel, den man kaum beschreiben kann. Heute sieht er über der Stadt genauso dunstig aus wie überall auf der Welt. Damals gab es noch dieses besondere Blau des Mittelmeers, das sich nur in dieser Gegend und nirgendwo sonst in seiner ganzen Pracht zeigte. Wäre ich Maler, hätte ich versucht, es in Riesengemälden festzuhalten. Nichts sollte darauf zu sehen sein außer diesem Blau. Meine Liebe zum Blau fing sehr früh an.

Mein Leben lang habe ich immer nur höchstens fünf Stunden Schlaf am Tag gebraucht. Wenn ich in der Morgendämmerung aufwachte, nahm ich meine Decke und eilte zur Terrasse, dort legte ich mich auf einen alten Teppich und schaute in den Himmel. Ich war wie verzaubert. Der Himmel löste sich nach wenigen Augenblicken in millionenfache blaue Atome auf, die vor meinen Augen kreisten. Gleich wilden Pferden ließ ich meine Gedanken durch die Welt meiner Träume stürmen und drang körperlich zwischen diese kreisenden Atome, bis mir fast schwindlig wurde. Ich schloß die Augen, und die Atome kreisten noch eine Weile vor dem dunklen Firmament. Und wenn ich mit geschlossenen Augen dalag, konnte ich auf jede Bewegung im Viertel horchen. Tag für Tag erlebte ich mit, wie Morgana aufwachte, und in jenen Augenblicken war ich der glücklichste König aller Zeiten, der das Aufwachen seiner Untertanen fürsorglich mit guten Wünschen begleitete, und ich flüsterte die Namen der Nachbarn, Verkäufer und Hunde, die sich nun in der frühen Stunde reckten oder leise gähnten.

Damals erzählte ich Mala von meinen Erlebnissen mit dem Blau und wünschte mir, daß sie in einer Morgenstunde die Königin an meiner Seite sein sollte.

Eines Morgens dann stahl sie sich aus dem Wohnwagen und legte sich auf die Ladefläche eines Lastwagens auf dem Circusplatz, doch als die blauen Atome des Himmels sie umspielten, weinte sie lange und bitter, die Pferde ihrer Träume gingen durch, und Mala wollte nur noch zu mir kommen und konnte nicht.

An jenem Tag wollte ich von meinem Cousin Fihmi erzählen und fand kein besseres Tier als das Chamäleon. Ich eilte in die Felder und suchte lange im Gestrüpp, bis ich ein Prachtexemplar fand. Das Chamäleon fauchte mich an und blähte sich auf, doch ich brauchte es. Ich hatte vorher nicht gedacht, wie schwer ein solch kleines Reptil sich vom Zweig ablösen läßt, an den es sich gekrallt hat.

Mein Onkel Daniel, der Erfinder, traf mich kurz vor

dem Circusplatz und fragte, was ich in meinem Jutesack trug. Ich erzählte ihm vom Cousin Fihmi und vom Chamäleon. Onkel Daniel staunte nicht wenig über meine Mühe mit den Tieren und lud mich zu einer Tasse Tee zu sich, und beim Tee erzählte er mir, daß die alten Griechen das Tier spaßeshalber Erdlöwe nannten. Er sprach den Namen des Reptils langsam aus. »Kamel-leon«, sagte er und strahlte. »Kamel und Löwe in einem und je nach Bedarf. Bitte schön, mein Herr, ich trage dich auf meinem Rücken und vertrage Durst und Hunger! Bitte schön, mein Herr, ich verteidige dich wie ein Löwe«, sagte Onkel Daniel glücklich über seine sprachliche Entdeckung. Er nahm das Chamäleon vorsichtig aus dem Sack. Dieses fauchte vor Wut, und seine gelbe Haut bekam schwarze Flecken, die immer größer wurden, bis es bald ganz schwarz war. Onkel Daniel setzte das Tier an der Stuhllehne ab, langsam verlor es seine Furcht und wurde erst grün, dann gelb. Onkel Daniel zeigte mir die seltsamen Augen des Chamäleons, das an der Lehne erstarrte, als wäre es eine Plastikfigur.

»Das Chamäleon kann seine beiden Augen unabhängig voneinander bewegen. Nur wenige Tiere können das, so auch das Seepferdchen, ein Cousin des Chamäleons, bei dem sogar nicht das Weibchen, sondern das Männchen schwanger wird, aber das ist, wie du oft sagst, eine andere Geschichte.«

Während Onkel Daniel so erzählte, ging er um das Tier herum, und das Chamäleon behielt mich mit dem einen Auge fest im Blick und verfolgte mißtrauisch die

Bewegung des Onkels mit dem anderen, ohne den Kopf zu bewegen. Ich bewunderte die Achtung und Behutsamkeit meines Onkels, mit der er das Tier behandelte. Er zeigte mir auch, wie man es sanft mit Licht und Wärme dazu bewegen konnte, seine Farbe zu wechseln. Er konnte sogar mit dem Strahl einer Taschenlampe das fabelhaft aussehende Reptil dazu bringen, nur seine eine Hälfte rotbraun zu färben, während die andere, unbestrahlte Hälfte grün blieb.

Ich wußte nicht viel vom Chamäleon, eben nur das, was jedermann von ihm erzählte. Ein Chamäleon wäre danach das Sinnbild für Heuchler, Speichellecker und Mitläufer, und es war mir nun, als hätte der Himmel mich mit der Begegnung mit Onkel Daniel begnadet und bestraft zugleich, denn nun wußte ich zwar mehr über das seltsame Tier, geriet aber in Zweifel, ob es verdiente, mit diesem widerlichen Cousin Fihmi verglichen zu werden. Doch als Onkel Daniel mir erzählte, daß das Chamäleon auch als Scharfschütze unter den Reptilien gilt, weil es mit seiner Zunge nach seiner Beute schießt und immer trifft, da war ich wieder begeistert von einem Vergleich mit Fihmi, der auch immer gut gezielt und getroffen hatte und obenauf geblieben war.

Fihmi war der älteste Sohn von Onkel Faris, der an der Wahrheit verrückt wurde. Als Kind machte er im Gegensatz zu seinen drei Brüdern und zwei Schwestern ein gutes Geschäft mit der Liebe seines Vaters zur Wahrheit.

Onkel Faris war ein strenger Ehemann und Vater und

im Grunde seines Herzens ein Geizkragen, deshalb freute sich seine Frau, wenn er für seine Firma ins Ausland reisen mußte. Seine Frau war eine lebenslustige, etwas beleibte Person, die immer nach Lachen zu hungern schien. Sie war selbst sehr witzig, wenn der Onkel nicht dabei war. Die ganze Verwandtschaft mochte sie, nicht jedoch ihren Mann, obwohl sie eigentlich die Fremde und Onkel Faris der Bruder meiner Mutter war. So kam es, daß, wenn er ins Ausland fuhr, alle Frauen unserer großen Familie mit ihren Kindern zu seiner Frau eilten und mit ihr feierten. Sie war sehr großzügig, da sie aus einem reichen Elternhaus stammte, das noch dazu bekannt war für seine Gastfreundschaft. Im Grunde waren es harmlose Feiern mit bunten Salaten, etwas Arrak und einer Wasserpfeife, die die Frauen theatralisch rauchten, und manchmal führten sie sogar mit der schweren Wasserpfeife in der Hand einen orientalischen Tanz auf. Sie lachten laut dabei und witzelten über die Männer.

Wir Kinder durften dabeisein, aber wir mußten versprechen, zu Hause den Vätern nichts zu erzählen. Das hielten wir auch ein und lästerten mit den Müttern gegen unsere Väter. Auch Fihmi, der zwanzig Jahre älter als ich und damals schon ein erwachsener Mann war, lästerte mit. Doch sobald der Vater von seinen Dienstreisen zurückkam, eilte Fihmi zu ihm und teilte ihm alles mit, und der Vater bestrafte die anderen Geschwister und seine Frau wegen dieser »Orgien«, wie er die Feiern der Frauen nannte. Er gab seinem Sohn Fihmi so viel Geld für seinen Verrat, daß die Mutter nicht nur den Vater, sondern noch mehr ihren eigenen Sohn Fihmi fürchten mußte. Sie war heilfroh, als Fihmi von zu Hause auszog.

Fihmi war in der Schule bei allen Lehrern beliebt, obwohl er mit seinen Noten unter dem Durchschnitt lag, aber er war äußerst höflich und wiederholte jedes Lehrers Worte, als wäre er ein wanderndes Echo.

Ich mochte Fihmi nie. Er war mir zu schleimig und süß, so daß er überall klebte. Er genierte sich der Familie seines Vaters und war dabei wie das Maultier, das man fragte, wer sein Vater sei, und das, statt einfach »der Esel« zu sagen, seine Nase in die Luft steckte und antwortete: »Meine Mutter ist die Stute.« Fihmi erzählte stets nur vom Ruhm und Reichtum seiner Großeltern mütterlicherseits.

»Er ist vor deinem Gesicht ein Spiegel deiner selbst, hinterrücks ein Messer deiner Feinde«, urteilte Onkel Daniel über ihn, doch Fihmi achtete weder Onkel Daniel noch irgendeinen anderen Verwandten. Er ging an uns vorbei, als wären wir von einem anderen Stern, und wenn wir ihn grüßten, schien er aus tiefem Schlaf zu erwachen. »Ja, eh, guten Tag«, antwortete er und eilte weiter.

Fünf aufeinander folgenden Hadaheks diente Fihmi nach seinem Studium der arabischen Literatur, und er überlebte sie alle. Er schrieb ihnen ihre Reden, die sie überall halten mußten, und bereits am Tag der Entmachtung eines Hadahek war die Siegesrede für den Nachfolger druckreif. Man erzählte, daß er genau wußte, daß die Hadaheks wie die Konserven, die in Morgana produziert wurden, nicht lange haltbar waren. Er beobachtete die Herrscher, denen er diente, schrieb ihre Fehler auf und hatte so die Pfeiler einer Rede auf den Sieger. Darauf gestützt, konnte er innerhalb einer Stunde eine flammende Rede für den Nachfolger schreiben, noch bevor der öffentlich auftrat. In diesen Reden waren Versäumnisse, Skandale und Fehler des gestürzten Herrschers so genau und überzeugend aufgelistet, daß der Sieger niemand anderen als Redenschreiber haben wollte als Fihmi. Gott sei Dank hat Onkel Faris in seinem Wahn nicht mehr bemerkt, was sein Sohn Fihmi für ein Ekel war.

Ich hätte damals statt eines Chamäleons auch eine Schnecke mitnehmen können, da Schnecken durch das Schleimpolster, das sie produzieren, über scharfe Glasscherben kriechen können und sogar, wie Onkel Daniel mir zeigte, eine scharfe Messerschneide unverletzt entlangwandern können.

Ich konnte aber an jenem Abend keine Schnecke mitnehmen, weil ich am späten Nachmittag den Kindern auf dem Circusplatz von meiner Nachbarin Alice erzählt hatte, die Schnecken sehr liebte und sie jahrelang auf der Terrasse ihres winzigen Hauses mit Salatblättern gefüttert und ihre Gehäuse mit verrückten Farbmustern bemalt hatte. Auf jedem Gehäuse stand in der Mitte der Name der Schnecke. Alice gab den Schnecken keine süßlichen, sondern ganz gewöhnliche arabische Namen wie Alia, Samir, Salim, Amar, Halime und Josef. Es waren mehr oder weniger Namen von Nachbarn in ihrem Viertel.

Die Schnecken vermehrten sich schnell und lernten von Generation zu Generation, daß es auf dieser Terrasse leckeres Futter gab. So hatte Alice mit ihren drei Kindern bald alle Hände voll zu tun. Im darauffolgenden Jahr kamen ganze Armeen von Schnecken aus allen Ecken herausgekrochen. Alice aber verlor plötzlich die Lust und wollte keine einzige Schnecke mehr ernähren. So war diese Alice bis zum letzten Tag ihres Lebens, wenn sie jemanden gerne mochte, wollte sie ihm ihr Leben geben, und änderte sich ihre Laune, so warf sie die gestern noch angehimmelten weg, als wären sie erbärmliche Schalen einer ausgepreßten Zitrone. Aber das ist eine andere Geschichte. Kurz, Alice wollte von ihren Tausenden und Abertausenden Schnecken nichts mehr wissen. Sie verschloß die Tür und verbot ihren drei Kindern für vier Wochen, auf die Terrasse zu gehen.

Die Schnecken, von Alice auf der Betonterrasse im Stich gelassen, überfielen über Nacht den Nachbargarten. Dieser Nachbar pflegte sein Gemüse und seine Salatköpfe, als wären sie seine Kinder. Er hieß Girgi. Er und seine Frau Halime waren so abergläubisch, daß nicht nur sie mit Talismanen regelrecht behangen waren. Sie versteckten sogar in den vier Ecken ihrer Gemüsebeete blaue Steinchen als Mittel gegen Neidblicke, und tatsächlich waren ihre Rosen- und Gemüsebeete beneidenswert.

Am frühen Morgen war die Mehrheit der Schnecken sattgefressen in ihre Verstecke zurückgekehrt. Nur ein Paar hatte sich verirrt und kletterte hilflos über Stühle und Tische. Girgi und seine Frau hatten die Gewohnheit, inmitten ihrer Rosenecke ihren morgendlichen Kaffee zu trinken. Girgi erstarrte beim Anblick des abgemähten Gartens. Er drehte sich um, und seine Augen fielen auf zwei Schnecken, die sich gerade auf dem Tisch von den Strapazen des Fressens und Kletterns ausruhten. Ihre Gehäuse waren blauweiß und grünrot gestreift, und in der Mitte des Gehäuses trugen die Schnecken zufällig die Namen Girgi und Halime. Girgi ging, sich bekreuzigend, rückwärts mit blassem Gesicht und stieß auf seine Frau, die gerade mit dem Kaffee aus der Küche kam. Mit den Händen wild um sich schlagend und rudernd, versuchte er zu reden, doch er brachte nur ein Fauchen wie aus einem tiefen Brunnen zustande. »Wir sind Schnekken!« sagte er dann und zeigte auf die zwei bunten Schnecken, die sich gerade regten, um diesen ungastlichen nackten Tisch zu verlassen. Halime trat einen Schritt auf sie zu. »O heilige Maria, schütze uns vor den Teufeln!« schrie sie und erschlug die Schnecken mit dem Tablett. Das Mokkakännchen und die kleinen, zierlichen Tassen flogen in hohem Bogen davon und krachten zu Boden.

Ich setzte die Geschichte fort, was alles aus den bemalten Schnecken geworden war, die nun das ganze Viertel verunsicherten, aber das ist wirklich eine lange Geschichte, und ich wollte noch weiter von meinem Cousin Fihmi erzählen.

Nein, eine Schnecke ist viel zu sanft, ein Chamäleon viel zu friedlich, auch eine Schlange wäre harmlos wie eine junge Nonne im Vergleich zu meinem Cousin Fihmi. Vielleicht wäre eine schleimende, sich tarnende Schlange, die wie Fihmi auch noch fünf Sprachen sprechen konnte, eine gute Annäherung an meinen Cousin, dem selbst der Staatspräsident Hadahek nicht zu Leibe rücken konnte, dessen List und Gemeinheit nicht einmal ein einziger Minister entkommen war. Es war die Nummer drei der Hadaheks, denen mein Cousin diente, und dieser mißtraute ihm, weil Fihmi, obschon er zwei früheren Präsidenten gedient hatte, nun so tat, als wäre er seit seiner Geburt ein absoluter Anhänger des herrschenden Hadahek gewesen.

Der Präsident ließ Fihmis Villa durchsuchen, während dieser und seine Familie den Jahrestag der Machtergreifung im Palast der Republik feierten. Die Spezialeinheit war so gründlich, daß sie innerhalb von zwei Stunden aus dem Geheimfach das kleine Heft herauszog, in dem Fihmi alle Fehler des Präsidenten in den vergangenen Jahren festgehalten hatte, und eilte damit in den Palast der Republik.

Der hohe Offizier übergab dem Präsidenten das Heft, und dieser las die ersten drei Seiten und wurde blaß vor Wut. »Fihmi, du Hund!« schrie er, und die Gäste verwandelten sich vor Schreck innerhalb von drei Sekunden in Wachsfiguren. Nur Fihmi nicht. Er wäre nicht Fihmi gewesen, hätte er sich von einem Präsidenten in die Knie zwingen lassen, der nur mit der brachialen Gewalt seiner Panzer den Thron der Macht erklommen hatte.

»Was hast du über mich gesammelt?« brüllte der Präsident und wedelte wütend mit dem Heft in der Hand.

»Wenn ich das nicht mache, wer soll es dann tun?« antwortete Fihmi seelenruhig. »Exzellenz, Ihr müßt weiterlesen, denn zwei Seiten weiter steht Eure Verteidigung. Das habe ich alles vorbereitet, falls einer Eurer Feinde Euch für diese Lappalien angreifen sollte.«

Der Präsident blätterte immer noch schnaubend weiter im Heft und stieß zu seinem Erstaunen auf eine wunderbare Rede, die all diese Fehler verniedlichte und verteidigte, so daß er als eine Art Märtyrer herauskam. Sichtlich gerührt, ging der feiernde Diktator auf Fihmi zu und umarmte ihn. Die Gäste lösten sich aus ihrer Erstarrung mit einem Beifall, der im Empfangssaal lange widerhallte. Niemand wußte, daß Fihmi jedesmal sofort die Verteidigungsrede nach den Fehlerlisten aufschrieb, nur um einen solchen Angriff abwehren zu können. Einige unter den Gästen aber erinnerten sich an diese Liste, als Abschnitte aus dem Heftchen zwei Jahre später in der ersten Radioansprache des putschenden Schwagers zu hören waren.

Ein einziges Mal habe ich es miterlebt, daß jemand Fihmi beschimpfte. »Du bist Katholik außer Dienst«, höhnte sein Schwager, »radikaler Sozialist außer Dienst, Nationalist außer Dienst, Liberaler außer Dienst, und zur Zeit, obwohl Christ, bist du fast ein muslimischer Fundamentalist, weil unser jetziger Präsident Hadahek ein gläubiger Muslim ist. Ein Chamäleon ist im Vergleich zu dir ein farbloser Trottel!«

Fihmi rührte sich nicht. »Die Schlange«, antwortete er, »die sich nicht häutet, stirbt. Du mußt aber aufpassen, daß du nicht über deine lange Zunge stolperst.« Angeekelt stand Fihmi auf und ging. Zwei Wochen später wurde der Schwager verhaftet und im Schnellverfahren zu zehn Jahren Haft wegen angeblicher Propaganda für Israel verurteilt.

Fihmis Schwester rannte mit ihrer einzigen Tochter zu ihm und bat ihn um Hilfe, obwohl sie wußte, daß Fihmi selbst ihren Mann ins Gefängnis gebracht hatte. Doch der Bruder, der im Haus der Hadaheks ein- und ausging, wollte ein Jahr lang nicht helfen. Die Wunden der Zunge heilen schlecht. Erst als seine Mutter mit Tränen in den Augen ihn anflehte, ihren Schwiegersohn aus dem Gefängnis herauszuholen, kam dieser am nächsten Tag nach Hause, und die lächerliche Anzeige wegen der Propaganda für Israel wurde stillschweigend fallengelassen.

Ich erinnere mich, daß ich, dem Ratschlag meines lieben Onkels Daniel folgend, alles über Fihmi in ein Märchen verpackte und die Geschichte auf Honolulu vor zweihundert Jahren spielen ließ, und ich erinnere mich genau, daß ich damals mit den Sätzen meine Geschichte schloß: »Meine Damen und Herren, ich bin sicher, daß nicht einmal der Tod die Schleimer und Höflinge von unserer Erde hinwegraffen könnte. Sie würden seine Sense, Sichel oder was der Schnitter der Seelen auch in der Hand trägt, umschleimen und ihn womöglich sogar überleben.«

Meine Cousine, die zweite Schwester von Fihmi, die

so alt wie ich war, wohnte dem Abend im Circus bei. Als ich zu Ende erzählt hatte, kam sie auf mich zu, umarmte mich, gab mir einen Kuß und sagte laut lachend: »Ich wußte nicht, daß Fihmi schon vor zweihundert Jahren auf Honolulu gelebt hat.«

Ich hatte gehofft, daß Cousin Fihmi, wie solche Lügner in vielen Geschichten, ein böses Ende nimmt, doch das Leben ist manchmal grausamer als jedes Märchen. Cousin Fihmi starb als reicher und angesehener Mann in hohem Alter ganz sanft in seinem Bett.

Doch noch an etwas anderes erinnere ich mich, was mich an jenem Abend bei der Circusvorstellung fasziniert hatte. Baby, der jüngste Elefant, führte seine erste selbständige Nummer auf. Baby ging auf einem schmalen Balken, der auf zwei Podesten stand. Die Musikkapelle spielte »Scheherazade« von Rimskij-Korssakow mehr schlecht als recht. Dann setzte die Musik aus. Die Spannung wuchs. Von den anwesenden fünfhundert Zuschauern hustete kein einziger, und niemand wollte seinen Schweiß trocknen oder seine juckende Kopfhaut kratzen, bis Baby heil zum anderen Ende gelangt war. »Allah! Allah!« gellten Rufe, und ein Riesenbeifall toste im Circuszelt.

40

Der Schattenflatter oder Wie das Eis der Meere zu Tränen wurde

Morgen werde ich entlassen. Das sagte mir der Chefarzt, und ich kann endlich zu Mala fahren. Ich kann es kaum erwarten und bin so frisch, daß ich diese Nacht nicht schlafen will. Der Arzt braucht es ja nicht zu erfahren. Und mit nichts anderem kann man sich besser wachhalten als mit Geschichten.

Nun, wo bin ich gestern stehengeblieben? Ich glaube, beim Cousin Fihmi und dem Chamäleon. Ich erinnere mich heute noch daran, daß in der Nacht von Sonntag auf Montag der damalige Präsident Hadahek seinen Rivalen im Süden und im Norden den tödlichen Schlag versetzt hatte. Man sagte damals, schon Montag mittag wäre alles entschieden gewesen. Hadahek war Herr der Lage. Er hatte nicht mehr Recht oder mehr Sympathie auf seiner Seite, sondern schlicht mehr Waffen als seine Feinde. Das war entscheidend.

Im Circuszelt fügen sich die gefährlichen Tiger, Löwen und Elefanten der Herrschaft des Menschen. Dies wird nicht wie früher mit der Gewalt von Peitschen und glühenden Eisen erreicht, sondern mit der Macht des Wissens über die Natur der Tiere. Die gewaltige Elefantenkuh Mira gehorchte dem leisesten Befehl des zierlichen alten Ganesh, ohne ein einziges Mal den geringsten Widerstand zu leisten, und die Raubkatzen folgten dem Dompteur und seinem Willen, als wären sie durch seinen Blick hypnotisiert. Es war eine vollkommene Herrschaft, die man nicht spürte. Das ist absolute Macht. Sie überzeugt sogar einen Bengaltiger, daß Widerstand sinnlos wäre, obwohl doch dieser eine Tiger den Dompteur innerhalb von Sekunden in Stücke reißen könnte.

Außerhalb des Circus herrschte nackte Gewalt. Erst Monate später kam damals die Wahrheit ans Tageslicht. Der rebellierende Neffe des Staatspräsidenten hatte sich auf dem Rückzug vor den Raketen in einer kleinen Stadt verschanzt und sie samt ihren zehntausend Einwohnern mit sich in den Tod gezogen.

Damals hatten aber viele Morganier die Nachrichten der Regierung geglaubt, weil sie nichts anderes als diese Lüge wünschten, nämlich daß zwei wildgewordene Offiziere mit ihren hochbewaffneten Truppen zurückgeschlagen werden konnten und dieser Einsatz nur den Tod von wenigen Soldaten gekostet hätte. Es klang fast, als hätten die feindlichen Truppen einander mit Rosen beworfen. Ich nehme mich nicht aus. Ich hoffte wie all diese Menschen und belog mich selbst.

Die Versöhnung mit Mala in der Hütte war ein Traum aus Lachen und Tränen. Wir vereinbarten, daß wir uns zum Abschied am nächsten Sonntag, zwei Tage vor der Abreise, treffen wollten, wenn Ashok sich, wie jeden Sonntag, auf dem Wochenmarkt aufhielt.

Mala wollte an jenem Tag der Versöhnung, daß ich in Gedanken mit ihr durch die Stadt spazierenginge, da wir das Vergnügen in Wirklichkeit nicht mehr genießen konnten. Ich lag neben ihr in der Hütte und führte sie gleichzeitig durch die Gassen meiner Stadt. Es war weniger ein Spaziergang, sondern mehr ein sanfter Flug kurz über der Erde durch alle Gassen, Märkte, Dampfbäder und Eissalons der Stadt.

»Was willst du heute abend erzählen?« fragte sie nach unserer Rundreise.

»Entweder vom Huckepack oder vom Schattenflatter. Also entweder von lästigen Verwandten oder von einem Cousin, der als Kind so gut erzählen konnte wie selten einer und deshalb kein Erzähler wurde.«

»Lästige Verwandte habe ich selbst genug«, sagte Mala, »aber von einem solch merkwürdigen Menschen habe ich noch nie gehört.«

»Nabil war in der Tat ein seltsamer Erzähler«, begann ich, »er war nicht einmal zwölf Jahre alt, als er zum ersten Mal seinen Vater zu einem Kaffeehaus begleiten durfte. Dort saß auf einem großen Stuhl der Kaffeehauserzähler, der Hakawati, wie er in Arabien genannt wird, ein alter Mann mit weißem Bart, und erzählte eine Geschichte aus Tausendundeiner Nacht. Nabil war so verzaubert, daß er bald seinen Vater, das Kaffeehaus und die Welt vergaß und nur noch an den Lippen des alten Mannes hing, und er fühlte die Kieselsteine unter den Füßen, roch die Weizenfelder und hörte die Schwalbenrufe, die der alte Erzähler beschrieb. Nabil folgte den Schritten seines Helden in die tiefe Höhle auf der Suche nach dem Schatz. Vor seinem inneren Auge sah er das Ungeheuer, das dann erschien und laut schnaubend Dampf aus seinen Nüstern stieß.

Plötzlich aber erhob sich wieder der gewöhnliche Lärm im Kaffeehaus, weil der Erzähler seine Geschichte unterbrochen und gesagt hatte, daß er am nächsten Tag die Fortsetzung erzählen würde.

Wie benommen faßte Nabil in jener Nacht die Hand seines Vaters, weil er sich noch lange nicht orientieren konnte. Seine Mutter erzählte mir, daß er seit diesem Tag wie verzaubert war.

Am nächsten Tag fragte er sie, ob sie beim Häkeln eine Geschichte hören wollte. Die Mutter wunderte sich, da Nabil zuvor noch nie eine Geschichte erzählt hatte. Sie freute sich aber auch, denn seit Ewigkeiten hatte ihr niemand eine Geschichte erzählt. Nabil stellte seinen Stuhl auf den großen Küchentisch und setzte sich darauf, so hoch, wie der alte Hakawati im Kaffeehaus gesessen hatte.

›Es war oder es war nicht ein Händler und Seemann namens Ali; er lebte in der Hafenstadt Beirut. Wie er genau mit Nachnamen hieß, wußte niemand, denn jedermann nannte ihn Ali, der Blauschwarze, weil er ein blaues und ein schwarzes Auge hatte‹, erzählte Nabil, und die Mutter lächelte, weil der Teehändler am Ende der Straße nicht nur Ali hieß, sondern auch solche seltsamen Augen hatte.

›Vielleicht waren seine Augen so, weil Ali zwei Seelen hatte, die eines Händlers und die eines Seemannes. Ali segelte um die Welt, von Hafen zu Hafen, und er handelte mit Pinienkernen und Olivenöl aus dem Libanon, Gewürzen aus Indien, Stoffen aus Morgana und Weihrauch aus dem Jemen. Ein Jahr lang war er schon unterwegs und hatte Glück im Handel. Schließlich segelte er mit seinen vier Männern auf einem kleinen Schiff nach Hause und träumte Nacht für Nacht vom Hafen seiner Heimat.

Plötzlich geriet er in ein Unwetter. Verzweifelt kämpften die Seeleute gegen den Wind, der von Stunde zu Stunde stärker wurde, so daß bald die Welt nur noch aus Wind und schäumenden Wellen bestand. Plötzlich spaltete sich das Meer. Ein schneeweißes Ungeheuer tauchte bis zum Bauchnabel aus dem Wasser auf. So ein Ungeheuer hatte noch niemand gesehen. Sein Körper war der eines Menschen, aber es hatte den Kopf eines Stiers und die Augen eines Krokodils. Die Seeleute erschraken fürchterlich und dachten, sie seien verrückt geworden. Das Ungeheuer blies eine derart kalte Luft aus seinen Nüstern, daß Wellen und Wind erstarrten. Plötzlich wurde alles still, und das Schiff war in einer Eismasse gefangen.

Bist du der Händler Ali, der hier vor einem Jahr vorbeisegelte? fragte das Ungeheuer.

Ja, der bin ich, antwortete dieser und zitterte.

Verlasse dein Schiff und komm mit mir, unsere Königin will dich sehen!

Aber mein Schiff … meine Männer … stotterte Ali.

Sie werden hier im Eis festgehalten, bis du zurückkommst. Beeile dich! befahl das Ungeheuer.

Ali nahm seinen dicken Fellmantel und kletterte vom Schiff. Das Meer war eine einzige Eislandschaft. Ali folgte dem Ungeheuer, das immer weiter in das Meer hinausschritt, und wo seine Füße das Wasser berührten, erstarrte es zu Eis. Ali bewegte sich durch eine Schlucht aus durchsichtigem Eis, die das Ungeheuer hinter sich ließ, und er konnte auf seinem Weg in die Tiefe des Meeres Fische, Wale und andere Wasserbewohner beobachten.

Immer kälter wurde es, sein Atem begann ihn zu schmerzen. Plötzlich sah er einen glitzernden Palast in der Ferne. Doch was danach passierte, erzähle ich dir morgen!‹ – sagte Nabil und stieg vom Stuhl. Der Mutter war das gar nicht recht, da sie gerne wissen wollte, was Ali in jenem Zauberpalast erfuhr, doch freute sie sich, dieser eisigen Kälte, die sie langsam in ihren Gliedern spürte, zu entkommen. Sie rieb sich die Hände und kehrte zu ihrem Häkeln zurück.

Nabil küßte seine Mutter und ging in sein Zimmer schlafen. Eine halbe Stunde später kam er blaß und frierend zu seiner Mutter gerannt. Seine Finger waren leblos, seine Lippen blau. ›Mutter, es ist so kalt und grauenhaft im Reich der Eiskönigin. Der arme Ali muß gerettet werden, aber ich weiß doch nicht, wie‹, sagte Nabil zitternd, und es half nicht, daß seine Mutter ihn unter eine Steppdecke packte und ihm einen heißen Kakao gab. Nabil zitterte und zitterte, als fieberte er. ›Furchtbare Ungeheuer. Die Königin kann niemanden lieben; denn die Wärme der Liebe würde ja das ganze Eis ihres Palastes, ihres Reiches und ihrer Seele schmelzen lassen.

Durchsichtig wie Glas ist sie und genauso hart. Sie sammelt Menschen in allen Hautfarben, doch noch nie hat sie einen Menschen mit zwei verschiedenen Augen getroffen. Ich weiß nicht, wie ich Ali da herausholen soll. Er steht und zittert in der Kälte und merkt, daß die Königin ihn mag, denn sie hätte ihn sonst mit leichter Hand töten und in den Eisschränken zu den anderen Menschen stellen können, die sie in Jahrhunderten gesammelt hat. Nein, Ali ist klug und merkt, daß die Königin ihn mag, er darf aber ihre Zuneigung keinen Schritt weiter gewinnen, denn das würde seinen sicheren Tod bedeuten. Wie sollte er dann zurückgehen? Wenn das Eis schmilzt, wird er in der Tiefe der Meere ertrinken.‹

Die Mutter verstand die Welt nicht mehr, denn ihr Sohn zitterte und zitterte, und sie merkte, daß Nabil aus Angst und Sorge fast ohnmächtig wurde.

›Ich weiß‹, rief sie besorgt, ›ich weiß, wie wir gemeinsam Ali sicher aus dieser Klemme helfen, aber laß uns nicht mehr Mutter und Sohn sein. Nein, wir sind jetzt zwei Vagabunden, die sich früher einmal in einem Wald trafen. Sie hatten beide Angst vor dem dunklen, geräuschvollen Wald, und so erschien ihnen jeder Baum als Ungeheuer und jedes Rascheln wie die Schritte eines Raubtiers. Furchtbar war das. Da sagte der ältere zum jüngeren: Komm, wir machen erst einmal Feuer, das vertreibt Kälte und Raubtiere, dann werden wir uns so lange Geschichten erzählen, bis wir einschlafen.

Ja, antwortete der andere, und beide sammelten schnell eine große Menge Holz, zündeten es an und wärmten sich. Die Kälte wich langsam aus ihren Füßen und Händen, dann aus ihren Beinen und Armen, und bald wurden sogar ihre Schultern und Gesichter so heiß, daß sie fast glühten.

Schön warm ist es hier, rief der jüngere und mußte etwas vom Feuer wegrücken‹, fuhr die Mutter erleichtert fort, als sie sah, daß Nabil wieder Farbe bekam, die Steppdecke von sich stieß und aufmerksam zuhörte.

›Nun, wie ich vorhin sagte‹, fuhr die Mutter fort, ›wollten sich die zwei Geschichten erzählen, und der jüngere schlug vor, daß jeder einen Teil der Geschichte erzählen und, wenn er aufhörte, der andere weitermachen sollte. Der jüngere Vagabund erzählte eine Geschichte vom Seemann Ali, wie er mitten im Eispalast stand und nicht mehr wußte, wie er diesen Spuk beenden und gesund zu seinen Freunden zurückkehren sollte, denn in diesem Eiskönigreich durfte man alles, nur nicht lieben, denn die Liebe hätte das Herz wärmer werden und das Eis schmelzen lassen. Das ganze Reich wäre zusammengestürzt.

An dieser Stelle übernahm der ältere Vagabund den Faden der Geschichte: Da hatte Ali eine rettende Idee. Gut, sagte er mit fester Stimme, Majestät, du bist sehr reich, doch den schönsten Schatz hast du noch nicht. Die Königin wollte beinahe lachen, denn ihr Reichtum war unermeßlich. Sie besaß die schönsten Juwelen der Welt. Der Juwel auf ihrer Stirn war durchsichtig wie reinstes Wasser und hatte in seinen Winkeln die Sonne zu Gast, die bei jeder Drehung funkelte. Der Thron der Königin war aus Tausenden und Abertausenden schönster Perlen gebaut. Alle Reichtümer der Meere und der Erde konnte die Eiskönigin sich unter Wasser holen, denn was die Menschen mühselig aus dem Bauch der Erde herausholten und auf Schiffe verluden, um es in andere Erdteile zu bringen, das schaute sich diese Königin an, und wenn es ihr gefiel, ließ sie das Schiff sinken und bemächtigte sich seiner Reichtümer.

Nein, o Königin, rief Ali, der die Gedanken der Königin wohl ahnte, ich bin nicht blind und übersehe all diese Juwelen und Perlen nicht, doch so mächtig dein Reich auch ist, du bist arm, solange du viele zauberhafte Schönheiten unserer Erde, die unter Wasser nicht existieren können, nicht kennst.

Du wirst diese Schätze nie besitzen, auch wenn deine mächtigen Seeungeheuer alle Schiffe der Welt in die Tiefe holen sollten. Ich habe einen solchen Schatz in meiner Schublade, ein Wunder, das dir, o Königin, hier unter Wasser vorenthalten bleiben wird. Wir nennen das Wunder: Buch, und in diesem Zauberwerk werden Reisen und Abenteuer beschrieben und Bilder gezeigt von Welten, die kein Auge je gesehen hat. Und blättert man mit leichter Hand eine Seite um, so kann man schneller als das Licht Welten wechseln und in der Zeit vor- und rückwärts fliegen, wie das sonst nur Götter können.

Doch das Buch ist mit einem Verbot belegt, niemals darf es seinen Zauber unter Wasser entfalten. Alle Welten, Reisen und Bilder lösen sich auf und lassen im Wasser nur eine jämmerliche Farbwolke zurück, die der kleinste Tintenfisch auch von sich geben könnte. Und nur Leere bewohnt noch die nassen Seiten des Buches.

Die Königin staunte über die Worte des Seemanns und hatte nun Antwort auf die Frage nach dem Sinn dieser leeren Hefte, die sie immer wieder unter den Habseligkeiten der Passagiere gefunden hatte. Doch immer noch füllte Mißtrauen ihr gläsernes Herz. Stimmt das, was dieser blauschwarzäugige Erdling sagt? fragte sie den ältesten Priester am Hof, der den Kopf eines Fisches hatte und die ganze Zeit schweigsam wie dieser gewesen war.

Majestät, das entzieht sich meinem Wissen. Ich kann das Wasser nicht verlassen. Nur dein Geschlecht, die Könige und Königinnen der Eisreiche, sind von den Göttern befähigt, in beiden Welten zu leben. Doch warnen will ich dich, denn ein Ururgroßvater von dir wagte vor Tausenden von Jahren den Gang hinaus und kam nie zurück, sprach der Priester leise.

Drei Tage und Nächte dachte die Königin nach, und sie fragte Ali immer wieder nach diesem Zauber, der auf Erden Buch heißt. Und er erzählte ihr von den wundersamen Reisen, die er in seinem Zimmer sitzend unternahm, wenn er über Sindbad, Odysseus oder Gulliver las.

Am Ende des dritten Tages beschloß die Königin, in Begleitung des Seemanns Ali zu dessen Schiff hinaufzusteigen und sich dort nur für eine kurze Weile vom Zauber des Buches berauschen zu lassen. Ein königlicher

Wagen, gezogen von gewaltigen Zaubertieren mit Körpern von Pferden und Köpfen von Löwen, brachte die Königin und ihren Gast durch die Eisschlucht bis zum Schiff hinauf. Dort hielt der Wagen an.

Die Seeleute, die auf dem Schiff ausgeharrt hatten, staunten über den goldenen Wagen, dem Ali und die schöne Königin entstiegen. Ali führte die Königin in seine Kabine und brachte ihr eines der schönsten Bücher dieser Erde. Die Königin staunte über die merkwürdigen Kritzeleien, über die Ali mit dem Finger fuhr, wobei er eine wundersame Reise beschrieb, die der Held der Geschichte auf einem fliegenden Teppich machte. Und du fühlst seinen Flug in deinen Gliedern? fragte sie neugierig.

Ja, ich spüre sogar den Wind in meinen Haaren, antwortete Ali ehrlich und las weiter.

Laß mich das auch spüren, bat die Königin, und Ali nahm ihre kleine Hand in seine, führte sie über die Buchstaben und folgte der Liebesgeschichte, die er aufgeschlagen hatte. Und da geschah es. – Soll ich weitererzählen?‹ fragte die Mutter.

›Ja‹, flehte Nabil sie an.

›Die Königin spürte eine solche Wärme, die aus der Hand Alis in ihr Herz strömte, daß es sie fast schmerzte. Sie zitterte und wollte ihre Hand zurückziehen, doch Ali fuhr mit der Geschichte fort, bis das ganze Eis im Herzen der Königin geschmolzen war und über ihre Augen salzig wie Meerwasser abfloß. Die Seeleute auf Deck glaubten ihren Augen nicht. Plötzlich schmolz das Eis, der königliche Wagen sank samt seinen Ungeheuern in die Tiefe, und das Schiff schaukelte sanft auf ruhiger See.

Nach drei Tagen erreichte Ali mit seiner Geliebten die Hafenstadt Beirut. Er lebte glücklich mit der Frau, und sie hatten drei Kinder zusammen, zwei Mädchen und einen Jungen. Was aus den Mädchen wurde, weiß ich nicht, warum soll ich auch lügen, aber der Junge wuchs zu einem Mann heran, der mit Gewürzen und Tee handelte, und als er sich in eine Morganierin verliebte, zog er ihretwegen nach Morgana, und seitdem lebt er in unserer Nähe.

Das erzählte der alte Vagabund dem jungen, der nun zufrieden und ganz warm nahe dem Feuer einschlief‹, schloß die Mutter leise, da Nabil seine schweren Augenlider bereits geschlossen hatte.

So wurde Nabil bei der Erzählung seiner ersten Geschichte von seiner Mutter gerettet.

Bei seinem zweiten Versuch, als Erzähler aufzutreten, litt er so sehr mit seinen Helden, daß er schwer krank wurde und nur durch ein Wunder gerettet werden konnte. Von da an und bis zum Ende seines Lebens hörte Nabil zwar noch sehr gerne Geschichten zu, doch selbst erzählen wollte er nie wieder.«

Mala umarmte mich und drückte mich fest und lange.

Im Circus beobachtete ich an jenem Tag Ashok, wie er verbissen Jonglieren mit mehreren Bällen übte. Er kam aber nicht über sechs Bälle hinaus. Bei sieben gerieten sie ihm außer Kontrolle. Doch die neue Nummer, die er an jenem Abend mit ein paar Tischtennisbällen vorführen wollte, faszinierte mich. Er pustete einen Ball aus dem Mund, etwa einen halben Meter hoch, und dann noch einen Ball, dann fing er die Bälle mit dem Mund auf, um sie sofort wieder in die Höhe zu pusten. Das sah nach einem Springbrunnen von Bällen aus.

Santosh führte an jenem Mittwoch abend eine gefährliche Nummer vor. Er warf Pascha, dem Herrscher unter den Löwen, ein großes Stück Fleisch vor, und sobald dieser hineingebissen hatte, versuchte der Dompteur ihm das Stück wegzunehmen. Der Löwe explodierte regelrecht. Santosh ging auf Distanz, und das Publikum applaudierte. Ein Zuschauer in meiner Nähe rief unbeeindruckt: »Was ist da so heldenhaft dran? Ich mache das jeden Tag, um meine Familie zu ernähren. Was ist dieser Löwe im Vergleich zu den täglichen Ungeheuerlichkeiten in Morgana!«

Aufrichtigeres und Genaueres als diese Worte habe ich in meinem Leben nicht gehört, doch an jenem Abend gingen sie in Gelächter unter.

Zum Schluß kam mein Auftritt, wie jeden Abend. »Meine Damen und Herren, liebes Publikum. Heute will ich euch von einem Tier erzählen, dessen größte Kunst es ist, seinen übermächtigen Gegnern Angst einzujagen mit einer Größe, die es gar nicht hat. Der Schattenflatter ist eine Eidechse und lebt in Afrika. Sobald diese Eidechse bedroht wird, bläht sie sich zu einem Untier von drei Meter Höhe und etwa zwei Meter Breite auf. In Wirklichkeit ist sie nicht größer als einen halben Meter, doch ihre grünrot gesprenkelte Haut liegt tausendfach gefaltet unter ihren Achseln. Kein Raubtier, nicht einmal der Tiger, wagt, dieses Ungeheuer, das sich plötzlich aus dem Nichts aufrichtet, anzugreifen. Doch nachdem die Feinde der Eidechse längst das Weite gesucht haben, sieht der Schattenflatter den furchtbaren Schatten seines dünnen Mantels und bekommt einen solchen Schreck, daß er wieder einschrumpft und blitzschnell in sein Erdloch eilt. Mein Cousin Nabil war ein Schattenflatter«, fügte ich hinzu und erzählte nun von Nabil und seinem Handel treibenden Seemann Ali.

41

Das Huckepack oder Der Gast als Last

Morgen werde ich endgültig entlassen. Der Chefarzt hat mir aber erst heute verraten, daß sie ernsthaft überlegt hatten, mein Auge noch einmal zu operieren. Ist das nicht merkwürdig? Einen Monat vor Ankunft des Circus India hätte ich beinahe mein rechtes Auge durch einen Metallsplitter verloren. Augen bestimmten immer mein Leben.

Mein Leben besteht aus zwei Abschnitten: einem, als ich noch drei Augen hatte, und einem, seit ich nur noch zwei gewöhnliche Augen besitze.

Manche mögen das für eine Lüge halten, aber früher hatten alle Menschen ein drittes Auge – dort, wo der Haarwirbel am Hinterkopf sitzt. Es war ein unsichtbares, aber sehr hilfreiches Auge.

Die Natür rüstete alle schwachen Tiere entweder mit guten Augen, Ohren oder schnellen Beinen aus. Als sie den Menschen geschaffen hatte, stellte sie fest, daß er etwas benachteiligt war, denn der Mensch hört und sieht schlecht, und um seine Beine ist er auch nicht zu beneiden.

So fielen die ersten Menschen jedem Raubtier zum Opfer. Die Natur erkannte also bald, daß der Mensch vom Untergang bedroht war, wenn er nur diese zwei

Augen hatte. Aus Mitleid schenkte sie ihm ein drittes Auge. Von nun an konnte der Mensch sich behaupten. Er hatte Vor- und Rücksicht. Das dritte Auge war immer wachsam, sogar im Schlaf, und es warnte den Menschen, wenn sich ein hinterhältiges Raubtier anschlich. Aber nicht nur Schutz gewährte dieses dritte Auge dem Menschen, es befähigte ihn durch das Panorama der Sicht nach rückwärts auch, sein Gedächtnis zu verbessern. Nun konnte der Mensch nämlich nicht nur die zukünftigen Möglichkeiten und Wege vor sich sehen, sondern auch das, was er hinter sich gelassen hatte.

Die meisten Menschen haben keine Erinnerung mehr an das erhabene Gefühl, mit einem dritten Auge auf die Welt zu kommen, ich aber hatte das Glück.

Wenn ich in Morgana spazierenging, konnte ich durch das dritte Auge ohne besondere Mühe erkennen, ob eine Gefahr von hinten auf mich zukam. Vielen Europäern erschien es damals wie ein Wunder, daß ein Auto in der von Händlern, Kindern, Bettlern, Taschendieben und Passanten überfüllten Basarstraße in Morgana fahren konnte, ohne jemanden zu überfahren. Rechtzeitig, aber ohne sich umzudrehen, öffneten die Leute eine Lücke für das Auto und schlossen sie wieder, um sich weiter ihrem Streit, Broterwerb oder Spiel zu widmen.

Der Orientalist Schirrmacher schrieb sogar eine Abhandlung unter dem Titel: »Über das Wunder der Basare!«, in der er ausschließlich dieses Phänomen behandelte und es am Ende zu den Wundern des Orients zählte. Schirrmacher war im übrigen eine aufgeblasene Trommel. Nicht nur dem Aussehen nach. Er war leer und laut. Das ist aber eine andere Geschichte, die ich schon erzählt habe.

Das dritte Auge konnte aber noch mehr, als nur Menschen vor Gefahr zu schützen, und das ist es, weshalb ich seinen Verlust beweine. Um bei dem Beispiel vom Spaziergang in Morgana zu bleiben: Wenn jemand mir, und sei es nur wegen meiner Nase, sehnsüchtig nachschaute, spürte ich das und drehte mich um. Ich *mußte* mich umdrehen. Mein drittes Auge zwang meine Halsmuskeln zu einer auf den Grad genau berechneten Drehung, bis meine Augen direkt die der sehnsüchtigen Person trafen. Wir lächelten uns an, als ob wir uns kannten. Dann gingen wir unserer Wege, und ich spürte ein kurzes, angenehmes Zittern im Herzen.

Kurz nachdem die Ziegen aus den Straßen Morganas verschwunden waren, bemerkte ich, daß viele Menschen entweder nur noch schwache oder gar keine Rücksichten mehr hatten. Ich bemühte mich mit aller Kraft, meine Sehnsüchte hinter Menschen herzusenden, doch immer weniger Leute drehten sich um, und wenn, dann nicht mehr meinetwegen, sondern um einem Schaufenster einen letzten Blick zuzuwerfen.

Wann ich mein drittes Auge verloren habe, weiß ich nicht auf den Tag genau, aber es muß im Jahr nach dem Verschwinden der Ziegen aus den Straßen von Morgana passiert sein. Der Verlust kündigte sich katastrophal an. Ich schlenderte im Kinoviertel von Morgana auf dem Bürgersteig. Plötzlich rammte mich von hinten ein Motorrad. Ich fiel zu Boden und mußte ins Krankenhaus.

Ein paar Wochen später, ich war gerade wieder auf die Beine gekommen, sprang mich ein Schäferhund, nahe dem Universitätsplatz, von hinten an und biß mich in die Schulter. Der Angriff des Hundes verursachte keine schwere Verletzung, aber einen ungeheuren Schock. Mir war elend zumute, weil ich nun endgültig wußte, daß ich, wie viele Morganier vor mir, mein drittes Auge verloren hatte.

Viele Jahre später suchte ich nach dem Grund. Ich hätte aber gleich darauf kommen können. Was soll ein drittes Auge in einer überschaubaren Welt der geraden Linien? Straßen, Autobahnen, Hochhäuser, Türen, Fenster und Felder sind gerade. Ja, sogar die Flüsse biegt man mit Gewalt zu Geraden. Man strebt mit atemberaubender Geschwindigkeit gerade vorwärts, und dafür genügen zwei Augen völlig. Und wir wissen heute, daß ein Organ, das nicht gebraucht wird, verkümmert.

Das dritte Auge erinnert mich an den Abend, als ich im Circus von meiner Cousine Barbara und ihrem Mann Bassam erzählte. Sie waren die lästigsten und rücksichtslosesten Zeitgenossen, denen ich je begegnet bin, obwohl mich meine Reisen bis nach China und Finnland brachten. Nur wenige Menschen sind wie Barbara und Bassam so eindeutig mit dem Huckepack verwandt.

Der Huckepack ist eines der hinterhältigsten Tiere unserer Erde. Weibchen und Männchen sehen gleich aus. Sie sind unsichtbar. Sie vergnügen sich bis heute damit, vorbeigehenden Menschen und Tieren auf den Rücken zu springen und auf ihnen zu reiten, bis sie entweder eine noch bessere, komfortablere Möglichkeit finden oder in ihre Erdhöhlen schlafen gehen. Nur in der Brunstzeit sind die Huckepacks mit sich selbst beschäftigt und lassen die anderen Wesen in Ruhe.

Menschen und Tiere wundern sich oft, daß sie sich gerade noch frisch fühlten beim Ausgehen und dann plötzlich von einer sonderbaren Müdigkeit und Schwere befallen werden. Keiner vermutet diese gemeinen Biester, die sich totlachen, ja totlachen über die armen, geplagten Wesen, die sie auf Schultern und Rücken herumtragen müssen. Dem Himmel sei Dank, daß dieses Lachen zugleich eine tödliche Angewohnheit ist. Immer wenn ein Wesen unter ihrer Last laut stöhnt, lacht sich der Huckepack auf seinem Rücken zu Tode.

Diese Geschichte erzählte ich an jenem Donnerstag. Schon ein paar Tage davor hatte mich meine Mutter belustigt daran erinnert, wie die schlaue Tante Rosa vor Jahren die raffinierteste und listigste Aktion gegen Barbara und Bassam unternommen und alle Verwandten vor ihnen geschützt hatte. Tante Rosa hatte das notwendige Kaliber dazu, und obwohl ich sie nicht ausstehen konnte, fand ich ihren Schlag gegen die beiden einmalig. Wie oft hatten sie meine Mutter gequält, die jedesmal erschöpft und am Ende, wenn die zwei ihren Besuch beendeten.

Schon ihr Eintritt in unsere Wohnung schmeckte unangenehm. Sie verhielten sich immer so, als hätten sie uns ertappt. Strahlend wie zwei Sieger verkündeten sie, daß keiner ihnen entkommen könnte, als wäre es eine besondere Leistung, gastfreundliche Araber zur Gastlichkeit zu zwingen. Meine Mutter war ziemlich witzig und mutig, aber eigentlich war sie genauso schüchtern wie mein Vater, und beide lächelten verlegen und entschuldigten sich jedesmal für ihre bescheidene Kleidung und manchmal sogar für ihr Aussehen.

Bassam lebte in der Illusion, er wäre ein begabter Fotograf. Ein für alle Verwandten verhängnisvoller Irrtum. Er trug stets seine Kamera bei sich, als wäre er Japaner, und knipste dauernd alles und jeden, so daß sich die Gastgeber äußerst unwohl fühlten. Die Bilder waren zudem gräßlich, aber wir mußten sie beim nächsten Besuch alle anschauen und uns von Bassam erklären lassen, daß diese wackligen, überbelichteten und dazu äußerst schlecht entwickelten Bilder Kunstwerke seien, die er bei Wettbewerben einreichen wolle. Meine Mutter lachte dann. »Um die Kinder zu erschrecken?« fragte sie, und wir lachten, aber nicht Bassam. Er war beleidigt, knipste aber weiter.

Eine weitere schreckliche Eigenschaft dieser beiden Huckepacks bestand darin, sich, sobald sie sich gesetzt hatten, gegenseitig zum Essen und Trinken aufzufordern. »Sag doch laut, daß du Pistazien willst«, sagte Bassam fürsorglich, fast flüsternd zu seiner Frau. »Du mußt dich bei der Großzügigkeit der Tante nicht genieren!« Und schon beeilte sich meine Mutter, in die Küche zu gehen, und kam mit einem Teller voller gesalzener Pistazien zurück. Manchmal fühlte ich eine ungeheure Wut gegen meine Mutter, denn uns gegenüber geizte sie mit jeder Pistazie, und wenn dieses Huckepackpärchen kam, war sie dauernd mit vollen Tellern unterwegs.

»Oh, du hast Durst«, säuselte Barbara, »die Tante hat bestimmt eine Limonade für dich. Ihre Limonade macht sie selbst. Sie schmeckt ganz phantastisch«, sprach sie leise, aber laut genug, daß meine Mutter schon wieder auf dem Weg war, um die durstigen, nimmersatten Huckepacks zu erfrischen. Immer wenn der Gastgeber hinausging, lachten sich die zwei halb tot über ihn. Das erzählten wir meiner Mutter, aber sie glaubte uns Kindern nicht, ja, sie tadelte Fadi, meinen Bruder, der sich, ehrlich wie er war, weigerte, den beiden die Hand zu geben. Sahar, meine freche Schwester, wurde von meiner Mutter zu den Nachbarn geschickt, denn sie war die einzige, die den beiden die richtigen Fragen stellte. »Warum kommt ihr immer so hungrig zu uns?«, »Warum ladet ihr uns nie zu euch ein?«, »Iß die Pistazien nicht alle, wir wollen auch noch ein paar!« forderte sie aufrichtig, doch meine Mutter hatte von ihren Eltern gelernt, den Gast zu heiligen. Und deshalb war sie immer freundlich zu ihnen.

Aber innerlich fluchte meine Mutter. »Er ist so ein Ekel, daß die Hölle ihn wieder ausspucken würde«, sagte meine Mutter über Bassam, den sie besonders wenig leiden konnte. Sie blieb aber sanftmütig, auch wenn Barbara und Bassam sie mit ihren Fragen erschütterten, denn die zwei sprachen so laut, daß alle Nachbarn im Hof wußten, wann sie bei uns waren. Ihre Fragen waren frech, und meine Eltern sprachen nie, nicht einmal mit uns, über ihre intimen Angelegenheiten. Und je mehr meine Eltern sich weigerten, solche Fragen zu beantworten, um so ungenierter und aufdringlicher wurden die Huckepacks.

Unser Wohnzimmer konnte damals bis zu dreißig Leuten bequem Platz bieten, doch wenn die zwei Huckepacks kamen, wurde es unserer Familie zu eng in diesem großen Raum.

Nicht nur, daß sich die Huckepacks die Bäuche vollfraßen, sie gingen sogar in der Wohnung herum, lasen Briefe, schlugen Bücher auf, legten sich auf unsere Betten und fühlten sich im wahrsten Sinne des Wortes wie zu Hause.

So marterten die zwei alle Verwandten, bis Rosa auf den rettenden Gegenschlag kam. Rosa kam eines Tages empört zu uns. Sie war gerade durch den Besuch der Huckepacks geschädigt und völlig entnervt. Ich spielte im Hof, als ich hörte, wie meine Mutter und ihre Schwägerin Rosa laut lachten. Beide schauten dann zum Hof hinunter und riefen mich, meinen Bruder Fadi und meine Schwester Sahar zu sich hoch. Oben sagten sie uns, daß wir uns beeilen und drei Tanten, die in der Nähe wohnten, zu uns rufen sollten, es ginge um Bassam und Barbara. Wir eilten wie der Wind, und ich war so glücklich, daß ich eigenmächtig eine weitere Tante aufsuchte und sie aufforderte, sich zu beeilen.

Die Frauen tranken Kaffee, und Rosa führte das Wort,

doch Verbesserungen ihres teuflichen Plans kamen von allen Frauen.

»Die Kekse müssen lange Zeit halten, verschiedene Formen haben und wirklich genügend Abführmittel enthalten«, sprach Rosa. »Sobald Barbara und Bassam auftauchen, schleichen sich die Gastgeber davon und lassen nichts zurück außer einem Teller voller Kekse. Sie gehen samt Kind und Mann zu einem von uns und verbringen da den ganzen Tag. Mal sehen, wer bessere Nerven hat!«

Das war ein kluger Plan. Schon einige Tage später kam eine Tante mit ihrer Familie zu uns. Wir freuten uns himmlisch über diesen Besuch. Mein Vater spielte mit dem Onkel Karten und lachte mit ihm über die Huckepacks, die nun in einer leeren Wohnung saßen und vielleicht begriffen, daß die Verwandten aus ihrer eigenen Wohnung geflüchtet waren. Bestimmt fielen sie erst einmal über die Kekse her, laut lachend und selbstsicher wie immer.

Damals habe ich schon erfahren, wie süß Rache schmeckt, und wir lachten mit den Cousins und Cousinen und verwöhnten sie. Als sie nach Hause zurückkehrten, waren die Huckepacks verschwunden, der Teller mit den Keksen leergefegt.

Eine Woche später tauchten die beiden Huckepacks bei uns auf. Meine ganze Sorge galt Sahar, aber überraschenderweise trug sie die Kekse mit freundlichem Gesicht auf, während Fadi und ich schon auf dem Weg zu Onkel Gibran und Tante Rosa waren. Nach einer Viertelstunde folgte meine Mutter, die über einen kurzen Umweg meinen Vater in der Bäckerei informierte. Auch er kam nach der Arbeit zu Tante Rosa, wusch sich dort und wurde von Onkel Gibran so verwöhnt, daß er sich sogar für ein Schläfchen hinlegen mußte, da Onkel Gibran und Tante Rosa wußten, daß mein Vater nach seiner anstrengenden Arbeit immer eine halbe Stunde schlief.

Wir lachten uns krumm, als wir nach Hause kamen und die Nachbarn uns erzählten, wie die Huckepacks langsam kleinlaut wurden und sie fragten, wo wir geblieben seien, und wie dann die zwei die Treppe heruntergerannt waren, um schnell nach Hause zu kommen. Nach und nach erfuhren alle Verwandten von dem Rosarezept, und Barbara und Bassam verschonten alle und schmollten für den Rest ihres Lebens.

Diese Geschichte habe ich im Circus erzählt. Natürlich habe ich sie damals noch mehr ausgeschmückt, aber ich erinnere mich auch daran, daß ich oft unterbrochen wurde. Mehr als zehn Leute erzählten ihre Rezepte, wie sie ihren Huckepack losgeworden waren.

An jenem Abend blieb dem Circus und seinen Besuchern eine Katastrophe erspart. Der Löwe Pascha war durch die Unachtsamkeit eines Tierpflegers aus seinem Käfig ausgebrochen. Er flüchtete vor dem Lärm unter die Sitze der Zuschauer, und ohne daß jemand das bemerkte, entbrannte ein lautloser Kampf zwischen dem Circusdirektor, dem Tierbändiger Santosh und dem Löwen unter den hohen Sitzreihen. Eine Frau, die zufällig durch einen großen Spalt neben sich schaute, sah plötzlich den ängstlichen Löwen. Da dieser nur ein paar Zentimeter von ihren Füßen entfernt war, schrie die Frau entsetzt auf und fiel in Ohnmacht. Kurz darauf gelang es, den Löwen mit einem kleinen Pfeil zu betäuben und in seinen Käfig zu ziehen. Als die Frau zu sich kam und ihrem besorgten Mann erzählte, daß sie einen frei herumlaufenden Löwen gesehen hatte, lachte er über ihre blühende Phantasie.

42

Der Pelikan oder Wie man Niedriges erhebt

Kaum ein anderer Vogel hat durch Legenden solch schillernde Farben bekommen wie der Pelikan. Verglichen damit ist der Adler ein armer Schlucker. Bereits die alten Ägypter verehrten den Pelikan, und wahrscheinlich waren es die Griechen, die die Legende in die Welt setzten, er erwecke seine von Schlangen getöteten Kinder, indem er die eigene Brust mit seinem Schnabel aufreiße und die toten Küken mit seinem Blut ins Leben zurückspüle. Von dieser Legende wiederum waren die Christen sehr beeindruckt und verehrten den Pelikan als Symbol der Selbstaufopferung. Auch die alten Völker der arabischen Halbinsel bedachten den Pelikan in vorislamischer Zeit mit phantasievollen Geschichten. Eine davon erzählt, daß den Maurern beim Bau der Kaaba, die schon vor dem Islam ein Heiligtum war, das Wasser ausging. Sie legten ihre Hände in den Schoß und stöhnten verzweifelt. Da flogen die Pelikane zu Tausenden herbei und holten Wasser in ihren Schnabelbeuteln von weiß Gott woher, damit die Maurer ihren Mörtel kneten und den Bau beenden konnten. Und für die sonst so skeptischen Alchimisten verkörperte der Pelikan den Stein der Weisen.

Der russische Wissenschaftler Boris Grigorjewitsch Markownikow ging den Legenden nach und beobachtete das Leben der Pelikane aus der Nähe. Zehn Jahre lang lag er forschend in Sümpfen und an den Ufern von Seen. Markownikow war vom nüchternen Ergebnis sichtlich enttäuscht: Weder zerfleischt der Pelikan seine Brust noch neigen seine Jungen dazu, dauernd tot umzufallen. Pelikane sind ganz gewöhnliche Vögel, die sich ausschließlich mit Fischfressen und Vermehren beschäftigen. Das ist die nackte und etwas langweilige Wahrheit.

Offensichtlich glauben die Menschen an eine einmal schön gewebte Lüge fester als an Zahlen und Belege der Wahrheit, deshalb wird die Legende über die Selbstlosigkeit der Pelikane sicher noch geraume Zeit weiterleben.

Als Schüler fieberte ich nach nichts mehr als nach dem Geschichtsunterricht. Ich fand die Stunden abenteuerlich und spannend. Zu Hause las ich in unserem Geschichtsbuch wie in einem Roman immer weiter, weil ich die Spannung nicht mehr aushielt. Das ist jetzt eine Ewigkeit her, doch ich weiß noch genau, welche Unruhe mich packte, wenn der Unterricht kurz vor einer Schlacht aufhörte. Bis heute vergesse ich nicht den Tag, als der Lehrer beim Abschied sagte: »In der nächsten Stunde werden wir den Niedergang Napoleons durchnehmen.« Ich lag damals bis spät in der Nacht wach und stellte mir die Seele des genialen Feldherrn in seiner letzten Stunde vor Waterloo vor. Die späteren Filme über Napoleon waren mit all ihrer Künstlichkeit und ihrem Ketchup-Blut lieblich im Vergleich zum heroisch grausamen Untergang, den ich mit vierzehn Jahren in meiner Phantasie dem Feldherrn bereitete.

Bereits Jahre zuvor hatten wir die alte arabische Geschichte besprochen, und auch sie war sehr spannend gewesen. Ich liebte die Kalifen sehr, die alle gerecht und bescheiden waren. Jeder zweite von ihnen ging freiwillig in zerfetzten alten Kleidern herum. Manchmal weinten diese allmächtigen Kalifen vor Rührung über die Armut ihres Volkes. Sie gingen verkleidet durch die Gassen und erkundeten mit eigenen Augen die Lage der Armen. Und als einmal eine Frau Kieselsteine kochte, damit ihre hungrigen Kinder beim Warten auf die Suppe vor Müdigkeit einschliefen, rannte der Kalif nach Hause und trug auf eigenem Rücken Linsen, Fleisch und Mehl zur Hütte der armen Mutter. Davon war ich sehr beeindruckt und sah mich selbst am liebsten in der Rolle eines gerechten Kalifen. Ich warf mir einen uralten, bunten Vorhang über die Schulter, lief im Zimmer auf und ab und verteilte Güter und Ländereien unter den unsichtbaren Armen, die meine Wege säumten. Ich war sehr großzügig, denn mein Reich als Omaijadenkalif erstreckte sich von Marokko bis Afghanistan. Diese Kalifen, die wir im Unterricht mitbekamen, waren so verschwenderisch, daß sie einem Dichter für ein gelungenes Gedicht ganze Dörfer samt Einwohnern, Eseln und Kälbern schenkten.

Eines Tages übertrieb ich mit der Vorstellung. Das war in jener Zeit, als ich von der Ermordung eines Kalifen der Abbasiden in Bagdad gelesen hatte. Es wurde beschrieben, wie er bis zum letzten Tag seines Lebens gegen seine Feinde kämpfte, und ich hatte ihn vor Augen, wie er blutüberströmt einer Übermacht von Gegnern gegenüberstand. Mit dem Umhang auf den Schultern schrie ich, taumelte durch das Schlafzimmer, fiel wie eine Leiche auf das Bett, stand auf, schrie noch lauter und fiel auf das Sofa. Vom Wohnzimmer aus taumelte ich immer noch kämpfend und vor Schmerz unter unsichtbaren Stichen wild schreiend durch die Küche und die Treppe zum Innenhof hinunter. Meine Mutter trank gerade den Nachmittagskaffee mit den Nachbarinnen unter dem alten Orangenbaum. Ich sank auf die Knie, stieß einen Schrei aus und fiel dann auf mein Gesicht. Faride, die Frau des Postbeamten, sprang auf und wollte zu mir eilen, doch meine Mutter beruhigte sie: »Genieße lieber deinen Kaffee, bevor er kalt wird, in Sadiks Geschichtsunterricht wird gerade irgendein Hurensohn umgebracht!«

Erst Jahre später entdeckte ich, daß Geschichte, wie wir sie in der Schule lernten, eine einzige gräßliche und plumpe Lüge war.

Ich wollte an jenem Abend von einem berühmten Kalifen erzählen, so wie er in den Schulbüchern geschildert wurde, und dann dieselbe Geschichte, wie sie zwei alte Historiker, die diesen Herrscher selbst noch erlebt hatten, wahrhaftig und gnadenlos niedergeschrieben hatten. Aber dazu sollte ich nicht mehr kommen.

Ein Mann aus dem Publikum bat mich kurz um das Wort, weil er eine lustige Geschichte über den Geschichtsunterricht zu seiner Zeit erzählen wollte. Als der Mann zu Ende erzählt hatte, lachte das Publikum, und sofort übernahm ein hagerer Mann mit südlichem Akzent den Faden und erzählte von seiner Enttäuschung, als er nach dem Abitur erfuhr, daß Andalusien nicht in Arabien, sondern in Spanien liegt. Sein Geschichtslehrer hatte jahrelang vom arabischen Andalusien in der Gegenwartsform gesprochen.

Tausendundeine Episode über die Lügen der Geschichtsbücher sprudelten nun aus dem Publikum, und hätte man alle aufgeschrieben, hätte man ein druckreifes Manuskript für ein Buch über die Lüge der Geschichte erhalten.

An keinem anderen Abend fand ich solch herzliche Unterstützung mit Geschichten wie an jenem Abend, und an keinem anderen hatte ich anschließend soviel Angst wie an jenem Freitag, als ich vom Pelikan erzählte. Denn einige Nationalisten verließen sichtlich erbost das Zelt, und ich wäre am liebsten sofort nach Hause gerannt, doch das Publikum erzählte und lachte bis Mitternacht, und je später die Stunde, um so schwieriger wurde es, zwischen Geschichte und Geschichten zu unterscheiden. Ich eilte in der Dunkelheit nach Hause und erschrak vor jeder Katze, die fauchend aus einer umgekippten Mülltonne hervorkam.

Zu Hause angekommen, bestätigte sich meine Vorahnung. Fadis Gesicht war blutunterlaufen. Drei der beleidigten Nationalisten waren schimpfend aus dem Zelt gekommen und hatten mich Verräter genannt. Fadi bot ihnen die Stirn und schlug sich mit diesen hirnlosen Mitläufern, die selbst vor der einfachsten Wahrheit furchtbare Angst hatten.

Fadi wollte nicht, daß Vater davon erfuhr. Das war nicht schwierig, da Vater immer nur zwei Stunden bei uns auftauchte, und wenn man ihn diese zwei Stunden mied, konnte man ein Jahr verbringen, ohne ihm zu begegnen. Fadi brauchte eine Woche, bis die blauen Flekken von seinem Gesicht verschwunden waren.

Ich fand es schlimm, daß mein Bruder meinetwegen zusammengeschlagen worden war, und noch schlimmer, daß ich öffentlich darüber nicht reden durfte.

43

Der Rabe oder Von der Tarnung der Tauben

Am nächsten Tag wollte ich Fadi etwas verwöhnen. Er tat mir sehr leid, denn sein rechtes Auge war so geschwollen, daß er es nur mit Mühe öffnen konnte. Ich ging mit ihm am Nachmittag auf den belebten Circusplatz, und er durfte sich alles wünschen. Ich hatte für diesen Gang aus meinen Ersparnissen zehn Lira geholt. Doch Fadis Wünsche waren bescheiden: ein Eis, Nüsse, Zuckerwatte, und beim »Jedermannsgesicht« wollte er, daß dieser menschliche Doppelgänger für jedermann sein Gesicht nachmachte. Der Mann verschwand im Zelt und schaute einige Male durch das Fenster. Dann kam er heraus mit breiten Schultern, Fadis Scheitel und Nase, sogar sein geschwollenes Auge hatte der Verwandlungskünstler perfekt nachgeahmt. Fadi und ich waren begeistert. Als ich zahlen wollte, lehnte der Mann ab. »Für dich, Sadik«, sagte er und gab mir das Geld zurück, »habe ich es gerne getan, aber«, und er beugte sich zu mir und flüsterte, »es wäre lieb, wenn du mir eine gute Karte für die Schlußvorstellung besorgen könntest. Ich habe keine mehr gekriegt, und auf dem Schwarzmarkt haben die Karten inzwischen den dreifachen Preis.«

Ich versprach ihm, eine Eintrittskarte zu besorgen. Ich wußte, daß Amal täglich zehn Karten bereithielt, falls ein

Verwandter von mir oder eine wichtige Persönlichkeit in letzter Minute kommen wollte.

Fadi und ich schlenderten durch die Gassen auf dem bunten Platz und staunten über einen kleinen Clown, der an dem Tag seine Spiele mit ahnungslosen Passanten trieb. Er ging ganz leise hinter einem Pärchen her, das Hand in Hand ging und ab und zu durch das Gedränge getrennt wurde. Der Clown schlich sich an den Mann heran, nachdem er dessen Frau mit einem Wink verständigt hatte, und faßte sanft seine Hand. Alle Leute lachten, auch die Frau, als der Mann eine ganze Weile ahnungslos weiterging und manchmal den Clown streichelte, im Glauben, es sei seine Frau. Irgendwann wandte er sich seiner vermeintlichen Begleiterin zu und erschrak, als er den grinsenden Clown sah. Auch Kinder löste dieser sanft von den Händen ihrer Eltern, ging in die Hocke und machte sich klein, daß die Eltern lange nicht begriffen, warum die Leute um sie herum lachten. Sie schauten dann nach unten und sahen den Clown. Ihr Kind lachte an der anderen Hand des Clowns. Ganz selten ärgerte sich jemand; denn der Clown hatte ein so freundliches Gesicht mit seiner roten Nase, daß jeder lachen mußte.

»Es lohnt sich, für dich Schläge einzustecken«, scherzte Fadi, bevor wir uns trennten. Ich mußte zu Shanti gehen, damit sie mich schminkte. Fadi half wie sooft am Eingang und an der Erfrischungstheke.

»Ich werde dir ein Fabeltier schenken«, sagte mir Mala an jenem Samstag im Sattelgang, als wir für einen Moment nahe beieinander standen. Ich lächelte. »Ich habe für dich als Versuchskaninchen nur eine Schnecke, aber das ist eine andere Geschichte«, lachte ich und freute mich auf den nächsten Tag.

Die Raubtiernummer wäre an jenem Abend um ein Haar schiefgelaufen. Der Dompteur Santosh strauchelte und fiel zu Boden. Eine Sekunde lang brüllte Pascha, der stärkste Löwe im Rudel, anders als an all den vorhergegangenen Abenden. Im nachhinein weiß ich auch den Grund genau. Der Löwe Pascha hatte nur einen Rivalen, den er die ganze Zeit fürchtete, das war der Dompteur. Alle anderen Löwen unterlagen seiner Herrschaft. Nur dieser Dompteur mit seiner Peitsche nicht. Deshalb wartete Pascha auf einen günstigen Augenblick. Das wußte Santosh auch. Und beide wußten, sobald sie sich anblickten, genau, was der andere dachte. Nun war der erhoffte Augenblick für Pascha gekommen. Für eine Sekunde war der Dompteur zu Boden gegangen. Pascha wurde plötzlich die Bestie aus dem Urwald und war nicht mehr das gehorsame Tier, das der Dompteur Abend für Abend von einem Postament auf das andere und zweimal am Abend durch Feuerringe springen ließ.

Von meinem günstigen Platz aus sah ich in dieser Sekunde drei Bewegungen gleichzeitig: den Dompteur, der zu Boden fiel, den Löwen, der zum Sprung auf seine Beute ansetzte, und den Circusdirektor Amal, der plötzlich nah am Gitter stand und eine große Pistole auf den Löwen richtete. Doch mit einem eleganten Sprung kam Santosh wieder auf die Beine und knallte Pascha mit der

Peitsche so genau auf die Nasenspitze, daß dieser wie benommen zurücktaumelte und anfing zu winseln.

Seit Tagen hatte ich mit dem Zauberer Shambhu geübt. Ich war ihm dankbar, daß er mich für diese Nummer in seine Zauberkünste eingeweiht hatte.

Es ist nicht einfach, das Vertrauen eines Zauberers zu gewinnen.

Das Zelt war nicht ganz voll, denn an jenem Samstag wurden im Fernsehen einige Offiziere des niedergeschlagenen Putsches vorgeführt und vor Millionen von Zuschauern verhöhnt und beschimpft.

Sie mußten öffentlich Präsident Hadahek um Gnade anflehen.

Diese schauderhaften Szenen gefielen den Fernsehmoderatoren so gut, daß sie eine Woche lang wiederholt wurden. Sie blieben auch mir später nicht erspart.

An jenem Tag aber, als ich meinen Blick über die Zuschauerreihen schweifen ließ, wunderte ich mich über Mustafa, den Bettler, der sonst immer vor der Moschee saß und herzzerreißende Worte murmelte. Ich sah ihn in der Loge auf einem der teuersten Plätze.

Ich kam in die Manege mit einem leeren Vogelkäfig aus Messing und stellte ihn auf den Tisch, den zwei Arbeiter gebracht hatten. Noch einmal schaute ich den Zauberer Shambhu an, und er wünschte mir durch ein Handzeichen viel Glück.

Ich grüßte das Publikum, legte ein weißes Tuch über den leeren Vogelkäfig und sagte dann: »Heute komme ich mit einer Taube.« Ich zog das Tuch weg, und das

Publikum stöhnte vor Staunen, denn eine schneeweiße Taube saß im Käfig. Ich schaute Shambhu an, und er nickte dreimal, was bedeutete, ich sollte beim nächsten Mal das Tuch etwas schneller ziehen.

»Ich wollte Ihnen eigentlich eine Geschichte von meiner Tante Rosa erzählen, die einer Taube sehr ähnelt. Sie ist wirklich so streitsüchtig und herrisch wie eine Taube, aber von ihr habe ich ja schon eine Menge erzählt.«

»Lieber erzähle ich dir von meiner Schwiegermutter. Sie ist so streitsüchtig wie zehn Tauben«, rief einer aus dem Publikum. Die Leute lachten.

»Meine Damen und Herren, liebes Publikum«, nahm ich den Faden wieder auf, »heute und hier wird das Geheimnis gelüftet, das hinter dem falschen Ruf der Taube steht. Nur auf krummen Wegen konnte die streitsüchtige Taube zum Symbol des Friedens werden. Vielleicht ist das der Grund, weshalb wir einen solch schäbigen Frieden auf der Erde haben.«

»Frieden, sagst du? Das ist doch kein Frieden, sondern nur ein Waffenstillstand, genau wie der Zustand zwischen mir und meiner Schwiegermutter«, rief der Mann wieder. Das Publikum lachte. »Unglaublich! Gestern sagte sie mir: ›Es tut mir leid, Schwiegersöhnchen. Mein Gedächtnis ist schwach geworden. Ich habe vergessen, weshalb ich mit dir streiten wollte.‹ Soll ich euch noch ihre letzte Gemeinheit erzählen?« wollte der Mann fortfahren.

»Mach nur, du gemeiner Nichtsnutz! Ich bin da!« rief eine Frauenstimme aus einer fernen Ecke. »Ogottogott!«

zitterte der Mann. Die Leute lachten, und niemand wußte, ob das Ganze nicht ein vorbereitetes Spiel zwischen den beiden war. Die Leute flüsterten und lachten noch eine Weile. Dann trat Ruhe ein.

»Nein, die Taube hat den armen Noah reingelegt«, sagte ich und deckte den Käfig mit einem schwarzen Tuch zu. »Ihr kennt die Geschichte. Hier ist die dunkle Arche Noah, die lange auf dem Wasser herumirrte, bis Gott endlich die Schleusen des Himmels schloß und das Wasser fallen ließ. Am siebzehnten Tag des siebten Monats setzte die Arche auf einem Gipfel des Araratgebirges auf. Das Wasser fiel ständig weiter, bis am ersten Tag des zehnten Monats die Berggipfel sichtbar wurden. Tiere und Menschen wurden langsam ungeduldig, doch Noah wartete weitere vierzig Tage. Warum, weiß kein Mensch. Dann öffnete er ein Fenster und schickte seinen Lieblingsvogel, den klugen Raben, hinaus.« Ich zog das schwarze Tuch weg, und im Käfig stand anstelle der Taube ein prachtvoller, blau schimmernder schwarzer Rabe.

»Bravo!« riefen viele und schenkten mir Beifall. Ich schaute Shambhu an. Er lächelte und nickte einmal, was für mich bedeutete, ich sollte beim nächsten Mal das Tuch langsamer ziehen.

»Dieser tapfere Rabe flog davon und suchte gewissenhaft nach Leben, doch nur ein paar Berggipfel schauten kahl aus den endlosen Wasserfluten. Lange dauerte seine Suche, und Mensch und Tier in der Arche wurden noch unruhiger«, sagte ich und bedeckte den Käfig mit einem weißen Tuch. »Nach ein paar Tagen ließ Noah eine Taube hinaus, um zu erfahren, ob das Wasser abgeflossen war.« Ich zog das weiße Tuch zurück, und da war die Taube wieder da.

»Bravo! Einmalig!« riefen einige. Ich schaute zum Zauberer hin. Er nickte zufrieden zweimal und klatschte in die Hände, was für mich eine große Erleichterung war. Ich hatte die richtige Geschwindigkeit erwischt.

»Nun, Noah schickte, wie gesagt, die Taube los, und diese sah den erschöpften Raben bei einer Rast auf dem Gipfel des Taurusgebirges sitzen. Er war bereits auf dem Rückweg zur Arche. Die neidische Taube grüßte und fragte ihn heuchlerisch nach seinen Erlebnissen und Beobachtungen und erzählte dann von einem Aufstand der Tiere gegen Noah und daß die Arche auseinandergefallen sei. Alle Tiere seien geflohen und auf dem Weg zurück in ihre Heimat.

›Und meine Frau?‹ fragte der Rabe besorgt.

›Sie ist auf dem Weg nach Ägypten, wo ihr euer Haus hattet.‹

Sofort machte sich der gutgläubige Rabe auf den Weg nach Ägypten, und die Taube kehrte schnell und munter zu Noah zurück. Dort erstattete sie Bericht und behauptete, der Rabe hätte keine Lust mehr gehabt, Botschafter zu sein, und wäre auf eigene Faust nach Ägypten aufgebrochen.

Nach weiteren sieben Tagen schickte Noah die Taube noch einmal aus. Da sie den Gestank in der Arche nicht mehr ertragen konnte, blieb sie mehrere Tage aus und brachte Noah dann ein Blatt von einem nahen Olivenbaum im Schnabel. Hätte Noah sich nur umgeschaut, so hätte er die Taube für diesen Betrug gebraten, denn die Olivenhaine am Fuße des Araratgebirges waren nur eine Flugminute von der Arche entfernt. Aber nun wußte er, daß die Erde trocken war.

Seit diesem Tag hat die Taube ihren guten Ruf. Und heute will ich von einer Taube erzählen, die ihren Ruf ausnutzte, um die Taten zu begehen, die man Raben unterstellt.«

Ich erzählte die Geschichte vom Polizeipräsidenten El Sabah, der alle Auszeichnungen und Orden des Staates erhalten hatte, weil ihm kein Räuber und Mörder entkommen konnte. Bis schließlich ein Journalist aufdeckte, daß El Sabah selbst der Chef aller Banden gewesen war, die in Morgana ihr Unwesen trieben. Damals entsetzte dieser Skandal die Bevölkerung, heute aber stehen solche Geschichten täglich in jeder billigen Zeitung.

44

Der Wasserjammer
oder Wie einer vergeblich nach Komplimenten fischt

Ich kann mir bis heute nicht erklären, warum meine Schwester Sahar ihr Leben lang so fürchterliche Angst vor Spinnen hatte. Dabei ist die Spinne ein phantastisches Insekt, sauber, listig und wählerisch. Kaum ein Lebewesen, weder Adler noch Löwe, geschweige denn der Mensch, besteht derart auf äußerster Frische seiner Nahrung wie die Spinne. Sie würde eher sterben, als tote Fliegen oder Corned beef zu essen. Löwen und Adler erniedrigt der Hunger bis zu Aasresten, die sie den Geiern und Hyänen streitig machen, und was sich die Menschen als Nahrung zumuten, ist sowieso eine andere Geschichte.

Die Spinne ist eines der nützlichsten Tiere dieser Erde, doch wie der Pelikan zu Unrecht einen guten Ruf hat, so kam die Spinne aus weiß der Teufel was für Gründen zu einem schlechten Ruf. Allein ein Spinnennetz so schön und fest aufzubauen ist ein Wunder, das viele Gelehrte von jeher beschäftigte.

Auch Mala schaute in der Hütte weder nach Schlangen noch nach Ratten, sondern hatte fürchterliche Angst vor Spinnen. Als ich ihr sagte, daß ich für meine Geschichte von der Königin der Rebara eine Spinne nehmen müßte, schrie sie auf und wollte die Geschichte nicht mehr hören. Sie lief in der Hütte herum und sang laut, um meine Worte zu übertönen. Ein wunderschönes Lied sang sie. Ich verstand kein Wort, aber ich war wie gebannt durch seine klagende Melodie.

Als sie sich beruhigt hatte, setzte sie sich zu mir, und ich erzählte ihr die kurze Geschichte der Königin der Rebara, aber ohne die Einleitung mit der Spinne.

»Vor langer, sehr langer Zeit«, erzählte ich, und Mala entspannte sich, »lebte das Volk der Rebara, bei dem alle unsere heutigen Sitten verkehrt waren. So war es dort sittsam, wenn eine Frau mehrere Männer heiratete. Die Vielmännerei ist bei ihnen ein Ausdruck von Macht und Fraulichkeit, wie bis heute umgekehrt bei manchen Völkern die Vielweiberei gang und gäbe ist. Wagte ein Mann bei den Rebara eine zweite Frau neben der seinen zu lieben, so wurde er geteert und gefedert. Da die Mutter eines Kindes hundertprozentig sicher war, während der Vater nicht immer mit absoluter Sicherheit bestimmt werden konnte, bekamen die Kinder den Nachnamen ihrer Mutter.

In diesem Reich wollte eines Tages eine Königin heiraten, da sie an die Thronnachfolgerin dachte. Sie ließ alle Kandidaten antreten und die unmöglichsten Aufgaben lösen. Ich will gar nicht anfangen, diese Aufgaben zu schildern. Das Erraten der Anzahl von Weizenkörnern in einer Kammer war noch eine der leichteren. Aber wie soll man die Aufgabe bezeichnen, festgekettet an die Stadtmauer um den fernen Rathausplatz eine Runde zu tanzen? Dennoch ließen sich viele Männer für diese Ehe schinden. Von dreitausenddreihundertdreiunddreißig Kandidaten bestanden nur drei die unmenschlichen Prüfungen. Der eine war so schön, daß, wenn ich nur einen Hauch der Schönheit seiner Augen preisgeben wollte, kein Zuhörer es ertragen könnte, denn Schönheit kann unerträglich werden. Der zweite war kräftig wie ein Bär. Sein Mund schien aber bereits in der Kindheit jegliche Kontrolle verloren zu haben; er war dauernd am Kauen. Der dritte war unscheinbar. Er war alt und jung, dick und dünn, groß und klein zugleich. Nichts Genaues konnte man von ihm sagen.

Die Königin fragte die drei nach ihren besten Eigenschaften.

Der Schöne sagte: ›Ich bin schön, und das genügt.‹

Der Starke sagte: ›Ich bin bärenstark, und das ist wohl nicht wenig.‹

Der dritte sagte: ›Ich bin, was ich will, schön und häßlich, stark und schwach, alt und jung.‹

Die Königin wurde nicht klug aus diesen überaus aufschlußreichen Antworten. ›Na schön! Dann sagt mir, welche Laster euren Seelen innewohnen.‹

›Ich kann nicht aufhören, Frauen zu verführen‹, sagte der Schöne. ›Auch wenn du mich dafür steinigen wirst. Sonst bin ich ein anständiger Kerl.‹

›Gut‹, sagte die Königin. ›Tu das, aber laß dich von mir nicht erwischen, und wenn du so klug wie schön bist, wirst du lange leben.‹ Die Königin drehte sich zu ihrem Diener um und befahl ihm, den schönen Mann in den königlichen Männerharem zu bringen.

›Ich bin dagegen sehr treu, o Königin, aber ich muß immer Essen stehlen, gleichgültig, wie du dich bemühst, die Tische mit Köstlichkeiten zu beladen, sobald ich aufstehe, muß ich etwas, und sei es einen verschrumpelten Apfel, stehlen und heimlich essen.‹

›Das ist nicht schlimm, aber laß dich bloß nicht erwischen, denn es ist für eine Königin unerträglich, wenn einer ihrer Männer stiehlt und ihren Namen in den Schmutz zieht. Und nun zu dir, was ist dein größtes Laster?‹ fragte sie den dritten, unscheinbaren Mann, der weder groß noch klein, weder dick noch dünn war.

›Ich lüge gern und kann ohne Lügen nicht leben, auch das, was du für mich hältst, o Königin, ist eine Einbildung. Ich bin es nicht, sondern die Lüge, die ich über mich verbreite. Bitte, versuche nicht, mich zu verstehen, versuche mich zu träumen.‹

›Träumen?‹ schrie die Königin. ›Das ist ja ein Alptraum! Nein, ein Lügner im eigenen Haus, nein! Das unterhöhlt in kurzer Zeit meine Macht. Raus mit dir, und wenn deine Zunge nicht so süß und dein Geist nicht so wach wären, hätte ich dich oder die Lüge, die ich für dich halte, den Löwen oder dem, was ich für Löwen halte, zum Fraß vorgeworfen.‹

Der Lügner lachte, verneigte sich und suchte das Weite. Er war übrigens der einzige der drei, der den Palast lebendig verließ. Die zwei anderen starben kurz darauf, denn weder war der Schöne so klug, wie er schön war, noch der Starke so geschickt, wie er stark war, und sie wurden beide erwischt, kurz nachdem sich die Königin einer Tochter erfreuen konnte.«

Mala lachte und richtete sich auf. »Ich habe auch eine Geschichte für dich, aber du darfst sie nicht im Circus erzählen. Es ist die Geschichte meines Mannes, und sie wiederholt sich bis zum Ende der Zeit. Weißt du, was für ein Tier ich dafür gefunden habe?« fragte sie. Ich schüttelte den Kopf und strich mit der flachen Hand über ihren Bauch. »Ich würde für Ashok aus dem Wald der Fabeltiere den Wasserjammer in die Manege bringen.«

»Ein Wasserjammer? Was ist das?« fragte ich neugierig.

»Tja, das ist eine lange Geschichte, wie ein gewisser Erzähler immer zu sagen pflegt.«

Ich wollte über sie herfallen, aber sie lachte und sprang geschickt zur Seite, so daß ich nur die Matratze erwischte. Wie ein Panther sprang sie auf meinen Rücken. »Leben oder zuhören!«

»Gnade! Zuhören!« lachte ich, und sie setzte sich. »Meine Damen und Herren«, fing sie an und ahmte meine Stimme nach, »der Wasserjammer war ein seltsames Tier. Er bewohnte bis zu seinen letzten Tagen die Ufer der Seen und Teiche Indiens. Dieses Tier wollte den ganzen Tag sein Spiegelbild sehen. Warum und weshalb, weiß man bis heute nicht. Doch das Seewasser hielt nicht still, jede Windböe, jede Mücke und jedes Tier, das am Seeufer das Wasser berührte, brachte dessen Oberfläche in Bewegung, und der Spiegel zerbrach in tausendundeinen Splitter. Der Wasserjammer jammerte und weinte über sein schweres Schicksal, doch weder die Tiere noch der Wind nahmen seine Tränen zur Kenntnis.

Stand das Wasser einmal still und spiegelte der See die blaue Farbe des Himmels über sich, hörte der Wasserjammer für einen kurzen Augenblick auf zu jammern. Doch kaum erblickte er sein Spiegelbild, jammerte er um so lauter und weinte über sein häßliches Gesicht. ›Schaut euch meine runzlige Stirn an!‹ rief er schluchzend. ›Und diese Nase, mein Gott, wie soll ich mit einer solch krummen und platten Nase herumlaufen? Und erst die Zähne, kein Zahn sitzt neben dem anderen. Und, o Himmel, warum bloß diese Segelohren?‹

Tagelang konnte der Wasserjammer über seine Häßlichkeit klagen. Hunger und dauerndes Weinen schwächten ihn so, daß er bald nur noch Haut und Knochen war und schließlich starb.«

Mala machte eine Pause. Ihr Gesicht war inzwischen ernst geworden, und sie hatte schon lange aufgehört, mich zu imitieren.

»Es ist wirklich zum Heulen mit diesem Mann«, fuhr sie verbittert fort. »Er möchte unbedingt wissen, was die anderen von ihm denken, und wenn einer ihm wirklich seine Meinung sagt, fängt er an zu schlagen und zu schreien. Und wenn er dann allein ist, weint er bitterlich, weil er so brutal ist; dann muß ich ihn auch noch trösten, daß er nicht so schlecht ist, wie er von sich selbst denkt. Ein Wasserjammer, das ist er und wird es bleiben. Vor ein paar Jahren konnte er nur Messer werfen, das kann er wirklich gut, und er trifft bis heute den Kronkorken einer

Flasche aus zehn Meter Entfernung. Er wollte mit Bällen jonglieren, aber er ist nicht dafür geschaffen, das Unmögliche zu erreichen. Mit zwei oder drei Bällen fängt man zu jonglieren an, mit dreien und vieren beginnt die Arbeit. Mit fünf Bällen ist man gut, mit sechs ein Meister, mit sieben jenseits der Grenze und heißt Kara. Mit acht Bällen konnte bisher kein Mensch auf Erden jonglieren. Gut, er ist nach Jahren nun bei sechs Bällen angekommen, und sieben erlauben nur die Götter und nicht mehr die Übung. Das versteht er nicht und will jeden Tag meine Meinung hören, und wenn ich sie ihm sage, schlägt er mich und weint dann über sich.«

Erst am frühen Nachmittag kehrten wir in den Circus zurück. Ashok war noch auf dem Markt, und Mala konnte sich umziehen, lockern und üben. An jenem Nachmittag spürte ich genau, welch großen Verlust ich bei der Trennung von Mala erleiden würde. Ich irrte mich nicht. Jahre später noch litt ich, und immer wieder mußte ich an jenen Sonntag denken, an dem wir einen halben Tag ungestört für uns sein konnten. Manchmal ist das Paradies einfacher, als man denkt. Die Hölle sowieso.

Als hätte ich ein Inserat in der Zeitung veröffentlicht, hielten mich Zuschauer am Zelteingang fest, die absichtlich sehr früh in den Circus gekommen waren, um mir besonders gelungene Lügen zu erzählen. Oft hörten sich die Geschichten sehr spannend an, aber wenn man sie zum zweiten Mal in den Mund nahm, schmeckten sie fade. Ich wunderte mich sehr, wie die Leute mir manchmal ganz private Dinge anvertrauten, als wäre ich ihr Beichtvater.

Noch kurioser als der Circus und seine Besucher war an jenem Tag das Geschehen mit dem hypnotisierten Metzgergehilfen. Die ganze Stadt sprach am nächsten Tag davon.

Auf dem Circusplatz gab es inzwischen mehr als hundert Stände, Buden und kleinste Zelte, in denen Leckereien und Kuriositäten aus allen Landesteilen geboten wurden. Ein Zelt davon war das des berühmten Hypnotiseurs Ben Fadul. Ein düster dreinblickender Mann, klein und mager unter einem zu großen Mantel. Wenn er mich mit seinen kleinen messerscharfen Augen anschaute und mit seiner Raubvogelnase auf mich zielte, spürte ich eine Blutleere im Gehirn, ein flaues Gefühl im Magen und weiche Knie, als ob ich an einem steilen Abgrund stünde.

Leise, fast ehrfürchtig schwärmten die Leute von seinem Können, doch Amal hatte sich nicht zu einem Engagement überreden lassen. Er war wohl überzeugt von der Vorführung dieses kleinen Hypnotiseurs, hatte aber deshalb eigentlich noch mehr Angst vor ihm, als wenn er ein Pfuscher wäre. Er glaubte fest, daß dieser Mann seinem Circus Pech bringen würde.

Mein Freund Gabriel war auch so ein abergläubischer Mensch wie Amal, doch war er nicht so bescheiden wie der Circusdirektor, der einen Mann nur für fähig hielt, einem Circus Pech zu bringen. Gabriel hielt manche Menschen für Unheilboten eines ganzen Kontinents, so einer sei Kolumbus gewesen, erzählte er mir einst, aber das ist tatsächlich eine andere Geschichte.

Ich war nur einmal in einer Vorstellung des Hypnotiseurs Ben Fadul gewesen. Der Eintritt kostete eine Lira, und er hypnotisierte damals einen Zuschauer und befragte ihn vor dem Publikum nach seinem Onkel. Der Zuschauer erzählte von einem Onkel in Kanada, der Mohammed hieß, dort als Landwirt arbeitete und der nun zu dieser Stunde einen Kaffee kochte, ohne zu wissen, daß seine Frau, die Tante des Mediums, im Krankenhaus in der Nacht zuvor gestorben war. Der hypnotisierte Mann fing an zu weinen. Der Hypnotiseur fragte ihn nach einer anderen Tante. Der Mann beruhigte sich langsam, nannte die Tante und besuchte sie im Geiste. Er berichtete den Anwesenden, welches Kleid sie zur Stunde trug und wo das Haus stand, in dem sie mit ihrem Mann und drei kleinen Kindern wohnte. Als der Mann zu sich kam, wußte er nicht, wovon er gesprochen hatte. Er bestätigte etwas verlegen den Namen seiner Tante und ihre Adresse, aber sonst wußte er nichts mehr. Übrigens, einige Tage später bestätigte ein Telegramm den Tod seiner Tante in Kanada.

Nun, an jenem Sonntag nachmittag wählte der Hypnotiseur einen streitsüchtigen Metzgergehilfen, der nicht nur in unserem Viertel für seinen verbogenen Charakter bekannt war, sondern den Hypnotiseur mit seinen vorlauten Kommentaren entnervte. Der Hypnotiseur lud den Metzgergehilfen zu sich auf die Bühne, lenkte ihn mit ein paar Spielen ab, die der grobschlächtige Bursche gewinnen durfte und so unversehens in die Finger des Zauberers geriet. Er folgte dessen Hinweisen immer gehorsamer, bis er schläfrig wirkte.

»Nun wirst du nicht mehr böse sein und andere belästigen, nicht wahr?« fragte der Hypnotiseur, und der Bursche nickte brav wie ein artiges Kind aus dem Kindergarten.

»Nun wirst du verstehen, daß Menschen sehr lieb sind, du wirst ihre Hand küssen und sie um Verzeihung bitten für all die Schweinereien, die du begangen hast, nicht wahr?«

Der Metzgergehilfe nickte zustimmend. »Nun, steh auf, mein Junge«, befahl der Hypnotiseur und richtete seine sehnigen Hände auf den Mann. Dieser stand auf und kam zur Erheiterung des Publikums von der Bühne. Er küßte die Hand der ersten Frau, dann die des Mannes neben ihr, dann die ihrer zwei Kinder, die hell und laut lachten, als hätte der Kuß sie gekitzelt. Es waren mehr als fünfzig Zuschauer da, und als der Bursche mit allen fertig war, war der Hypnotiseur in ein Gespräch mit einer Frau vertieft, die Angst davor hatte, in der nächsten Nummer als Medium mitzuwirken. Der Metzgergehilfe taumelte unbemerkt davon, wie schlaftrunken ging er über den Circusplatz und küßte die Hände der Männer und Frauen. Manche Frauen schrien auf, andere lachten. Ein eifersüchtiger Ehemann ohrfeigte den Metzgergehilfen, der sich vor seiner Frau verbeugte und ihr lange die Hand küßte, doch statt den Schlag zu erwidern, stürzte der hypnotisierte Mann auf die Hand des Gatten und küßte sie. Der Gatte rief angeekelt nach einem Polizisten, und dieser eilte herbei, doch der Bursche küßte ihm die Hand und bat ihn um Verzeihung. Dem Polizisten war das peinlich. Er führte den Metzgergehilfen schnell zur Wache. Dort küßte der Bursche die Hand des Offiziers und der Sekretärin, um sich danach auf einen gerade verhafteten Dieb zu stürzen und ihm die Hand zu küssen.

»Der Mann ist sicher hypnotisiert!« rief der Dieb. »Holt doch Ben Fadul. Er wird ihn wecken!«

Der Hypnotiseur wurde geholt. Er sprach unverständliche Worte und klatschte dann in die Hände. Der Metzgergehilfe wachte schlagartig auf und war sehr erschrocken, als er sich umschaute und die Polizisten sah.

45

Die Schnecke oder Der Kampf um den letzten Platz

Ich ging am letzten Abend mit einer Schildkröte in der Hand in die Manege. Nach meiner Begrüßung, die wie jeden Abend vom Publikum freudig erwidert wurde, stellte ich die Schildkröte auf den Boden. Nach einer kurzen Weile streckte sie Kopf und Beine aus ihrem Panzer und fing an, ihre Umgebung zu erkunden.

»Meine Damen und Herren, liebes Publikum«, fing ich an, »man könnte staunen, wie schnell diese Schildkröte ist.« Das Publikum lachte. »Ja, sie ist schneller als ein Pfeil aus der Sicht einer Schnecke«, fuhr ich fort und stellte eine Weinbergschnecke neben die Schildkröte. Begeisterter Beifall erhob sich. Eine Frau rief aus den hinteren Reihen: »Ich kenne da jemanden, für den die Schnecke schneller als ein Hase ist!«

»Ach, du auch!« rief ein anderer, die Leute lachten.

»Meine Damen und Herren, vor etwa siebzig Jahren gab es hier in Morgana eine seltsame Olympiade. Sie war einmalig in jeder Hinsicht, und mich wundert es nicht, daß sie nirgends erwähnt wird.

Ich habe das Glück, einen Onkel gehabt zu haben, der hundertsiebenunddreißig Jahre alt wurde. Onkel Gibran nahm an dieser Olympiade teil. Er war über sechzig und brachte trotzdem die Goldmedaille mit nach Hause. Dieser Onkel war der bekannte und einzigartige Räuber, der sich als Vogelscheuche einen Namen unter den Räubern gemacht hatte, aber davon habe ich ja bereits erzählt.«

»Das Scheu, das Scheu!« flüsterten viele.

»Heute grenzt Sport nicht selten an Kriminalität«, fuhr ich fort, »man kann das manchmal kaum verstehen. Wenn man miteinander spielt, sollte man sich eigentlich näherkommen. So soll Sport früher auch einmal gewesen sein, oder lügen die Bilder und Berichte aus alten Zeiten? Mittlerweile ist Sport eher ein Vater der Feindseligkeit, und es wird eine Zeit kommen, wo sich zwei Länder wegen eines Fußballtors den Krieg erklären. Lacht nur, ihr werdet euch noch an mich erinnern und sagen, dieser Sadik war ein Hellseher.

Was ist aus der guten Idee der Olympischen Spiele geworden? Von Jahr zu Jahr wurden sie grausamer. Alle Staaten der Welt sehen in der Olympiade eine der letzten Möglichkeiten, mit ihrer Stärke zu protzen. Die Idee des Barons Pierre de Coubertin, durch diese Spiele die Jugend und die Völker der Welt einander näherzubringen, ist völlig ins Gegenteil umgeschlagen. Auch der einfältigste und gutmütigste Beobachter kann heute am Sport keine Spur der Liebe und Freundschaft mehr finden. Die Arenen und Stadien haben sich in Schlachtfelder des Hasses und der Feindseligkeit verwandelt.

Hatte ein kleines Land wie Griechenland bei der ersten Olympiade der neuen Zeit 1896 immerhin fünfmal den ersten Platz errungen, so schaufelten im Laufe der Jahre Russen, Amerikaner und Deutsche bald karrenweise

Medaillen, während die Vertreter von über hundert Völkern mit leeren Händen und gesenktem Kopf nach Hause gingen. Die Veranstalter hatten zudem noch die Frechheit, von Freundschaftsspielen der Völker zu reden.

Das allerkomischste an den Spielen aber war der Ernst, mit dem sie betrieben wurden.

Nein, das war kein Sport mehr, sondern ein leiser, aber offener Krieg der Mächtigen dieser Welt gegen die Schwachen. Jedes vierte Jahr sollten die Völker der dritten Welt an ihre Kraft- und Saftlosigkeit erinnert werden. Es war die reinste Schikane, und so konnte es nicht weitergehen.

Auch die zur Olympiade zugelassenen Spiele waren immer weniger geworden. Konnte man in den Anfängen noch fröhlich Tauziehen, Fischen und Feuerlöschen als Wettkampf ausüben, so wurden später nur noch die Sportarten zugelassen, für die man in den mächtigen Ländern Sportler züchten konnte.«

»Das stimmt«, unterbrach mich ein Zuhörer aus der ersten Reihe, »ich kann Sadik nur bestätigen. Ich habe in einem Club der Gewichtheber dreißig Jahre als Masseur gearbeitet. Die Gewichtheber wurden durch besondere Nahrung zu wandelnden Fleischbergen gezüchtet, die kurz nach den Wettkämpfen, wo sie soviel Eisen stemmten, wie sie wogen, an Herzversagen starben. Welches Herz sollte auch diese Monster noch durchbluten können? Die witzigsten Typen unseres Verbandes hauten nach kurzer Zeit ab, und wer blieb, konnte kaum zwei vernünftige Sätze sprechen. Als ich einmal den Verbandspräsidenten der Gewichtheber darauf aufmerksam machte, erwiderte er ungehalten: ›Was willst du? Du verlangst auch nicht von einem Pferd, Klavier zu spielen!‹«

Das Publikum lachte. Ich bedankte mich bei dem alten Mann für diese Bereicherung und fuhr fort: »Immer schneller wurden Läufer und Schwimmer, bis zu dem Tag, an dem nichts mehr ging. Ein hundertstel Millimeter entschied über Sieg oder Niederlage. Der Sieger im Zweihundert-Meter-Brustschwimmen lüftete vor kurzem das Geheimnis seines Sieges: zehn Jahre lang täglich zwölf Stunden hartes Training unter Aufsicht von einem Psychologen, einem Pädagogen, einem Professor der Medizin, einem Masseur, einem Ernährungswissenschaftler und nicht zuletzt einem Trainer und einem Manager.

Sport wurde wie ein Militärgeheimnis behandelt. Es gab Spionage und Gegenspionage. Fast in jeder bedeutenden Mannschaft saß ein Doppelagent. Es gab Sabotage an Material und Menschen. Die Saboteure schreckten vor keinem Mittel zurück, Geräte und Athleten des Gegners zu zerstören, so daß bald die Länder ihre Sportgeräte bewachen ließen und nur noch religiöse Eunuchen zur Olympiade schickten, die außer Wasser und Sportgeräten nichts an sich heranließen.

Von Doping will ich gar nicht anfangen zu reden. Hier war das Mindestmaß an Ehrlichkeit nicht mehr gewährleistet. Und daß erfolgreiche Sportler wie Litfaßsäulen mit Werbeplakaten herumliefen, ist auch eine bekannte Geschichte.

Wen wundert es, daß schließlich fünfundsiebzig Länder für die radikale Veränderung der Olympischen Spiele eintraten? Man mußte nur noch Griechenland gewinnen. Das war leicht, zumal die Griechen nur noch als Folkloregruppe bei den Olympiaden auftraten und dann wieder nach Hause zurückgeflogen wurden.

Der Vorschlag aus der dritten Welt war sehr klug, die Olympiade in dieser kriegerischen Form zu beenden und eine neue Art von Spielen ins Leben zu rufen, bei denen Haß und Arroganz unmöglich waren und Spaß und Freude im Vordergrund standen. Alle Völker sollten gewinnen können. Diese Idee überzeugte das Mutterland der Olympiade, Griechenland, sofort. Ministerpräsident Ritsos kündigte an, die ersten ›Spiele der Menschlichkeit‹ würden in Morgana, dem Herzen Arabiens, stattfinden. Man erzählte damals, die Araber hätten ein paar Millionen Dollar in die leere Staatskasse Griechenlands fließen lassen, damit die ersten Spiele in Arabien ausgetragen wurden. Aber das ist eine andere Geschichte.

Die Prinzipien der neuen Olympischen Spiele waren ganz einfach: Alle Spiele waren zugelassen, und der Langsamste und Schwächste sollte jeweils gewinnen. Die Olympiade hatte das Symbol der fünf Ringe abgeschafft, statt dessen waren fünf Schnecken abgebildet; jede Schnecke ging in eine andere Richtung. Deshalb hieß diese einmalige Olympiade im Volksmund Schneckeniade.

Schon Salomon der Weise wußte, daß alles seine Zeit braucht. Nichts auf der Welt kann vor oder nach dieser Zeit gelingen, nicht einmal der Schlaf. Nun, die Zeit war günstig für die Idee der Langsamkeit und der Schwäche. Nachdem Männer und Frauen so viele Muskelpakete angelegt hatten, daß eine Steigerung nicht mehr möglich war, brach nun die Zeit der sanften Männer und weichen Frauen an. Da Züge und Autos immer schneller rasten, Flugzeuge immer schneller flogen, sehnten sich die Menschen vor allem in Amerika und Europa nach Langsamkeit.

Nun, in der alten Olympiade waren nur ein paar Spiele zugelassen. In Morgana wurden zweihundertzweiundvierzig Sportarten angemeldet. Beim Tauziehen, Feuerlöschen, Grillen, Mit-verbundenen-Augen-Weine-und-Kräuter-Erraten, Schiffeversenken, Versteckspielen, Zaubern, Schielen, Pfeifen, Bäumeklettern, Schwimmen, Geschichtenerzählen und bei den dreiundvierzig Ballspielen aus aller Welt gewannen alle, denn, wie gesagt, auch wer in einem Spiel verlor, bekam eine Goldmedaille für seine Klugheit, nachgegeben zu haben.

Einige Wettbewerbe waren recht kurios: Im Schnarchen gewann ein Aachener, der mit seinem Sägen einen Schlafenden durch drei Wände aus Stahlbeton wecken konnte. Als man den Sieger weckte und ihm gratulieren wollte, war er etwas überrascht, da ihn seine Frau ohne sein Wissen für diesen Wettbewerb eingetragen hatte.

Im Schlürfen gewann ein Finne, der so laut und musikalisch seinen Suppenteller ausschlürfen konnte, daß drei Paare auf seinen Takt Wiener Walzer tanzen konnten.

Beim Gewichtheben tauchten die ersten Gemeinheiten der menschlichen Seele auf. Die Amerikaner hatten durch ihre Agenten erfahren, daß die Russen ihren Gewichthebern empfohlen hatten, nicht mehr als zehn Kilo hochzustemmen, so geschah es, daß der russische Gewichtheber zehn, der deutsche sieben und der amerikanische Gewichtheber nur noch fünf Kilo hochstemmte. Doch alle waren überrascht, als der somalische Gewichtheber hereingebracht wurde. Zwei starke Männer trugen ihn. Sobald sie ihn auf die Beine stellten und allein ließen, taumelte er im Kreis und rief: ›Ich kann nicht einmal mich selbst tragen‹ und fiel zu Boden. Er wurde als Sieger wieder hinausgetragen. Erst am nächsten Tag entlarvten Russen, Amerikaner und Deutsche die drei Spione, die für Somalia gearbeitet hatten.

Bald verwandelte sich leider auch diese Olympiade zu einem verbissenen Kampf. Diesmal allerdings um den letzten Platz. Beim Fußball schoß jede Mannschaft nur noch schnell Eigentore, damit die andere Mannschaft gewinnen mußte. Das war ja immer noch zum Lachen, aber bei allen Sprungarten wurde die Zahl der Verletzten so hoch wie nie zuvor, denn die Athleten mußten nach dem Anlauf abrupt bremsen, um so kurz und niedrig zu springen, wie sie nur konnten. Lasergeräte mußten herbeigeschafft werden, um beim Hochsprung die geringe Höhe unter den Füßen der Sportler zu messen; es ging um einen Hundertstel Millimeter zwischen dem letzten und vorletzten Platz.

Und insgeheim setzten alle Mannschaften unverbesserlich ihre Spionage und Sabotage fort.

Dann kam der Tag des Hundertmeterlaufs. Das große Stadion war noch nie so voll gewesen wie an diesem Tag. Alle Welt wollte wissen, wie lange ein Mensch für diese kurze Strecke brauchte. Als Tante Rosa das hörte, war sie sicher, die Goldmedaille gehörte Onkel Gibran.

Alle Trainer mahnten ihre Sportler, die Hundertmeterstrecke auf keinen Fall schneller als in zehn Stunden zu nehmen. Statt wie früher Anabolika und irgendwelche Kraftpillen gaben sie ihren Athleten Valium und andere Beruhigungstabletten, damit sie sich durch das Publikum nicht anfeuern und mitreißen ließen.

Viele Sportler, die naiv langsam ein paar Schritte machten, entdeckten sofort ihren Fehler, da Marokkaner, Russen, Japaner und Schweden wie Roboter in einer ganzen Stunde nur einen einzigen Schritt machten, doch als drei Stunden vergangen waren, entdeckten auch diese die Falle, in die sie geraten waren, denn Onkel Gibran stand wie angenagelt am Start und blickte lächelnd und mit ausgebreiteten Armen auf das ganze Feld. Er fühlte sich in seinem Element. Endlich konnte er wieder ungestört und solange er wollte Vogelscheuche spielen.

Große Verwirrung herrschte unter den Athleten. Sie standen, gingen ein paar Schritte, schrien vor Schmerz unter der sengenden Sonne und fielen in Ohnmacht, weil sie verbissen das Feld nicht verlassen wollten. Rückwärts bewegen durften sie sich nicht, und was sie auch machten, schoben sie sich immer weiter von Onkel Gibran weg. Nach zehn Stunden wurden etwa fünfzig Verletzte ins Krankenhaus gebracht. In drei Schichten wechselten die Richter, und nach zweiundfünfzig Stunden fiel der russische Athlet als letzter in Ohnmacht. Er wurde hinausgetragen. Tante Rosa jubelte. Der Richter sagte ihr, ihr Mann bekäme, falls er noch lebte, die Goldmedaille als der langsamste Mann der Welt.

›Und ob er noch lebt. Gibran!‹ rief sie. ›Beeile dich, die Suppe wird kalt!‹

›Ja, ja‹, antwortete Onkel Gibran und verließ als letzter Mensch das Spielfeld dieser einmaligen Olympiade.«

46

Der Aufbruch oder Wieder ein Anfang aller Dinge

Heute mittag verlasse ich das Krankenhaus. Ich habe meinen Freund in Tania auch endlich erreicht, und er hat mir versichert, daß der Circus noch mindestens drei Tage bleiben wird, weil er so einen Riesenerfolg hat. Jetzt fehlt also nur noch das Ende meiner Geschichte, und das ist gleich erzählt.

Vor langer Zeit war der Circus auf ein trostloses, staubiges Gelände gekommen und hatte Lichter und bunte Buden, Gassen, Tiere und Menschen im Gefolge. So wurde der Circusplatz zu einer kleinen Stadt mit Licht und Dunkelheit, Liebe und Haß, Mut und Feigheit, Lüge und Wahrheit. Mit einem Wort: Leben.

Dann verschwand der Circus plötzlich über Nacht, Buden, Lichter und Lebewesen hatten sich in Luft aufgelöst. Es blieb nur Stille, und einige Radspuren widerstanden noch bis zum nächsten Regenschauer. Diese Stille war dieselbe, die ich immer in Ruinen untergegangener Zivilisationen fand, von Baalbek im Libanon bis Delphi in Griechenland. Ein Gefühl der Vergänglichkeit aller Dinge, daß nichts, aber wirklich nichts außer der Natur zurückbleiben würde. Die Spuren eines Circus verschwinden bald, die der mächtigen Zivilisationen etwas später.

Am Montag war die letzte Vorstellung gewesen. Mala übersetzte die Abschiedsrede des bewegten Circusdirektors, in der er dem Publikum von seinem Traum erzählte, der in Morgana Wirklichkeit geworden war. Amal fügte mit Tränen in den Augen hinzu, daß Morgana nun selbst zu einem Traum wurde, den er im Herzen tragen würde, solange er lebe.

Dann kam die große Überraschung. Er nannte mich seinen treuesten Freund, und in Dankbarkeit für die Errettung seines Circus wollte er mir ein Geschenk überreichen.

Ich stand etwas geistesabwesend im Sattelgang hinter dem Vorhang, als mich Malas Stimme aufschreckte, die mich über Mikrofon aufforderte, in die Manege zu kommen.

Ich eilte hinaus. Amal umarmte mich und übergab mir den großen Rubin, den er von seiner Mutter geerbt hatte. Trotz aller Gewandtheit meiner Zunge stand ich stumm und hilflos da. Ich hob den Rubin hoch, und das Publikum applaudierte begeistert. Plötzlich stand ich mit Amal in einem Meer von Blitzlichtern. Und der Edelstein war das Hauptthema der Tagespresse am nächsten Morgen.

Natürlich trage ich ihn seither bei mir. Hier ist er, in dieser kleinen Ledertasche, und immer, wenn mir kalt ist, hole ich ihn heraus und spüre das Feuer, das in ihm verborgen liegt.

Am nächsten Tag war der Circus schnell abgebaut. Da wir kein Telefon hatten, gab ich Amal die Telefonnummer meines Onkels Daniel und bat ihn darum, mich anzurufen, sobald er über die Grenze gekommen war.

Ich wartete und wartete, die Fahrt von Morgana bis zur Grenze im Norden dauerte damals mit dem Bus weniger als vier Stunden, dann mußte man eigentlich schon über die Grenze sein. Aber nach drei Tagen war immer noch kein Anruf gekommen. Ich schlief in Onkel Daniels Werkstatt neben dem Telefon auf dem Sofa. Meine Eltern, Onkel Daniel und ich machten uns große Sorgen um Amal und seinen Circus. Furchtbare Gedanken gingen mir durch den Kopf, und grausame Nachrichten über plündernde und mordende Soldaten trafen täglich bei uns ein.

Am vierten Morgen klingelte das Telefon. Amal war sehr aufgeregt. Die Grenzposten machten Probleme und verlangten genaue Nachweise über alles und jedes. So sollte der Circus Papiere über jedes einzelne Tier und jede einzelne Person vorlegen. Das war jedoch unmöglich. Die Mehrzahl der Kinder hatte noch keine Ausweise. Zwei Babys waren in Morgana zur Welt gekommen. Der Circus sollte also nach Morgana zurückfahren und sich dort von den Behörden alles bestätigen lassen. Amal sprach dann von den Schrecken der Reise, die der Circus wie durch ein Wunder überlebt hatte, und daß natürlich keiner seiner Leute noch einmal diese Gefahren auf sich nehmen würde. Bis jetzt harrten sie in der Nähe der Grenze aus und hofften, daß ich ihnen irgendwie weiterhelfen könnte. Er gab mir den Namen des Garnisonskommandanten durch, und ich versprach, alles mir Mögliche zu tun.

Onkel Daniel versuchte verzweifelt, zum Präsidenten zu gelangen, doch man ließ ihn weder am Telefon noch im Palast der Republik zum Präsidenten vor, und die engsten Mitarbeiter, die Onkel Daniel vor ein paar Tagen noch gut gekannt hatten, zeigten ihm jetzt mißtrauisch die kalte Schulter. Warum, konnten wir uns nicht erklären, zumal ein paar Wochen später der erste Sekretär des Präsidenten wieder anrief und Onkel Daniel in den Palast einlud. Aber die Launen des Präsidenten sind eine andere Geschichte.

Gegen Mittag griff Onkel Daniel, auf den Präsidenten fluchend, zum Telefon. Er bat einen Freund namens Habib, sofort in die Werkstatt zu kommen. Ich fragte neugierig nach dem mir Unbekannten.

»Das ist der größte Fälscher aller Zeiten. Alles, was dieser Mann will, kann er fälschen, Papiere wie Gesichter, Geld wie Geschichten. Viermal saß er schon im Gefängnis und entwischte jedesmal. Er hat fünf verschiedene Lebensgeschichten des letzten Präsidenten Hadahek erfunden, und der Präsident hat jede geglaubt, so daß er bald selber nicht mehr wußte, welches Leben er eigentlich gelebt hatte. Habib ist ein … wie hast du das Tier genannt, Sombrero, nein, Semperpro, ja, Semperpro. Das ist Habib.«

Habib überraschte mich mit seinem Aussehen. Ich hatte eine krumme alte Gestalt mit bösen Augen und Warzen auf der Nase erwartet, aber es kam ein großer, durchaus sympathischer Mann. Onkel Daniel erklärte ihm die Misere des Circus, und Habib war sofort bereit zu helfen, da er mit seiner Frau und den Kindern mehr als fünfmal die Vorstellungen genossen und Circusdirektor Amal bewundert hatte.

Die beiden Freunde heckten einen raffinierten Plan aus. Heute kann ich ihn ja verraten, da beide längst tot sind. Damals mußte ich schwören, daß ich kein Wort verriete, solange einer von ihnen noch lebte.

Am nächsten Morgen flogen wir gemeinsam zur Grenze, denn Habib und Onkel Daniel war der Landweg zu risikoreich. Sie fürchteten außerdem, die Busfahrt könnte zuviel Zeit verschlingen. Zwanzig Kilometer von der Grenze entfernt lag ein kleiner Flughafen, und der Flug dauerte eine Stunde.

Wir stiegen in ein winzig kleines Flugzeug, ohne ein Wort miteinander zu wechseln. Wir hatten abgemacht, einzeln aufzutreten, so daß keiner den anderen im Falle einer Verhaftung gefährden würde. Onkel Daniel sah mit seinem blauen Overall und seiner Schirmmütze wie ein Techniker des Telegrafenamts aus. Er trug einen Koffer aus Aluminium, der förmlich nach Technik roch. Habib war seinen Papieren, seiner Uniform und Arroganz nach hundertprozentig ein Offizier. Er trug eine lederne Aktentasche. Ich war nur ich.

Der Flug war abenteuerlich. Das Flugzeug war wirklich winzig und sehr klapprig. Wie in einem Bus saßen die Passagiere hintereinander auf zehn Sitzen, die vom Cockpit nur durch einen schmuddeligen Vorhang getrennt waren. Wir hörten also alles, was der Pilot und sein Steward da vorne über die Untauglichkeit von Motor und Rumpf lästerten. Der Pilot verfluchte das kleine wacklige Ding und drohte, auf das Flugzeug zu pinkeln, wenn es nicht endlich die Nase hochzöge. Mehr aus Zufall als aus Können stieg das Flugzeug in den Himmel hinauf, hustete, stotterte und sackte bei jedem Luftloch ab, daß mein Magen jedesmal der Erde entgegeneilte.

Ein Bauer aus dem Norden schrie immer wieder: »Ich will aussteigen! Haltet an, ich will aussteigen!«

»Ruhe!« brüllte der Pilot.

Beim nächsten Luftloch rief der Bauer: »Ja, gibt es hier keinen Fallschirm? Ich will abspringen!«

Einem Boxer nicht unähnlich, erhob sich der massige Steward von seinem Platz und versetzte dem Bauern einen solchen Schlag mit der Faust auf den Schädel, daß dieser sofort still zusammensackte und bis zur Landung schlief. Eine solche Beruhigungsmethode an Bord eines Flugzeugs habe ich weder vorher noch nachher je erlebt.

Der Steward schaute mißmutig auf die Mücken und Fliegen, die uns im Passagierraum in dichten Schwaden umsummten. Aus einem Seitenschrank kramte er einen alten Blechkessel mit Zerstäuber und pumpte ohne Vorwarnung mit diesem furchterregenden Gerät eine DDT-Wolke über unsere Köpfe. Nach einer Weile brannten uns die Augen, wir mußten husten, und alle Fliegen und Mücken lagen auf dem Rücken.

Ich erinnere mich noch, daß die Landung sehr gefährlich war und die Passagiere schließlich erleichtert klatschten.

Mit einem Taxi fuhren wir schnell zur Grenze. Wortlos trennte ich mich von Habib und Onkel Daniel und machte mich auf den Weg zum Circus. Das Wiedersehen bewegte mich sehr, und sobald ich wieder Malas Hand drücken konnte, war ich glücklich. Ich versicherte Amal, daß er voraussichtlich in ein paar Stunden weiterreisen könnte. Mehr durfte ich nicht verraten. Amal verstand zwar nicht, aber bedrängte mich auch nicht.

»Und was passiert dir, wenn es nicht klappt?« fragte er verschmitzt, um seine Sorge zu überspielen.

»Ein paar Jahre fester Wohnsitz bis zur nächsten Amnestie«, scherzte ich.

Nach ungefähr zwei Stunden raste ein Jeep auf uns zu. Ein junger Leutnant sprang aus dem Wagen. »Herr Circusdirektor«, sagte er außer Atem, »ich darf Sie bitten, einen Fahrer zur Übernahme des Lastwagens mit mir zu schicken, und wünsche eine gute Reise nach Indien!«

Amal war völlig überrascht, und ich konnte meine Freude und mein Lachen nicht unterdrücken. Es hatte also alles geklappt!

Arun von der Musikkapelle war ein hervorragender Lastwagenfahrer. Das mußte er auch sein; denn Amal bekam einen der stärksten russischen Armeetransporter mit Riesenladefläche und eigenem Kran. Als Arun nach einer halben Stunde mit dem gewaltigen Laster zurückkam, raste er übermütig hupend über das Gelände. In weniger als einer Stunde war die Circuskolonne wohlgeordnet auf der anderen Seite der Grenze. Mala drehte sich noch ein letztes Mal um und winkte. Das werde ich nie vergessen.

Mit einem Taxi fuhr ich zum vereinbarten Treffen in ein gewisses Café »Darwisch« im Zentrum einer kleinen Nachbarstadt. Dort saß Onkel Daniel bereits mit einem vornehmen Herrn im weißen Anzug. Als ich den Tisch erreichte, erkannte ich Habib hinter der Sonnenbrille. Wir tranken gemeinsam Tee.

Draußen bot mir Onkel Daniel Geld an, aber ich hatte noch genug. Wir verabschiedeten uns von Habib, den Onkel Daniel lange und dankbar umarmte. »Keine Ursache«, sagte dieser kluge Gauner leise. Er lachte und winkte ein letztes Mal, bevor er in einem Taxi verschwand. Auch ich mußte mich von Onkel Daniel trennen und begab mich zur Bushaltestelle. Eigentlich war das eine überflüssige Vorsichtsmaßnahme, denn erst ein Jahr später sollte herauskommen, daß der Laster aufgrund eines Tricks verschenkt worden war, aber das wurde dann von der Führung der Grenzkontrolle vertuscht, und nach einem Herbstmanöver wurde das Fahrzeug ordnungsgemäß als verschrottet gemeldet.

Es war wirklich ein genialer Plan gewesen, und jetzt kann ich ihn verraten.

Onkel Daniel kappte zunächst die Telefonleitung der Garnison an einem nahen Verteiler, so daß der Kommandant auf jeden Fall immer mit ihm verbunden war, welche Nummer er auch wählte. In seinem blauen Overall erweckte Onkel Daniel keinerlei Verdacht.

In der Zwischenzeit ließ sich Habib beim Kommandanten als Oberleutnant Ali Amali anmelden. Im Gespräch mit dem Führungsstab informierte er die drei Offiziere über die wichtige Mission, die dieser Circus im Auftrag des Geheimdienstes zwischen Morgana und Indien ausführen sollte. Dazu sollte die Garnison dem Circus einen ihrer besten Armeetransporter zur Verfügung stellen.

Erst hielten die Offiziere das für einen Scherz, doch wurden sie sofort ernüchtert, als Habib ihnen einen Brief vorlegte, auf dem sie deutlich den Schriftzug »streng geheim« erkannten.

Das Schreiben mit dem Briefkopf des Generalstabs der Armee enthielt den Befehl, dem Circus unverzüglich einen Transporter zur Verfügung zu stellen. Der Offizier griff zum Telefon und wählte die Nummer des Generals in Morgana, der den Befehl unterzeichnet hatte. Am anderen Ende antwortete eine schläfrige Stimme, wie sie in solchen Ämtern bei diensthabenden Unteroffizieren üblich ist. Der Kommandant wurde weiterverbunden und landete beim General. Höflichst erkundigte sich der Kommandant, ob ihm der Inhalt des Schreibens bekannt sei und er es unterzeichnet habe. Freundlich gratulierte der hohe Offizier in der Hauptstadt dem Kommandanten zu seiner Wachsamkeit. Er bestätigte den Namen seines Vertrauensoffiziers Ali Amali. Dann gab der General zur Kontrolle die zehnstellige Aktenzeichennummer durch, der Kommandant verglich sie mit der Nummer auf der linken Seite des Schreibens, bedankte sich und versprach, die Sache streng geheim und schnellstens zu erledigen.

Anschließend entschuldigte er sich bei Habib für die Kälte des Empfangs und lud ihn zu einem Tee ein, während die Techniker der Werkstatt den Lastwagen volltankten und mit einer internationalen Zollnummer versahen.

Beim Tee entdeckten beide gemeinsame Freunde. Onkel Daniel erzählte mir später, Habib brauche nicht länger als fünf Minuten, um sogar mit dem Teufel gemeinsame Freunde zu finden, und dauere so ein Gespräch länger, so seien drei bis fünf gemeinsame Verwandte möglich.

Übrigens hat Habib den gleichen Trick zwei Jahre später noch einmal angewandt. Dabei ergatterte er zwei Millionen Dollar von der Zentralbank Morganas unter dem Vorwand eines angeblich geheimen Waffenkaufes. Als später die Presse darüber berichtete, wußten Onkel Daniel und ich sofort, daß Habib hinter dem Trick mit dem Zahlungsbefehl und der gekappten Telefonleitung stand.

Als Habib zwei Jahre später in Monaco verhaftet wurde, hatte er das ganze Geld bereits verspielt, aber das ist eine andere Geschichte.

Glücklich wie noch nie in meinem Leben stieg ich in einen kleinen Bus, der nach Morgana fahren sollte. Der Busfahrer fluchte, weil er wegen des Krieges nicht fahren wollte, doch durch eine Verordnung des Innenministeriums dazu gezwungen wurde, um eine Normalisierung des Lebens vorzuspiegeln. Zunächst waren wir allein, er und ich. Nach etwa fünfzig Kilometer sah er plötzlich auf einem fernen Hügel einen Schäfer winken. Bis heute ist mir rätselhaft, wie er das hatte sehen können. Ich schaute auch hin, aber der Schäfer war so klein wie ein Streichholz, und auf diese Entfernung verstand der Busfahrer, daß jener Schäfer nach Morgana fahren wollte. Da sind Gedankenleser kurzsichtig im Vergleich zu diesem merkwürdigen Busfahrer. Er fuhr den Bus bis zur nächsten Einbuchtung, schaltete den Motor aus und wartete.

In jener Stunde strömten in mir alle Gefühle dieser Welt wild durcheinander. Bewunderung vermischt mit Wut, Freude, Angst und Ungeduld. Ich bewunderte den Gleichmut und das Selbstvertrauen des Busfahrers, wollte selbst aber so schnell wie möglich nach Hause und war wütend wegen dieser endlosen Warterei. Ich freute mich, daß Amal gerettet war, doch die Trennung von Mala hatte mich geschmerzt. Ich hatte aber auch gleichzeitig Angst, daß unser Trick zu schnell entdeckt und ich bei der nächsten Straßenkontrolle verhaftet werden würde.

Es dauerte eine Stunde, bis der Schäfer mit mehr als dreißig Schafen unsere Straße erreichte. Ich glaubte meinen Ohren nicht, als Busfahrer und Schäfer darüber verhandelten, daß die Schafe auch mitfahren sollten. Der Schäfer wollte sie in Morgana verkaufen und nach Saudiarabien auswandern.

Mich packte eine kalte Wut, ich wollte wegrennen und

mit dem nächsten Bus oder Lastwagen nach Morgana fahren, doch dann ließ mich das witzige Gespräch zwischen den beiden über Schafe und Menschen vergessen, daß ich es eilig hatte. Der Busfahrer argumentierte, daß Menschen und Schafe in Morgana gleich seien, ja, er würde normalerweise nach der Anzahl der Beine seiner Fahrgäste bezahlt, deshalb müsse er den doppelten Fahrpreis pro Schaf verlangen; denn von einbeinigen Kriegsversehrten dürfe er nach der Verordnung auch nur den halben Preis kassieren. Der Schäfer war auch nicht auf den Mund gefallen und überzeugte den Busfahrer, daß seine Schafe besonders dumm seien und deshalb nur wie ein viertel Mensch galten. Beide einigten sich schließlich auf den halben Fahrpreis.

Nun fuhren wir also vollgeladen mit Schafen, die im Gang und auf den Sitzen standen, während der Schäfer und ich vorne beim Busfahrer saßen. Eine irrsinnige Fahrt, und bei jeder der vielen scharfen Kurven blökten die Schafe im Chor aus Angst.

Nach einer Weile packte der Schäfer sein Provianttuch aus und teilte ganz selbstverständlich alles mit uns. Köstlichen Schafskäse auf dunklem, frischgebackenem Brot, das ihm seine Frau am frühen Morgen mitgegeben hatte. Er fragte mich, was ich so arbeite, und bis heute weiß ich nicht, warum ich »beim Circus« gesagt habe. Es ist mir so rausgerutscht, aber diese kleine Lüge ließ den Mann strahlen. »Nein, beim Circus! Sag bloß, du arbeitest beim Circus Samani?«

»Nein, mein Circus hieß Circus Pakistani«, log ich.

Der Schäfer lachte herzlich und sagte, er habe eine unglaubliche Geschichte mit dem Circus Samani erlebt, der vor Jahren im Norden des Landes herumgereist war, aber er wollte seine Geschichte nicht erzählen, damit wir ihn nicht für einen Lügner hielten. Doch der Busfahrer und ich flehten ihn an zu erzählen, da die Fahrt noch lange dauerte.

»Der Circusbesitzer«, fing der Schäfer an, »hatte ein Lamm dressiert, und dieses konnte nach einer Weile aufrecht auf den Hinterbeinen gehen, einen Hut auf den Kopf setzen, eine Zigarette vom Aschenbecher nehmen, in den Mundwinkel stecken und wie ein Verbrecher nuscheln: ›He, du Stinker! Willst du eins auf die Fresse haben?‹ Die Nummer kam beim Publikum groß an.

Nach Jahren war das Lamm zu einem prächtigen Hammel herangewachsen. Er konnte die Nummer immer perfekter, doch seine Stimme war nicht mehr süßlich, sondern wurde beängstigend dumpf, so daß die Zuschauer, statt zu lachen, sich fürchteten. Und weil der Circusbesitzer den Hammel liebte und nicht schlachten wollte, ließ er ein Lamm die Nummer abgucken, und als der Junge sie beherrschte, nahm er eines Tages den Hammel auf den nächsten Viehmarkt mit. Ich war der Käufer. Der Hammel sah sehr gut aus, gut genährt, und seine Wolle war prächtig. Der Circusdirektor hoffte, der Hammel würde sich nun um ein paar Schafe kümmern und glücklich leben. Er hatte mir aber nichts von dieser Nummer erzählt. Ich freute mich über meinen Handel.

Ich lebte ziemlich ärmlich am Rande meines Dorfes und hatte damals nur zwei Schafe und drei Ziegen. Nun brachte ich den Hammel in meinen kleinen Hof, holte die beiden Schafe aus ihrem Stall und ließ sie vor den Augen des Hammels frei herumlaufen. Ich saß und rechnete aus, wie viele Lämmer zwei Schafe in zehn Jahren werfen würden, aber der Hammel, der in seinem Leben alle möglichen Tiere und Artisten, aber noch nie ein Schaf gesehen hatte, konnte mit den beiden nichts anfangen, sosehr sie ihn auch bedrängten.

Ich zündete mir eine Zigarette an, und da es an jenem Nachmittag ziemlich heiß war, nahm ich meinen Hut ab und legte ihn auf einen Hocker. Das war das Signal, das der Hammel von klein auf gelernt hatte. Ein Hut auf einem Hocker und eine brennende Zigarette. Er stellte sich sofort auf die Hinterbeine, ging aufrecht auf mich zu, schnappte mir mit gekonntem Schlag die Zigarette aus dem Mund, warf den Hut über seine Hörner, legte die Zigarette schief in seinen Mundwinkel und nuschelte furchtbar heiser: ›He, du Stinker! Willst du eins auf die Fresse haben?‹

Ich glaube, ich schrie damals auf chinesisch, denn ich verstand selbst die Laute nicht, die aus meiner Kehle stiegen. Ich rannte ins Dorf, und hätte ich nicht zufällig zwei gute Freunde getroffen, die mir immer alles glaubten, so wäre ich in der Irrenanstalt gelandet. Doch diese

Freunde eilten mit mir nach Hause und sahen nun mit eigenen Augen den Hammel, der immer wieder seinen Auftritt vor den erschrockenen Schafen wiederholte, da keiner ihm eine Handvoll Gerste als Zeichen für das Ende seiner Nummer gab.

Aber nach und nach fand er Gefallen an den Schafen, diese dreißig Schafe hier sind seine Enkelkinder. Doch niemand durfte jemals in seiner Anwesenheit rauchen, denn sofort richtete er sich auf die Hinterbeine und erschreckte den Raucher mit seiner Nummer.«

Wir lachten Tränen mit dem Schäfer, und ich bewunderte den Busfahrer, der trotzdem fahren konnte.

Nun erreichten wir das Kriegsgebiet, wo die entscheidende Schlacht zwischen den Truppen des Staatspräsidenten und denen des Schwagers stattgefunden hatte, und wir drei erschraken über die vielen zerstörten Panzer und Militärfahrzeuge, die die Ebene füllten. Keine Menschenseele war zu sehen. Es war gespenstisch, als hätten Geister diese Fahrzeuge gefahren und wären bei ihrer Zerstörung spurlos verschwunden.

Drei Straßenkontrollen hatten wir bereits auf unserem Weg nach Morgana passiert, als wir bei der vierten und letzten von einem gelangweilten Soldaten auf eine Nebenspur gewiesen wurden. Der Busfahrer folgte der Anweisung, schaltete den Motor aus und wartete. Nach etwa einer Viertelstunde stieg ein Offizier ein. Er interessierte sich weder für die Schafe noch für den Schäfer, sondern starrte nur mich an.

»Wie heißt du?« fragte er kurz.

»Sadik Schahin.«

»Du lügst. Ich bin hundertprozentig sicher, daß du nicht Sadik Schahin heißt, sondern, warte mal, du heißt Feisal, ja, Feisal, und mit Nachnamen Sarut oder Magut oder weiß der Teufel wie, aber auf jeden Fall nicht Sadik, denn du siehst nicht wie ein Sadik, geschweige denn wie ein Sadik Schahin aus.«

»Und wie sieht ein Sadik Schahin aus?« fragte ich etwas verdutzt.

»Weiß ich doch nicht. Ich habe ihn noch nicht getroffen. Aber er sieht bestimmt anders aus. Du bist der gesuchte Feisal. Komm mit! Ich werde dir beweisen, daß du nicht Sadik heißt!« sagte er, aber nicht im sonst üblichen unfreundlichen Ton eines Geheimdienstoffiziers. Nein, eher mit dem Eifer eines Jungen, der einem Freund ein neues, unglaublich kompliziertes Spielzeug vorführen will. »Du kannst weiterfahren!« befahl er dem Busfahrer barsch.

Er ging mir voraus, und ich hätte im Gewühl der Menschen und Autos verschwinden können, doch ich folgte ihm, warum, weiß ich auch heute noch nicht. Wir traten in ein flaches, modernes Gebäude, ein Soldat salutierte am Eingang. Es roch nach Papier und Radiergummi. Hinter dem Offizier betrat ich eine große fensterlose Halle, deren Wände bis zur Decke mit grauen Schränken voller Schubladen zugestellt waren.

Der Offizier begann hektisch zu suchen, stieg auf einer Leiter bis zur Decke, um kurz darauf geduckt am Boden die alleruntersten Schubladen zu durchsuchen.

Zwei Stunden vergingen auf diese Weise. Schließlich schaute er mich verzweifelt an. »Hilf mir doch ein bißchen!« jammerte er, und wie benommen zog ich eine Schublade, ohne darauf zu achten, welche Buchstaben daraufstanden. Hunderte von engbeschriebenen Karteikarten mit Namen, Daten und Untaten von gesuchten Frauen und Männern, ja sogar Kindern lagen plötzlich vor mir.

»Wo soll ich denn suchen?« fragte ich, als wäre ich nicht der Gesuchte, sondern ein Mitarbeiter des Geheimdienstes.

»Suche unter Sarut, Magut oder weiß der Teufel. Hauptsache, du findest deine Karte.«

»Ich heiße aber Sadik Schahin.«

»Meinetwegen, dann such auch unter S und Sch. Die Idioten tragen manche Namen unter dem Vor- statt unter dem Nachnamen ein. Aber das wird bald ein Ende haben.«

»Was für ein Ende? Wird es eine Demokratie geben?« fragte ich.

»Bist du total verrückt? Nein, wir bekommen demnächst im Rahmen einer Entwicklungshilfe ein Computersystem. Dann geht es blitzschnell. Man legt den Paß auf ein Fenster und drückt einen Knopf. Schnell erscheint eine eindeutige Antwort: ›Verhaften!‹ oder ›Noch nicht!‹ Ich habe die Vorführung erlebt. Sagenhaft!«

Ewigkeiten suchte ich nach meinem Namen. Immer wieder las ich dabei über Nachbarn, die ich kannte.

Es waren ehrliche Menschen, die genug Kummer im Leben hatten, doch die Kartei machte sie zu Monstern und Agenten. Berge von Lügen sah ich in dieser Kartei, und irgendwann wurde ich unglaublich zornig. »Herr Offizier«, sagte ich, »ich muß ein Geständnis ablegen!«

»Endlich nimmst du Vernunft an!« sagte er erleichtert und kam von seiner Leiter herunter.

»Du hast wirklich recht«, sagte ich, »ich heiße nicht Sadik, sondern Feisal, und mit Nachnamen heiße ich Sarut, Magut oder Nixfürungut. Die ganze Zeit habe ich gelogen, alle Geschichten habe ich erfunden. Ich selbst bin eine Lüge. Ich bin nicht da. Das Gebäude ist auch nicht da.«

»Ach was? Das Gebäude ist auch eine Lüge? Ich dachte, es ist aus Beton!«

»Das schon, aber was ist in hundert Jahren? Soll man das Gebäude als Wahrheit anerkennen, nur weil es erst in hundert Jahren verschwunden sein wird? Es ist nur eine längere Einbildung. Alles ist gelogen. Auch dich gibt es nicht.«

»Ach was? Mich auch nicht?«

»Dich nicht, Morgana auch nicht. Ich schwöre dir, in weniger als zwei Minuten werden wir beide auch verschwinden. Schau dir die Leere an, die sich schon jetzt am Boden unter deinen Füßen auftut, und zähle bis hundert, und noch bevor du fertig bist, sind wir alle nicht mehr.« Der Offizier wurde blaß. Er stammelte kaum noch hörbar: »Aber ich habe recht gehabt! Du heißt nicht Sadik«, und er fing an zu zählen, doch weiter als bis zwanzig kam er nicht.

Wie ich diesen Zauber damals bewerkstelligt habe, ist eine lange Geschichte, die ich bestimmt ein anderes Mal erzählen werde, so wahr ich Sadik heiße – aber nicht einmal das ist ja sicher.

Jetzt mache ich mich auf nach Tania. Meine Mala wird Augen machen.

Meine Kenntnisse über den Circus verdanke ich den Circussen und Artisten:

Circus India
Direktor Amal
Seiltänzerin Mala
Tierbändiger Santosh
Zauberer Shambhu
Circus Roncalli
Circus Hellas
Circus Granada
Charlie Chaplin
Jango Edwards

und den Büchern:

Adrion, A., Die Memoiren des Zauberers Robert-Houdin, Düsseldorf 1969

Barloewen von, C., Clown, Zur Phänomenologie des Stolperns, Königstein/Ts. 1981

Bessy, M., Charlie Chaplin, München 1984

Bose, G., Brinkmann, E., Circus, Geschichte und Ästhetik einer niederen Kunst, Berlin 1978

Croft-Cook, R., Cotes, P., Die Welt des Circus, Zürich 1977

Dembeck, H., Gelehrige Tiere, Düsseldorf 1966

Farell, D., Freunde auf Leben und Tod, Wien 1988

Günther, E., Sarrasani, wie er wirklich war, Berlin 1984

Jay, R., Sauschlau und feuerfest, Offenbach 1988

Kuchejda, M., Als hätten wir nur Spaß gehabt, Gelsenkirchen 1981

Philipp, W., Alpha-Tier, Verhalten und Rangordnung im Circus, Berlin 1979

Remy, T., Clownnummern, Köln 1982

River, C., Akrobat schöön, München 1972

Saltarino, S., Fahrend Volk, Leipzig 1895

Winkler, G. und D., Allez hopp durch die Welt, Berlin 1981

Wolfram, P., Die Nummer, Darmstadt 1988

Inhalt

Rafik Schami

Eine Hand voller Sterne

Gebunden (80822), Gulliver Taschenbuch (78701)

Zürcher Kinderbuchpreis »La vache qui lit«
Preis der Leseratten
Die Blaue Brillenschlange
Auswahlliste zum Deutschen Jugendliteraturpreis
Ehrenliste des Österreichischen Staatspreises
Jenny-Smelik-Kiggen-Preis

Über mehrere Jahre hinweg führt ein Bäckerjunge in Damaskus ein Tagebuch. Es gibt viel Schönes, Poetisches und Lustiges zu berichten aus der Stadt, in der Menschen so vieler Nationalitäten miteinander leben: von dem alten Kutscher Salim, der herrliche Geschichten erzählen kann; von Nadia und seiner Liebe zu ihr; von der Schule und vom Basar. Aber es gibt auch Armut, Ungerechtigkeit und politische Verfolgung. Den einzigen Ausweg, die Dinge zu verändern und sich selbst und seinen Vorstellungen treu zu bleiben, sieht er in dem Beruf des Journalisten – im Untergrund.

»Selten hat jemand ein überzeugenderes Plädoyer für Zivilcourage so unaufdringlich gehalten wie Rafik Schami in seinem Roman. Seine Helden sind von der stillen Art; voller Mut, voller Angst tun sie, was ihre Überzeugung verlangt. Für volltönende idealistische Phrasen bleibt da keine Zeit.« *Allgemeine Zeitung, Mainz*

»Eine Hand voller Sterne« wurde in viele Sprachen übersetzt. Die englische Ausgabe wurde als *Children's Book of the Year*, die amerikanische mit dem *Mildred D. Batchelder Award* ausgezeichnet.

Beltz & Gelberg
Beltz Verlag, Postfach 100154, 69441 Weinheim

Rafik Schami

Erzähler der Nacht

Gebunden, mit farbigem Vorsatz, 276 Seiten (80038)
Gulliver Taschenbuch (78738))

Rattenfänger-Literaturpreis der Stadt Hameln
Phantastik-Preis der Stadt Wetzlar
Auswahlliste zum Deutschen Jugendliteraturpreis
Von der Stiftung Buchkunst als eines der »Schönsten Bücher der Bundesrepublik Deutschland 1989« ausgezeichnet

Seltsam, Kutscher Salim, der beste Geschichtenerzähler von Damaskus, verstummt plötzlich. Nur sieben Gaben können ihn erlösen. Seine sieben Freunde finden allmählich heraus, welche Gaben gemeint sein könnten – die schönsten, die es gibt: Geschichten! So versammeln sich die Freunde jeden Abend und erzählen, jeder auf seine Weise, Geschichten aus dem Leben und Märchen. In jeder Geschichte steckt der Kern weiterer Geschichten. Immer mehr mischen sich Stimmen, Farben, Gerüche und Ereignisse der Geschichten mit dem Leben und Treiben im alten Viertel von Damaskus. In diesem Buch wird aber auch über Erzählkunst an sich erzählt. Geschichten, wenn sie wirkungsvoll sind, stecken voller Überraschungen. Und sie entwickeln sich erst so richtig mit ihren Zuhörern. Das entspricht der alten orientalischen Erzählkunst, die Rafik Schami in unsere Zeit fortsetzt.

»Kinder und Erwachsene werden dem Zauber dieses Hakawati, dieses orientalischen Geschichtenerzählers, erliegen.«
Süddeutsche Zeitung

»Ein großartiges Buch, ein zugleich hintergründiges und enorm unterhaltsames Lob des mündlichen Erzählens, dargestellt mit Mitteln dieser Kunst.« *Hans ten Doornkaat*

»Erzähler der Nacht« wurde in viele Sprachen übersetzt.

Beltz & Gelberg
Beltz Verlag, Postfach 100154, 69441 Weinheim